Managementwissen für Studium und Praxis

Herausgegeben von Professor Dr. Dietmar Dorn und Professor Dr. Rainer Fischbach

Lieferbare Titel:

Anderegg, Grundzüge der Geldtheorie und Geldpolitik
Arrenberg · Kiy · Knobloch · Lange, Vorkurs in Mathematik, 3. Auflage
Barth · Barth, Controlling, 2. Auflage
Behrens · Kirspel, Grundlagen der Volkswirtschaftslehre, 3. Auflage
Behrens · Hilligweg · Kirspel, Übungsbuch zur Volkswirtschaftslehre
Behrens, Makroökonomie – Wirtschaftspolitik, 2. Auflage
Bontrup, Volkswirtschaftslehre, 2. Auflage
Bontrup, Lohn und Gewinn, 2. Auflage
Bradtke, Mathematische Grundlagen für Ökonomen, 2. Auflage
Bradtke, Statistische Grundlagen für Ökonomen, 2. Auflage
Busse, Betriebliche Finanzwirtschaft, 5. Auflage
Camphausen, Strategisches Management, 2. Auflage
Dinauer, Grundzüge des Finanzdienstleistungsmarkts, 2. Auflage
Dorn · Fischbach · Letzner, Volkswirtschaftslehre 2, 5. Auflage
Dorsch, Abenteuer Wirtschaft ·40 Fallstudien mit Lösungen, 2. Auflage
Drees-Behrens · Kirspel · Schmidt · Schwanke, Aufgaben und Fälle zur Finanzmathematik, Investition und Finanzierung, 2. Auflage
Drees-Behrens · Schmidt, Aufgaben und Fälle zur Kostenrechnung, 2. Auflage
Fischbach · Wollenberg, Volkswirtschaftslehre 1, 13. Auflage
Götze · Deutschmann · Link, Statistik
Gohout, Operations Research, 4. Auflage
Haas, Excel im Betrieb, Gesamtplan
Hans, Grundlagen der Kostenrechnung
Heine · Herr, Volkswirtschaftslehre, 3. Auflage
Koch, Marktforschung, 5. Auflage
Koch, Betriebswirtschaftliches Kosten- und Leistungscontrolling in Krankenhaus und Pflege, 2. Auflage
Laser, Basiswissen Volkswirtschaftslehre
Martens, Statistische Datenanalyse mit SPSS für Windows, 2. Auflage
Mensch, Finanz-Controlling, 2. Auflage
Peto, Grundlagen der Makroökonomik, 13. Auflage
Piontek, Controlling, 3. Auflage
Piontek, Beschaffungscontrolling, 3. Aufl.
Plümer, Logistik und Produktion
Posluschny, Controlling für das Handwerk
Posluschny, Kostenrechnung für die Gastronomie, 3. Auflage
Rau, Planung, Statistik und Entscheidung – Betriebswirtschaftliche Instrumente für die Kommunalverwaltung
Rothlauf, Total Quality Management in Theorie und Praxis, 2. Auflage
Rudolph, Tourismus-Betriebswirtschaftslehre, 2. Auflage
Rüth, Kostenrechnung, Band I, 2. Auflage
Rüth, Kostenrechnung, Band II
Schambacher · Kiefer, Kundenzufriedenheit, 3. Auflage
Schuster, Kommunale Kosten- und Leistungsrechnung, 2. Auflage
Schuster, Doppelte Buchführung für Städte, Kreise und Gemeinden, 2. Auflage
Specht · Schweer · Ceyp, Markt- und ergebnisorientierte Unternehmensführung, 6. Auflage
Stender-Monhemius, Marketing – Grundlagen mit Fallstudien
Stibbe, Kostenmanagement, 3. Auflage
Strunz · Dorsch, Management, 2. Auflage
Strunz · Dorsch, Internationale Märkte
Weeber, Internationale Wirtschaft
Wilde, Plan- und Prozesskostenrechnung
Wilhelm, Prozessorganisation, 2. Auflage
Wörner, Handels- und Steuerbilanz nach neuem Recht, 8. Auflage
Zwerenz, Statistik, 4. Auflage
Zwerenz, Statistik verstehen mit Excel – Buch mit Excel-Downloads, 2. Auflage

Volkswirtschaftslehre 2

Volkswirtschaftstheorie und -politik

von
Professor
Dr. Dietmar Dorn
Professor
Dr. Rainer Fischbach
Professor
Dr. Volker Letzner

5., überarbeitete und erweiterte Auflage

Oldenbourg Verlag München

Band 1 ist ebenfalls bei Oldenbourg erschienen:

Rainer Fischbach, Klaus Wollenberg
Volkswirtschaftslehre 1
Einführung und Grundlagen
13., aktualisierte und vollständig überarbeitete Auflage, 2007
Reihe: Managementwissen für Studium und Praxis

Bibliografische Information der Deutschen Nationalbibliothek

Die Deutsche Nationalbibliothek verzeichnet diese Publikation in der Deutschen Nationalbibliografie; detaillierte bibliografische Daten sind im Internet über <http://dnb.d-nb.de> abrufbar.

Rosenheimer Straße 145, D-81671 München
Telefon: (089) 45051-0
oldenbourg.de

Lektorat: Wirtschafts- und Sozialwissenschaften, wiso@oldenbourg.de
Herstellung: Anna Grosser
Coverentwurf: Kochan & Partner, München
Gedruckt auf säure- und chlorfreiem Papier
Gesamtherstellung: Druckhaus „Thomas Müntzer“ GmbH, Bad Langensalza

ISBN 978-3-486-59094-4

Vorwort

Nach der „Volkswirtschaftslehre I", die Grundlagen und elementare Denkweisen der modernen Nationalökonomie behandelt, bietet die „Volkswirtschaftslehre II" den Einstieg in die Wirtschaftspolitik. Ohne vollständig zu sein, werden die wichtigen und aktuellen wirtschaftspolitischen Problemfelder, wie u.a. Inflation, Geld und Kredit, Zentralbankpolitik, Fiskal- und Umweltpolitik, Wechselkurse, Zahlungsbilanz, Außenwirtschaft und Hemmnisse im Außenhandel sowie Aspekte der ökonomischen Integration, analysiert.

Methodisch ist das Werk so aufgebaut, daß zunächst die notwendigen theoretischen Grundlagen vorgestellt und anschließend die wirtschaftspolitischen Konsequenzen erörtert werden. Wie in der „Volkswirtschaftslehre I" wird eine Sprache gewählt, die zwar die Fachbegriffe der Wirtschaftswissenschaften mit verwendet, diese aber ausreichend erklärt und somit den Stoff leichter erschließt. Dem besseren Verständnis dienen ebenfalls die zahlreichen Übersichten, graphischen Darstellungen und Beispiele aus der Praxis der Wirtschaftspolitik.

Die „Volkswirtschaftslehre II" wendet sich an Studierende der Wirtschaftswissenschaften an Universitäten, Hochschulen für angewandte Wissenschaften und Dualen Hochschulen. Aufgrund des realitätsorientierten Konzepts spricht das Buch auch den Praktiker im Beruf und alle in Aus- und Weiterbildung Stehenden an.

Für die vorliegende überarbeitete und erweiterte fünfte Auflage konnte Volker Letzner als Koautor gewonnen werden, der für die Kapitel 7-9 verantwortlich zeichnet.

Ganz herzlicher Dank gilt Frau Julia Störzbach für die umfassende redaktionelle Hilfe bei der Erstellung der Neuauflage.

Die Autoren

Dezember 2009

Inhalt

1	**Einführung**	**1**
1.1	Geld	1
1.1.1	Herkunft des Geldes	1
1.1.2	Geldarten	2
1.1.3	Geldfunktionen	5
1.1.4	Gelddefinition – Bedeutung des Geldes	7
1.1.5	Geldmengenabgrenzungen	8
1.1.6	Liquidität	11
1.2	Kredit	13
1.2.1	Begriff des Kredites	13
1.2.2	Geldmenge und Kreditvolumen	14
1.2.3	Volkswirtschaftliche Bedeutung des Kredites	15
1.3	Währung	15
1.3.1	Begriff der Währung	15
1.3.2	Währungssysteme	17
1.3.2.1	Gebundene Währungssysteme	17
1.3.2.2	Freie Währungssysteme	19
2	**Geldmarkt**	**21**
2.1	Geldnachfrage	22
2.1.1	Gegenstand der Geldnachfragetheorie	22
2.1.2	Geldnachfrage nach J. M. Keynes	23
2.1.3	Geldnachfrage der Monetaristen (Neoklassik)	28
2.1.4	Zusammenfassung	30
2.2	Geldangebot	31
2.2.1	Geldproduktion	31
2.2.2	Grundlagen des Geldangebotes	33
2.2.3	Geldangebotstheorie	35
2.2.3.1	Giralgeldschöpfungsprozess (mechanistischer Ansatz)	35
2.2.3.2	Kreditmarktmodell (Portfoliotheoretische Erklärung des Geldangebotes)	40
2.2.4	Wer dominiert in der Realität als Geldanbieter?	45
2.3	Gleichgewicht am Geldmarkt	46
3	**Gütermarkt**	**53**
3.1	Konsum und Ersparnis	53
3.1.1	Konsumfunktion und Sparfunktion nach Keynes	54
3.1.2	Weiterentwicklung der Konsum- und Sparfunktion	57

3.1.2.1 Differenzierungen bei Keynes 57
3.1.2.2 Konsumauffassung bei Milton Friedman 59

3.2 Investition 60
3.2.1 Investitionsfunktion nach Keynes 60
3.2.2 Ergänzung zur Investitionsfunktion 61
3.2.2.1 Berechnung vor $\bar{r}$ und wirtschaftspolitische Konsequenzen 61
3.2.2.2 Multiplikator und Akzelerator 62

3.3 Gleichgewicht am Gütermarkt 67

4 Gesamtwirtschaftliches Gleichgewicht 71

4.1 Einführung 71

4.2 Beziehungen zwischen Güter und Geldmarkt 73

4.3 Änderung des gesamtwirtschaftlichen Gleichgewichtes durch Verschiebung der LM-Kurve 74

4.4 Geldpolitische Konsequenzen entsprechend dem unterschiedlichen Modell der Transmission 78
4.4.1 Geldpolitische Konsequenzen nach fiskalischer Sicht (Keynes) 79
4.4.2 Geldpolitische Konsequenzen nach monetaristischer Sicht (Neoklassik, Friedman) 80
4.4.3 Zusammenfassende Betrachtung 81

5 Inflation 83

5.1 Einleitung 83
5.1.1 Preisniveaustabilität als wirtschaftspolitisches Ziel 83
5.1.2 Messung der Inflation – Geldwert 83
5.1.3 Konkretisierung des Inflationsbegriffes 85
5.1.4 Inflationsarten 88
5.1.4.1 Hyperinflation 88
5.1.4.2 Schleichende Inflation 90
5.1.4.3 Stagflation 91
5.1.4.4 Zurückgestaute bzw. verdrängte Inflation 93

5.2 Ursachen der Inflation 94
5.2.1 Monetäre Alimentierung der Inflation 94
5.2.2 Monetäre und nichtmonetäre Inflationsursachen 95
5.2.3 Monetäre Ursachen einer Inflation 96
5.2.4 Nachfrageinduzierte Inflation 98
5.2.5 Angebotsinduzierte Inflation 103
5.2.5.1 Kostendruckinflation 104
5.2.5.2 Marktmachtinflation 106
5.2.6 Weitere Inflationsursachen 107
5.2.6.1 Importierte Inflation 107
5.2.6.2 Verteilungskampfinflation 108

5.2.7 Zusammenfassung ... 109

5.3 Wirkungen der Inflation ... 110
5.3.1 Überblick ... 110
5.3.2 Beschäftigungseffekte ... 111
5.3.3 Allokationseffekte ... 114
5.3.4 Verteilungseffekte ... 115
5.3.4.1 Redistributionseffekte der Inflation ... 115
5.3.4.2 Vermögensumverteilungswirkung ... 117
5.3.4.3 Zusammenfassung der Verteilungswirkungen ... 118
5.3.5 Wachstumswirkungen einer Inflation ... 118
5.3.6 Außenwirtschaftseffekte einer Inflation ... 119

5.4 Ergebnis ... 121

6 Binnenwirtschaftliche Geld- und Kreditpolitik ... 123

6.1 Ziele, Träger, Instrumente der Geldpolitik ... 124
6.1.1 Träger der Geldpolitik ... 124
6.1.1.1 Grundsätzliches ... 124
6.1.1.2 Das Zentralbanksystem in der BRD ... 125
6.1.2 Europäisches System der Zentralnotenbank (ESZB) ... 126
6.1.2.1 Entwicklung zur Europäischen Zentralbank ... 126
6.1.2.2 Vereinbarungen von Maastricht ... 128
6.1.2.3 Konstruktion des Europäischen Zentralbanksystems ... 129
6.1.2.4 Exkurs: Beurteilung des ESZB ... 130
6.1.3 Ziele der Geld- und Kreditpolitik ... 136
6.1.4 Instrumente der Geldpolitik ... 138

6.2 Grundsätzliches zu den Instrumenten des ESZB ... 140
6.2.1 Zugelassene Geschäftspartner im ESZB ... 140
6.2.2 Refinanzierungsfähige Sicherheiten ... 142

6.3 Offen-Markt-Politik ... 143
6.3.1 Grundsätzliche Regelungen ... 143
6.3.2 Befristete Transaktionen ... 144
6.3.2.1 Grundsätzliches ... 144
6.3.2.2 Hauptrefinanzierungsinstrument ... 144
6.3.2.3 Längerfristige Refinanzierungsgeschäfte ... 145
6.3.2.4 Feinsteuerungsoperationen und strukturelle Operationen ... 145
6.3.3 Definitive Käufe bzw. Verkäufe ... 145
6.3.4 Emission von EZB-Schuldverschreibungen ... 146
6.3.5 Devisenswapgeschäfte ... 146
6.3.6 Hereinnahme von Termineinlagen ... 147
6.3.7 Verfahren und geldtheoretische Beurteilung der Tender und bilateralen Geschäfte ... 147
6.3.7.1 Tenderverfahren ... 147
6.3.7.2 Verfahren bei bilateralen Geschäften ... 149

6.3.7.3 Geldtheoretische Beurteilung 149
6.3.8 Exkurs: Prinzipielle Wirkungen von Offen-Markt-Operationen 150

6.4 Ständige Fazilitäten 153
6.4.1 Grundsätzliches und Beurteilung 153
6.4.2 Spitzenrefinanzierungsfazilität und Einlagefazilität 153

6.5 Mindestreserven – Mindestreservepolitik 154
6.5.1 Organisation des Mindestreservesystems 154
6.5.2 Wirkungen der Mindestreserve 156

6.6 Geldpolitik und Außenwirtschaft 158
6.6.1 Geldpolitik und Devisenkurspolitik 158
6.6.1.1 Feste (stabile) Wechselkurse und Geldpolitik 158
6.6.1.2 Variable Wechselkurse (Floating) und Geldpolitik 160
6.6.2 Geldpolitik über den Devisenmarkt 160

6.7 Exkurs: Frühere geldpolitische Instrumente 163

7 Fiskalpolitik 167

7.1 Überblick 167

7.2 Die Komponenten der Fiskalpolitik 167
7.2.1 Staatliche Einnahmen 167
7.2.2 Staatliche Ausgaben 169
7.2.3 Staatliche Schulden 170

7.3 Fiskalpolitik im keynesianischen Modellkontext 171
7.3.1 Keynesianischer Multiplikator 172
7.3.2 Fiskalpolitik im IS-LM-Modell 174
7.3.3 Antizyklische Fiskalpolitik und die Kritik an der keynesianischen Fiskalpolitik 176

7.4 Fiskalpolitik im klassisch-monetaristischen Modellkontext 177
7.4.1 Gibt es überhaupt klassisch-monetaristische Fiskalpolitik? 178
7.4.2 Laffer-Theorem und Supply-Side-Economics 178

7.5 Moderne Fiskalpolitik in Deutschland und der EU 179
7.5.1 Moderne Fiskalpolitik in Deutschland 179
7.5.2 Herausforderungen durch den Stabilitäts- und Wachstumspakt 180

8 Umwelttheorie und -politik 183

8.1 Überblick 183

8.2 Umwelttheorie 183
8.2.1 Umweltgüter, Allmendegüter und externe Effekte 183
8.2.1.1 Umweltgüter und Ressourcen 183
8.2.1.2 Nicht-Ausschließbarkeit und Rivalität: das Allmendegut 184
8.2.1.3 Externe Effekte 185
8.2.2 Umweltschäden als allokatives Marktversagen 186
8.2.2.1 Private und volkswirtschaftliche Grenzkosten 186

8.2.2.2 Allmendegüter als Erklärung und als Spezialfall externer Effekte ... 188
8.2.2.3 Stauungs-Externalitäten als spezielle Allmendeproblematik ... 189
8.2.2.4 Intertemporale Fehlallokation in komplexen Systemen ... 191

8.3 Umweltpolitik ... 192
8.3.1 Optimale Umweltbelastung ... 192
8.3.2 Instrumente ... 194
8.3.2.1 Privatisierung ... 194
8.3.2.2 Auflagen, Ge- und Verbote ... 195
8.3.2.3 Steuern und Subventionen ... 196
8.3.2.4 Emissionszertifikate ... 198
8.3.2.5 Umwelthaftung ... 199
8.3.2.6 Reanimation der Allmende und effiziente Ineffizienz ... 199
8.3.3 Nachhaltigkeit ... 200

8.4 Zusammenfassung ... 201

9 Grundlagen der Regionalökonomie ... 203

9.1 Überblick ... 203

9.2 Raum und Transportkosten ... 203

9.3 v. Thünens Theorie der Landnutzung ... 204

9.4 Krugmans Zentrum-Peripherie-Ansatz ... 205

9.5 Ausblick ... 206

10 Zahlungsbilanz ... 209

10.1 Einführung: Zahlungsbilanz und Außenwirtschaft ... 209

10.2 Begriff und Aufbau der Zahlungsbilanz ... 210
10.2.1 Begriff ... 210
10.2.2 Aufbau der Zahlungsbilanz ... 211

10.3 Zahlungsbilanzgleichgewicht ... 217
10.3.1 Statistischer versus ökonomischer Ausgleich ... 217
10.3.2 Zahlungsbilanzkonzepte – Zahlungsbilanzsalden ... 218
10.3.3 Außenwirtschaftliches Gleichgewicht ... 219

10.4 Zahlungsbilanzausgleichsmechanismen ... 221
10.4.1 Einführung ... 221
10.4.2 Wechselkursmechanismus ... 222
10.4.3 Geldmengen-Preismechanismus ... 223
10.4.4 Einkommensmechanismus ... 224
10.4.5 Zusammenfassung der Ausgleichsmechanismen ... 225

11 Internationale Währungspolitik ... 227

11.1 Wirtschaftspolitische Ziele – Zahlungsbilanz –Wechselkurs ... 227

11.2 Grundbegriffe 227
11.2.1 Devisenmärkte 227
11.2.2 Begriff des Wechselkurses 229
11.2.3 Wechselkurssysteme 230

11.3 Variables Wechselkurssystem – Floating 230
11.3.1 Prinzip des Floatings 230
11.3.2 Konvertibilität 231
11.3.3 Auf- und Abwertungstendenzen 232
11.3.4 Vor- und Nachteile variabler Wechselkurse 234
11.3.5 Unsauberes (Managed) Floaten 235
11.3.6 Beurteilung des Floatens 235

11.4 Stabiles Wechselkurssystem 236
11.4.1 Historische Perspektiven 236
11.4.2 Prinzip des stabilen WK-Systems 237
11.4.3 Ziele einer Ab- bzw. Aufwertung 244
11.4.4 Beurteilung eines stabilen WK-Systems 246
11.4.5 Ausblick und neuere Entwicklungen 248

11.5 Blockfloating 250
11.5.1 Entwicklung zum EWSII bzw. WKMII 250
11.5.2 Funktionsweise des EWSII bzw. WKMII 251
11.5.3 Allgemeine Regelungen der Wechselkurspolitik in der EU 253
11.5.4 Exkurs: ECU als Berechnungsbasis des Euro 254

11.6 Reaktion der Leistungsbilanz bei Wechselkursänderungen 256
11.6.1 Die Leistungsbilanz in Inlandswährung 257
11.6.1.1 Entwicklung des Exportwertes 257
11.6.1.2 Entwicklung des Importwertes 259
11.6.1.3 Ergebnis 261
11.6.2 Die Leistungsbilanz in Auslandswährung 262
11.6.3 Robinson- und Marshall-Lerner-Bedingung 264
11.6.4 J-Kurven-Effekt 266

12 Außenwirtschaft 271

12.1 Gegenstand und Aufgabe der Außenwirtschaftstheorie 271

12.2 Historischer Abriss 271
12.2.1 Merkantilistische Lehre 271
12.2.2 Klassisches Grundmodell 272

12.3 Reale versus monetäre Außenwirtschaftstheorie 272

12.4 Reale Theorie des internationalen Handels 273
12.4.1 Importe aufgrund absoluter Nichtverfügbarkeit von Gütern 275
12.4.2 Relative Nichtverfügbarkeit als Importursache 275
12.4.2.1 Mögliche Transformationskurven 275
12.4.2.2 Außenhandel bei absoluten Kostenvorteilen 277

12.4.2.3 Komparative Kostenvorteile bei linearen Transformationskurven 279
12.4.2.4 Relative Kostenunterschiede bei steigenden Opportunitätskosten 281
12.4.3 Kritik am Theorem der komparativen Kosten 282
12.4.4 Ursachen komparativer Kostenunterschiede 283
12.4.4.1 Faktorproportionen- und Neo-Faktorproportionen-Theorem 283
12.4.4.2 Faktorpreisausgleich 284
12.4.4.3 Tendenzen zur Selbstverstärkung des Außenhandels 286
12.4.5 Ableitung der nationalen Nachfrage 287
12.4.6 Handelsgleichgewicht auf dem Weltmarkt 288
12.4.7 Exportinduzierte Wirtschaftsbeziehungen 290
12.4.8 Ökonomische Wechselwirkungen des Außenhandels 291

13 Protektion im Außenhandel 293

13.1 Zölle 293
13.1.1 Begriff und Arten von Zöllen 293
13.1.2 Einteilung nach der Bemessungsgrundlage 294
13.1.3 Begründung protektionistischer Eingriffe 295
13.1.4 Wirkung von Schutzzöllen 296

13.2 Aspekte der Zollpolitik 298
13.2.1 Optimalzoll 298
13.2.2 Effektivzoll 298

13.3 Nicht-tarifäre Eingriffe 299

14 Grundlagen einer realen Theorie optimaler Währungsgebiete 301

15 Ökonomische Integration 305

15.1 Theoretische Grundlegung 305

15.2 Formen internationaler Wirtschaftsbeziehungen 306
15.2.1 Freier Handel von Gütern und Dienstleistungen 306
15.2.2 Direktinvestitionen 306
15.2.3 Globalisierte Finanzmärkte 307
15.2.4 Freie Arbeitsmärkte 308

15.3 Stufen der Integration 308

15.4 Wirtschaftszentren 309

16 WTO-Institution des liberalen Welthandels 311

16.1 Entwicklungsgeschichte der Welthandelsorganisation 311

16.2 Aufgaben und Funktionen der WTO 313

16.3 Kritische Anmerkungen zur Entwicklung 314

16.4 Ergebnis und Ausblick 315

17 Europäische Einigung ... 317

17.1 Gründung und Ziele der Europäischen Wirtschaftsgemeinschaft ... 317

17.2 Entwicklung zur Europäischen Gemeinschaft ... 318

17.3 Europäische Union ... 318
17.3.1 Entstehung und Aufbau ... 318
17.3.2 Organe und Aufgaben ... 320
17.3.3 Ergebnisse der wirtschaftlichen und politischen Integration ... 320
17.3.4 Gemeinsame Politikfelder ... 323

17.4 Probleme und ökonomische Perspektiven ... 323

18 Literaturverzeichnis ... 325

19 Sachverzeichnis ... 331

1 Einführung

1.1 Geld

Heutige Volkswirtschaften sind, von Zeiten eines vorübergehenden Verfalls abgesehen (z.B. in Kriegs- oder Nachkriegsperioden), Geldwirtschaften. Dieses Faktum gilt in ganz besonderem Maße für Marktwirtschaften, es gilt aber auch für Planwirtschaften.

D.h. neben den realen, konkreten ökonomischen Phänomenen wie Produktion, Technik, Natur, Bodenschätze steuern Geldvorgänge immer deutlicher unseren Wirtschaftsablauf. Es erscheint uns selbstverständlich zu sein, dass ein Arbeitnehmer (ein privater Haushalt) seine Faktor-(Arbeits-)leistung gegen Bezahlung von Geld an eine Unternehmung verkauft. Mit diesem bezogenem Geld (Einkommen) kauft sich der Haushalt all die Waren und Dienste, die er benötigt.
Man kann jedes ökonomische Stichwort nehmen wie Darlehen, Investition, Sparen, Produzieren, Kalkulieren, Planen, Import und Export, Wechselkurs usw., immer ist es irgendwie mit „Geld“ verbunden.
Unser Anliegen besteht somit darin, zu klären, was für eine Aufgabe und Bedeutung das Geld in modernen Volkswirtschaften hat. Dabei gehen vom Geld nicht nur positive Wirkungen aus, vielmehr kann es eine Wirtschaft in ein Chaos führen (Inflation). Schließlich ist zu berücksichtigen, dass man Geldphänomene nicht nur logisch rationell erfassen kann, vielmehr psychologisch bedingte emotionelle Faktoren auch eine Rolle spielen.

1.1.1 Herkunft des Geldes

Zunächst ist in diesem Zusammenhang die Frage zu klären, woher dieses heute so wichtige Medium kommt, d.h. woraus sich das Geld entwickelt hat.

Übereinstimmend ist die Wissenschaft dazu der Auffassung, dass der *rationalistische Erklärungsversuch für die Entstehung des Geldes nicht zutrifft* (obwohl diese Auffassung schon Aristoteles ca. 350 v. Chr. vertreten hat). Dies bedeutet, Geld ist *nicht* irgendwann von irgend jemandem erfunden worden. Vielmehr ist Geld eine soziologische Kategorie, d.h. was wir als Geld bezeichnen, gehört (von wenigen Ausnahmen abgesehen) zur menschlichen Entwicklung und hatte in seinen ersten Urformen keinen primären wirtschaftlichen Bezug, wobei hier gleichzeitig eine Reihe von Wurzeln parallel wirkten.
Erste Wertvorstellungen (d.h. die Unterscheidung der Dinge entsprechend einer Werteskala) entwickelten die Menschen in grauer Vorzeit in Bezug zum Überirdischen, zur Gottheit. Dies drückt sich u.a. in den kultischen Handlungen, in den *Opfergaben* aus. Als Opfergabe kamen nur als wertvoll betrachtete Dinge in Frage, um die Gottheit günstig zu stimmen (sog. sakrales Geld). Oder, wenn die verschiedenen Stämme oder Völkerschaften miteinander friedlich

in Kontakt traten, so war es üblich, gegenseitig *Gastgeschenke* auszutauschen. Dafür kamen nur Dinge in Frage, die beide Seiten als wertvoll ansahen. Eine weitere Wurzel erblickt man im menschlichen Urtrieb des Sammelns, *des Schatzbildens,* des Anlegens eines Hortes. Der Besitz eines Schatzes brachte in der Gemeinschaft eine entsprechende soziale Stellung (sog. Prestige-, Protz-, Prunkgeld).
Für all diese Vorgänge verwendete man Dinge, die man als besonders wertvoll in Relation zu anderen Dingen ansah, d.h. in den verschiedenen Kulturkreisen entwickelte sich der Gebrauch von Waren, die sich besonderer Wertschätzung erfreuten, die man (heute rückblickend) als erste Formen des Geldes bezeichnet (sog. **Warengeld**). Dabei haben schon viele Waren als Geld gedient, z.B. Nahrungsmittel (Reis, Olivenöl, Salz, Mais), oder Waffen (Speerspitzen, Messer, Säbel, Pulver, Flinten), Kleidungsstücke (Leder, Felle, Baumwolle, Seide), Vieh, Sklaven, Metalle (Kupfer, Silber, Gold). So zeigt dies z.B. die etymologische Ableitung des Wortes Pfennig vom Lateinischen pannus (Stück Tuch), oder Rupie kommt von rupa = Viehherde.
Daneben wurden in verschiedenen Kulturen aber auch bereits Waren als Geld verwendet, die selbst nur geringwertig waren, d.h. das Geld nimmt hierbei einen (fast) abstrakten Charakter an, es ist nur (noch) Maßstab für den Warenaustausch, es ist Recheneinheit. So galten auf der Insel Yap im Stillen Ozean große Mühlsteine als Geld, bei den Kwakiutl-Indianern zeremonielle Strohmatten, in Dahomey Kauri-Schnecken.
Wenn man jemanden als den Erfinder des Geldes bezeichnen möchte, so kommt dies *den Sumerern* (ca. 3.100 - 2.000 v. Chr.) zu. Bei den Sumerern ist eine deutlich wirtschaftliche Verwendung des Warengeldes gegeben (d.h. eine Loslösung von den ursprünglichen Wurzeln). Als Bezugsgröße für Geld und Geldpreise wählten sie die Edelmetalle Gold und Silber. Wobei Gold und Silber aber nicht im Umlauf waren, sondern im Tempel aufbewahrt wurden. Die Priester setzten die Tauschwerte der Güter (= deren Preise) in Einheiten der beiden Edelmetalle fest und bestätigten diese Preise auf Tontäfelchen. Eine insgesamt sehr modern anmutende Form der Geldwirtschaft.
Im Laufe der Zeit wurde aus der Fülle des Warengeldes eine Form besonders bevorzugt, die sich für die Tauschvorgänge bestens eignete, nämlich Metallstücke, besonders aus Edelmetallen. D.h. jetzt wurden diese Edelmetallstücke wie „Geld“ in Zahlung gegeben und angenommen. Der Zahlungsverkehr damit war jedoch schwierig, man musste die Metallstücke nachwiegen und auf ihre Reinheit prüfen.
Ein großer Fortschritt war somit die Verwendung der Geldmünzen als Geld. Münzen sollen ca. 700 v. Chr. von den Lydern (Kleinasien) zum ersten Mal verwendet worden sein. Durch das Einprägen des königlichen Siegels wurde das Gewicht und der Feingehalt der Metallstücke garantiert (vollwertige Kurantmünzen). Der Warenaustausch wurde dadurch erheblich erleichtert, so dass sich diese Geldart sehr schnell verbreitete.

1.1.2 Geldarten

Die Geldarten, d.h. die verschiedenen Erscheinungsformen, in denen uns das Geld gegenübertreten kann, teilt man überwiegend in das *Warengeld* und das *Kreditgeld (= abstraktes Geld)* ein.

Das **Warengeld** ist uns bereits bei der Erörterung der Herkunft des Geldes begegnet. Über einen langen Entwicklungsprozess tritt es uns schließlich als Münze, und zwar als vollwertig ausgeprägte Edelmetallmünze (Kurantmünze) gegenüber.
Das entscheidende Charakteristikum des Warengeldes als Kurantmünze besteht darin, dass der aufgeprägte Geldwert der Münze identisch mit dem Waren = Metallwert der Münze ist. Dies bedeutet, jede Kurantmünze hatte einen Wert an sich (nämlich seinen Metall-Warenwert), das Geld war in seiner Existenz an sich wertvoll. Denn man konnte sich entschließen, eine Kurantmünze nicht mehr als Geld zu betrachten, sondern sie als Ware anzusehen und z. B. einzuschmelzen.
Heute noch vorhandene Geldmünzen sind (von Ausnahmen abgesehen, z.B. altes silbernes Fünfmarkstück) grundsätzlich sog. *Scheidemünzen.* D.h. sie sind unterwertig ausgeprägte Münzen (der aufgeprägte Wert ist höher als der Substanz = Metallwert). Die letzte Form eines heute noch vorhandenen Warengeldes sind somit unsere Scheidemünzen.

Das **Kreditgeld** als abstraktes Geld zeichnet sich dadurch aus, dass es uns nicht mehr als Ware gegenübertritt (es wurde seiner Warenfunktion entkleidet). Dies bedeutet, dass das Kreditgeld keinen Wert mehr an sich (als Ware) hat, d.h. es kann nicht mehr gleichzeitig als Ware verwendet werden. Das Kreditgeld ist nur solange Geld bzw. es kann seine Aufgaben als Geld nur solange erfüllen, soweit es die sog. Geldfunktionen ausüben kann (siehe nächsten Abschnitt).
Das Kreditgeld begegnet uns zunächst als Banknote (man kann es als Stoff zwar noch physisch nehmen, aber es handelt sich dabei um einen wertlosen Stoff, um ein Stück Papier) und als Giralgeld (das uns nicht einmal mehr als ein Stück Papier gegenübertritt).

Die **Banknote** (das Papiergeld, das Notengeld) hat verschiedene historische Wurzeln. In China soll es viele Jahrhunderte v. Chr. das erste Papiergeld gegeben haben. Zur Zeit Marco Polos (ca. 1.200 n. Chr.) waren Banknoten in China bereits üblich. Vorläufer sind auch im antiken Griechenland zu finden. Unsere heutigen Banknoten haben sich im wesentlichen seit dem 13. Jh. n. Chr. aus einem Handelsgebrauch der Kaufleute entwickelt. Da es sehr unbequem und auch gefährlich (Straßenräuber, Raubritter) war, auf langen Handelsreisen große Mengen von Münzgeld mitzuführen, entwickelte sich zunächst in Oberitalien die Sitte, in der Heimatstadt bei einer Bank, einem Geldwechsler oder auch Goldschmied (z.B. in England) Münzen zu hinterlegen und sich dafür eine Bescheinigung (sog. Depotscheine) ausstellen zu lassen. Bei einem befreundeten Geldwechsler (oder einer Bank) am Reiseziel wurde der Hinterlegungsschein dann in die entsprechende Menge an Münzen ausgezahlt. Da diese Geschäfte in beiden Richtungen durchgeführt wurden, mussten die Banken lediglich von Zeit zu Zeit eine Art Clearing der Salden vornehmen.
Im Laufe der Zeit wurde es üblich, das Umtauschen zu unterlassen und mit den Depotscheinen direkt zu bezahlen (die Depotscheine mussten jetzt entweder auf den jeweiligen Inhaber lauten oder mit einem Indossament versehen sein). Man verließ sich darauf, im Bedarfsfall einen Umtausch in Münzen (= dem „eigentlichen" Geld) vornehmen zu können.
Eine entscheidende Weiterentwicklung (zum eigentlichen Kreditgeld) ergab sich, als die Banken und Geldwechsler mehr Depotscheine ausgaben als bei ihnen Münzen hinterlegt waren (sie hatten festgestellt, dass nur ein kleiner Teil immer bar umgewechselt wurde, somit auch bei mehr Depotscheinen den Umtauschwünschen nachgekommen werden konnte - eine deutliche Parallele zur Gegenwart). Erst im letzten Drittel des 19. Jh. wurde das Recht, derar-

tige Banknoten auszugeben, von den Privatbanken als alleiniges Recht auf den Staat übertragen (Notenmonopol). So wurden z.B. in Deutschland erst am 01.01.1910 sog. Reichsbanknoten eingeführt. Diese konnten wie die alten Depotscheine jederzeit in Goldmünzen (= alleiniges gesetzliches Zahlungsmittel) eingetauscht werden (= sog. unechtes Papiergeld). Erst am 04.08.1914 (Beginn des 1. Weltkrieges) wurde dieses Umtauschrecht (sog. Konvertibilität) aufgehoben. Somit erlangte erst jetzt die Banknote als Geld ihre heutige Bedeutung.

Das **Buch- bzw. Giralgeld** hat ebenfalls eine Reihe historischer Ahnen. In der heutigen Erscheinung dürfte es sich auf niederländische Banken und Kaufleute und die Hanse im 17. Jh. zurückführen lassen, die damals bereits einen bargeldlosen Zahlungsverkehr aufgebaut hatten. Giralgeld als Geld existiert nur noch als Buchungsvorgang durch Gutschriften/Belastungen auf den Konten der Banken und wird nur durch den Kontoauszug sichtbar.
Giralgeld ist dabei eine (nicht verbriefte) Forderung als sog. Sichteinlage auf dem Girokonto eines Kreditinstitutes (und der Zentralnotenbank). Diese Forderungen können jederzeit (= auf Sicht) in die gesetzlichen Zahlungsmittel = Banknoten umgewandelt werden oder durch Scheck und Überweisung auf andere Wirtschaftssubjekte übertragen werden (man sehe die starke Ähnlichkeit der Einlösung von Depotscheinen in Münzen). Kurz: Giralgeld ist das Guthaben von Nichtbanken bei Banken.
Giralgeld der heutigen Art entstand 1868 durch die Kreditgenossenschaften, die einen überregionalen Überweisungs- und Giroverkehr aufbauten. Banken und Sparkassen folgten bald nach. Die entscheidende Bedeutung gewann diese Geldart erst nach dem 2. Weltkrieg.
Durch die Verwendung der EDV im Kreditwesen (sog. *Computergeld)* hat sich lediglich die Erscheinungsform des Giralgeldes gewandelt. Es wird jetzt nicht mehr wie früher durch Buchungsbelege (= Buchgeld) repräsentiert, sondern in der EDV durch deren technische Möglichkeiten abgespeichert.

Heute bestehen somit drei Geldarten nebeneinander, die Münzen (letzte Form des Warengeldes), die Banknoten und das Giralgeld. Die folgende Abbildung, Abb. 1-1, zeigt die Entwicklung dieser drei Geldarten in der BRD.

Neben den Geldarten gewinnen sog. Geldsurrogate (near-money, geldnahe Titel) eine wachsende Bedeutung. Es handelt sich dabei um verbriefte oder nicht verbriefte Forderungen in Geld, die jederzeit oder nach bestimmten Fristen in Geld umgewandelt werden können oder mit deren Hilfe man Geld bewegen kann. Es sind dies Termin- und Spareinlagen, aber auch Geld- und Kapitalmarktpapiere und die Kreditkarten, bzw. das Cybermoney.

Geldarten	1970 in der BRD		1990 in der BRD		2008 im Eurogebiet	
	Mio DM	%	Mio DM	%	Mio €	%
Scheidemünzen	3.008	2,8	12.781	2,2	20.404	0,4
Banknoten	36.480	33,7	166.909	28,6	762.775	16,0
= Bargeld	39.488	36,5	179.690	30,8	783.179	16,4
Giralgeld	68.731	63,5	404.648	69,2	3.981.900	83,6
= Geldvolumen als M_1	108.219	100,0	584.338	100,0	4.765.079	100,0

Quelle: Geschäftsbericht DBB 2008

Abb.: 1-1: Entwicklung der Geldarten in der BRD und EWU

1.1.3 Geldfunktionen

Wie wir gesehen haben, kann uns Geld in ganz verschiedenen Formen (= Geldarten) begegnen. Somit ist zu klären, was vorhanden sein muss, damit ein bestimmtes Medium als Geld bezeichnet werden kann, es ist das *Wesen des Geldes* festzulegen. Früher wurde über diese Frage lange diskutiert. Heute sagt man, das Wesen des Geldes ist durch seine Funkionen bestimmt. D.h. wenn ein Medium eben diese Geldfunktionen erfüllt, dann handelt es sich ökonomisch um Geld (unabhängig von der juristischen Definition).
Wichtig sind hierbei drei Funktionen: Geld muss allgemeines Tauschmedium, Recheneinheit und Wertaufbewahrungsmittel sein.

Vor allem die **Tauschmittelfunktion** ist eine Eigenschaft, ohne die eine moderne, arbeitsteilige Volkswirtschaft nicht funktionieren würde. In einer Naturaltauschwirtschaft (d.h. einer Wirtschaft ohne Geld) ist nur ein umständlicher direkter Tausch möglich. Will ein Wirtschaftssubjekt ein Gut A erwerben und dafür ein Gut C hergeben (eintauschen), so setzt dies eine umständliche Suche nach einem Wirtschaftssubjekt voraus, welches das Gut A hergeben und genau dafür das Gut C akzeptieren würde. Durch das Geld als allgemeines Tauschgut wird dieser Vorgang in zwei Tauschakte zerlegt. Zunächst erfolgt der Verkauf des Gutes A an ein beliebiges Wirtschaftssubjekt gegen Hergabe von Geld = dem allgemeinen Tauschmittel (dieses Wirtschaftssubjekt findet sich erheblich leichter, da dafür alle Interessenten für das Gut A in Betracht kommen). Mit dem erworbenen Geld kann dann völlig unabhängig von einem anderen Wirtschaftssubjekt das (eigentlich gewünschte) Gut C erworben werden. Allg. Tauschmittel heißt somit, dass sich das Geld zwischen die eigentlichen Tauschwünsche schiebt, dadurch aber den Austausch erheblich erleichtert. Der direkte Tausch geht in den indirekten über.
Die Funktion als allgemeines Tauschmittel kann Geld nur dann erfüllen, wenn es überall beim Kauf akzeptiert wird (= Massengewohnheit der Annahme). Dazu reicht es nicht aus,

dass der Staat sagt, dieses Geld ist gesetzliches Zahlungsmittel. Vielmehr ist entscheidend, dass man die Gewissheit hat, mit diesem Geld kann man sich wieder alle Waren kaufen. So kann z.B. in Zeiten hoher Inflationsraten Geld als gesetzliches Zahlungsmittel nicht die Massengewohnheit der Annahme durchsetzen. Hier übernehmen häufig andere Güter die Funktion des allgemeinen Tauschmittels (z.B. nach dem 2. Weltkrieg die sog. Zigarettenwährung).

Die Funktion als **allgemeine Recheneinheit** ist ein ebenso wichtiger Bestandteil einer arbeitsteiligen Volkswirtschaft. Durch die allgemeine Recheneinheit des Geldes ist es möglich, den Wert aller Güter, Forderungen, Verbindlichkeiten usw. in Einheiten einer Bezugsgröße (eben in Geld) auszudrücken und auf diese Weise vergleichbar zu machen.
Wie umständlich eine Wirtschaft ohne Geld, d.h. ohne allgemeines Wertausdrucksmittel wird, zeigt sich, wenn man sich vorstellt, man müsste sich alle Tausch = Wertrelationen im Verhältnis immer der Güter zueinander merken. Also, 1 Pfund Mehl = 5 Eier oder 1/2 Pfund Butter oder 1 Pfund Schweinefleisch usw. Mit der Formel

$$\frac{n^2 - n}{2}$$

lässt sich errechnen, wie viele Austauschpaarverhältnisse man sich ohne Geld merken müsste. Bei 100.000 verschiedenen Gütern (für eine moderne Volkswirtschaft eine sehr geringe Anzahl) wären dies 4.999.950.000, d.h. fast 5 Mrd. Austauschrelationen. Drückt man diese 100.000 Güter in Geldpreisen aus, so muss man sich lediglich 100.000 Austauschrelationen merken, d.h. nur ca. 0,002% derjenigen in einer Naturaltauschwirtschaft. Der erforderliche Umfang an Informationen auf den Märkten mit Geld verringert sich erheblich.

Geld als **Wertaufbewahrungsmittel** (Kassenhaltung, Ersparnisse) bedeutet, dass Geld die Funktion besitzen muss, Werte für später aufzubewahren, man muss mit dem Geld sparen können, und man muss Werte in der Kasse aufheben können. Spart man in Geld, so ist dies gleichzeitig die liquideste Form der Wertaufbewahrung, d.h. man kann sich sofort entschließen, eine andere Form der Vermögensbildung zu wählen (soweit das Geld als allgemeines Tauschmittel verwendet wird). Betreibt man eine Ersparnis (Vermögensbildung) in Geldform, dann ist Voraussetzung, dass keine bzw. nur geringe Inflationsraten herrschen.

Neben diesen drei entscheidenden Funktionen soll Geld noch eine Reihe sekundärer Funktionen erfüllen (die meist realisierbar sind, wenn die drei ersten erfüllt werden):
Geld ist ein **Werttransportmittel**, d.h. mit Hilfe des Geldes kann man bequem große Werte durch den Raum bewegen, man kann damit an jedem Ort Zahlungen leisten.
Geld ist ein **Kapitalübertragungsmittel**, d.h. mit seiner Hilfe kann man einfach Vermögen und Kapital entweder unentgeltlich (Schenkung) oder entgeltlich (Kredit) von einer Person auf eine andere übertragen. Wichtig ist hierbei das Geld für ein Darlehen.
Geld ist schließlich **gesetzliches Zahlungsmittel**. Alle Staaten haben gesetzlich festgelegt, dass eine schuldenbefreiende Zahlung nur im staatlich anerkannten Geld möglich ist. Geld dient hier somit zur Lösung einseitiger Zahlungsverpflichtungen wie Steuern, Schadensersatz, Strafen usw. In der BRD bzw. der EU sind Münzen beschränkt, Banknoten unbeschränkt gesetzliches Zahlungsmittel.

Ein gutes und funktionsfähiges Geld müsste die drei Haupt- und die drei Nebenfunktionen gleichzeitig erfüllen. In Krisenzeiten ist Geld häufig nicht in der Lage, diese gestellten Anforderungen zu erfüllen. Somit ist zu analysieren, **welche Eigenschaften und Bedingungen erfüllt sein müssen, damit Geld seine Funktionen ausüben kann**.
Zunächst müssen einige *technische Eigenschaften* des Geldes gegeben sein (die sich heute meist leichter erfüllen lassen): Zunächst die *Homogenität.* D.h. alle Geldarten sind gleich beschaffen und vertreten sich gegenseitig. Dann die *Teilbarkeit,* d.h. Geld muss ohne Verlust in kleinere Einheiten aufteilbar sein, um jeden Rechnungsbetrag darstellen zu können. Die *Haltbarkeit* soll verhindern, dass im Zeitablauf u.U. Substanzverluste auftreten. *Seltenheit* bekommt es, wenn eine kleine Gewichtseinheit einen relativ hohen Wert darstellt.
Diese technischen Eigenschaften garantieren aber nicht, dass es seine Funktionen erfüllt, vielmehr ist hierzu entscheidend eine *ökonomische Bedingung.* Es muss in der Lage sein, wiederholte und/oder stärkere Schwankungen seiner Kaufkraft zu vermeiden, d.h. es muss (in etwa) seine Wertbeständigkeit garantieren. Nur wenn man heute und in Zukunft für eine bestimmte Geldmenge eine annähernd gleiche Gütermenge eintauschen kann, wird es seine Funktionen zufriedenstellend erfüllen können.

1.1.4 Gelddefinition – Bedeutung des Geldes

Zur Klärung der Frage nach dem Wesen des Geldes, d.h. der Antwort darauf, was Geld letztlich ist, gibt es eine Fülle von Theorien. Sie alle können nicht endgültig das Wesen des Geldes klären.
Überwiegend **definiert man Geld** heute von seinen Funktionen her wie folgt:
Geld ist unabhängig von seiner äußeren Form ein allgemeines Gut nominalen Charakters, das im Wirtschaftsleben als allgemeines Tauschmittel, als Wert- und Rechenmaßstab und als Wertaufbewahrungsmittel Verwendung findet. D.h. es ist ein Medium, das man allgemein als Zahlungsmittel akzeptiert, das Werte ausdrücken und damit vergleichen kann, das man aufbewahren kann, das man übertragen kann, und das einen engen Bezug zu den realen Werten des Sozialproduktes herstellt.

Will man die **Bedeutung des Geldes** für moderne Volkswirtschaften darlegen, so kann man zunächst von den Geldfunktionen ausgehen.
Die *Tauschmittelfunktion* ermöglicht den Übergang von direktem Naturaltausch zum indirekten Geldtausch. Dies hat für die Wirtschaftssubjekte den Vorteil, nicht umständlich einen Tauschpartner suchen zu müssen. Man vergegenwärtige sich die großen Schwierigkeiten der sog. Kompensationsgeschäfte im internationalen Handel und mache sich damit die positive Bedeutung des Geldes klar.
Die Funktion als *allgemeine Recheneinheit* besitzt den wichtigen Vorteil, dass man sich nicht unzählig viele Austauschrelationen merken muss. Ein umfassender Ansatzpunkt, um die Bedeutung des Geldes zu ermessen, wäre die *Kreislaufbetrachtung.* Hier wird deutlich, dass jeder wichtige ökonomische Vorgang, sei es produzieren, konsumieren, Faktorleistungen anbieten und dafür Einkommen erhalten, sparen, investieren usw., in Geld ausgedrückt wird. Nur dadurch kann man so unterschiedliche Vorgänge wie z.B. Produzieren und Sparen gedanklich und quantitativ verbinden. Besonders für *Marktwirtschaften* kommt hinzu, dass der *Preis- und Marktmechanismus* (selbst in eingeschränkter Form) seine wichtigen Funktionen

ohne Geld nicht erfüllen kann. Ohne die „Geldsignale" wären diese Mechanismen nicht verständlich, und es wäre dann ein wichtiger Kern des Funktionierens dieses Wirtschaftssystems lahmgelegt.

Die *freie Konsumwahl* des Verbrauchers ist nur mit Geld möglich. Ohne Geld gäbe es nur eine Warenrationierung und eine Zuteilung der Güter entsprechend einem fiktiven „Normalverbraucher". Abweichende Bedürfnisse müssten dann nachträglich durch Naturaltausch ausgeglichen werden.

Eine heutige *arbeitsteilige Produktion* ist ohne Geld nicht durchführbar. Denn der Produzent kann ohne Geldrechnung keine rationelle ökonomische Wirtschaftsführung praktizieren. Nur mit Geld lässt sich ein einigermaßen exakter Vergleich zwischen Ertrag und Aufwand durchführen.

Geld ist schließlich Voraussetzung für die Entstehung und enorme *Bedeutung der Kreditmärkte.*

Ein *Großteil* der dargelegten *Tatbestände* der Bedeutung des Geldes gilt auch für die heutigen (bestehenden oder gewesenen) *Planwirtschaften,* denn dort ist genau wie in Marktwirtschaften Geld vorhanden. Der Grund liegt darin, dass die Grundvoraussetzungen des Wirtschaftens in beiden Systemen sehr ähnlich sind (auch in Planwirtschaften wünscht man freie Konsumwahl, auch dort versucht man eine rationelle rechnerische Produktion usw.).

1.1.5 Geldmengenabgrenzungen

Obwohl kurz vorher eine Gelddefinition gegeben wurde, ist die Bestimmung der Geldmenge nicht eindeutig möglich. D.h. es ist nicht eindeutig und sicher fassbar, was letztlich alles zum Geld rechnen kann. Deshalb ist es üblich, verschiedene Geldmengenabgrenzungen zu verwenden und je nach Zweckmäßigkeit bzw. Konvention einen bestimmten Geldmengenbegriff zu unterstellen.

Die Abgrenzung der verschiedenen Geldmengenaggregate ist in den einzelnen Ländern sehr unterschiedlich, wodurch ein internationaler Vergleich sehr erschwert wird (der Grund dafür ist die verschiedene Bankenstruktur der jeweiligen Länder, der Kreditmärkte, der staatlichen Ordnungspolitik u.ä.). Die einzige Geldmenge, die (in etwa) gleich ermittelt wird, ist M_1.

Die Beobachtung der verschiedenen Geldvolumina in ihrer absoluten bzw. relativen Höhe, deren zeitliche Entwicklung und ihre gegenseitige Veränderung ermöglichen eine monetäre Analyse. Diese Größen stellen weiterhin monetäre Steuer- und Zielgrößen der Geldpolitik dar (so wenn z.B. die Europäische Zentralnotenbank = EZB ihre geldpolitische Entscheidung u.a. dies am Aggregat M_3 festlegt).

Die folgenden Geldmengenabgrenzungen beziehen sich auf den Europäischen Währungsraum in der Definition der EZB.

Der am engsten abgegrenzte Geldmengenbegriff ist die **Zentralbankgeldmenge M_Z** (häufig auch Geldbasis genannt). Man zählt dazu den Bargeldumlauf an Münzen und Banknoten (ohne die Kassenbestände der Banken) plus die Mindestreserven auf Inlandsverbindlichkeiten (berechnet mit konstanten Sätzen zu einem festen Basisjahr).

Erwähnt sei nur, dass man in der BRD u.a. eine einfach korrigierte und erweiterte Geldbasis unterscheidet, und dass der Sachverständigenrat eine etwas unterschiedlich abgegrenzte Zentralbankgeldmenge unterscheidet.

Die **Geldmengenabgrenzung M_1** ist die einzige, die international vergleichbar ist und die am ehesten der Vorstellung des Geldvolumens einer Volkswirtschaft entspricht.
M_1 umfasst das Bargeld an Münzen und Banknoten (ohne Kassenbestände der Banken) plus die Sichteinlagen (= Giralgeld) inländischer Nichtbanken bei den Kreditinstituten. Der neuere Ausweis von M_1 erfolgt häufig ohne das Bargeld.

Die **Geldmenge M_2** umfasst die Geldmenge M_1 plus das sog. Quasi-Geld, d.h. alle Termingelder bis zu zwei Jahren (d.h. alle Termineinlagen von Nichtbanken bei Kreditinstituten bis zu zwei Jahren).

Die **Geldmenge M_3** umfasst die Geldmenge M_2 zuzüglich der Spareinlagen mit gesetzlicher Kündigungsfrist und marktfähige Finanzierungsinstrumente. M_3 stellt die weiteste Abgrenzung der Geldmenge dar.

Die verschiedenen Geldmengenaggregate zeigen, dass es keinen „richtigen" Geldmengenbegriff gibt, vielmehr bestimmt der Zweck der monetären Analyse die Wahl eines bestimmten Geldmengenaggregates. D.h. die verschiedenen Geldmengenbegriffe spiegeln primär bestimmte Geldfunktionen wider. Zielt man z.B. auf die Tauschmittelfunktion des Geldes ab, d.h. möchte man wissen, welches Volumen an Käufen bzw. Verkäufen möglich ist, so erscheint M_1 passend zu sein. Würde man dagegen nur M_1 betrachten, so kann es in einer Zeit deutlich steigender Zinsen passieren, dass die Wirtschaftssubjekte ihre Sichteinlagen auflösen (die für kurzfristige Käufe nicht benötigt werden) und dafür verzinsliche Termineinlagen (z.B. Monatsgelder) erwerben, ohne dass sich sonst am Publikumsverhalten etwas ändert. Die Konsequenz wäre aber ein Sinken des Geldvolumens M_1. Ein expansives Agieren der Geldpolitik, um den vermeintlichen Abfluss an Geld (Kaufkraft) auszugleichen, wäre hier aber falsch. Eine Beobachtung von M_2 zeigt nämlich, dass sich bei diesem Aggregat nichts verändert hat, somit (wie dargelegt) lediglich eine Umschichtung der Geldanlage stattgefunden hat und ein Eingreifen der Geldpolitik nicht erforderlich ist.

Die folgende Abbildung 1-2 fasst die vier wichtigsten Geldmengendefinitionen zusammen.

<table>
<tr><td rowspan="3"></td><td colspan="4">Geldmenge M_3</td></tr>
<tr><td colspan="3">Geldmenge M_2</td><td rowspan="4">Sparguthaben mit gesetzlicher Kündigungsfrist und marktfähige Finanzierungsinstrumente</td></tr>
<tr><td colspan="2">Geldmenge M_1</td><td rowspan="3">Termineinlagen bis zu zwei Jahren von Nichtbanken</td></tr>
<tr><td colspan="2">Zentralbankgeldmenge M_Z</td><td rowspan="2">Sichteinlagen von Nichtbanken bei Kreditinstituten</td></tr>
<tr><td>Mindestreserven auf Inlandsverbindlichkeiten zu konstanten Reservesätzen mit fester Jahresbasis</td><td>Bargeld: Münzen und Banknoten ohne Kassenbestände der Banken</td></tr>
</table>

Abb.: 1-2: Geldmengenabgrenzungen in der BRD nach der EZB

Die unterschiedlichen Geldaggregate und deren Entwicklung im Zeitablauf reichen zur monetären Beurteilung häufig nicht aus, denn daraus ist nicht erkennbar, wie intensiv in einer Volkswirtschaft das Geld genutzt wird. Dazu benötigt man als Maßzahl die sog. **Umlaufgeschwindigkeit des Geldes**.

In der Literatur existieren eine Reihe unterschiedlicher Definitionen für diesen Begriff. Am verständlichsten ist es, wenn man unter der Umlaufgeschwindigkeit des Geldes (V) den Quotienten aus dem Bruttosozialprodukt bzw. Bruttoinlandsprodukt und einer passenden Geldmenge (z.B. M_1) versteht, d.h.

$$V = \frac{\text{Bruttosozialprodukt bzw. Bruttoinlandsprodukt (in jeweiligen Preisen)}}{\text{Geldmenge (z.B. } M_1\text{)}}$$

auch Einkommenskreislaufgeschwindigkeit des Geldes genannt.

Die Maßzahl V gibt an, wie oft (im Laufe eines Jahres) die jeweilige Geldmenge umgesetzt (genutzt, verwendet) wurde, um das gesamte Bruttosozialprodukt bzw. Bruttoinlandsprodukt zu kaufen bzw. zu verkaufen.

Häufig kann man beobachten, dass in einem Konjunkturaufschwung die Umlaufgeschwindigkeit ansteigt, beim Konjunkturrückgang sich dagegen verlangsamt. Der Grund liegt in der intensiveren Nutzung der Geldmenge (Aufschwungsphase) bzw. in der geringen Intensität der Geldmengennutzung (Abschwungsphase). Diese Regelmäßigkeit kann aber durch zwei Effekte nicht unbeträchtlich umgeworfen werden. Einmal, wenn die Zentralnotenbank eine prozyklische Geldpolitik betreibt, und zum anderen, wenn sich die Kassenhaltungsgewohnheiten der Wirtschaftssubjekte ändern sollten, was z.B. durch eine veränderte Zinsstruktur, unterschiedliche Einkommenshöhen, Änderung der Steuersätze, Inflationshöhe bewirkt werden könnte (d.h. wie so häufig ist bei sog. Regelmäßigkeiten im Wirtschaftsablauf Vorsicht geboten).

Die folgende Abbildung 1-3 bringt einige Daten zu den verschiedenen Geldmengendefinitionen und zur Umlaufgeschwindigkeit für ausgewählte Jahre.

Geldmengen = M_1, M_2, M_3 Sozialprodukt = Y Umlaufgeschwindigkeit = V	1975 für BRD in Mrd. DM	1990 für BRD in Mrd. DM	2008 für Eurozone in Mrd. €
M_1	179,9	584,3	3.981,9
M_2	279,3	987,9	8.028,2
M_3	490,9	1.503,0	9.407,2
Y: BRD = GNP; Euro = BIP	1.033,9	2.439,1	9.266,2
$V_1 = Y : M_1$	5,75	4,17	2,33
$V_3 = Y : M_3$	2,11	1,62	0,99

Quelle: Monatsbericht EZB 06/2009

Abb.: 1-3: Geldmengen- , Sozialprodukt- und Umlaufgeschwindigkeitsentwicklung in der BRD und Eurozone

1.1.6 Liquidität

Bekanntlich versteht man *unter der Liquidität* die Fähigkeit eines Wirtschaftssubjektes, jederzeit seinen Zahlungsverpflichtungen termingerecht nachzukommen. Dies setzt aber voraus, dass ein Wirtschaftssubjekt Vermögenstitel in Form von Geld, Geldsurrogaten und anderen Vermögensanlagen besitzt oder über einen Kredit verfügen kann, nur so kann es seinen Verpflichtungen termingerecht entsprechen.
Der Liquiditätsgrad all dieser Vermögenstitel ist unterschiedlich. Geld verfügt über die höchste Liquidität. Besitzt ein Wirtschaftssubjekt eine Immobilie als Vermögenstitel, so ist es u. U. sehr zeitaufwendig und problematisch, bis diese in liquide Mittel umgewandelt ist, um damit den Zahlungsverpflichtungen dann nachzukommen (Schwierigkeit der Liquidierung eines Vermögenstitels).

Die *gesamtwirtschaftliche* (volkswirtschaftliche) *Liquidität* ergibt sich (theoretisch) aus der Summe der Liquiditäten aller Wirtschaftssubjekte, d.h. der Haushalte, der Unternehmungen, der Banken und des Staates. Dies zu erfassen ist organisatorisch und statistisch nicht möglich, so dass man sich als Indikator der gesamtwirtschaftlichen Liquidität mit *derjenigen der*

Geschäftsbanken (Kreditinstitute) zufriedengibt. Dies ist deshalb begründbar, da die Kreditinstitute als Schaltstelle im Geldkreislauf einer Volkswirtschaft agieren.

Eine Geschäftsbank richtet ihr wirtschaftliches Verhalten letztlich nach zwei Kriterien aus, der Liquidität und der Rentabilität. Unter dem Aspekt der Rentabilität (maximaler Gewinn!!) müsste eine Bank sämtliche hereinkommenden Gelder (Einlagen) zu 100 Prozent wieder als Kredit ausleihen. Dieses Bestreben kollidiert aber mit der Erfordernis der Liquidität, d.h. wenn Kunden Teile ihrer Einlagen abheben, muss sie zahlungsfähig sein. Es darf unter keinen Umständen Zweifel an der Zahlungsfähigkeit einer Bank aufkommen, die Folge wäre ein Run auf die Einlagen mit der evtl. Konsequenz ihrer Insolvenz. Für die Bank konzentriert sich diese Problematik somit auf die Frage, wie kann sie möglichst sofort (schnell) Verluste an Geld (sog. Zentralbankgeld) bei vermehrten Barabhebungen ausgleichen. Dabei ist vom Faktum auszugehen, dass jede Bank die Einlagen ihrer Kunden zu weniger (deutlich weniger) als 100 Prozent in bar in ihrer Kasse hat. Wie können somit, heißt die Frage, evtl. auftauchende Liquiditätsprobleme umgehend behoben werden, d.h. es ist die Frage der sog. **Liquiditätsreserven** einer Bank zu beantworten (d.h. woher und wie bekommt sie sofort Geld).
Hierbei sind zunächst die sog. *freien Liquiditätsreserven* einer Bank (in der Definition der EZB) wichtig. Diese bestehen aus den *Überschussreserven,* d.h. Zentralbankguthaben einer Bank minus deren Mindestreservenverpflichtung (es müssen eine Reihe von Begriffen verwendet werden, die erst in den folgenden Kapiteln dargelegt werden), plus denjenigen *Offenmarkttiteln* (d.h. inländische Geldmarktpapiere) *mit Geldmarkttätigkeit,* d.h. deren Ankauf von der Zentralbank jederzeit vorgenommen wird.
Die *Liquiditätsreserven einer Bank* durch *Zurverfügungstellung von Zentralbankgeld* umfassen neben den freien Liquiditätsreserven (= praktisch die erste Stufe der Liquidität) noch folgende Posten:
Es handelt sich um eine mögliche Refinanzierung beim Europäischen System der Zentralnotenbanken (ESZB)

a) Im Rahmen der gesamten Offen-Markt-Geschäfte (siehe Kapitel 6.3)
b) Entsprechend den Möglichkeiten der Fazilitäten (siehe Kapitel 6.4)

Die *Bankenliquidität im weiteren Sinne* umfasst neben den eben dargelegten Liquiditätsreserven über Zentralbankgeld die Posten:

1) Alle *Geldsurrogate,* d.h. die durch den Verkauf von Geld- und Kapitalmarktpapieren außerhalb der EZB hereinkommende Liquidität
2) Saldo aus den Interbankverbindlichkeiten und den Kreditlinien bei anderen Banken
3) Einlagen des Staates bei den Banken
4) Guthaben und Kreditlinien bei ausländischen Banken plus das Volumen der Möglichkeit der Aufnahme eines Eurogeldmarktkredites

Die Aufzählung von den Liquiditätsreserven einer Bank über die freien Liquiditätsreserven, zu den Liquiditätsreserven durch Zurverfügungstellung von Zentralbankgeld, hin zur Bankenliquidität im weiteren Sinne zeigt zweierlei:
Einmal handelt es sich dabei um eine „Stufenleiter der Liquidierbarkeit“, d.h. zunächst

(= freie Liquiditätsreserven) ist diese Liquidität sehr schnell und sicher verfügbar. Bei den folgenden aufgeführten Möglichkeiten ist dies nicht in jedem Fall bzw. in jeder konkreten Wirtschaftssituation gegeben. Zum anderen stehen den Banken sehr umfangreiche Möglichkeiten offen, sich (zumindest mittelfristig) Liquidität zu beschaffen.

1.2 Kredit

Eng verbunden mit dem modernen Geldwesen ist das Kreditwesen. Wir haben bereits gesehen, dass Geld heute aus stoffwertlosen Forderungen besteht, ausgestattet mit einem Zahlungscharakter. Das Vorhandensein einer Forderung ist aber gleichzeitig Ausdruck eines Kredits.
Somit sind die heutigen Zahlungsmittel (heutiges Geld) letztlich ein Geschöpf des Kredites. Deshalb müssen wir uns (kurz) mit dem Kredit beschäftigen, denn eine moderne Volkswirtschaft ist sowohl eine Geld- wie eine Kreditwirtschaft.

1.2.1 Begriff des Kredites

Zunächst scheint es relativ einfach zu sein, den Begriff bzw. Inhalt des Kredites zu klären, indem man von der Wortbedeutung Kredit ausgeht. Kredit kommt aus dem Lateinischen von credere, was glauben, vertrauen bedeutet. Somit würde Kredit gleich Vertrauen bedeuten, z.B. darauf, dass der Schuldner das Darlehen nebst Zinsen termingerecht zurückzahlt.
Bei dieser Begriffsbestimmung hat man etwas Zufälliges zur Hauptsache gemacht. Ein „gewisses Quantum" Vertrauen ist für jedes ökonomische Geschäft (somit selbstverständlich auch für einen Kredit) nötig, sonst kommt es nicht zustande. Bekanntlich sichert sich eine Bank bei einer Kreditvergabe soweit wie nur möglich ab, somit ist das Vertrauen hierbei doch nur verhältnismäßig relativ vorhanden. Insgesamt gehört Vertrauen zum Kredit, macht aber nicht sein entscheidendes Wesen aus.

Das Wesen des Kredits besteht vielmehr „in der entgeltlichen (= Zinsen) und befristeten (= Tilgung) Übertragung von Geld- oder auch Realwerten vom Gläubiger (= Kreditgeber) auf den Schuldner (= Kreditnehmer)".
Kredit ist somit heute meist die befristete Hingabe von Geld gegen Zinsen.

Damit zeigt sich auch die gegenwärtige enge Verzahnung von Geld und Kredit (so spricht man ja häufig synonym von Geldpolitik und von Kreditpolitik der EZB). Trotzdem ist Geld nicht gleich Kredit zu setzen. Denn der Kredit wird in einer bestimmten Form (z.B. als Darlehen oder als Zahlungsziel), für einen bestimmten Zweck, für eine bestimmte Zeit als ein Kreditgeschäft abgeschlossen.
Geld repräsentiert dagegen in einer bestimmten Relation Kaufkraft gegenüber dem Bruttosozialprodukt.
Der *Kredit hat* im Wirtschaftsbereich (heute) *zwei Aspekte:* Die formale Seite ist ein monetäres Phänomen (= die Hingabe von Geld), während die materielle Seite eine güterwirtschaftlich wirksame Verfügung von Kaufkraft darstellt.

Die *Hauptfunktion* des Kredites besteht in der zeitlichen Verschiebung von Kaufkraft vom Kreditgeber auf den Kreditnehmer, wobei die dabei entstehenden Kreditbeziehungen immer Schuldverhältnisse darstellen.

Die vielfaltigen Untergliederungsmöglichkeiten der Kredite in kurz-, mittel-, und langfristige, oder private bzw. öffentliche Kredite dürften begrifflich keine Schwierigkeiten darstellen, so dass dazu auf die Literatur verwiesen wird.

1.2.2 Geldmenge und Kreditvolumen

Stark vereinfachend kann man das *Kreditvolumen einer Volkswirtschaft* als die Summe der gegebenen Kredite durch die Geschäftsbanken bezeichnen.

Zwischen der Geldbasis (Zentralbankgeldmenge) M_Z oder einer sonst abgegrenzten Geldmenge (z.B. M_1) und dem Kreditvolumen einer Wirtschaft bestehen enge Wechselbeziehungen. Dabei ist der Zusammenhang der Reaktion zwischen der Geldbasis und einer abgegrenzten Geldmenge (M_1, M_2 oder M_3) ziemlich eng, während eine Reaktion der Geldmenge (bzw. der Geldbasis) auf das Kreditvolumen deutlich weniger eng ausgeprägt ist. Das Kreditvolumen wird deutlich von der konjunkturellen Entwicklung und der volkswirtschaftlichen Gesamtnachfrage bestimmt.

Ein Beispiel soll den Zusammenhang zwischen Geldmenge und Kreditvolumen verdeutlichen (siehe dazu auch den Abschnitt zur Transmission und der Geldpolitik der Zentralbank):
Ein *expansiver monetärer Impuls,* z.B. ausgelöst durch eine Senkung der Mindestreserven durch die EZB, erhöht zunächst die Geldbasis. Dies bewirkt eine wachsende Geldmenge und damit einen Anstieg der Liquidität der Banken. Dies veranlasst die Banken ihr Kreditangebot (wohl zu sinkenden Zinsen) auszudehnen. Ob aber diese Zunahme der Geldbasis, der Geldmenge, der Bankenliquidität auch zu einem steigenden Kreditvolumen führt, hängt von der jeweiligen Konjunktursituation ab.
Nur wenn ein Konjunkturaufschwung herrscht und/oder eine positive Konjunkturerwartung gegeben ist, wird das Kreditangebot der Banken auf eine wachsende Kreditnachfrage der Nichtbanken treffen und so zu einer Ausweitung des Kreditvolumens führen.
Aber auch bei einem Konjunkturaufschwung werden die Nichtbanken zunächst auf ihre eigene Liquidität bzw. auf ihre eigenen Geldanlagen zur Finanzierung der zusätzlichen Käufe bzw. Investitionen zurückgreifen (= Selbstfinanzierung). Erst wenn diese Bestände erschöpft sind und noch weitere Käufe plus Investitionen sinnvoll sind, geht man zur Fremdfinanzierung mittels Kredit über. D.h. die eben unterstellte Übertragung (Transmission) vom Geldbereich auf den Kreditbereich erfolgt häufig mit zeitlicher Verzögerung (time-lag).
Um im Beispiel zu bleiben, wird (kann!) der Übertragungsprozess durch eine steigende Nachfrage der privaten Haushalte (Gebrauchsgüter), durch eine Zunahme der staatlichen Nachfrage (deficit spending) und des Auslandes (Exporte) nochmals angeregt werden, was zu einer weiteren Zunahme des Kreditvolumens führt.
Würde dagegen besagter expansiver monetärer Impuls in der Konjunkturphase der Depression stattfinden, so ist zumindest eine deutlich schwächere Zunahme des Kreditvolumens die Folge, hin bis zum Grenzfall, dass keine Veränderung des Kreditvolumens eintritt.

Ein *restriktiver monetärer Impuls* durch die Bundesbank wird ziemlich sicher eine Einschränkung des Kreditvolumens zur Folge haben.
Insgesamt ergibt sich somit:
Ob und mit welcher Intensität ein monetärer Impuls von der Geldmenge auf das Kreditvolumen übertragen wird, hängt von der jeweiligen Konjunkturlage und der Verhaltensweise der Wirtschaftssubjekte ab.

1.2.3 Volkswirtschaftliche Bedeutung des Kredites

Da sehr viele geschäftliche Transaktionen mit einem Kredit verbunden sind (Zahlungsziele, Anzahlungen, Ratenkauf, Vorauskasse usw. sind alles Kredite), ist die Bedeutung des Kredites für eine moderne arbeitsteilige Volkswirtschaft sehr groß.

1) Der Kredit ermöglicht den *Ausgleich zwischen verschiedenen Wirtschaftssubjekten.* So erfolgt das Sparen überwiegend in den privaten Haushalten, die Investitionen dagegen in den Unternehmen. Der Kredit verbindet den Sparer und den Investor. D.h. ohne den Kredit bliebe der Konsumverzicht (= Sparen) der Haushalte ohne Resonanz und die Unternehmensinitiative könnte sich ebenfalls nicht entfalten
2) Ein Kredit ermöglicht die *Schaffung großer Geldkapitalien,* d.h. ohne den Kredit könnte man nicht aus vielen kleinen Kapitalbeträgen (Ersparnissen) einen großen Kapitalbetrag bilden und damit eine große Investition finanzieren
3) Eine Gelddisposition mit Hilfe eines Kredites nimmt eine *zeitliche Verschiebung vor.* Das heutige Sparen verlagert den Konsum in die Zukunft und ermöglicht damit in der Gegenwart eine Verschiebung von der Konsum- auf die Investitionsnachfrage
4) Der Kredit ermöglicht eine gleichmäßigere Gestaltung des Konjunkturverlaufes

In der Depression ist der Kredit ein (mögliches) Mittel zur Erhöhung der gesamtwirtschaftlichen Nachfrage und gibt damit die Chance, die ungünstige Beschäftigungslage zu verbessern.
Umgekehrt könnte in einer Boomphase eine Kreditbeschränkung die Überhitzungsphase abkühlen.

1.3 Währung

1.3.1 Begriff der Währung

Ursprünglich bedeutete Währung die Garantie (des Staates) für Gewicht und Feingehalt des Edelmetalls für vollwertig ausgeprägte Kurantmünzen.

Da diese Definition nicht mehr von Bedeutung ist, versteht man *heute* unter Währung dreierlei:

1) die Geldverfassung eines Staates
2) das gesetzlich anerkannte Zahlungsmittel eines Staates oder einer Staaten Union (enger Währungsbegriff)
3) ein internationales Währungssystem

Zu 1) Heute ist das Geldwesen ein Geschöpf des Staates und seiner Rechtsordnung, d.h. jeder Staat beansprucht die Regelung des Geldwesens als eines seiner ureigensten Souveränitätsrechte.

Unter Währung versteht man somit all die Regelungen (Gesetze, Verordnungen, Bestimmungen) des Staates für sein Geldwesen, die sog. **Geldverfassung**.

Im Rahmen dieser Geldverfassung eines Staates bzw. einer Währungs-Union (WU) sind insbesondere folgende Maßnahmen geldtechnischer und geldrechtlicher Art zu lösen:

1) *Bestimmung der Währungseinheit* und ggf. deren *Stückelung*
   Durch den Vertrag ist in der BRD der Euro (€) als Währungseinheit eingeführt, mit seiner Stückelung in 100 Cent.
2) Festlegung, *was als Währungsgeld zu gelten hat*
   Währungsgeld sind in der BRD Banknoten (unbeschränktes gesetzliches Zahlungsmittel) und Münzen (beschränkt). Dabei wird ebenfalls bestimmt, in welchen Bruchteilen und Vielfachen der Währungseinheit das gesetzliche Geld eingeführt wird
3) *Festlegung einer Währungsparität*
   Parität heißt, ob ein Wertverhältnis zwischen der Währungseinheit (dem €) und z.B. dem Gold (wäre eine Goldparität) oder auch einer anderen Währung, z.B. dem US $ (wäre eine Dollarparität) gesetzlich festgelegt wird. Es würde dann im Währungsgesetz z.B. heißen: 1 € = x g Feingold. In der BRD ist für den Euro (€) keine Parität vorhanden
4) Bestimmung von *Münzhoheit und Notenprivileg*
   Das Münzprivileg hat in der BRD die Bundesregierung (d.h. sie darf Münzen prägen). Das Notenprivileg (= Banknoten drucken und in Umlauf bringen) liegt in der BRD bei der EZB
5) *Zuordnung der Währungspolitik*
   In der BRD ist für die binnenwirtschaftliche Währungspolitik die EZB zuständig, für den Außenwährungsbereich (Wechselkurse) der Rat der EU

Zu 2) Unter der Währung versteht man auch die **nationale Währungseinheit** eines Staates, in der BRD eben der Euro.

Entsprechend der internationalen Bedeutung differenziert man hierbei in harte, weiche und in Leitwährungen.

Eine *harte Währung* zeichnet sich dadurch aus, dass bei ihr die Konvertibilität gegeben ist (d.h. dass diese Währung jederzeit von jedermann unbeschränkt in jede andere Währung umgetauscht werden kann). Hartwährungsländer sind vorwiegend marktwirtschaftliche Industrieländer.

Eine *weiche Währung* ist dagegen diejenige, für die die Konvertibilität nicht oder nur teils gegeben ist (d.h. eine derartige Währung ist nicht oder nur mit Auflagen in andere Währungen umtauschbar). Länder mit weicher Währung sind die Mehrzahl der Entwicklungsländer und einige der ehemaligen Planwirtschaften.

Eine Leitwährung ist eine harte Währung, die wegen der wirtschaftlichen Stärke und Bedeutung dieses Landes im Welthandel ein besonderes Vertrauen genießt. Die erste Leitwährung ist immer noch der US $, dann der Euro und der japanische Yen.

Zu 3) Der Begriff Währung wird auch im Hinblick auf die gegenseitigen Beziehungen zweier oder mehrerer Währungsgebiete gebraucht, d.h. im Sinne eines **internationalen Währungssystems**.
Bei dieser Begriffsinterpretation steht die außenwirtschaftliche Seite der Währung im Vordergrund. Hierbei verpflichten sich mehrere Staaten bzw. deren Währungsbehörden im Verkehr der Währungen untereinander bestimmte Regeln und Beziehungen einzuhalten. Überwiegend dreht es sich dabei um die Regelung des Wechselkurses, um evtl. Interventionsverpflichtungen am Devisenmarkt, den Ausgleich der Zahlungsbilanzen, um Währungskredite oder die Übertragung von Währungsreserven auf einen Fonds und dergleichen. Beispiele derartiger Übereinkünfte wäre das System von Bretton Woods oder das Europäische Währungssystem (EWS).

1.3.2 Währungssysteme

Die Frage der Währungssysteme zielt primär auf die erste Definition des Begriffs Währung ab, nämlich auf die Ausgestaltung der Geldverfassung eines Landes. Diese Definition wird meist mit der 3. Begriffserklärung verbunden, mit den Fragen eines internationalen Währungssystems. Spricht man heute von einem Währungssystem, so muss man beide Seiten, die binnenwirtschaftliche (= die Geldverfassung) und die außenwirtschaftliche Komponente (= Devisenkurse und Zahlungsbilanz) gleichzeitig analysieren.
Bei der Unterscheidung der Währungssysteme geht man insbesondere von einem Kriterium der Geldverfassung aus, nämlich ob diese vorliegende Währung eine Parität hat oder nicht.
Man gelangt dabei zu zwei Gruppen von Währungssystemen, den sog. gebundenen Währungen (diese haben eine Parität) und den freien Währungen (diese haben keine Parität).

1.3.2.1 Gebundene Währungssysteme

Gebundene Währungssysteme besitzen über die Parität eine feste Kopplung der Währungseinheit an eine Sache, wichtig ist hierbei nur die Kopplung an diejenige eines Edelmetalls (Gold oder Silber). Währungstechnisch findet dies seinen Ausdruck im sog. Münzfuß (= gesetzliche Relation von der Währungseinheit zum Edelmetall), der z.B. im deutschen Währungsgesetz von 1873/75 war: 1 kg Feingold = 2.790 Mark, somit 1 Mark = ca. 0,36 g Feingold.
Ökonomisch entscheidend ist dabei, dass der Geldwert an die Wertbewegungen einer Sache gebunden ist und dass das Geld einen Wert an sich hat.

Gebundene Währungen gab es in einer großen Vielfalt:
So zunächst die *monometallistischen Währungen,* hier ist nur ein Edelmetall gesetzliches Währungsmetall (Gold oder Silber → d.h. Gold- oder Silberwährung). Dann gab es *bimetallistische Währungen,* hier waren Gold und Silber gleichzeitig Währungsmetall (als sog. Doppel- und als Parallelwährung).
Aus der Fülle der Varianten soll nur diejenige vorgestellt werden, die heute noch als Denkmodell und Diskussionsgrundlage wichtig ist, und zwar die *Goldwährung.* Auch sie kann in verschiedenen Formen auftreten:

Zunächst als **reine Goldumlaufswährung**. Bei dieser befinden sich aus Gold hergestellte Kurantmünzen als alleiniges gesetzliches Zahlungsmittel im Umlauf. Daneben vorhandene Scheidemünzen und Banknoten werden jederzeit von der Zentralnotenbank in Goldmünzen eingetauscht (Goldeinlösepflicht).
1774 war England in Europa das erste Land mit einer Goldumlaufswährung, 1871 folgte das Deutsche Kaiserreich, in den 70 bis 80 Jahren des 19. Jh. die meisten übrigen Staaten, so dass bis zum Ausbruch des 1. Weltkrieges (wo das System aufgehoben wurde) dies das weltweit vorherrschende System war.

Eine sog. **Goldkernwährung** zeichnet sich dadurch aus, dass keine Goldmünzen als Zahlungsmittel mehr umlaufen, sondern dass das gesamte Währungsgold in den Tresoren der Zentralnotenbank lagert (auch Goldbarrenwährung genannt). Banknoten und Scheidemünzen sind gesetzliche Zahlungsmittel. Eine Einlösepflicht (Konvertierbarkeit) der Zentralnotenbank besteht nicht mehr. Das Gold der Zentralnotenbanken wird nur evtl. noch zwischen den Staaten bewegt und dient dann dazu, Zahlungsbilanzdefizite auszugleichen.
Die entscheidende ökonomische Wirkung des Goldkernes (der Zentralnotenbank) besteht in der **Deckung** des umlaufenden Bargeldes. D.h. im Währungsgesetz ist bindend festgelegt, dass ein bestimmter Prozentsatz (z.B. 22,5%) des umlaufenden Bargeldes durch den Goldkern (in einer festen Wert-/Mengenrelation) abgedeckt sein muss. Dadurch ist einer (hemmungslosen) Ausdehnung (Erweiterung) des umlaufenden Bargeldes ein starkes Hemmnis entgegengesetzt (eine Inflation somit erschwert). Das System einer Goldkernwährung wurde (von Vorläufern abgesehen) in Europa nach dem 1. Weltkrieg (nach Überwindung der Inflation) in nahezu allen Ländern eingeführt. Es hielt sich aber nur einige Jahre und wurde von der nächsten Variante abgelöst.

Die Weiterentwicklung war die **Golddevisenwährung** bzw. der sog. **Golddevisenstandard**. Hier dient zur Deckung nicht nur Gold (das dafür nicht mehr ausreicht), sondern es werden dazu auch sog. Golddevisen verwendet (sind solche, die ihrerseits den Golddevisenstandard praktizieren). Der Schatz der Zentralnotenbank zur Deckung besteht somit aus Gold und Devisen.
Der Golddevisenstandard brach faktisch durch die Auswirkungen der Weltwirtschaftskrise zusammen.

Nachdem in der währungspolitischen Diskussion in Zeiten hoher Inflationsraten immer wieder der Vorschlag zur Wiedereinführung einer Goldwährungsvariante vorgebracht wird (z.B. Anfang der 1980er Jahre durch Laffer, einem währungspolitischen Berater des amerikanischen Präsidenten Reagan), sind kurz die **Vor- und Nachteile einer Goldwährung** darzulegen.
Die *Vorteile* umfassen drei (wichtige) wirtschaftliche Komplexe:
Einmal ergibt eine Goldwährung eine relativ *hohe Geldwertstabilität,* d.h. eine Inflation durch den Staat (Haushaltsdefizite) oder sonst ausgelöst ist im starken Ausmaß nicht möglich. Zum anderen eine *hohe Stabilität der Wechselkurse* (= stabile Wechselkurse), erreicht über den Wirkungszusammenhang des sog. Goldautomatismus, und schließlich eine *Konvertierbarkeit der Währung* im internationalen Handelsverkehr.
Diese bedeutungsvollen wirtschaftlichen Vorteile einer Goldwährung ergeben sich aber nur, wenn folgende Voraussetzungen strikt eingehalten werden: Die Golddeckungsvorschriften

und die Spielregeln des Goldautomatismus müssen praktiziert werden. Preise (= alle, d.h. auch Löhne) müssen nach oben und unten beweglich sein. Es darf keine störenden Kapitalbewegungen geben, und es muss liberaler Freihandel praktiziert werden (man sehe demgegenüber die Realität: Preise (Löhne!) sind nach unten praktisch unbeweglich, es gibt ein enormes Potential frei beweglichen internationalen Kapitals und statt Freihandel wird häufig Protektionismus praktiziert).
D.h. aus den Voraussetzungen einer Goldwährung ergeben sich deren *Nachteile:*
Die Spielregeln einer Goldwährung erzwingen den weitgehenden Verzicht auf eine autonome Geld-, Wirtschafts- und Konjunkturpolitik. Man müsste somit eine Arbeitslosigkeit z.B. hinnehmen, ohne nur den Versuch einer Überwindung zu machen. Die wirtschaftliche Entwicklung, das Wachstum würden vom Umfang der Goldproduktion abhängen. Das Währungssystem wäre relativ teuer (Teile des Sozialproduktes müssten zum Ankauf von Währungsgold verwendet werden). Schließlich wohnt einer Goldwährung eine sog. Deflationstendenz inne (d.h. sie neigt eher zu einer Depression mit Arbeitslosigkeit).

1.3.2.2 Freie Währungssysteme

Ein freies Währungssystem hat keine Parität, d.h. keine gesetzliche Bindung der Währungseinheit an das Gold oder sonst etwas. Das wichtigste Bargeld sind hier die stoffwertlosen Banknoten, für die weder eine Einlösepflicht noch eine Deckungsvorschrift des Staates besteht. Dieses Geld ist somit an sich wertlos. Sein Wert beruht nur (und nur solange) auf seinen Funktionen.
Daraus folgt, diese Währung ist manipulierbar, d.h. da die Geldmenge nicht an das Vorhandensein einer Ware (z.B. Gold) gebunden ist, kann man grundsätzlich die vorhandene Geldmenge unbegrenzt ausweiten, bzw. positiv formuliert, nach anderen wirtschaftspolitischen Gesichtspunkten bestimmen. Ein Hemmnis für die Ausweitung der Geldmenge ist nicht mehr vorhanden.

Beurteilung der **Vor- und Nachteile** eines freien Währungssystems:
Die *Vorteile* bestehen darin, dass die Geldherstellung sehr billig ist. Bei der Geldschöpfung ist die Zentralnotenbank nicht behindert, sie ist frei (keine Deckungsvorschrift). Somit kann sich die Geldmenge elastisch den Bedürfnissen des Gütervolumens anpassen. Man kann eine aktive Geld- und Konjunkturpolitik betreiben, d.h. es besteht die Möglichkeit, eine Depression und Arbeitslosigkeit von der monetären Seite her anzugehen.
Die *Nachteile* eines freien Währungssystems liegen darin, dass es für eine Geldmengenvermehrung keine Grenzen gibt. D.h. die Wirtschaft (in Grenzen) und vor allem der Staat können sich das nötige Geld beschaffen (primitiv durch Geld drucken). Das entscheidende Problem ist somit die Wertbeständigkeit in diesem Währungssystem bzw. die permanente Gefahr einer Inflation. Ein zweiter Problembereich ist die Frage der Wechselkurse und des Zahlungsbilanzausgleiches (vor allem bei stabilen Wechselkursen).

Das *gegenwärtige Währungssystem der BRD bzw. der WU* ist ein freies Währungssystem, d.h. es hat folgende Kriterien:

1) Frei; keine Parität
2) Manipulierbar; die Geldmenge kann nach irgendwelchen (guten oder schlechten) Aspekten bestimmt werden
3) Papierwährung; das wichtigste Bargeld sind die Banknoten

2 Geldmarkt

Nachdem im ersten Abschnitt (der Einführung) die grundlegenden Begriffe Geld, Kredit und Währung analysiert wurden, soll mit dem zweiten Abschnitt (dem Geldmarkt) das prinzipielle Verständnis für den monetären Bereich einer Volkswirtschaft dargelegt werden. D.h. nach dem heute vorherrschenden Selbstverständnis der Volkswirtschaftslehre sollen mit diesem Abschnitt, über die Geldtheorie, die Erscheinungen des monetären Bereiches verstanden und beurteilbar werden. Diese Erkenntnisse der Geldtheorie stellen dann die Basis dar, auf der die Wirtschaftspolitik (d.h. die Geld- und Währungspolitik) erörtert werden soll.

Geht man von der Verkehrsgleichung von Irving Fisher aus, d.h. von:

$$M \cdot V = Q \cdot P$$

(wobei M = Geldmenge, V = Umlaufgeschwindigkeit des Geldes, Q = Gütermenge bzw. reales Sozialprodukt und P = Preisniveau bedeuten), so drücken die vier Symbole die vier (klassischen) Bausteine der Makroökonomie aus:
M befasst sich mit der Geldangebotstheorie; V (bzw. der sog. Kassenhaltungskoeffizient $k = 1 : V$) beschäftigt sich mit der Geldnachfragetheorie. $M \cdot V$ stellt dann den monetären Bereich einer Volkswirtschaft dar (= der Geldmarkt).
P beschreibt die Inflationstheorie und Q die Beschäftigungs- und Wachstumstheorie.
$P \cdot Q$ erklärt dann den güterwirtschaftlichen Bereich einer Volkswirtschaft (= Gütermarkt und Arbeitsmarkt).

In diesem Abschnitt geht es zunächst darum, die Geldnachfrage (= V) und das Geldangebot (= M) zu untersuchen. Anschließend daran soll die Interdependenz zwischen dem Geld- und Güterbereich mit den daraus ableitbaren wirtschaftspolitischen Konsequenzen (die sog. Transmission) vorgestellt werden.
Der Geldmarkt ist, neben dem Güter- und Arbeitsmarkt, der dritte Analysegegenstand der makroökonomischen Theorie. Auf dem Geldmarkt treffen das gesamtwirtschaftliche Geldangebot und die gesamtwirtschaftliche Geldnachfrage aufeinander. Der (hier unterstellte) volkswirtschaftliche Begriff des Geldmarktes unterscheidet sich von dem in der Kreditwirtschaft (= dem Bankensektor) verwendeten. Im Bankenbereich versteht man unter dem Geldmarkt nur den Handel der Banken untereinander mit Zentralbankgeld. Der volkswirtschaftliche Geldmarktbegriff umfasst dagegen wesentlich mehr.

2.1 Geldnachfrage

2.1.1 Gegenstand der Geldnachfragetheorie

Der Kauf von Gütern (Waren und Dienstleistungen) erfordert den Besitz und Einsatz von Geld. Die Wirtschaftssubjekte müssen deshalb bestrebt sein, ausreichende Kassenbestände an Geld zu halten (= sog. *Kassenhaltung). Diese Kassenhaltung* der Wirtschaftssubjekte *nennt man auch die Geldnachfrage,* denn um die geplanten Transaktionen (Käufe) durchführen zu können, fragen die Haushalte so gesehen Geld nach (wie andere Güter auch).
Diese Kassenhaltung ist lediglich deshalb nötig, weil sich Zahlungseingänge (z.B. Lohnzahlung) und Zahlungsausgänge (Käufe von Konsumgütern) zeitlich in der Realität nicht dekken. Die Wirtschaftssubjekte sind somit gezwungen Kasse zu halten, nur so können sie die zeitlichen Abstände der Zahlungseingänge und -ausgänge überbrücken (ein privater Haushalt erhält am Monatsende eine Einkommenszahlung, z.B. Lohn. Die Ausgaben dagegen erfolgen relativ gleichmäßig während der folgenden 30 Tage, bis am Ende wieder ein Einkommenszufluss erfolgt. Am Monatsanfang ist die Haushaltskasse gefüllt, gegen Monatsende ziemlich leer = typischer Kassenhaltungsrhythmus eines Haushaltes).

In der Geldnachfragetheorie stehen zwei Fragen im Vordergrund: Einmal, wie hoch der Kassenbestand ist, den die Wirtschaftssubjekte in ihrer Kasse halten wollen und zum anderen, von welchen Einflussfaktoren dieser Kassenbestand abhängt. Wenn man (gedanklich) die Kassengeldbestände aller Wirtschaftssubjekte addiert, ergibt sich die volkswirtschaftliche (gesamte) Geldnachfrage.

Zum Fragenkomplex der Geldnachfrage gibt es eine Reihe von unterschiedlichen Theorien, die wichtigsten sind:
Die *klassische Geldnachfragetheorie* (J. Fisher), die in den Mittelpunkt der Geldnachfrage das sog. Transaktionsmotiv stellt, d.h. Geld wird gehalten, um Güterkäufe durchführen zu können.
Die *keynesianische Geldnachfragetheorie* fügt zum Transaktionsmotiv der Klassiker noch zwei weitere Motive hinzu: Das Vorsichts- und das Spekulations- bzw. Wertaufbewahrungsmotiv (siehe folgenden Abschnitt).
Der *Postkeynesianismus* arbeitet insbesondere (in Ergänzung zu Keynes) mit dem *Portfolioansatz.* Dieser erklärt, warum Wirtschaftssubjekte ihr Vermögen (= ihr Portfolio) in der Regel auf Geld und andere (verzinsliche) Aktiva gleichzeitig aufteilen.
Die Haupterklärung ist hierbei die Einbeziehung des Risikos einer Vermögensanlage in Relation zum Ertrag dieser Anlage.
Die *Neoklassische (Monetaristische) Geldnachfrage* (M. Friedman) geht noch weiter und berücksichtigt die erwartete Veränderung des Preisniveaus als Bestimmungsfaktor der realen Geldnachfrage. Dabei wird das Einkommen (u.a.) als Ertrag des Humankapitals (= menschliche Arbeit) mit berücksichtigt.

Im folgenden sollen die Geldnachfrage nach Keynes und diejenige der Neoklassiker genauer dargelegt werden. Dies auch deshalb, weil die beiden Auffassungen in der Geld- und Währungspolitik die deutlichsten Spuren hinterlassen haben bzw. als Kontroverse zwischen Fiskalisten (= Keynes) und Monetaristen (= Neoklassik, bzw. Friedman) dargestellt werden.

2.1.2 Geldnachfrage nach J. M. Keynes

Die Grundlage der modernen Geldtheorie und der nachhaltigste Einfluss auf die Wirtschaftspolitik gehen von den Überlegungen I.M. Keynes und seinen Nachfolgern aus. Obwohl die Theorie von Keynes heute in vielen Teilen so nicht mehr akzeptiert wird, zeigt die immer wieder aufkommende Kontroverse zwischen den Fiskalisten und den Monetaristen, dass eine Entscheidung gegen Keynes noch lange nicht erfolgt ist.

Keynes unterstellt, dass die Wirtschaftssubjekte (die Nichtbanken) eine Kassenhaltung aus drei verschiedenen Motiven heraus vornehmen (wobei die Aufteilung in drei verschiedene Kassen eine rein gedankliche Aufteilung ist, in Wirklichkeit liegt real nur eine Kasse vor), nämlich in das Transaktionsmotiv, das Vorsichtsmotiv und das Wertaufbewahrungs- bzw. Spekulationsmotiv. Die Transaktions- und die Vorsichtskasse bezeichnet man als die **aktive Kasse** und die Wertaufbewahrungs- bzw. Spekulationskasse als die **passive Kasse**.

Die Transaktionskasse (und die Cambridgegleichung mit dem Kassenhaltungskoeffizienten) übernimmt Keynes aus der klassischen Theorie. Geldhaltung in der Transaktionskasse erfolgt, weil Ein- und Auszahlungen meist nicht gleichzeitig und in gleicher Höhe anfallen, was beim Wirtschaftssubjekt ein „Zwischenlager" für Geld notwendig macht. Den Zusammenhang der nicht deckungsgleichen Ein- und Auszahlungen stellt man graphisch wie in Abbildung 2-1 dar.

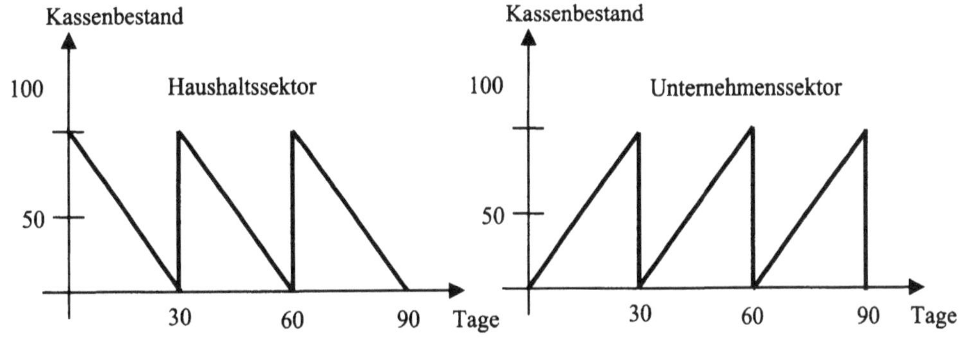

Abb.: 2-1: Kassenentwicklung im Haushalts- und Unternehmenssektor

Aus Abb. 2-1 ergibt sich, dass die Haushalte am Monatsanfang eine Einkommenszahlung von 100 Einheiten erhalten, die sie gleichmäßig für Transaktionszwecke bis zum nächsten Monatsanfang ausgeben usw. Das Resultat ist die sägeartige Zahnung in der Ausgabenentwicklung der Haushalte. Bei den Unternehmen entsteht dagegen ein inverses Profil der Kassenentwicklung. Dort ist am Monatsende durch die Einkommenszahlung an die Beschäftigten die Kasse = Null. Durch die Verkäufe bzw. die hereinkommenden Erlöse wird die Unternehmenskasse im Laufe des Monats aufgebaut, sie hat kurz vor der Einkommenszahlung ein Maximum, fällt dann auf Null zurück usw.

Vereinfachend nimmt Keynes (wie die Klassiker) an, dass die Transaktionskasse L_T im wesentlichen nur vom Umfang des Volkseinkommens (Y) bestimmt wird. Unterstellt man, dass L_T eine lineare Funktion ist, so gilt:

$$L_T = f(Y) \rightarrow L_T = k \cdot Y;$$

wobei k = der Kassenhaltungskoeffizient ist. Der geometrische Verlauf der L_T-Funktion ergibt sich wie in Abbildung 2-2.

$L_T = k \cdot Y$ ist eine aus dem Nullpunkt ansteigende (positive) lineare Funktion. Eine Änderung der unterstellten (ceteris paribus) Bedingung = der Zeitdauer der Zahlungsperioden würde eine Drehung der L_T (um den Nullpunkt) ergeben. Wenn z.B. statt der (heute) üblichen Monatszahlungen Quartalszahlungen gegeben wären, würde sich die L_T-Kurve nach rechts (= - . -. -) drehen (d.h. die Wirtschaftssubjekte bräuchten eine vergrößerte L_T-Kasse) und umgekehrt.

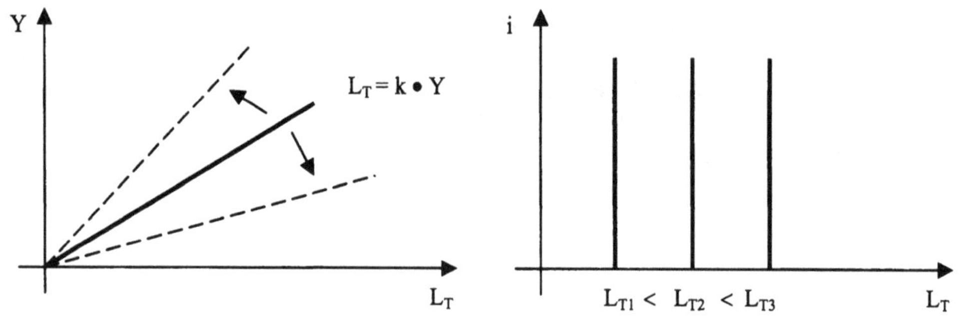

Abb.: 2-2: L_T-Funktion in Abhängigkeit von Y und i

Da von Keynes angenommen wurde (was neuerdings bestritten wird), dass die Transaktionskasse von der Zinsentwicklung (allg. vom Zins) *nicht* abhängig ist, ergibt die Graphik von L_T in Abhängigkeit vom Zins i eine Parallele zur Ordinate (siehe Abb. 2-2). Lediglich eine Veränderung der Bestimmungsgeldmenge L_T = des Volkseinkommens Y, würde eine andere Transaktionsgeldmenge L_T ergeben (z.B. L_{T2} beim höheren Volkseinkommen Y_2). Man sagt auch L_T ist gegenüber dem Zins völlig unelastisch.

Die Vorsichtskasse L_V beschreibt den Zusammenhang, dass die Wirtschaftssubjekte nicht immer mit sicheren Ein- und Auszahlungen rechnen können. Sie müssen auch mit unvorhergesehenen Transaktionen rechnen (plötzliche Ausgaben für Unfalle, Autoreparaturen und dgl.), so dass sie aus dem Vorsichtsmotiv heraus dazu (gedanklich) eine eigene Kasse halten.

Auch hier unterstellt man vereinfachend (in der Literatur wird darüber hinaus auch noch ein Bezug zum Zins und der Unsicherheit der zukünftigen Entwicklung angenommen), dass sich der Vorsichtskassenbedarf proportional zum Volkseinkommen Y entwickelt, d.h. $L_V = l \cdot Y$ (l ist dabei ein bestimmter Proportionalitätsfaktor).

Da ersichtlich ist, dass L_V den nämlichen funktionalen Zusammenhang wie L_T aufweist, fasst Keynes L_T und L_V zu einer einzigen Kasse zusammen und spricht künftig nur noch von der Transaktionskasse. Geometrisch müsste lediglich die ursprüngliche L_T-Funktion um die Größe von L_V verschoben werden.

Die Spekulationskasse L_S drückt gleichzeitig zwei Motive einer Kassenhaltung aus. Einmal die *Unsicherheit* der Wirtschaftssubjekte im Hinblick auf die künftige Entwicklung der Wertpapierkurse (und deren Effektivverzinsung). Deshalb streben die Wirtschaftssubjekte danach, Spekulationsgewinne zu erzielen und halten sich dazu eine Spekulationskasse. Zum anderen liegt dieser Kasse die Erkenntnis zugrunde, dass Geld auch eine Form der *Vermögensanlage* darstellt (Wertaufbewahrungsmotiv).
Die Entscheidung, das Vermögen entweder in Geld oder in Wertpapieren zu halten (bei Keynes gibt es für ein Vermögen nur die Alternative Geld oder Wertpapiere), wird durch die Kriterien der Liquidität und Rentabilität bestimmt. Während Geld eine hohe Liquidität und keine Zinsen erbringt (so es in der Spekulationskasse gehalten wird), besteht bei Wertpapieren eine geringere Liquidität und eine Effektivverzinsung in Abhängigkeit vom Kurs des Papieres (siehe Effektivverzinsungsformel bei Wertpapieren). D.h. bei Wertpapieren verändert sich der Effektivzins entgegengesetzt zur Kursentwicklung.
Die *Anlagekalküle* der Wirtschaftssubjekte *lassen sich wie folgt beschreiben*:

1) Erwarten die Anleger in Zukunft sinkende Kurse (dies ist der Fall bei sehr hohen Kursen bzw. niedrigen Zinsen), d.h. Kursverluste (bzw. einen steigenden Zins), dann stellen sie Wertpapierkäufe zurück. U.U. verkaufen sie sogar Wertpapiere und füllen ihre Spekulationskasse auf (= sog. Liquiditätspräferenz).
   Umgekehrt, erwarten die Anleger in Zukunft steigende Kurse (wäre der Fall bei sehr niedrigen Kursen bzw. sehr hohen Zinsen), so wollen sie diesen Kursgewinn mitmachen und verwenden das Geld aus der Spekulationskasse, um Wertpapiere zu kaufen (bauen L_S ab)
2) Oder über die Verzinsung der Wertpapiere erläutert:
   Ist die momentane Verzinsung der Wertpapiere niedrig (wäre der Fall bei hohen Kursen), dann ist der Zinsentgang bei Bargeldhaltung gering, und die Spekulationskasse kann aufgefüllt werden.
   Ist aber umgekehrt die Verzinsung der Wertpapiere hoch (der Fall bei niedrigen Kursen), dann wäre der Zinsentgang groß und die Wirtschaftssubjekte schichten ihr Vermögen von der Spekulationskasse (= Geld) in Wertpapiere um (L_S wird abgebaut)

Insgesamt besteht somit zwischen der Spekulationskasse und dem Effektivzins (dem Zins) eine negative Beziehung, d.h.
Geometrisch ist L_S eine negative Funktion zum Zins i. Keynes nimmt an, dass bei einem *sehr niedrigen Zins i_o* die Geldnachfrage für Spekulationszwecke sogar völlig elastisch wird, d.h. die Kurve jetzt parallel zur X-Achse verläuft (d.h. die Wirtschaftssubjekte halten jetzt nur noch die Kasse L_S und keine Wertpapiere mehr). Dieser zur X-Achse parallel verlaufende Teil der Kurve ist die sog. Liquiditätsfalle. Geometrisch ergibt sich der Verlauf von L_S entsprechend der Abbildung 2-3.

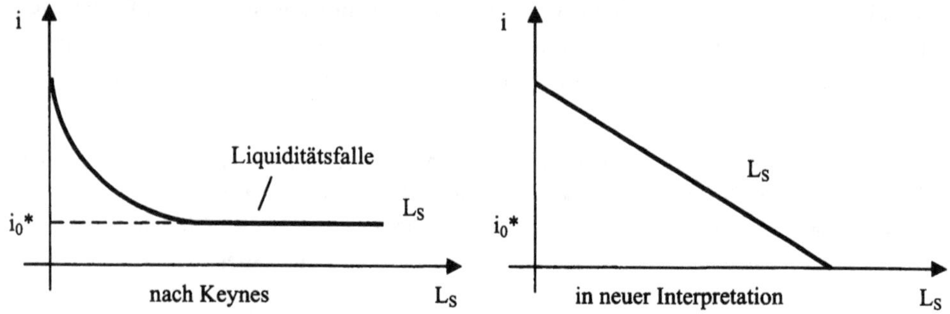

Abb.: 2-3: Verlauf der L_S-Kurven

Keynes begründet die Liquiditätsfalle damit, dass bei i_o alle Wirtschaftssubjekte damit rechnen, dass der Zins nur noch steigen kann (bzw. der Kurs fallt) und deshalb extrem hohe Kassenbestände L_S halten.
Neuere Untersuchungen haben die Liquiditätsfalle nicht nachweisen können und gehen somit von einer stetig fallenden Kurve L_S aus (siehe Abb. 2-3).

Die gesamte Geldnachfrage nach Keynes (= Liquiditätspräferenzfunktion) ergibt sich, indem man L_T (mit L_V) und L_S addiert; somit ist die *gesamte Geldnachfrage L* nach Keynes folgende Funktion:

$$L = f(Y,i) \rightarrow L = L_T + L_S$$

Die geometrische Darstellung von L ergibt sich ebenfalls durch Addition der L_T- und der L_S-Kurve (siehe Abb. 2-4).

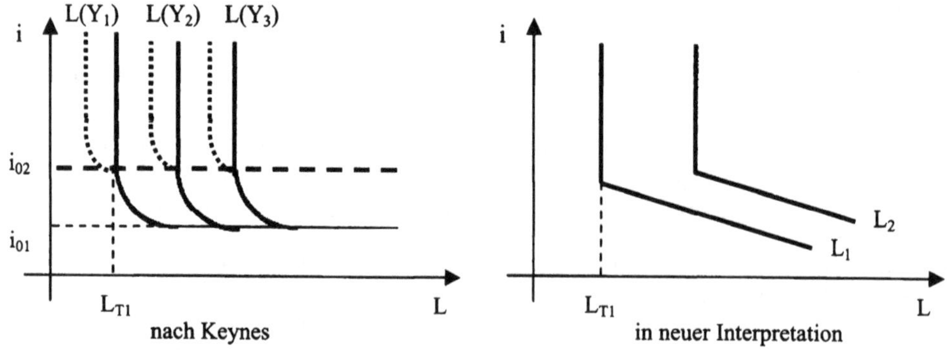

Abb.: 2-4: Verlauf der gesamten Geldnachfragekurven L

Nach Keynes ergibt sich bei einem gegebenen Volkseinkommen Y_1 die gesamte Geldnachfrage entsprechend L (Y_1), die im parallelen Teil zur Y-Achse allein durch die Transaktionskasse für Y_1 bestimmt wird, im gekrümmten und im zur X-Achse parallelen Teil von dem

Spekulationsmotiv determiniert wird (siehe Abb. 2-4). Ein anderes Volkseinkommen, hier Y_2 (= andere Transaktionskasse) bei gleichem Spekulationsmotiv ergäbe L (Y_2).
Ändert sich das Spekulationsmotiv (z.B. steigt i_0 an), so entstehen andere L-Kurven (hier gestrichelt).
Unterstellt man, wie heute üblich, keine Liquiditätsfalle, so wäre der Verlauf wie in Abb. 2-4 (in neuer Interpretation) dargestellt.

Exkurs: Das Gleichgewicht auf dem Geldmarkt (nach Keynes)

Das Gleichgewicht auf dem Geldmarkt (nach Keynes) ergibt sich bei Gleichheit zwischen der Geldnachfrage und dem Geldangebot.
Das Geldangebot ist nach Keynes eine einfache Größe, da es bei ihm *eine* gegebene Größe ist, die ausschließlich von der Zentralbank bestimmt wird. Bezeichnet man das *Geldangebot mit M* (z.B. M_1), so ist M eine Parallele zur Y-Achse (= eine gegebene Größe). Überträgt man L und M in eine Grafik, so ergibt sich Abb. 2-5.

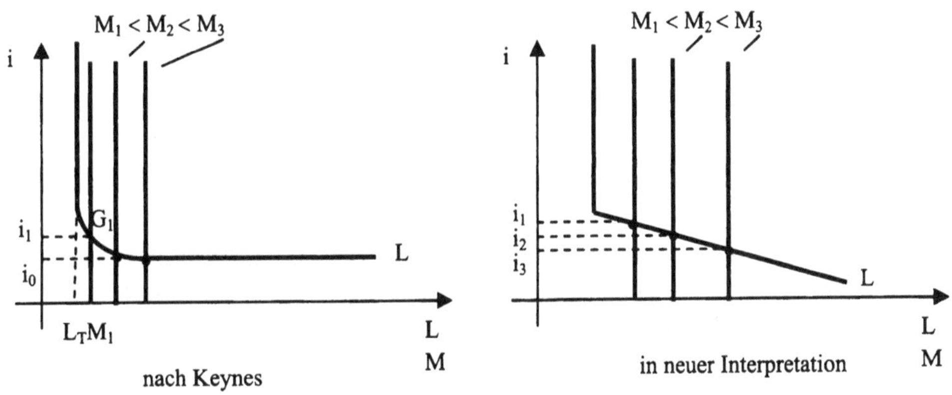

Abb.: 2-5: Gleichgewichtssituation am Geldmarkt

Nach Keynes ergäbe sich bei einer Geldnachfrage L und einem Geldangebot von M_1 ein Gleichgewicht im Schnittpunkt beider Kurven in G_1 mit einem Zins i_1 (Marktgleichgewichtszins). Bei einem anderen Zins ergäbe sich kein Gleichgewicht. Wäre der Zins nicht i_1 und würde L sich nicht ändern, so müsste (soll Gleichgewicht herrschen) durch die Geldpolitik das Geldangebot angepasst werden.
Das gesamte Geldangebot M_1 würde sich im Gleichgewicht auf die Geldnachfrage L wie folgt aufteilen: L_T wäre für die Transaktionskasse und (die Strecke) $M_1 - L_T$ für die Spekulationskasse (siehe Abb. 2-5) vorhanden.
Eine Vergrößerung des Geldangebotes, z.B. auf M_2, ergäbe eine Zinssenkung und lediglich eine weitere Auffüllung der Spekulationskasse (bei unterstellter gleichbleibender L). Nicht beeinflusst vom größeren Geldangebot M_2 wird die Transaktionskasse. Wird das Geldangebot nochmals, auf M_3, erhöht, so fließt das gesamte zusätzliche Geldangebot ausschließlich in L_S, eine weitere Zinssenkung ergibt sich nicht (der Schnittpunkt befindet sich im Bereich der Liquiditätsfalle).

Dieses Ergebnis nach Keynes hat schwerwiegende Folgen für die Effektivität der Geldpolitik: Unterstellt man, dass in einer Depression durch Zinssenkung der Zentralnotenbank (d.h. durch expansive geldpolitische Maßnahmen) eine Verbesserung der Wirtschaftslage erreicht werden soll, so ergibt sich: Bei einem Gleichgewicht (= Schnittpunkt) des Geldangebotes M mit der Geldnachfrage L in der Liquiditätsfalle greift eine Geldmengenveränderung (hier Vermehrung) nicht mehr. Eine monetäre Konjunkturpolitik ist hier nicht mehr machbar (z. B. bei M_3). Aus dieser Analyse zieht Keynes den Schluss, dass eine Depression durch die Geldpolitik (alleine) nicht überwunden werden kann.

Unterstellt man dagegen keine Liquiditätsfalle (= neuere Interpretation in Abb. 2-5), so würde ein vermehrtes Geldangebot immer eine Zinssenkung ergeben, und somit wäre der Versuch einer Konjunktursteuerung (hier Verbesserung) durch den Zins denkbar (wobei die Kernfrage in moderner Interpretation aber ist, ob über die Zinsänderung sich überhaupt eine Konjunkturbeeinflussung ergibt).

2.1.3 Geldnachfrage der Monetaristen (Neoklassik)

Theoretischer Kern der neoklassischen Nachfragetheorie bzw. derjenigen der Monetaristen ist die Neoquantitätstheorie. Die Neoquantitätstheorie stellt eine Weiterentwicklung der (alten) Quantitätstheorie (J. Fisher) dar, wobei z.B. auch bei Keynes einige Gedanken (so die passive Kasse) dazu feststellbar sind.
Als Ansatzpunkt der Analyse sieht (u.a.) der Hauptvertreter der Monetaristen, *Milton Friedman,* die Kassenhaltungsmotive von Keynes als wenig sinnvoll an. Dass die Wirtschaftssubjekte Geld (in der Kasse) halten, wird als Faktum hingenommen. Entscheidend sieht man in der Neoklassik dagegen die Faktoren (Gründe) an, die die Wahl der Wirtschaftssubjekte zwischen Geld und anderen Aktiva bestimmen.
Im Mittelpunkt der Nachfragetheorie der Monetaristen steht somit ein sehr weit gefasster Vermögensbegriff (sog. *vermögenstheoretischer Ansatz).* Friedman geht dabei davon aus, dass Geld ein Vermögensobjekt neben anderen Vermögensformen darstellt. *Das Gesamtvermögen* eines Wirtschaftssubjektes besteht aus fünf Gruppen: 1) Geld (als Kassenhaltung) 2) Festverzinsliche Wertpapiere 3) Aktien 4) Sachkapital (physische Güter wie z.B. Immobilien) 5) das *human capital* (= Humankapital entspricht den durch Ausbildung erworbenen Fähigkeiten und dem Wissen, d.h. stellt die Arbeitsleistung dar, aus der ein Arbeitseinkommen fließt).

Friedman unterscheidet *vier Einflussgruppen (Determinanten),* die für die *Geldnachfrage wichtig sind:*

1) *Das Gesamtvermögen* als Summe der Vermögen aller privaten Haushalte, wobei dieses wiederum aus obigen fünf Arten bestehen kann, wovon eine Geld ist. Die Höhe dieses Gesamtvermögens bestimmt somit auch, wie viel davon in Geld gehalten wird. Dieses Gesamtvermögen wird dabei stellvertretend durch das Einkommen gemessen, allerdings als Konzept des *permanenten Einkommens.* Darunter versteht man das dauerhaft erwartete Einkommen als Gegenwartswert aller in der Zukunft erwarteten Einkommen (d.h. auf die Gegenwart abgezinst)

2) Die *Aufteilung des Gesamtvermögens in obige fünf Arten* übt insofern einen Einfluss auf den Umfang der Geldnachfrage aus, als z.B. ein hoher Bestand an Sach- und Finanzvermögen und Humankapital die Geldnachfrage positiv beeinflussen wird. Ein Wirtschaftssubjekt wird z.B. umso mehr Geld halten (Geldnachfrage steigt), je größer der Anteil des Humankapitals am Gesamtvermögen ist, um die mangelnde Liquidität und Marktfähigkeit (= Verkaufsfähigkeit) des Humankapitals auszugleichen
3) Als entscheidend für die Vermögenszusammensetzung und damit für die Geldnachfrage sind die *erwarteten Erträge* und die *Relation der Erträge der unterschiedlichen Vermögensarten* und die *Höhe der Inflationsrate*
   So werden z.B. die Erträge anderer Anlageformen (als Geld) die Geldnachfrage beeinflussen, da ein Wirtschaftssubjekt den Ertrag seines Vermögens maximieren will. Wichtig ist ebenfalls die Berücksichtigung der Inflationsrate. Wenn z.B. eine Preisniveausteigerung erwartet wird, ist Geld keine risikofreie Anlage mehr und somit wird die Geldnachfrage zurückgehen, sollten die Erträge (Zinsen) der anderen Vermögensformen konstant geblieben sein. Rechnet man umgekehrt mit Preissenkungen, so steigt der reale Wert des Geldes, die Geldnachfrage steigt
4) Der *Nutzen des Geldes* liegt u.a. in der ständigen vollkommenen Zahlungsfähigkeit mit Bargeld oder mit dem gering verzinsten Giralgeld. Geld gibt die beste Form der Liquidität.

Aus all diesen Überlegungen wird dann die (vereinfachte) Funktion der Geldnachfrage *L* (auch als M_d bezeichnet) entwickelt:

$$L = f(Y^P ; w ; P ; \quad i_m ; i_b ; i_e ; i_r ; \quad P^x/P ; u_m)$$

bzw. die reale Geldnachfrage *L/P:*

$$L/P = f(Y^P/P ; w; \quad i_m; i_b; i_e; \quad i_r; \quad P^x/P ; u_m)$$

Wobei bedeuten:

P	= (nominales) Preisniveau
y^P	= nominales permanentes Einkommen
Y^P/P	= reales permanentes Einkommen
w	= Anteil des Humankapitals am Gesamtvermögen
$i_m; i_b; i_e; i_r$	= Ertragssätze (Renditen) von Geld, festverzinslichen Wertpapieren, Aktien und Sachkapital
p^X/P	= erwartete Preisänderungsrate
u_m	= Nutzen des Geldes

Nach einigen Umformungen (siehe Literatur) wird die Geldnachfragefunktion zu

$$\frac{Y}{L} = U,$$

wobei Y = das Nominaleinkommen und U = Umlaufgeschwindigkeit bzw. Kreislaufgeschwindigkeit des Geldes darstellen. Obwohl in U über die Größe L alle Faktoren der Geldnachfragefunktion ja enthalten sind, kann nach Auffassung der Monetaristen U als relativ stabil angesehen und somit berechnet werden.
Eine der *wichtigsten Schlussfolgerungen* aus der Geldnachfragefunktion ist nach Friedman, dass sich die *Geldnachfrage proportional* zu den *Veränderungen des Preisniveaus* und des *Nominaleinkommens entwickelt.*

Wichtig sind nun die mit Hilfe der Funktion L (wieder umgeformt dazu) durchgeführten empirischen Untersuchungen zur Geldnachfrage und ihre Anwendung auf die Geldpolitik.
So wurde infolge einer von Friedman und Schwartz für die USA für den Zeitraum von 1870-1954 durchgeführten Analyse die Einkommenselastizität der Geldnachfrage auf 1,8 geschätzt. Dies würde bedeuten, dass ein Anstieg des realen Einkommens von 1% langfristig einen Anstieg der Geldnachfrage von 1,8% zur Folge hätte. Empirische Untersuchungen für die BRD haben einen Wert von 1% ergeben. Daraus kann der Schluss gezogen werden, dass das Einkommen ein wichtiger Bestimmungsfaktor der Geldnachfrage ist, dagegen Preisniveauveränderungen nur bei hohen Inflationsraten eine Rolle spielen.

2.1.4 Zusammenfassung

Sowohl vor den Fiskalisten (vor allem Keynes) und den Monetaristen (insbesondere Friedman) als auch nach diesen beiden (mit bekanntesten) Richtungen hat es eine Reihe jeweils ähnlicher, aber auch kontroverser Auffassungen zum Thema Geldnachfrage gegeben.
Wenn man versucht, aus den beiden vorgestellten Theorien und auch aus den anderen Auffassungen insbesondere die praktischen Konsequenzen für die Wirtschaftspolitik aus den jeweiligen theoretischen Konzepten herauszufiltem, so stellen wir die Frage nach der Relevanz der durchgeführten empirischen Untersuchungen.
Dabei ergab sich:

1) Der *Zinssatz* übt (im Gegensatz zur Auffassung von Friedman) einen empirisch bestätigten Einfluss auf die Geldnachfrage aus. Die Höhe der *Zinselastizität* (= um wie viel Prozent ändert sich die Geldnachfrage bei einer einprozentigen Zinsänderung) kann nicht allgemeingültig angegeben werden. Der Zusammenhang zwischen Zins und Geldnachfrage ist (wie Keynes unterstellt) negativer Art. Eine *Liquiditätsfalle* existiert (im Gegensatz zu Keynes) nicht
2) Empirische Analysen zeigen (wie Friedman annimmt), dass die nominale Geldnachfrage bei steigendem Preisniveau zunimmt
3) Die *Einkommenselastizität* der Geldnachfrage ist positiv, d.h. mit steigendem Einkommen steigt die Geldnachfrage. Meistens ist sie stärker ausgeprägt als die Zinselastizität
4) Das *Vermögen* (z.B. in der Form des *permanenten Einkommens)* spielt für die Geldnachfrage eine Rolle, eindeutige Testergebnisse liegen bisher aber nicht vor
5) Die *Schwankung der Kassenhaltung* (der Zusammenhang der *Stabilität der Geldnachfragefunktion)* ist in normalen wirtschaftlichen Zeiten nicht so stark, wie von Keynes angenommen. Allerdings sind hierbei die empirischen Resultate nicht so eindeutig, d.h. es gab auch Ergebnisse mit stärkeren Abweichungen (z.B. Energiepreisschocks, größere Währungsprobleme)

6) Gegen Keynes spricht die strikte *Trennung in Transaktions- und Spekulationskasse,* die in der Realität nicht vorkommt. Ebenfalls wird im Gegensatz zu Keynes *auch die Transaktionskasse vom Zins tangiert*
7) Von Keynes nicht berücksichtigt wurde, dass bei *Vermögensanlagen auch das Risiko* einer Anlage mit zu sehen ist (ein Ergebnis der Portfoliotheorie). Ebenfalls *gibt* es neben Geld und festverzinslichen Wertpapieren *noch weitere Alternativen einer Vermögensanlage*

Insgesamt kann somit für heute (grob vereinfachend) *gelten*:
Die Geldnachfrage (die Kassenhaltung) wird von den Wirtschaftssubjekten als eine Art „Luxus" angesehen. Diesen Luxus kann man sich umso eher leisten (d.h. die Geldnachfrage ist größer), je höher das Einkommen (bzw. der Umsatz) und je höher das Vermögen (bzw. der Wohlstand) ist. Man kann ihn sich umso weniger leisten (damit geht die Geldnachfrage zurück), je höher der Zinssatz, die Inflationsrate und die Arbeitslosigkeit ist.
Somit bestimmen das Einkommen, das Vermögen, Höhe des Zinssatzes, Inflationsrate und Ausmaß der Arbeitslosigkeit den Umfang der Geldnachfrage.
Daraus wiederum folgt: Die Zentralnotenbanken können bei der Geldmengensteuerung und Geldpolitik nicht von eindeutig gesicherten Ergebnissen und Zusammenhängen ausgehen. Somit stehen die Determinanten der Geldnachfrage nicht eindeutig fest, und damit bestehen für die gesamte Wirkung der Geldpolitik weiterhin nicht unbeträchtliche Unsicherheiten.

2.2 Geldangebot

Die Analyse des Geldangebotes bzw. die Geldangebotstheorie behandelt die Frage, wodurch der Umfang des Geldangebotes in einer Volkswirtschaft bestimmt wird. Dabei muss man zwei Geldarten unterscheiden, einmal das Bargeld (= Münzen und Banknoten) und das Giralgeld.

2.2.1 Geldproduktion

Zunächst ist dazu die Herstellung von Geld, die Geldproduktion zu betrachten. Geldproduktion im volkswirtschaftlichen Sinne heißt dabei *nicht* die physische Herstellung von Geld (z.B. das Prägen von Münzen oder das Drucken von Banknoten), sondern die Bereitstellung von Geld (von Währungseinheiten) an die Geldnachfrager. Als Beispiel sei die Banknotenproduktion in der EZB dargelegt. Solange die Banknoten sich innerhalb der EZB befinden, sind sie lediglich bunt bedrucktes Papier, sie sind *kein* Geld. Sobald jedoch ein Geldnachfrager (Geschäftsbanken oder der Staat) über diese Banknoten verfügen kann, werden sie zu Geld, es hat eine Geldproduktion **(Geldschöpfung)** stattgefunden (wobei es unerheblich ist, ob die Banknoten als Bargeld von der EZB abgehoben werden = abfließen, oder bei ihr verbleiben und der Geldnachfrager dafür über ein Sichtguthaben bei der EZB verfügt). Findet der umgekehrte Vorgang statt, d.h. fließen die Banknoten wieder an die EZB zurück, so hat eine sog. **Geldvernichtung** stattgefunden, d.h. die in der Wirtschaft vorhandene Geldmenge ist um diese Geldvernichtung verringert worden.

Wie kommt es nun aber genau zur Geldproduktion?
Geld entsteht immer dann, wenn eine Bank (kann sein die Zentralbank oder eine Geschäftsbank) Aktiva (= Vermögen), die nicht Zahlungsmittel sind, von privaten oder staatlichen Nichtbanken erwirbt und dafür Forderungen gegen sich selbst (gegen die Bank) abgibt, die jetzt Zahlungsmittel sind. Diese Forderungen gegen sich selbst können Bargeld oder Sichteinlagen (= Giralgeld) sein. Durch diesen Tausch von Vermögensgegenständen gegen Zahlungsmittel sind mehr Zahlungsmittel im Umlauf (d.h. im Besitz von Nichtbanken), es ist Geld produziert worden.

Findet der umgekehrte Vorgang statt, d.h. gibt eine Bank einen Vermögensgegenstand an eine Nichtbank ab und erhält von dieser dafür Zahlungsmittel, so hat eine Geldvernichtung stattgefunden. Ein Beispiel wäre, wenn ein Importeur von der EZB Devisen erwirbt und diese mit Bargeld oder durch Verringerung seines Sichtguthabens bezahlt.

Keine Geldproduktion oder Vernichtung findet dagegen statt, wenn zwischen einer Bank und einem Wirtschaftssubjekt lediglich verschiedene Zahlungsmittelformen (= Geldarten) ausgetauscht werden. Z.B. wenn ein Kunde bei seiner Bank auf sein Girokonto Bargeld einzahlt, so wechselt er lediglich Bargeld in Giralgeld um, bzw. es steht ihm weder mehr noch weniger Geld zur Verfügung.
Die Aktiva, die eine Bank erwerben kann (zur Geldproduktion) können Sachgüter oder finanzielle Vermögensgüter sein (z.B. Wertpapiere und Kredite). D.h. wenn eine Bank einem Kunden einen Kredit einräumt und ihm somit in Höhe des Kredites Zahlungsmittel zur Verfügung stellt, so findet Geldproduktion statt.

Zur Demonstration soll eine Bankbilanz betrachtet werden, in der die Geschäfte der Bank die Geldproduktion widerspiegeln:

Aktiva (Vermögen)		in Mio Euro	Passiva (Verbindlichkeiten)	
Filialunternehmen	20	→	Sichtverbindlichkeit an X	20
Wertpapiere	80	→	Sichtverbindlichkeit an Y	80
Buchkredit	100	→	Sichtverbindlichkeit an Z	100
Sonstiges Vermögen	800		sonstige Verbindlichkeiten	800
	1000			1000

Abb.: 2-6: Bankbilanz und Umfang der Geldproduktion

Folgende Geschäfte der Bank haben stattgefunden: 1) Sie hat von einem Besitzer X ein Filialunternehmen für 20 GE (= 20 Mio Euro) erworben, 2) sie hat Wertpapiere im Umfang von 80 GE von einem Unternehmen Y gekauft und 3) sie hat einem Konzern Z einen Kredit von 100 GE eingeräumt und dafür jeweils Sichtverbindlichkeiten gewährt. Die Summe all dieser Geschäftsvorfälle ergibt einen Tausch von Vermögensgegenständen in dieser Periode gegen Zahlungsmittel von 200 GE. Somit hat im Umfang von 200 GE Geldproduktion stattgefunden.

Betrachtet man die **Geldproduktion der Zentralbank**, so muss unser Beispiel modifiziert werden, da die EZB *nicht* beliebige Aktiva erwerben darf, was z.B. für Sachvermögen gilt. Die grundsätzlichen Überlegungen gelten aber auch hier. Geldproduktion einer Zentralbank entsteht, wenn diese Aktiva gegen Zahlungsmittel (hier das sog. Zentralbankgeld) eintauscht. Die Geschäftspartner (Institutionen) der Zentralbank sind (wobei von diesen folgende Aktiva von ihr erworben werden können):

1) Geschäfte mit Kreditinstituten, von denen die EZB Forderungen aus Refinanzierungskrediten (bei der EZB nicht) und aus Offen-Markt-Geschäften erwerben kann
2) Geschäfte mit dem Staat, wenn sie Forderungen aus Krediten erhält (bei der EZB nicht)
3) Geschäfte mit dem Ausland, wenn sie Währungsreserven hält (entweder als Geld oder als Devisenforderung aus Kreditgeschäften)

Die Bilanz der EZB hat deshalb folgendes schematisches Aussehen:

Aktiva	Passiva
Nettowährungsreserven (Netto-Auslandsforderungen der EZB)	Bargeld
Nettokredite an inländ. Banken	Sichtguthaben der Banken bei der EZB (sog. Reserven der Banken)
sonstige Aktiva minus Passiva	Sichtguthaben des Staates
Bilanzsumme	Bilanzsumme

Abb.: 2-7: Schema der Bilanz der EZB

Nach der Bilanz der EZB ergibt sich insgesamt eine Produktion von Geld (in der Form von Zentralbankgeld) in Höhe der Bilanzsumme. Die Passivseite zeigt dabei die Verwendung der Zentralbankgeldmenge (d.h. als Bargeld oder Guthaben des Staates bzw. der Banken bei der EZB), die Aktivseite zeigt die Entstehung des Zentralbankgeldes.

Seit 1958 unterliegt (lt. Bundesbankgesetz bzw. lt. Vertrag) die Geldproduktion der Bundesbank (DBB) bzw. EZB keinerlei Begrenzung. Die Grenze ergibt sich aus der Aufgabe der Zentralbank bzw. der EZB in der Sicherung der Geldwertstabilität.
Die Geschäftsbanken haben dagegen Begrenzungen in ihrer Produktion von Buchgeld (siehe dazu den Abschnitt zur Giralgeldschöpfung).

2.2.2 Grundlagen des Geldangebotes

Das Geldangebot an Bargeld und an Giralgeld ist zunächst (einfach) in seinen Grundlagen darzulegen. Es werden dabei die Verhältnisse in der BRD zugrunde gelegt.

Bargeld besteht aus Münzen und Banknoten.
Münzen entstehen (heute) in der BRD über das Münzprivileg durch Prägen der Münzen seitens der Bundesregierung im Auftrag der EWU, wobei die Bundesbank die Münzen dann in den Umlauf bringt. *Banknoten werden* über das Notenprivileg ausschließlich von der EZB

gedruckt und (wie dargelegt) in den Kreislauf gebracht. Per saldo wird somit das Bargeld (meist als Zentralbankgeld bezeichnet) von der EZB geschaffen, produziert, geschöpft, *sog. Geldschöpfung,* und repräsentiert die Geldbasis unserer Volkswirtschaft.
Die Produzenten von Buchgeld sind im wesentlichen die Geschäftsbanken. Verschwindet eine dieser Geldarten aus dem Wirtschaftskreislauf, so spricht man von *Geldvernichtung.*

Das **Zentralbankgeld** kann von der *EZB auf zwei Wegen geschöpft werden,* durch einen Kredit und durch eine nichtkreditweise Schaffung.
Die *Schaffung von Zentralbankgeld* durch die EZB *auf dem Kreditwege* geschieht dadurch (wie bereits dargelegt), dass sie einem Kreditinstitut einen Kredit einräumt. Durch die Verlängerung der Bilanz der EZB und der Bank entsteht in Höhe des Kredites Zentralbankgeld. Man beschreibt diesen Vorgang so, dass man sagt, die Notenbank habe die Aktiva monetisiert. Bei Rückzahlung des Kredites findet die Geldvernichtung statt.
Die *nichtkreditweise Schaffung von Bargeld* durch die EZB erfolgt, wenn ihr eine Geschäftsbank Devisen, Gold oder Wertpapiere verkauft. Die Geldschöpfung der EZB ist wieder an ihrer Bilanzverlängerung erkennbar. Bei der Geschäftsbank dagegen hat nur ein Aktivtausch stattgefunden. Ein nicht unwesentlicher Unterschied besteht dagegen bei der Geldvernichtung. Diese findet erst dann statt, wenn die Geschäftsbank Devisen, Gold oder Wertpapiere wieder von der EZB erwirbt (also nicht automatisch wie beim Kredit).

Das **Giralgeld** kann mit *Hilfe der Geschäftsbanken* ebenfalls *auf zwei Wegen,* als aktive und als passive Buchgeldschaffung entstehen.
Die *aktive Giralgeldschöpfung* durch eine Geschäftsbank erfolgt entweder dadurch, dass die Bank ihrem Kunden einen Kredit gewährt über den der Kunde per Sicht verfügt, oder aber der Bankkunde verkauft an die Bank Gold, Devisen oder Wertpapiere und erhält dafür ebenfalls eine Gutschrift auf seinem Girokonto. Beide Male hat sich eine Bilanzverlängerung der Bank ergeben, und beide Male ist Giralgeld entstanden, weil die Nichtbank über zusätzliche Sichtguthaben verfügen kann. Der Giralgeldschöpfungsprozess kommt dann nicht zustande, wenn der Kunde seinen Kredit oder den Verkaufserlös (aus dem Gold-, Devisen- bzw. Wertpapierverkauf) in bar ausbezahlt haben möchte. Die Geldvernichtung findet beim umgekehrten Vorgang statt.

Die *passive Giralgeldschöpfung* entsteht, wenn eine Nichtbank bei einer Geschäftsbank Bargeld auf ihr Girokonto einzahlt. Für die Nichtbank hat sich die Geldmenge, über die sie verfügen kann, nicht verändert (= Geldartentausch) .

Für die folgenden Überlegungen soll von dem *Modell des Bankensektors* ausgegangen werden, das in der BRD ausschließlich von praktischer Bedeutung ist, nämlich einem *einstufigen Mehrbankensystem mit gemischtem Zahlungsverkehr.*
Einstufiges Mehrbankensystem bedeutet, dass der Bankensektor aus einer übergeordneten Zentralnotenbank und einer Reihe von Geschäftsbanken besteht. Gemischter Zahlungsverkehr heißt, dass im Zahlungsverkehr der Nichtbanken Bargeld und Giralgeld Verwendung finden.

2.2.3 Geldangebotstheorie

In der Geldangebotstheorie analysiert man die Bestimmungsfaktoren des Geldangebotes. Dabei unterscheidet man zwischen einem *traditionellen*, sog. *mechanistischen Ansatz* und einem *neueren, der Kreditmarkttheorie*.
Beim mechanistischen wird über Kreditschöpfungsmultiplikatoren berechnet, wieviel zusätzliche Einlagen bzw. Kredite bei den Banken bei einer bestimmten Zunahme der Zentralbankgeldmenge maximal geschaffen werden können. Dieser Ansatz kann dabei nur das Maximum der schöpfbaren Giralgeldmenge beschreiben, aber nicht die tatsächliche Entwicklung der Geldmenge.
Der neuere Ansatz, die Kreditmarkttheorie, ist verhaltensorientiert. Hier liegt ein geschlossenes Modell vor, das den gesamten Geldangebotsprozess erklärt. Untersucht wird dabei, wie die von Nichtbanken gehaltene Geldmenge vom Verhalten der drei Sektoren Zentralbank, Geschäftsbanken und private Nichtbanken abhängt.

2.2.3.1 Giralgeldschöpfungsprozess (mechanistischer Ansatz)

Wie dargelegt, werden beim Geldangebot zwei Hauptquellen unterschieden, einmal die Schöpfung von Zentralbankgeld durch die Zentralbank (EZB) und die Giralgeld- (Kreditgeld-)schöpfung durch die Geschäftsbanken.
Die Schöpfung von Zentralbankgeld (bereits erörtert) bietet vom Verständnis her keine Probleme, so dass nunmehr die Schöpfung von Giralgeld durch die Geschäftsbanken genauer darzulegen ist. Dies auch deshalb, weil (siehe Abb. 1-1) der Umfang des Giralgeldes dominiert. Hierbei handelt es sich um einen Kreditschöpfungsprozess, bei dem die Banken dadurch Geld produzieren, in dem sie einer Nichtbank einen Kredit einräumen. Da Nichtbanken im Regelfall von einem Kredit nur einen Teil in bar abheben, bleibt die Differenz aus Kreditbetrag minus Barabhebung im Bankensystem (nicht notwendigerweise bei der kreditgewährenden Bank) und kann somit für weitere Kreditgewährung verwendet werden. Dadurch entsteht ein Prozess, der zu einer Ausweitung der Geldmenge (des Geldangebotes) führt.

Zum Verständnis notwendig sind die im Abschnitt Liquidität dargelegten freien Liquiditätsreserven einer Bank.

Den Einlagen aller Nichtbanken auf der Passivseite einer Bankbilanz stehen auf der Aktivseite alle an Nichtbanken vergebene Kredite und der Liquiditätssaldo gegenüber. Dieser einer Bank noch zur evtl. Kreditvergabe zur Verfügung stehende Liquiditätssaldo kann aber nicht gänzlich für Kredite verwendet werden, denn davon sind noch die *Mindestreserven* (= %-Satz, den die Banken von ihren Einlagen bei der EZB auf einem Konto unterhalten müssen) und die *Barreserve* (= dient zur Aufrechterhaltung der Zahlungsbereitschaft einer Bank in Form von Bargeld) zu subtrahieren. Nur die Differenz aus: Liquiditätssaldo – Mindest- und Barreserve kann maximal zur weiteren Kreditvergabe disponiert werden.

Der Giralgeldschöpfungsprozess der Geschäftsbanken soll durch ein vereinfachtes Beispiel dargelegt werden.

Dazu folgende (vorläufige) Annahmen:
Wir unterstellen ein einstufiges Mehrbankensystem mit gemischtem Zahlungsverkehr, wobei die Geschäftsbanken aus drei Banken A, Bund C bestehen sollen, für die folgende Prämissen gelten sollen:

1) Jede Bank muss von jeder Einlage 10% Mindestreserve und 10% Barreserve halten
2) Über einen gewährten Kredit verfügt eine Nichtbank nur bargeldlos
3) Eine zusätzliche Liquiditätsreserve wird unter Beachtung von Nr. 1) voll für eine Kreditvergabe verwendet

Daraus ergibt sich das Schema der Giralgeldschöpfung wie in Abb. 2-8a dargelegt:
Der gesamte Giralgeldschöpfungsvorgang wird durch eine einmalige Bareinlage eines Kunden im Umfang von 100 GE bei der Bank A auf seinem Girokonto ausgelöst (passive Giralgeldschöpfung). Auf der Passivseite der Bank A ist in der Ausgangslage eine Zunahme der Verbindlichkeiten gegenüber dem Kunden (= Einlage) von 100 Einheiten und auf der Aktivseite eine Zunahme des Kassenbestandes von 100 GE eingetreten. Bank A nimmt entsprechend unseren Annahmen sofort eine Umschichtung auf der Aktivseite vor, indem aus dem zusätzlichen Kassenbestand (Liquiditätsreserve) von 100 GE gleich 10% = 10 GE der Mindestreserve und gleich 10% = 10 GE der Barreserve zugeführt werden. Der Rest von 80 GE wird als verfügbare Liquiditätsreserve als Kredit einem Kunden eingeräumt. Der Kreditkunde der Bank A verfügt über seinen Kredit bargeldlos (durch Überweisung) und bezahlt damit seinen Lieferanten, der ein Kunde der Bank B ist.

Bei Bank B entsteht nun ein analoger Vorgang wie vorher bei Bank A. D.h. in der Ausgangslage auf der Passivseite Einlage von 80 GE (als Verbindlichkeit) und auf der Aktivseite ein Kassenmehrbestand (als Giralgeld) von 80 GE. Bank B schichtet die Aktivseite analog um, d.h. 10% Mindestreserve = 8 GE und 10% Barreserve = 8 GE und 80% = 64 GE als verfügbare Liquiditätsreserve werden (in der Endsituation) als Kredit vergeben.
Kreditkunde der Bank B bezahlt (bargeldlos) seinen Lieferanten, der ein Konto bei der Bank C hat, die ihrerseits dadurch 64 GE als zusätzliche Einlage erhält, ebenfalls analog umschichtet usw. Die 51,2 GE als Kredit der Bank C könnten nun auf einem Konto bei der Bank A (oder B) landen.
D.h. wenn man sich noch mehr Banken (bzw. wieder von vorne beginnend) und mehr Zeitperioden vorstellt, entsteht folgende Reihe an Beträgen unserer drei Größen (siehe Abb. 2-8b).

Bank A

Aktiva		Passiva	
Kasse	100	Einlage des Kunden	100
	100		100

Bank A

Aktiva		Passiva	
Mindest.-R.	10	Einlage des Kunden	100
Barreserve	10		
Kredit	80		
	100		100

Bank B

Aktiva		Passiva	
Kasse	80	Einlage von Bank A	80
	80		80

Bank B

Aktiva		Passiva	
Mindest.-R.	8	Einlage von Bank A	80
Barreserve	8		
Kredit	64		
	80		80

Bank C

Aktiva		Passiva	
Kasse	64	Einlage von Bank B	64
	64		64

Bank C

Aktiva		Passiva	
Mindest.-R.	6,4	Einlage von Bank B	64
Barreserve	6,4		
Kredit	51,2		
	64		64

Abb.: 2-8a: Einfaches Schema des privaten Giralgeldschöpfungsprozesses

Kredit = Giralgeld	Mindestreserven	Barreserven
80	10	10
64	8	8
51,2	6,4	6,4
40,8	5,2	5,2
⋮	⋮	⋮
Sa. 400	50	50

Abb.: 2-8b: Zahlenreihen entsprechend Abb. 2-8a

Unsere Zahlenreihe entspricht dabei der Summenformel einer unendlichen geometrischen Reihe wie folgt:

$$S_n = a \cdot \frac{1 - q^n}{1 - q}$$

wobei *a* = das Anfangsglied unserer Reihe, d.h. die erste verfügbare Liquiditätsreserve bzw. der erste gewährte Kredit mit 80 GE ist, d.h. a = 80. *q* = der Quotient aus dem jeweils gewährten Kredit (bzw. der verfügbare Liquiditätsreserve) in Relation zur Einlage, bzw. q = die Zahl (konstant), mit der jedes Reihengeld aus dem vorhergehenden Glied berechnet werden kann, indem man es mit q multipliziert. q wäre im Beispiel demnach:

$$\frac{80}{100} = \frac{64}{80} = \frac{51{,}2}{64} = 0{,}8 = \frac{8}{10} = q$$

Da eine unendliche Reihe vorliegt und q kleiner als 1 ist, geht q^n gegen Null, wenn n gegen unendlich geht. Damit ergibt sich hier die Summenformel als:

$$S_n = a \cdot \frac{1}{1 - q}$$

Jetzt kann durch Einsetzen die maximal mögliche Giralgeldschöpfung einfach berechnet werden. Im Beispiel ergäbe sich bei a = 80 und q = 0,8

$$S_n = 80 \cdot \frac{1}{1 - 0{,}8} = 400$$

d.h. (siehe Zahlenreihe) die maximal mögliche Giralgeldschöpfung beträgt 400 GE.

1 – q ist der sog. *gesamte Reservesatz* der sich aus der Mindest- und der Barreserve zusammensetzt.

In der ökonomischen Terminologie setzt man häufig: *1 – q* = *r* (r = gesamter Reservesatz); *a* = *dZ* (dZ = erste verfügbare Liquiditätsreserve) und S_n = *dM* (dM = maximales Geldschöpfungsvolumen), so dass die Formel jetzt lautet:

$$dM = dZ \cdot \frac{1}{r}$$

wobei *1/r* = sog. Geldschöpfungsmultiplikator ist.

Wäre r = Null, so wäre die Geldschöpfung unendlich groß. Bei r = 1 ergäbe sich dagegen keine Geldschöpfung.
Die nach der Formel berechenbare Giralgeldschöpfung stellt letztlich einen (theoretischen) Grenzwert dar (d.h. den maximal möglichen Wert). Sie zeigt aber einen entscheidenden Grundzusammenhang auf, nämlich: Eine einzelne Bank kann Kredite nur im Rahmen ihrer verfügbaren Liquiditätsreserven vergeben. Das gesamte Bankensystem ist dagegen in der Lage, bei giraler Verfügung (= bargeldlos) des Geldes über Kredite zusätzliches Giralgeld entstehen zu lassen.

Die zunächst gemachten Prämissen müssen nunmehr aufgelöst und dem Prozess der Realität angenähert werden:

1) Zunächst war unterstellt worden, dass ein fester Mindestreservesatz gegeben sei. In der Realität ändert die Zentralbank aber den Reservesatz. Dies kann ohne Probleme berücksichtigt werden, es muss lediglich r entsprechend verändert eingesetzt werden
2) Dies gilt analog bei sich änderndem Barreservesatz der Banken (bei veränderter Liquiditätsauffassung der Banken z.B.). Wieder wird r entsprechend verändert
3) Angenommen wurde, dass ein gewährter Kredit ausschließlich bargeldlos verwendet wird. Jetzt lassen wir eine (in der Realität übliche) teilweise Barabhebung des Kredites zu. Dieses berücksichtigen wir dadurch, dass nur ein (geringerer) Teil des Kredites bargeldlos bei einer anderen Bank eingeht, die Differenz dagegen als *Barauszahlungsquote* an den Kreditnehmer bar ausbezahlt wird
4) Eine weitere Annahme war, dass jede Bank ihre gesamte verfügbare Liquidität als Kredit vergibt. Jetzt unterstellen wir (praxisrelevant), dass jede Bank nur einen Teil davon vergibt und ein Rest als sog. *verbleibende Liquiditätsquote* bei ihr erhalten bleibt (die sie z.B. zum Kauf von Wertpapieren einsetzt)

Die *Barauszahlungsquote* und die *verbleibende Liquiditätsquote* fasst man zur sog. *Versickerungsquote* c zusammen und berücksichtigt sie wie folgt in der Giralgeldschöpfungsformel:

$$dM = dZ \cdot \frac{1}{c + r(1 - c)}$$

Nehmen wir an, dass die Barabhebungsquote 15% und die verbleibende Liquiditätsquote 10%, somit c = 25% sei, so ergibt sich für unser Beispiel: dZ = 80; r = 0,2; c = 0,25; d.h.:

$$dM = dZ \cdot \frac{1}{0{,}25 + 0{,}2(1 - 0{,}25)} = 80 \cdot 2{,}5 = 200$$

Durch die Versickerungsquote von 25% entsteht jetzt (nur) ein Giralgeld von 200 GE maximal. D.h. jetzt beträgt der Geldschöpfungsmultiplikator 2,5 (während er ohne Berücksichtigung von c = 5 betrug).

Der umgekehrte Vorgang wäre eine **multiple Geldvernichtung**, die durch einen echten absoluten Liquiditätsverlust bei den Banken eintreten würde (z.B. durch Einlagenabzug, Erhöhung der Mindestreserve). Es tritt der umgekehrte Vorgang ein, der mit den nämlichen Formeln berechnet werden könnte.

Empirische Untersuchungen zum Geldschöpfungsmultiplikator zeigen, dass eine (wirtschaftspolitische) Beeinflussung des giralen Geldangebotes durch eine Änderung der Mindestreserven (bzw. durch r) nicht immer möglich ist. Der Grund liegt insbesondere in der Existenz der *Finanzintermediäre* (Finanzmakler, Versicherungen, Bausparkassen vor allem), die mit den Banken zusammen und auch untereinander ihre Portfoliopräferenzen abzustimmen versuchen und so u. U. Veränderungen der Mindestreserve unterlaufen und damit die Politik der Zentralbank zunichte machen können. Dies bedeutet, dass der Giralgeldschöpfungsmultiplikator zwar als richtig angesehen wird, seine Auswirkung aber als eingeschränkt betrachtet werden muss. Trotzdem verwendet z.B. der Sachverständigenrat die Geldmultiplikatorformel, um das rechnerische Kreditmaximum darzustellen.

Kritik am mechanistischen Ansatz:
Aus den Beispielen ergibt sich, dass der Prozess des Geldangebotes vom Verhalten der Zentralbank (die den Mindestreservesatz und die Zentralbankgeldmenge bestimmt), von dem der Geschäftsbanken und vom Bankpublikum abhängt. Mindestreservesatz, Barreservesatz, Versickerungsquote sind im mechanistischen Ansatz aber *fest vorgegeben* und nicht als Verhaltensgrößen definiert, die verschiedenen Einflüssen unterliegen können. Ebenfalls nimmt man die Geldbasis als exogene Größe an und klammert damit die sie bestimmenden ökonomischen Größen aus. Damit unterstellt man zwischen der Geldmenge M und der Geldbasis einen mechanistisch wirkenden Zusammenhang, d.h. wird B um einen Betrag Δ B erhöht, so steigt M um

$$\frac{1}{c + r(1 - c)} \cdot \Delta B$$

Damit kann immer nur die maximal mögliche Geldmenge, nicht jedoch die tatsächliche Veränderung des Geldangebotes erklärt werden.
Wobei als (einfache) Quintessenz der lapidare Zusammenhang wohl immer eintreten wird: Eine Erweiterung der Zentralbankgeldmenge wird eine Ausdehnung der Buchgeldproduktion nach sich ziehen und damit eine Vergrößerung der Geldmenge ergeben. Dies liegt in der Tatsache begründet, dass Banken rentabilitätsorientiert arbeiten und zusätzliches Zentralbankgeld ertragsbringend anlegen. Jedoch wird dieser Zusammenhang nicht so fest determiniert sein, wie ihn der Giralgeldschöpfungsansatz unterstellt.
Bei einem weiteren kritischen Aspekt zum Giralgeldschöpfungsmultiplikator wäre zu berücksichtigen, dass die Banken nicht auf eine Überschussreserve durch den Zufluss von Zentralbankgeld warten müssen (d.h. warten bis z.B. eine Bareinzahlung stattfindet), um die private Giralgeldschöpfung in Gang setzen zu können, vielmehr den Prozess von sich aus aktiv ins Rollen bringen können. Sie bräuchten dazu lediglich Aktiva, z.B. Geldmarktpapiere, in Zentralbankgeld umwandeln und könnten somit die Giralgeldschöpfung von sich auch in Gang setzen.

2.2.3.2 Kreditmarktmodell (Portfoliotheoretische Erklärung des Geldangebotes)

In der Kreditmarkttheorie stehen die *Handlungsweisen der am Geldangebot beteiligten Gruppen,* d.h. der Zentralbank, der Geschäftsbanken und des Bankpublikums *im Mittelpunkt der Analyse.*
Die Verhaltensweisen der am Geldangebot beteiligten Gruppen sind dabei *nicht* voneinander unabhängig, beeinflussen sich vielmehr gegenseitig. So nimmt z.B. die Zentralbank mit ihren geldpolitischen Instrumenten auf die Geschäftsbanken Einfluss, wobei allerdings in der Regel dadurch nur der Rahmen für die Banken abgesteckt wird.
Im *Zentrum* des Interesses beim Kreditmarktmodell *steht das Verhalten der Geschäftsbanken.* Dieses wird von der *Gewinnoptimierung* in Verbindung mit der *Liquiditäts-*

sicherung bestimmt und legt somit das Geldangebot mit fest. Die Haltung von Liquidität seitens der Banken verursacht bei diesen Opportunitätskosten, während die Kreditvergabe Gewinn ergäbe. Andererseits darf bei den Geschäftsbanken keine Illiquidität eintreten. Somit müssen Geschäftsbanken beide Gesichtspunkte gegenseitig abwägen.
Haben die Banken z.B. die Möglichkeit, sich billige und ausreichende Liquidität zu beschaffen, so werden sie verstärkt Kredite vergeben und selbst nur geringe Liquidität halten. Die Folge wäre ein Anstieg des Geldangebotes. Ein Rückgang der Kreditnachfrage seitens der Nichtbanken (z.B. infolge verschlechterter Konjunkturaussichten) führt c.p. zu sinkenden Kreditzinsen. Daraufhin werden die Banken entweder mehr Liquidität halten oder z.B. sich in Geldmarktpapieren engagieren. Die Folge wäre nunmehr ein sinkendes Geldangebot.

Die *Nachfrage der Nichtbanken* nach *Krediten* wird vom Einkommen, Vermögen, der erwarteten Inflationsrate, Ertragserwartungen der Unternehmer und vom Kreditzins bestimmt (siehe dazu auch den Abschnitt 2.1.3).
Das *Kreditangebot der Banken* ist abhängig vom Kreditzins, von Leitzins, den Kosten sonstiger Refinanzierungsmöglichkeiten (z.B. Geldmarkttitel), den Erträgen anderer Aktiva und dem Liquiditätsnutzen von Überschussreserven. Kurz: Rentabilität und Liquidität bestimmen das Portfolio der Banken.

Vereinfachend kann man deshalb davon ausgehen, dass steigende Kreditzinsen zu einem Anstieg des Angebotes an Krediten durch die Banken führen. Sie schränken dazu vorhandene Überschussreserven ein und sind darüber hinaus bereit, sich bei der Notenbank zwecks Beschaffung von Zentralbankgeld zu verschulden. Umgekehrt werden c.p. Nichtbanken ihre Kreditnachfrage bei steigenden Zinsen reduzieren. Kreditnachfrage und Kreditangebot bestimmen sich somit im wesentlichen durch den Kreditzins. Wie dargelegt, wird dadurch aber auch das Geldangebot mitbestimmt. D.h. auch für das Geldangebot ist der Kreditzins eine dominante Größe (daher auch der Name Kreditmarktmodell für das Geldangebot).

Diese einführenden Überlegungen zur Kreditmarkttheorie sollen nun (stark vereinfacht und gekürzt) in der üblichen Darstellung dieser Theorie dargelegt werden (für eine ausführliche Interpretation siehe die Literatur).

Das Zusammenspiel der drei Sektoren Zentralbank, Geschäftsbanken und Bankpublikum im Hinblick auf das Geldangebot kann wie in Abb. 2-9 dargestellt werden.

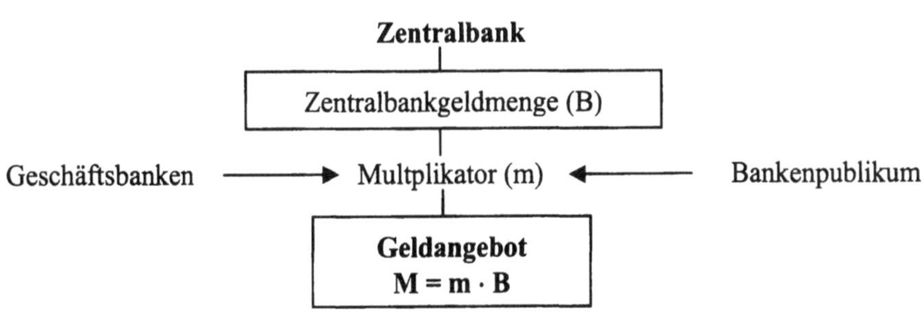

Abb.: 2-9: Bestimmungsfaktoren des Geldangebotes

Aus Abb. 2-9 folgt, dass die Zentralnotenbank im wesentlichen die Zentralbankgeldmenge, die Geldbasis B bestimmt. Das Zusammenwirken von Geschäftsbanken und Bankpublikum bestimmt den Multiplikator m. Das Produkt aus m · B schließlich ergibt das Geldangebot M.

Exakter lautet die Schreibweise:

$$M = m \cdot B^{ex},$$

wobei B^{ex} die sog. Basisgeldmenge darstellt, die exogen von der Zentralbank gesteuert wird. Im Multiplikator m spiegelt sich das Verhalten von Geschäftsbanken und Bankpublikum wider. Dabei wird m von folgenden Variablen determiniert:

$$m = f(\overset{(+)}{i_K};\ \overset{(-)}{i_r};\ \overset{(-)}{i_f};\ \overset{(+)}{i_t};\ \overset{(-)}{r^{MR}};\ \overset{(-)}{Y};\ \overset{(-)}{\sigma};\ \overset{(+)}{V})$$

Dabei bedeuten:

+	= der Zusammenhang der Variablen in Bezug auf m ist positiv
–	= der Zusammenhang der Variablen in Bezug auf m ist negativ
i_K	= Zinssatz für Bankkredite
i_r	= erwartete Ertragsrate (Zins) auf Realkapital
i_f	= Diskontsatz
i_t	= Verzinsung von Termin- und Spareinlagen
r^{MR}	= Mindestreservevolumen
Y	= Bruttosozialprodukt (real)
σ	= Unsicherheit der Banken bezüglich der künftigen Geldzu- und -abflüsse
V	= Vermögen (real)

Das Verhalten der Geschäftsbanken ist abhängig von i_K; i_f; r^{MR} und σ. Das Verhalten des Bankpublikums ist abhängig von i_r; i_t; Y und V. D.h. das Geldangebot M wird sowohl von den exogenen (an gesamtwirtschaftlichen Zielsetzungen orientierten) Entscheidungen der Zentralnotenbank als auch von den endogenen portfolioorientierten Entscheidungen des Bankpublikums, wie von den gewinn- und liquiditätsorientierten Entscheidungen der Geschäftsbanken bestimmt.

Bei einer ausführlichen Analyse (siehe Literatur) müsste man all diese Variable und ihren Einfluss auf den Multiplikator m genau analysieren, um den gesamten Prozess des Geldangebotes zu verstehen.

Der Zusammenhang der Kreditmarkttheorie lässt sich auch geometrisch darstellen:
Wenn man mit K_N die Nachfragefunktion des Bankpublikums nach Krediten ausdrückt (zu den Einflussfaktoren auf K_N siehe die vorausgegangenen Darlegungen), und mit K_A die Angebotsfunktion an Krediten durch die Banken und mit M das Geldvolumen (bzw. das Geldangebot), so ergibt sich als (statische) Ausgangslage die Abb. 2-10:

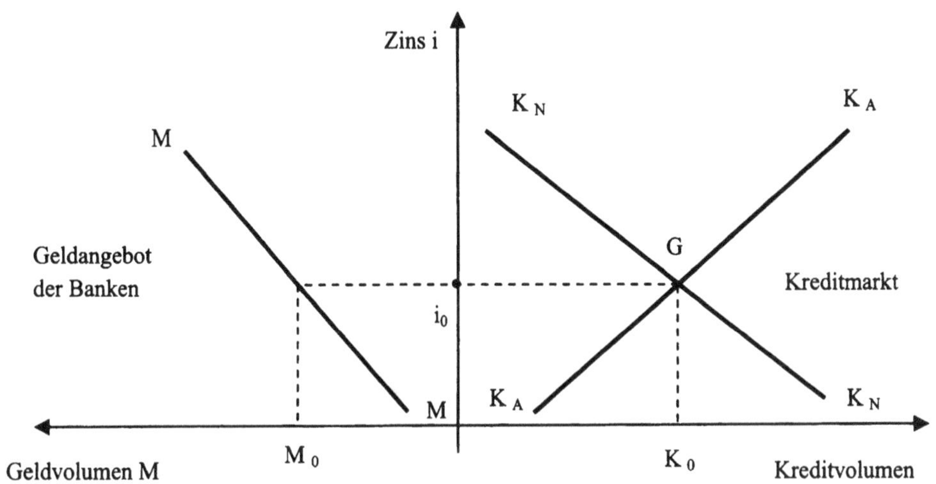

Abb.: 2-10: Ausgangslage zwischen Kreditmarkt und Geldangebot

Bei gegebener Geldbasis (B) und allen sonstigen Einflussgrößen bildet sich auf dem Kreditmarkt durch K_N und K_A das Gleichgewicht mit dem Gleichgewichtszins i_o und dem Kreditvolumen K_o (das sowohl angeboten wie nachgefragt wird). Dem Zins i_o entspricht ein Geldangebot M_o, wobei die (linke) Kurve M = das Geldangebot, die Möglichkeiten (hier spielt die Zentralbank mit) und die Neigungen der Geschäftsbanken widerspiegelt, Liquidität bei entsprechenden Zinsen zugunsten verstärkter Kredite abzubauen und damit das Geldangebot auszudehnen.

Wie üblich, sollen nunmehr in die geometrische Darstellung bestimmte Veränderungen eingebaut und ihre Auswirkungen auf das Geldangebot betrachtet werden. Zunächst soll die Auswirkung einer Zunahme der Kreditnachfrage analysiert werden (z.B. ausgelöst durch günstigere Ertragserwartungen der Unternehmer, siehe Abb. 2-11):

$K_A{}^o$ und $K_N{}^o$ ergeben (wie in Abb. 2-10) in der Ausgangslage das Gleichgewicht auf dem Kreditmarkt mit i_o und K_o. Die Zunahme der Kreditnachfrage von $K_N{}^o$ auf $K_N{}^1$ ergibt das neue Gleichgewicht mit GI. Dadurch ergibt sich ein steigender Kreditzins von i_o auf i_1 und ein Anstieg des Kreditvolumens von K_o auf K_1. Dies wiederum ergibt eine Zunahme des Geldangebotes von M_o auf M_1.

Als weitere Veränderung soll durch die Zentralnotenbank mittels entsprechender geldpolitischer Maßnahmen (z.B. Senkung der Mindestreserve) eine Erhöhung der Geldbasis erfolgen, siehe Abb. 2-12.

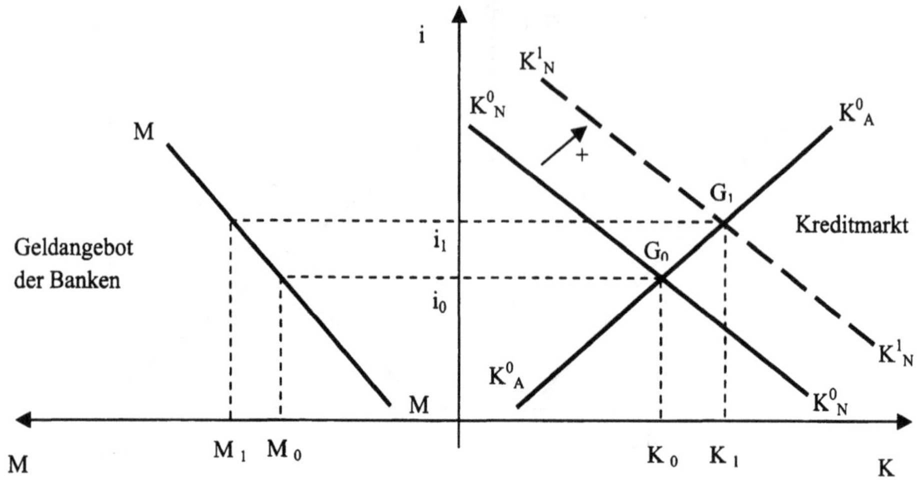

Abb.: 2-11: Kreditmarkt und Geldangebot bei einer Zunahme der Kreditnachfrage

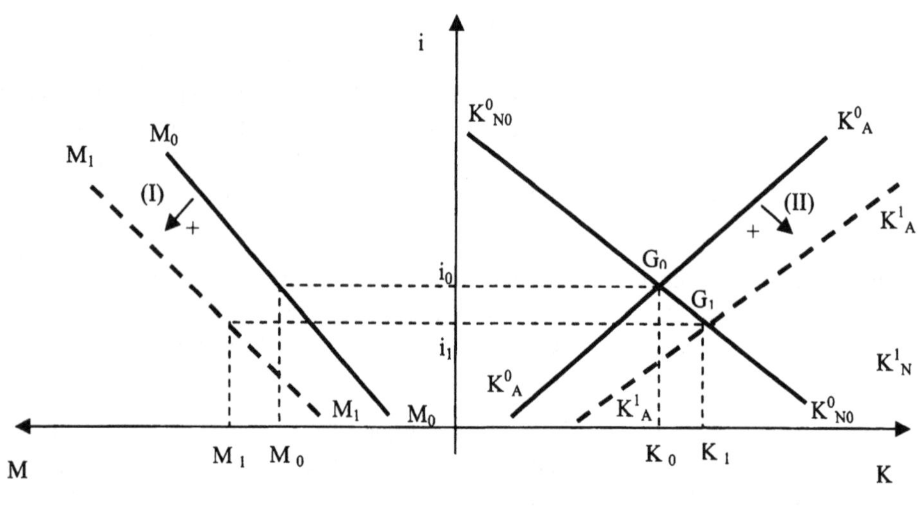

Abb.: 2-12: Kreditmarkt und Geldangebot bei einer Zunahme der Geldbasis

Der Wirkungszusammenhang setzt jetzt beim Geldangebot ein (= I). Die Zunahme der Geldbasis bewirkt eine Vergrößerung der Geldangebotsmöglichkeit. Dies ergibt eine Verschiebung der M-Kurve nach links von M_0 nach M_1 (eine Zunahme ergibt sich hier durch Linksverschiebung, da dies ja im 2. Quadranten erfolgt). Die Zunahme der Geldbasis ergibt bei den Geschäftsbanken bekanntlich eine Vergrößerung der verfügbaren Liquiditätsreserven = Verbesserung der Geldangebotsmöglichkeit. Die Banken reagieren daraufhin (= II) mit einer Erhöhung ihres Kreditvolumens von $K_A°$ auf K_A^1. Die Folge ist eine Erweiterung des Kreditvolumens von K_o auf K_1, gekoppelt (bei unterstellter unveränderter Kreditnachfrage K_N^O) mit einem Rückgang des Zinses von i_0 auf i_1. Nunmehr wird die Vergrößerung der Geldangebotsmöglichkeit in Anspruch genommen. Dies bedeutet eine Zunahme des Geldangebotes von M_0 auf M_1.

2.2.4 Wer dominiert in der Realität als Geldanbieter?

Geht man von der Formel $M = m \cdot B$ aus, d.h. die angebotene Geldmenge M ist ein Vielfaches (= Multiplikator m) der Geldbasis B, so ist der einzige Anbieter von Zentralbankgeld über die Geldbasis die Notenbank.
Die Kernidee der Geldpolitik seitens der Notenbank besteht darin, durch geeignete geldpolitische Maßnahmen die Geldbasis zu beeinflussen und damit das gesamte Geldangebot zu steuern.
Ob dieses Bestreben der Zentralnotenbank gelingt, hängt davon ab, ob der Multiplikator im Zeitablauf konstant ist oder nicht.
Denn wenn sich der Multiplikator im Zeitablauf ständig, erheblich und kurzfristig ändert, so ist dies ein Zeichen, dass es der Notenbank *nicht* gelingt, das Geldangebot über die Geldbasis zu steuern. Man sagt, in diesem Fall ist das Geldangebot eine *endogene Größe.* Bliebe der Multiplikator im Zeitablauf dagegen konstant und würde es somit der Notenbank gelingen, das Geldangebot über die Geldbasis zu steuern, so sagt man, wäre das Geldangebot eine *exogene Größe.*

Ob das Geldangebot eine endogene oder eine exogene Größe ist, hängt vom Verhalten der Geschäftsbanken und der Nichtbanken (= Unternehmen, Staat, private Haushalte, Finanzintermediäre, Banken und Nichtbanken des Auslandes) ab.
Dabei kann man davon ausgehen: 1) Geschäftsbanken, Finanzintermediäre und das Ausland können durch ihr Kreditverhalten teils unabhängig von der Zentralbank das Geldangebot mitbestimmen, 2) Unternehmen und private Haushalte bestimmen durch die Bargeldhaltung, Höhe und Art ihrer Bankeinlagen, ihre Finanzanlagen und durch ihr Kreditnachfrageverhalten ebenfalls teils das Geldangebot mit.
Das Geldangebot ergibt sich in der Realität somit (= Grundidee der Kreditmarkttheorie) durch das Zusammenspiel dieser Sektoren einer Volkswirtschaft.
Die auf dieser Basis durchgeführten *empirischen Untersuchungen zum Geldangebot* zeigen in etwa folgendes Resultat:

Kurzfristig bestimmen neben der Zentralbank auch die übrigen dargelegten Gruppen das Geldangebot mit, d.h. der Multiplikator ist kurzfristig instabil und somit das Geldangebot eine **endogene Größe**. **Langfristig** gelingt es der Zentralbank jedoch, den größten Teil des Geldangebotes über die Geldbasis zu regulieren, d.h. langfristig ist das Geldangebot eine **exogene Größe**.

2.3 Gleichgewicht am Geldmarkt

Das Gleichgewicht am Geldmarkt ergibt (Keynes) die Bestimmung der LM-Kurve.
Zur Ableitung der LM-Kurve (nach Keynes) vergegenwärtige man sich nochmals den Abschnitt 2.1.2, insbesondere mit den Abb. 2-2, 2-3, 2-4 und 2-5.
Ausgehend von der Abb. 2-5 sollen zwei Veränderungen des Gleichgewichts am Geldmarkt (entsprechend der Keynesschen Interpretation) mit ihren Auswirkungen auf das Zinsniveau und die Aufteilung der Geldnachfrage in Transaktions- und Spekulationskasse (zur Wiederholung) dargestellt werden (siehe Abb. 2-13 und 2-14).

Die Abb. 2-13 entspricht der Abb. 2-5 (siehe dort), d.h.: Ausgehend vom Gleichgewicht am Geldmarkt zwischen L_0 und M_0 mit einem Gleichgewichtszins i_0 und einer Aufteilung des gesamten Geldangebotes (= M_0) in die Transaktionskasse L_{T0} und in die Spekulationskasse L_{S0} findet eine (autonome) Erhöhung des Geldangebotes (durch die Zentralbank) auf M_1 (= Rechtsverschiebung von M) statt. Die Wirtschaftssubjekte verfügen dadurch über zusätzliches Geld. Dies führt zu einer Steigerung der Nachfrage nach Wertpapieren, was zu einem Anstieg der Wertpapierkurse und damit zu einem sinkenden Zinssatz führt (siehe: i_0 sinkt auf i_1). Dies wiederum ergibt einen Anstieg der Geldnachfrage aus dem Spekulationsmotiv (L_{S1} > L_{S0}). Die Transaktionskasse bleibt unberührt (L_{T0} = L_{T1}), da (hier) das Volkseinkommen gleich hoch blieb. Das gesamte zusätzliche Geldangebot (M_1 – M_0) fließt ausschließlich in die Spekulationskasse.

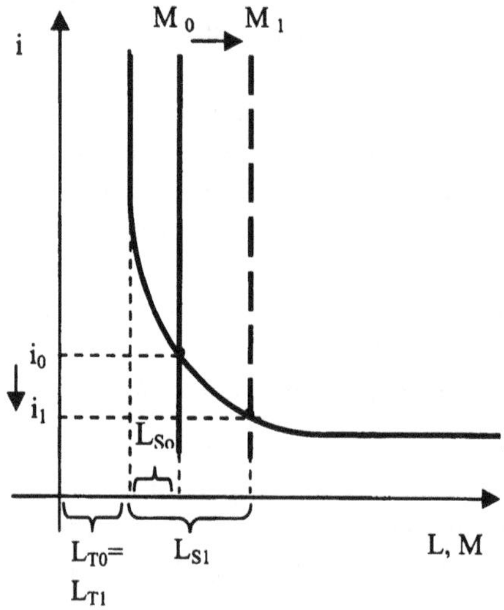

Abb.: 2-13: Zinssatzänderung bei Zunahme des Geldangebotes

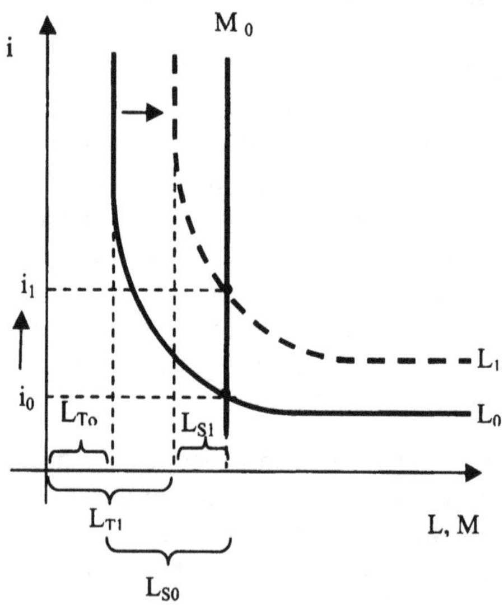

Abb.: 2-14: Zinssatzänderung bei Zunahme des Volkseinkommens

In der Abb. 2-14 bleibt das Geldangebot mit M_0 unverändert. Jetzt ändert sich die Geldnachfrage und zwar wird dies ausgelöst durch ein höheres Volkseinkommen (Y). Dies ergibt eine Rechtsverschiebung der L-Kurve von L_0 nach L_1 mit einem neuen Gleichgewicht. Die Folge ist ein Anstieg des Gleichgewichtszinses von i_o auf i_1. Der Zinsanstieg ergibt sich aus einer Erhöhung des Wertpapierangebotes (und c.p. einem Kursrückgang), da jetzt die Wirtschaftssubjekte versuchen, ihren höheren Bedarf an Transaktionskasse (ausgelöst durch den Anstieg des Volkseinkommens) durch den Verkauf an Wertpapieren zu befriedigen. Das gesamte (hier konstante) Geldangebot wird jetzt umgeschichtet, die Transaktionskasse wächst ($L_{T1} > L_{To}$), während im gleichen Ausmaß die Spekulationskasse abgebaut wird ($L_{S1} < L_{So}$).

Die Logik der Ableitung der LM-Kurve erfolgt wie folgt: Alle sich wie eben in den Abb. 2-13 oder Abb. 2-14 durch Veränderung der jeweiligen Einflussgrößen ergebenden neuen Gleichgewichte (d.h. mit i und L_T und L_S) sollen in einem einzigen Graphen (eben der LM-Kurve) zusammengefasst werden. D.h. man unterstellt alle denkbaren Veränderungen von L und M, bestimmt die dadurch sich ergebenden Gleichgewichtszustände und fasst alle Gleichgewichte im Graphen LM zusammen.

Die Ableitung der LM-Kurve erfolgt geometrisch, wobei man das sog. Hicks-Diagramm verwendet. Ausgegangen wird dabei von Veränderungen entsprechend der Abb. 2-14, d.h. wir nehmen an (was häufig realistisch ist), dass das Volkseinkommen ständig zunimmt (siehe Abb. 2-15).

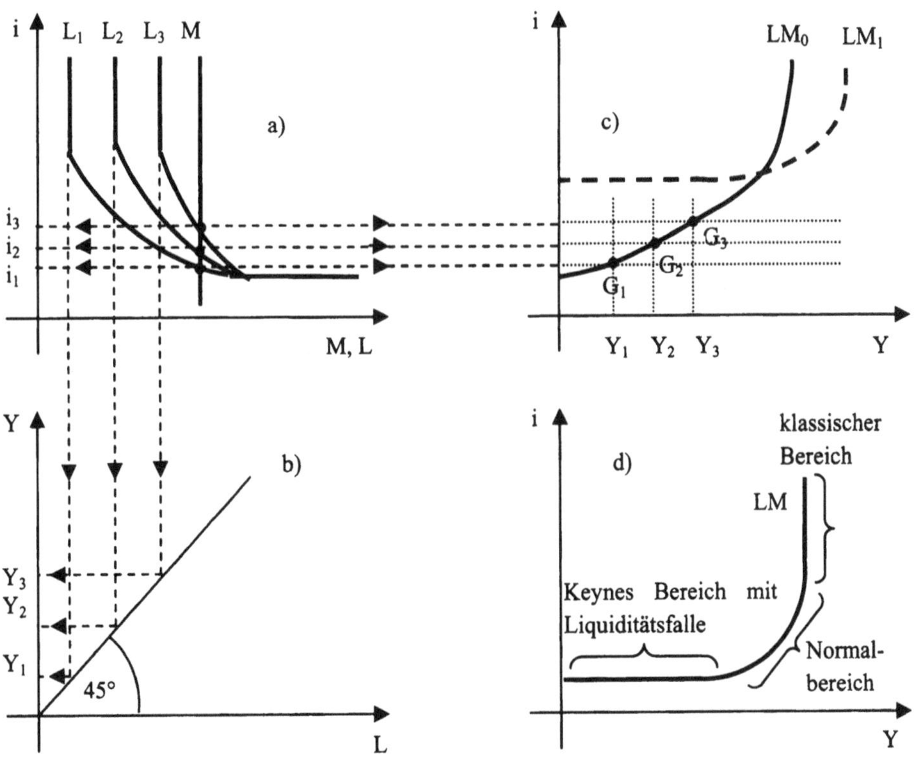

Abb.: 2-15: Ableitung der LM-Kurve aus der Geldnachfrage und dem Geldangebot

In der Darstellung a) der Abb. 2-15 sind (analog zu Abb. 2-14) verschiedene Gleichgewichtslagen am Geldmarkt dargestellt. Als unveränderlich wird das autonome Geldangebot M der Zentralbank angenommen. Die Geldnachfrage L liegt in drei alternativen Möglichkeiten L_1, L_2 und L_3 vor. L_1 nach L_2 und weiter nach L_3 beschreiben ein wachsendes Volkseinkommen mit daraus wachsender Transaktionskasse. Die Schnittpunkte von L_1, L_2, L_3 mit M ergeben die drei alternativen Gleichgewichtssituationen am Geldmarkt. Als Bestimmungs-Größe ist hier (zunächst) nur der unterschiedliche Gleichgewichtszins i_1, i_2 und i_3 wichtig.
Die Darstellung b) dient lediglich zur Ermittlung des einer bestimmten Geldnachfrage zuzuordnenden Volkseinkommens Y. Hier wird die Geldnachfrage L in Abhängigkeit vom Volkseinkommen Y dargestellt (siehe dazu die Abb. 2-2). Durch Herrunterloten der Transaktionskassen von L_1, L_2 und L_3 (das Volkseinkommen bestimmt bekanntlich die Transaktionskasse) in die Darstellung b) und deren Spiegelung auf der Winkelhalbierenden wird das zu L_1 gehörende Volkseinkommen Y_1 ermittelt (und Y_2 für L_2: Y_3 für L_3)·
In der **Darstellung c)** schließlich wird die gesuchte LM-Funktion Punkt für Punkt entwickelt, wobei die LM-Funktion eine Abhängigkeit zwischen dem Volkseinkommen Y und dem Zins i beschreibt.
Der Punkt G_1 (erstes bzw. ein Gleichgewicht auf dem Geldmarkt) der LM-Funktion erhält seine i-Koordinate aus der Darstellung a), indem i_1 hinübergelotet wird (siehe Abb. 2-15). Die Y-Koordinate für G_1 entnimmt man der Darstellung b). Die Strecke Y_1 aus b) wird auf die Abszisse in c) übertragen. Der Schnittpunkt von i_1 und Y_1 ergibt G_1, d.h. einen ersten Punkt der gesuchten LM-Funktion. Die Koordinaten von i_2 und Y_2 ergeben nach dem gleichen Schema den Punkt G_2 der LM-Funktion. Entsprechend viele Punkte ergeben schließlich die LM-Funktion.
Ändert sich nicht nur die Transaktionskasse (bzw. das Volkseinkommen), sondern die Spekulationskasse und/oder das Geldangebot, so ergibt sich eine anders verlaufende LM-Funktion, z.B. LM_1.

Eigenschaften der LM-Funktion:

1) Die Darstellung d) zeigt, dass der typische Verlauf der Geldnachfrage L (nach Keynes) und insbesondere der der Spekulationskasse ihren Niederschlag auch im Verlauf der LM-Funktion haben. Man unterscheidet bei der LM-Kurve hier deshalb den sog. *Keynes-Bereich* (kommt aus der Liquiditätsfalle), den *Normalbereich* und den *klassischen Bereich.* Diese drei Bereiche beschreiben die unterschiedliche Zinsreagibilität der Geldnachfrage (ein in der wirtschaftspolitischen Diskussion wichtiger Aspekt).
   Je nach der Abhängigkeit der Geldnachfrage zu Spekulationszwecken vom Zinssatz hat die LM-Kurve eine unterschiedliche Steigung. Verläuft die LM-Kurve parallel zur Ordinate (klassischer Bereich), so liegt eine zinsunabhängige Geldnachfrage vor (bzw. LM ist in Bezug auf den Zins völlig unelastisch). Der gekrümmte Teil der LM-Kurve (Normalbereich) spiegelt die Auffassung von Keynes wider, dass die Geldnachfrage zinselastisch ist. Verläuft die LM-Kurve parallel zur Abszisse, so wird die Geldnachfrage völlig zinselastisch (bzw. LM ist bezüglich des Zinses völlig elastisch).
2) *Steigung der LM-Kurve*
   Die LM-Kurve besitzt eine positive Steigung. Dies ist deshalb der Fall, da sich die Geldnachfrage gleichgerichtet zum Einkommen bzw. Y (siehe Abb. 2-2), andererseits aber entgegengerichtet zum Zins verändert (siehe Abb. 2-3).

Was die Größe der Steigung der LM-Kurve anbelangt, so gilt: Je größer die Empfindlichkeit der Geldnachfrage bezüglich des Einkommens ist (bzw. je steiler die L_T-Kurve ist) und je niedriger die Empfindlichkeit der Geldnachfrage bezüglich des Zinssatzes ist (bzw. je steiler die L_S-Kurve ist), desto steiler wird die LM-Kurve verlaufen. Verändert sich die Einkommens- und Zinsreagibilität der Geldnachfrage, so ergibt sich eine Drehung der LM-Kurve.

3) Insgesamt wird die LM-Kurve von einer Variation der Transaktionskasse, einer Änderung der Spekulationskasse, einem unterschiedlichen Volkseinkommen und einem veränderten Geldangebot beeinflusst und hat dann einen unterschiedlichen Verlauf.

4) *Punkte außerhalb der LM-Kurve*

Punkte, die nicht auf der LM-Kurve liegen, repräsentieren keine Gleichgewichte auf dem Geldmarkt. Alle Punkte oberhalb der LM-Kurve befinden sich in dem Bereich, in dem das Geldangebot größer ist als die Geldnachfrage, d.h. M > L. Alle Punkte unterhalb der LM-Kurve sind in dem Bereich, in dem die Geldnachfrage größer ist als das Geldangebot, d.h. L > M.

Die Abb. 2-16 zeigt den Zusammenhang.

Die Punkte außerhalb der LM-Kurve sind nicht stabil, d.h. es entwickelt sich eine Tendenz hin zum Gleichgewicht (d.h. L = M), wobei hier der Zinsmechanismus in Richtung der LM-Kurve wirkt.

Wenn z.B. eine Überschussnachfrage nach Geld besteht (d.h. L > M), so werden die Wirtschaftssubjekte versuchen, sich das (fehlende) Geld durch den Verkauf von Wertpapieren zu beschaffen. Das erhöhte Angebot am Wertpapiermarkt ergibt c.p. einen Rückgang der Wertpapierkurse und somit einen Zinsanstieg.

Dieser Zinsanstieg hält an, bis der Gleichgewichtszins erreicht ist, bzw. bis L = M ist. Damit hat sich ein Gleichgewicht ergeben bzw. ein Punkt auf der LM Kurve.

Ist dagegen M > L, ergeben die Zinssenkungen wieder Gleichgewichte und damit Punkte auf der LM-Kurve.

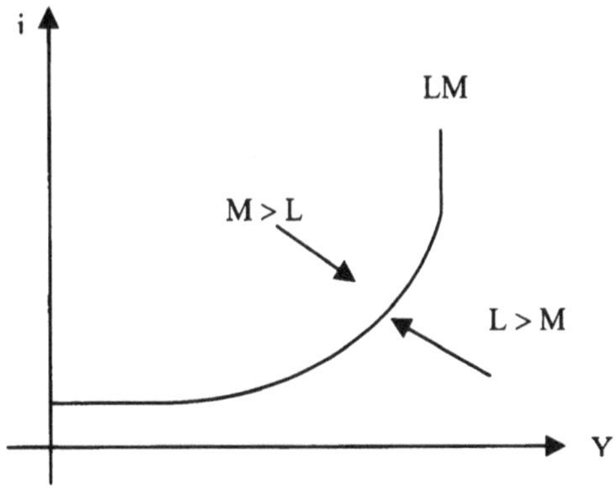

Abb.: 2-16: Ungleichgewichtslagen im LM-Bereich

5) *Verschiebungen der LM-Kurve*

Bei der Ableitung der LM-Kurve nach dem Schema der Abb. 2-15 wurde bereits dargelegt, dass eine andere Lage von L oder M eine andere LM-Kurve ergibt. Nunmehr sollen typische Verschiebungen der LM-Kurve betrachtet werden. Eine *erste Verschiebung* ergibt sich, wenn sich das Geldangebot M verändert. Der Leser entwickle entsprechend dem Schema der Abb. 2-15, ausgehend von einer beliebig angenommenen LM-Kurve, einer angenommenen Lo-Kurve und einem zunehmenden Geldangebot ($M_o < M_1 < M_2$), d.h. einer Rechtsverschiebung von M, die neue LM-Kurve. Das Ergebnis ist eine Rechtsverschiebung der LM-Kurve. D.h. somit ergibt ein zunehmendes Geldangebot bei unveränderter Geldnachfrage eine Rechtsverschiebung von LM, eine Abnahme von M ergibt c.p. eine Linksverschiebung von LM. Die Logik dieser Verschiebung der LM-Kurve ist einfach nachvollziehbar. Wenn bei unveränderter Geldnachfrage das Geldangebot steigt, halten die Wirtschaftssubjekte die nämlich hohe Transaktionskasse. Somit fließt das zusätzliche Geldangebot voll in die Spekulationskasse. Bzw. das neue Gleichgewicht auf dem Geldmarkt wird (wieder) durch den Zinsmechanismus realisiert, d.h. die Zunahme der Geldnachfrage aus dem Spekulationsmotiv führt zu einer Zinssenkung (siehe eigene Graphik).

Eine *zweite Verschiebung* (völlig analog) ergibt sich, wenn man auf dem Geldmarkt unterschiedliche Preisniveaus annimmt (nicht die Preissteigerung). Angenommene niedrige Preisniveaus ergeben ebenfalls eine Rechtsverschiebung der LM-Kurve. Der Grund liegt darin, dass die Wirtschaftssubjekte (nach Friedman) den sog. Realkasseneffekt realisieren, d.h. den realen Kaufkraftwert ihrer Transaktionskasse zu erhalten trachten.

Wenn nun ein niedrigeres Preisniveau herrscht, so erhöht sich die Kaufkraft der L_T-Kasse. Nimmt man an, dass die Wirtschaftssubjekte (im Moment) die reale Kaufkraft der L_T-Kasse beibehalten wollen, so erfolgt ein Abbau der L_T-Kasse. Dies führt über den Zinsmechanismus (genau wie bei der 1. Verschiebung) zu einer Auffüllung der L_S-Kasse und damit wieder zu einer Rechtsverschiebung der LM-Kurve (siehe Abb. 2-17).

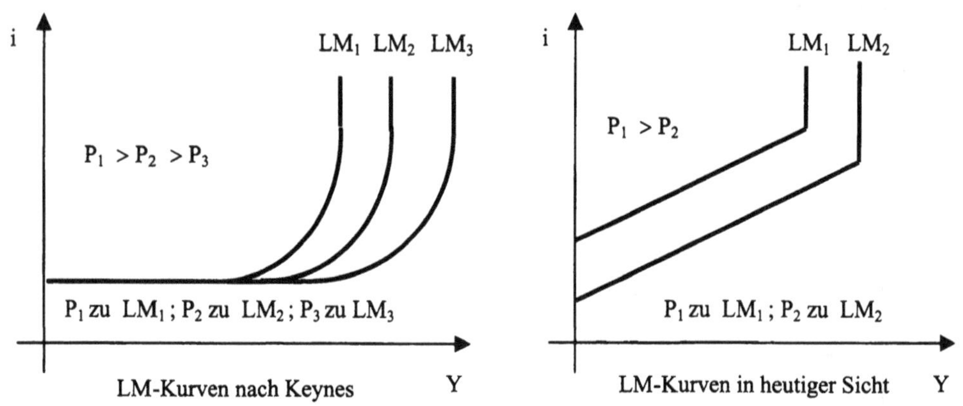

Abb.: 2-17: Verschiebung der LM-Kurven bei unterschiedlichen Preisniveaus

Diese Rechtsverschiebung der LM-Kurve bei einer Preisniveausenkung, der sog. *Keynes-Effekt* in der Interpretation von Keynes oder nach heutiger Sicht, unterscheidet sich im Einfluss auf die Spekulationskasse (und für die Liquiditätsfalle) und einer evtl. Zinssenkung. Da Keynes bei einem sehr niedrigen Zins i_0 * = Liquiditätsfalle (siehe Abb. 2-3) eine weitere Zinssenkung ausschließt, verändert sich bei ihm auch nicht der Teil der LM-Kurve, der parallel zur Abszisse verläuft bzw. die nach rechts verschobenen LM-Kurven wachsen aus dem Teil der Liquiditätsfalle praktisch heraus (siehe Abb. 2-17).
Unterstellt man dagegen LM-Kurven in heutiger Sicht (die bekanntlich keine Liquiditätsfalle besitzen), so ergibt sich eine Rechtsverschiebung der gesamten LM-Kurve, ansonsten sind die Überlegungen analog (siehe Abb. 2-17) (in der Literatur wird die LM-Kurve, teils aus prinzipiellen Überlegungen oder aus darstellerischen Gesichtspunkten, auch in neuerer Sicht als eine positiv steigende lineare Funktion angenommen, d.h. ohne unseren Knick wie in Abb. 2-17).

3 Gütermarkt

Wie im Kapitel 2 für den Geldmarkt sollen nun für den Gütermarkt, im Sinne einer makroökonomischen Analyse, die Einflussgrößen eines Gleichgewichtszustandes untersucht werden.
Wie es sich didaktisch als zweckmäßig erwiesen hat, werden hierbei die Analyse des Konsums einschließlich der Ersparnis, der Staatsausgaben, der Investition und des Multiplikatoreffektes dargelegt.

3.1 Konsum und Ersparnis

Aus der Kreislaufanalyse und der VGR ergibt sich die Verwendungsgleichung des Einkommens (Volkseinkommens) wie folgt (siehe dazu die Literatur, u.a. VWL I hier im Oldenbourg)

$$Y = C + I + G - T_{ind} + Z + (X - M)$$

wobei			
	Y	=	Einkommen (Volkseinkommen)
	C	=	Konsum bzw. der private Verbrauch
	G	=	der Staatskonsum bzw. der Staatsverbrauch
	I	=	die Investition
	T_{ind}	=	die indirekten Steuern
	Z	=	die Subventionen
	X	=	den Export
	M	=	den Import und
	$X\text{-}M$	=	den Außenbeitrag darstellen.

D.h. die Gleichung beschreibt die Verwendung des Volkseinkommens für eine offene Volkswirtschaft mit staatlicher Aktivität.
Zur Vereinfachung der Analyse geht man zunächst von einem einfachen Kreislaufmodell aus, nämlich einer Volkwirtschaft, die nur aus (privaten) Haushalten und Unternehmen besteht.
Die Gleichung wird dann zu:

$$Y = C + I$$

Wobei hier jetzt Y = die Güterproduktion (bzw. das Einkommen oder das Sozialprodukt) darstellt. Bei dieser gesamtwirtschaftlichen Darstellung sind die Begriffe für Y Synonyme, sie beschreiben jeweils die gesamtwirtschaftliche Leistung einer Volkswirtschaft.

Sieht man die Gleichung aus der Sicht der Haushalte, so wird sie zu: Y = C + S, wobei S = die Ersparnis ist. Die Gleichung drückt dabei aus, dass die Haushalte ihr Einkommen nur für C oder S verwenden = ausgeben können.
Aus beiden Gleichungen folgt: C + I = C + S und daraus I = S; was die Gleichgewichtsbedingung für den Gütermarkt bedeutet, nämlich die Investition = der Ersparnis. Diese Gleichgewichtsbedingung gilt aber nur ex post, nicht ex ante. Denn, da die Planungen für die Investition in den Unternehmen getroffen werden, diejenigen für die Ersparnis in den Haushalten. Es wäre reiner Zufall, wenn beide Planungen übereinstimmen würden, d.h. ex ante kann für den Gütermarkt nicht von einem Gleichgewicht ausgegangen werden, als I = S.

3.1.1 Konsumfunktion und Sparfunktion nach Keynes

Üblich ist es, dies (zunächst) in der Auffassung von Keynes zu präsentieren. Keynes geht dabei vom Verhalten der Haushalte aus, die entsprechend unserem einfachen Kreislaufmodell ihr Einkommen Y entweder für den Konsum C oder die Ersparnis S ausgeben können, d.h.

$$Y = C + S.$$

Ist dabei die Höhe des Konsums bestimmt, ist automatisch auch die Höhe von S festgelegt.

Keynes unterstellt, dass der Konsum einer Periode vom Einkommen der Periode abhängt (sog. absolute Einkommenshypothese). Damit lautet die Konsumfunktion:

$$C = f(Y) \text{ bzw. auch } C = C(Y)$$

Aus der Gleichung Y = C + S folgt die Sparfunktion:

$$S = f(Y) \text{ bzw. auch } S = S(Y)$$

Die Sparfunktion ist das Spiegelbild der Konsumfunktion. Die geometrische Darstellung der beiden Funktionen erfolgt in Abb. 3-1.

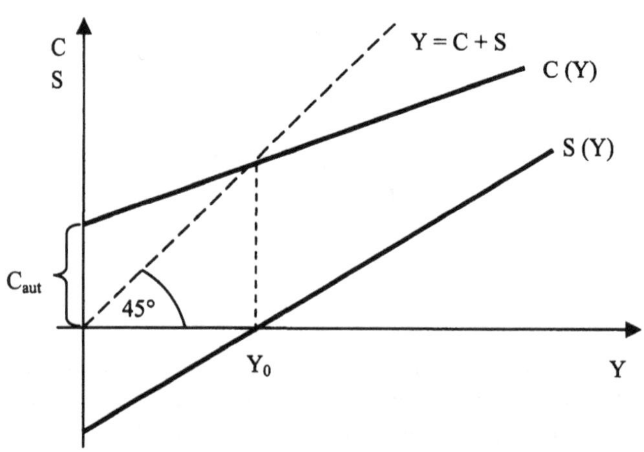

Abb.: 3-1: Konsum- und Sparfunktion

Aus der Abb. 3-1 ergeben sich folgende Aussagen:

1) Die 45°-Linie (Winkelhalbierende) entspricht der Gleichung $Y = C + S$ bzw. wenn man die Werte der Sparfunktion und der Konsumfunktion vertikal addiert ergibt sich die 45°-Linie, oder Y kann nur für C oder S verwendet werden.
2) C(Y) und S(Y), d.h. beide Funktionen haben einen linearen, positiven Verlauf. D.h. mit steigendem Einkommen steigen der Konsum und die Ersparnis.
3) Die Konsumfunktion schneidet die Ordinate im Punkt C_{aut}. D.h. Keynes geht von einem „autonomen Konsum" aus, dies drückt aus, dass die Haushalte auch konsumieren müssen, wenn ihr Einkommen Null ist. In unserem Kreislaufmodell geht dies jedoch nur, wenn auf Ersparnisse zurückgegriffen wird bzw. wenn entspart wird. Bis zu einem Einkommen von Y_0 (= negatives Einkommen oder Verwendung von Ersparnissen) wird entspart, d.h. der Haushalt konsumiert ohne dass ihm (definitionsgemäß) ausreichendes Einkommen zufließt (würde man, was hier nicht der Fall ist, den Staat einbeziehen, so würden die Begriffe Arbeitslosengeld oder Sozialhilfe den Tatbestand besser umschreiben).
4) Aus 3) folgt, dass die Sparfunktion die Ordinate im negativen Bereich schneidet. Dieser negative Abstand der Ordinate entspricht dabei dem Wert von C_{aut} und ergibt den ersten Punkt der Sparfunktion.

   Der 2. Punkt entspricht dem Schnittpunkt der 45°-Linie mit C(Y) auf die Abszisse gelotet ($=Y_0$). Damit ist der Verlauf der Sparfunktion determiniert.
5) Bis zu einem verfügbaren Geldbetrag (Einkommen!) von Y_0 muss entspart werden, d.h. der Haushalt konsumiert mehr als ihm an Einkommen zufließt. Erst ab Y_0 beginnt der Haushalt zu sparen.

Die Abb. 3-1 zeigt, dass beide Graphen eine unterschiedliche Steigung aufweisen. Wobei die Steigung (Winkel zur X-Achse) die sog. *marginale Konsum-* und *marginale Sparneigung* ausdrückt.
Marginale Konsumneigung gibt an, um wie viel der Konsum steigt, wenn das Einkommen um 1% zunimmt. Analog besagt die marginale Sparneigung, um wie viel die Ersparnis steigt, wenn das Einkommen um 1% zunimmt.
Die aus der Abb. 3.-1 gewonnenen Erkenntnisse kann man in einer ausführlicheren Funktion (Gleichung) ausdrücken, wobei die Konsumfunktion wird

(1) $C = C_{aut} + c \cdot Y$

D.h. der Konsum besteht zunächst aus C_{aut} und dann aus dem einkommensabhängigen Konsum $c \cdot Y$. „c" ist dabei ein Parameter und beschreibt die marginale Konsumquote.

Die Sparfunktion, die dieser Konsumfunktion entspricht, ergibt sich wie folgt:

(2) aus $Y = C + S$ wird $S = Y - C$

(3) $C = C_{aut} + c \cdot Y$ in $S = Y - C$ eingesetzt

(4) ergibt: $S = Y - (C_{aut} + c \cdot Y)$

oder: $S = -C_{aut} + (1 - c) \cdot Y$; wobei $1 - c = s$ ist

oder: $S = -C_{aut} + s \cdot Y$

jetzt bedeutet $-C_{aut}$ die autonome (negative) Ersparnis und „s“ bzw. „1 – c“ ist die marginale Sparquote (wieder ein Parameter).

(5) $c + s = 1$

besagt, dass die marginale Konsumquote c und die marginale Sparquote s immer „1“ ergeben.

(6) Aus Daten könnte die marginale Konsumquote berechnet werden:

$$c = \frac{\Delta C}{\Delta Y} \quad ; \Delta = \text{bedeutet Differenz}$$

c ist dabei (laut unseren Voraussetzungen) konstant. Wäre „c“ z.B. c = 0,8 würde dies bedeuten: Steigt das Einkommen um 1 €, so nimmt der Konsum 0,8 € zu bzw. 0,2 € gingen in die Ersparnis.

In der Abb. 3-2 werden nun zusätzlich gegenüber der Abb. 3-1 die dargelegten Erkenntnisse berücksichtigt.

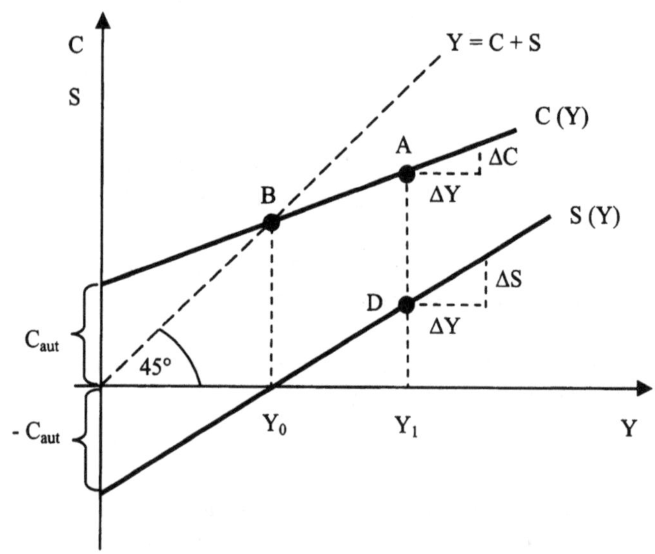

Abb.: 3-2: C- und S-Funktion und marginale Konsum- u. Sparquote

Aus der Abb.: 3-2 ergibt sich:

1) C_{aut} besagt, selbst beim Einkommen von Null (= 0-Punkt) benötigen die Haushalte für ihr Existenzminimum ein Einkommen C_{aut}, das durch Entsparen finanziert wird.
2) Ebenfalls im Nullpunkt entspricht das negative C_{aut} ($-C_{aut}$) der Entsparsumme, die zur Finanzierung des Caut notwendig ist. Gleichzeitig ergibt sich hierbei der erste Punkt der Sparfunktion S (Y).
3) Die C(Y)-Funktion schneidet die 45°-Linie im Punkt B (könnte man als einen „break-even-point" der C(Y) bezeichnen). Hier beim Einkommen Y_0 beginnt die Ersparnis der Haushalte.
4) Mit dem Einkommen Y_1 wird im Punkt A die marginale Konsumquote und im Punkt D die marginale Sparquote ausgedrückt (wobei Δ = Differenz bzw. Differenzenquotient bedeutet). Mathematisch richtig müsste für die Punkte A und D ein Differentialquotient ermittelt werden:

$$\frac{dC}{dY} \text{ und } \frac{dS}{dY}$$

5) In den Punkten A und D zeigt sich jeweils mit Δ deutlich, dass mit zunehmendem Einkommen (absolut) weniger konsumiert und dafür mehr gespart wird.

3.1.2 Weiterentwicklung der Konsum- und Sparfunktion

Nunmehr sollen in Anknüpfung an die Ausführungen von Keynes einige weitere Untersuchungen zum Konsum und Ersparnis folgen.
Häufig wird von den Autoren nur der Konsum analysiert, denn, entsprechend der Gleichung $Y = C + S$, wird bei einer Betrachtung des Konsums impliziert die Ersparnis mit berücksichtigt.

3.1.2.1 Differenzierungen bei Keynes

Bisher hatten wir bei Keynes (allerdings in der Interpretation und vor allem auch in deren Graphik nach Hicks) eine jeweils lineare C- und S-Funktion angenommen. Daraus ergab sich eine gleichbleibende marginale C- und S-Quote, aber (wie dargelegt) eine Veränderung der Konsum- und der Sparquote.
Keynes selbst ist auf diesen Zusammenhang aber nicht näher eingegangen, so dass man durchaus unterstellen könnte, er hat (auch) eine abnehmende marginale Konsum- und eine zunehmende Sparquote gemeint.

Mit der Abb. 3-3 lässt sich dies einfach darstellen. Dabei wird für die Konsum- und Sparfunktion von einem <u>nicht</u> linearen Verlauf ausgegangen.

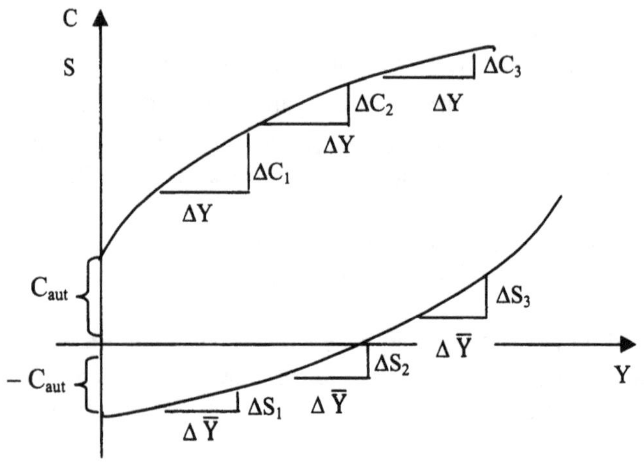

Abb.: 3-3: Nichtlineare C- und S-Funktion

Bei einer absolut gleichbleibenden Veränderung (= Zunahme) des Einkommens ($\triangle \bar{Y}$) zeigt sich für die C(Y)-Funktion eine ständig *geringer* werdende Zunahme des Konsums ($\triangle C_1 > \triangle C_2 > \triangle C_3$). Umgekehrt steigt die Zunahme der Ersparnis mit steigendem Y immer mehr an ($\triangle S_1 < \triangle S_2 < \triangle S_3$). D.h. es würden sich verändernde marginale Konsumquoten (steigendes Einkommen ergäbe eine abnehmende marginale Konsumquote) und marginale Sparquoten (umgekehrt würde ein steigendes Einkommen zunehmende marginale Sparquoten ergeben).

Würde dies zutreffen, so müsste ein privater Konsumausfall zu befürchten sein, der durch staatliche Ausgaben, steigenden Export oder zunehmende Nettoinvestitionen ausgeglichen werden müsste, soll die gesamtwirtschaftliche Nachfrage (nur) unverändert erhalten bleiben. Bisher ist dies aber nicht eingetreten und konnte auch nicht empirisch nachgewiesen werden. Auch die verwendete einfache Konsumfunktion von Keynes, mit der Annahme, der private Konsum wäre *nur* von verfügbaren Einkommen der Haushalte abhängig, ist u.a. von Hicks aus der „Allgemeinen Theorie" von Keynes so interpretiert worden.

Keynes selbst gibt aber eine umfangreiche Liste objektiver und subjektiver Faktoren an, die neben dem verfügbaren Einkommen den Konsum mit bestimmen können.

Wie z.B.: 1) die Änderung des Lohn- und Preisniveaus 2) die Änderung der Zinssätze 3) die Änderung der Fiskalpolitik oder 4) das Vorsichtsmotiv 5) die Berechenbarkeit 6) Stolz und Geiz usw.

Allerdings nimmt Keynes an, dass diese Faktoren keinen entscheidenden Einfluss auf den aktuellen Konsum haben, da sie sich kurzfristig nicht ändern (damit wäre man dann doch wieder bei dem dominanten Einfluss des verfügbaren Einkommens auf den Konsum).

3.1.2.2 Konsumauffassung bei Milton Friedman

Als Gegenpol zu Keynes soll eine „Art Neuformulierung" der Konsumfunktion von M. Friedman betrachtet werden. Dies deshalb, da ja zwischen der Auffassung des Fiskalisten (u.a. Keynes) und derjenigen der Monetaristen (u.a. Friedman) die beiden wichtigen Lager der Strategie in der praktischen Wirtschaftspolitik sich darstellen.

Friedman verwendet bei seiner „Neuformulierung der Konsumfunktion" den Begriff der permanenten Einkommenshypothese bei Berücksichtigung des Vermögens (siehe auch dazu Kapitel 2.1.3) und eines zukünftig erwarteten Einkommens.

Er spaltet dazu das Einkommen wie folgt auf:

$$Y_t = Y^p{}_t + Y^{tr}{}_t$$

wobei: Y_t = das laufende Einkommen; $Y^p{}_t$ = das permanente Einkommen und $Y^{tr}{}_t$ = das transitorische Einkommen ist.
Unter dem permanenten Einkommen versteht er den Teil, den ein Haushalt als sein Dauereinkommen ansieht, während der transitorische Teil ein Zufallseinkommen (windfall incomes = z.B. ein Spekulationsgewinn) ist.
Analog gibt es bei Friedman einen permanenten und einen transitorischen Konsum (erläutert wie beim Einkommen), d.h.:

$$C_t = C^p{}_t + C^{tr}{}_t$$

Dabei wird der permanente Konsum vom permanenten Einkommen bestimmt, und zwar:

$$C^p{}_t = k_t \cdot Y^p{}_t$$

wobei der Faktor k abhängig ist vom Vermögen w, vom Zinssatz i und einer Größe u, die z.B. Konsumpräferenzen darstellt, d.h.:

$$k_t = k_t\,(w, i, u)$$

Friedman geht davon aus, dass die transitorischen Größen langfristig für den laufenden Konsum keine Rolle spielen. Daraus folgt, dass der permanente Konsum den laufenden Konsum bestimmt.
Diese Schlussfolgerung hat für die wirtschaftspolitischen Maßnahmen nach Friedman wichtige Änderungen zur Folge:
Somit haben fiskalische Maßnahmen, die das verfügbare Realeinkommen tangieren, keinen unmittelbaren Einfluss auf den laufenden Konsum bzw. dessen Höhe.
Dies bedeutet aber z.B.: Würde während einer Inflationsphase zu deren Bekämpfung eine Steuererhöhung eingeführt werden, so mag dies grundsätzlich richtig sein. Erwarten die Menschen dagegen eine weitere Inflation, so werden sie ihren Konsum nicht einschränken, obwohl ihr Einkommen gesunken ist. Sie würden lediglich weniger sparen.

Würde umgekehrt in einer Rezession die Steuer gesenkt, die Haushalte aber eine weitere anhaltende schlechte Wirtschaftslage unterstellen, so sparen sie das erhöhte Nettoeinkommen und weiten den Konsum nicht aus.

Entsprechend Friedman müsste man somit eine Kombination fiskalischer und monetärer Maßnahmen umsetzen, die den permanenten Konsum beeinflussen würden.

Es gibt eine Reihe weiterer Autoren, die sich mehr an Keynes angelehnt oder mehr an Friedman orientiert mit dem privaten Konsum beschäftigt haben. Dazu muss auf die weiterführende Spezialliteratur verwiesen werden.

3.2 Investition

Der zweite wichtige Baustein des Gütermarktes ist die Investition, wobei wiederum deren Veränderung interessant ist.

Unter Investition soll im folgenden primär die Nettoinvestition verstanden werden, d.h. Bruttoinvestition minus Abschreibungen. Die Nettoinvestition verändert sich nur dann, wenn eine neue Nettoinvestition (= Netto-I) erfolgt. Die staatlichen Investitionen rechnen dabei zu den Staatsausgaben (G), d.h. die Netto-I beziehen sich nur auf den privaten Unternehmenssektor.

3.2.1 Investitionsfunktion nach Keynes

Keynes sagt, entscheidend für die Investition ist der Zins, sowohl für die Anlage- wie die Lagerinvestition. Dabei wird der Zins nicht als Kostenfaktor gesehen (evtl. nur bei Lagerinvestitionen), sondern er ist eine Vergleichsgröße. D.h. Keynes sagt, für ein Unternehmen stellt sich die Alternative, ob es eine eigene Investition durchführen soll, oder das Geld dafür lieber am Kapitalmarkt anlegen soll.
Dies bedeutet, dass ein Unternehmen so lange im eigenen Betrieb investiert, bis die erwartete Verzinsung einer zusätzlichen Investition (= $\bar{r}$) dem langfristigen Kapitalmarktzins (i) z.B. von Anleihen entspricht. „i" stellt dabei die Untergrenze einer Investition dar, so dass gilt:

$$\bar{r} \geq i$$

Keynes nennt diese Verzinsung (= $\bar{r}$) die *Grenzleistungsfähigkeit des Kapitals.*
Die Investitionsentscheidungen in den Unternehmen beruhen somit auf den erwarteten zukünftigen Erträgen der Investition (= die Grenzleistungsfähigkeit des Kapitals).
Aus diesem indirekten Faktor (= i), in dem Erwartungen impliziert sind, entwickelt Keynes die Investitionsfunktion

$$I = f(i) \text{ bzw. auch } I = I\,(i)$$

D.h. die Investitionsnachfrage hängt (indirekt) vom Kapitalmarktzins „i" ab, wobei die Abhängigkeit negativ ist. D.h. mit sinkendem Marktzins „i" steigt die Investitionstätigkeit (und umgekehrt). Somit verläuft nach Keynes die Investitionsfunktion wie in Abb. 3-4:

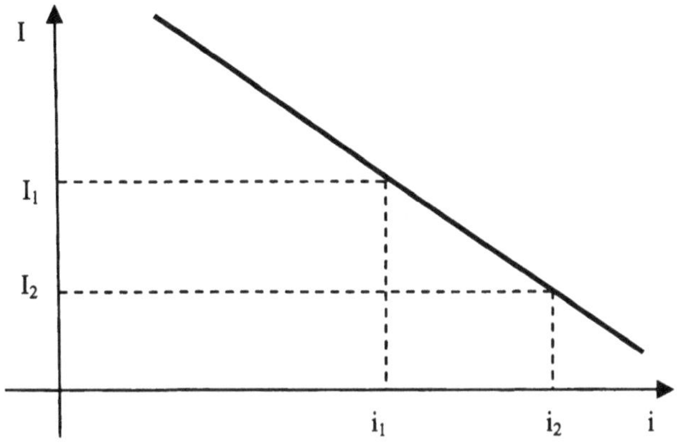

Abb.: 3-4: Investitionsfunktion (nach Keynes)

Aus der Abb. 3-4 ergibt sich eindeutig die Annahme von Keynes, denn: Ist der Marktzins $= i_1$ so wird I_1 (Menge, Volumen) investiert. Wäre der Kapitalmarktzins dagegen höher, $= i_2$, so ist die damit verbundene Investition I_2 geringer.

3.2.2 Ergänzung zur Investitionsfunktion

Da von anderen Autoren grundsätzlich (selbstverständlich modifiziert) die Abhängigkeit der Investition vom Zins akzeptiert wird, die inzwischen auch prinzipiell empirisch bestätigt wurde, kann man bei der Logik von Keynes bleiben. Dies soll nun um einige Aspekte ergänzt werden.

3.2.2.1 Berechnung vor $\bar{r}$ und wirtschaftspolitische Konsequenzen

Die Investitionsentscheidungen der Unternehmen orientieren sich (wie dargelegt) am Kapitalmarktzins (i) im Vergleich zur eigenen Grenzleistungsfähigkeit des Kapitals ($\bar{r}$). Dabei geht man für $\bar{r}$ nach der „internen Zinsfußmethode“ vor.

Dem Unternehmen sind dabei für den Anschaffungszeitpunkt einer Investition die dafür nötigen Ausgaben bekannt. Schätzen muss es (subjektiv) allerdings die Nettoeinnahmen und deren zeitliche Folge. Die Nettoeinnahmen sind die Differenz zwischen den Bruttoeinnahmen und den Ausgaben der jeweiligen Periode. Beide Größen wiederum bestehen aus mehreren einzeln zu schätzenden Faktoren. So umfassen die Bruttoeinnahmen Schätzungen von Mengen und Preisen der Umsätze und evtl. Subventionen. Die periodischen Ausgaben umfassen Schätzungen der Personal- und Materialkosten und übriger Kostenfaktoren (z.B. Steuern).

Insgesamt sind die Bestimmung der Nettoeinnahmen mit einer Reihe von Schätzungen nur möglich, enthalten damit Unsicherheiten. Deren Ermittlung ist somit eine ex-ante-Rechnung, d.h. $\bar{r}$ ist ein erwarteter Zinssatz aus einer subjektiven Schätzung des Unternehmens und damit keine absolut sichere Größe.

In der Praxis verwendet man deshalb eher die Kapitalwertmethode, denn hierbei können die Nettoeinnahmen der Perioden unterschiedlich bewertet werden. Sie werden dann mit dem langfristigen Kapitalmarktzins abgezinst. Wenn die Summe der abgezinsten Nettoeinnahmen über den Anschaffungskosten liegt, so wäre die interne Rendite höher als der Kapitalmarktzins.

Diese Überlegungen bedeuten folgende wirtschaftspolitische Konsequenzen: Grundsätzlich heißt dies, eine Änderung der Zinssätze (siehe Maßnahmen der Geldpolitik) bedeutet eine Änderung der Nettoinvestitionen, damit u.U. eine Änderung des Volkseinkommens und der Beschäftigung.
Möglich wäre weiterhin, dass die Wirtschaftspolitik „ $\bar{r}$ “ z.B. durch Steuerreduzierungen oder Senkung der Lohnnebenkosten erhöht bei z.B. gleichbleibenden Kapitalmarktzins „i“. (= eine Möglichkeit der Angebotspolitik). Beide Male erhofft man eine Zunahme der Investitionstätigkeit.
Dabei muss allerdings die jeweilige Konjunkturlage berücksichtigt werden. In einer restriktiven Lage, mit pessimistischen Erwartungen werden die Unternehmen eher sinkende „ $\bar{r}$ “ erwarten und Investitionen zurückstellen.
Die Finanz-, daraus folgend die Wirtschaftskrise 2008/09 zeigt darüber hinaus, dass bei einem Leitzins von praktisch Null (z.B. USA) die „Munition“ der Zentralbank „verschossen“ ist und keine Handlungsmöglichkeit für den Zins mehr gegeben ist, somit geldpolitische Handlungsunfähigkeit vorliegt (in der üblichen Ausgestaltung).

3.2.2.2 Multiplikator und Akzelerator

Die Begriffe Investitionsmultiplikator und Akzelerator beschreiben Einflüsse bzw. Auswirkungen von Investitionen.

3.2.2.2.1 Akzeleratorprinzip

Man bezeichnet das Akzeleratorprinzip als Beschleuniger. Damit beschreibt man den Vorgang, dass eine Nachfragezunahme ($\triangle$Y) zu einer induzierten Zunahme der Investition führt.
D.h. wenn die Unternehmen feststellen, dass die Nachfrage deutlich und nachhaltig gestiegen ist, so bauen sie zunächst die (bestehenden) Lagerbestände ab. Anschließend verlängern sie ihre Lieferfristen, und erst dann, wenn die Nachfrage immer noch anhält, erweitern sie ihre Kapazitäten. Eine Kapazitätserweiterung ist aber eine zusätzliche Nettoinvestition.
Formal kann der Akzelerator so ausgedrückt werden:
Zwischen der gegebenen Produktionskapazität, genannt Kapitalstock (K), und dem Inlandsprodukt (Y) besteht eine feste Relation (= ∞), genannt „Kapitalkoeffizient“.

$$\frac{K}{Y} = \infty$$

Will man die Veränderung dieser Relation, d.h. deren marginale Quote, so gilt:

$$\frac{\text{Änderung des Kapitalstocks } (\Delta K)}{\text{Änderung der Grundnachfrage } (\Delta Y)} = \beta$$

Wobei β der Akzelerator ist.

Da ΔK nichts anderes ist als eine autonome Nettoinvestition, gilt:

$$\Delta K = I_t \text{; damit: } \frac{I_t}{\Delta Y} = \beta$$

oder $$I_t = \beta \cdot \Delta Y$$

Da die Unternehmen mit ihren Nettoinvestitionen auf eine Nachfrage aus der Vergangenheit reagieren, d.h. zuerst wächst Y, dann erst wird investiert, gilt:

$$\Delta Y = Y_t - Y_{t-1}$$

somit: $$I_t = \beta \cdot (Y_t - Y_{t-1})$$

Bildet man die erste Ableitung nach der Zeit (t) so ergibt sich:

$$Y_t = \beta \cdot \frac{dY}{dt}$$

$$\beta > 0$$

Schreibt man

$$\frac{dY}{dt} = Y \text{ (als Ableitung nach t)}$$

so ergibt sich schließlich:

$$I_t = \beta \cdot Y$$

Diese Gleichung schließlich beschreibt das Akzeleratorprinzip, d.h.: Eine Änderung der Gesamtnachfrage Y löst eine Nettoinvestition I aus, deren Wert (Volumen) größer ist als die vorangegangene Nachfrage Y. Ein angenommenes Zahlenbeispiel könnte wie folgt aussehen: Ist die gesamte Nachfrage um 20 Mio € gestiegen, so müssen zu deren Erfüllung Nettoinvestitionen von 40 Mio € erfolgen, d.h. β = 2 (der Akzelerator = 2).
D.h. unter *unseren Prämissen* muss zur Erfüllung einer zusätzlichen Nachfrage (zunächst) eine volumenmäßig höhere Nettoinvestition getätigt werden. Bleibt die erhöhte Nachfrage bestehen, so reicht in den folgenden Zeitperioden die getätigte Nettoinvestition aus, um sie zu erfüllen, d.h. das höhere Volumen von I_t ist quasi ein Vorlauf für spätere weitere Nachfragen.
Empirische Versuche, das Akzeleratorprinzip nachzuweisen, ergaben unterschiedliche Resultate bis dahin, dass er gar nicht wirkte. Erklärbar ist dies, wenn man die Fülle an Annahmen (schon angedeutet) berücksichtigt, damit der Akzelerator wirken kann. Trotzdem erklärt er Vorgänge der Realität.

3.2.2.2.2 Multiplikator

Den oder einen Multiplikator erklärt man als Vervielfältiger. D.h. es ist ein Faktor bzw. ein Vorgang, der einen anderen Faktor vermehrt bzw. eben vervielfältigt.
Am besten das bekannteste Beispiel einfach erklärt, und zwar den sog. Investitionsmultiplikator. Damit wird der Vorgang beschrieben, dass eine zusätzliche Nettoinvestition eine Vergrößerung des Einkommens = Volkseinkommens nach sich zieht. Ein Bsp. könnte so aussehen:

Es findet eine zusätzliche Nettoinvestition von 10 Mio € statt. Dies ergibt eine Steigerung des Volkseinkommens von 20 Mio €. Dann würde hier ein Investitionsmultiplikator von zwei herrschen.

Die formale Entwicklung des Investitionsmultiplikators wäre:

(1) Definitionsgleichung des Volkseinkommens: $Y = C + I$

(2) Konsumverhaltensgleichung: $C = C_{aut} + c \cdot Y$

(3) Investitionsverhaltensgleichung: $I = I_{aut}$

In den Gleichungen ist ein Parameter enthalten; c = marginale Konsumquote, für die bekanntlich gilt: $0 < c < 1$

Um deutlich zu machen, dass bei (2) und (3) jeweils ein C_{aut} und ein I_{aut} auch gegeben sind, gilt: $C_{aut} > 0$ und $I_{aut} > 0$

(4) Setzt man (2) und (3) in (1) ein, so ergibt sich: $Y = C_{aut} + c \cdot Y + I_{aut}$

oder $Y - c \cdot Y = C_{aut} + I_{aut}$

$$(1 - c) \cdot Y = C_{aut} + I_{aut} \ / : (1 - c)$$

(5) ergibt: $Y = \frac{1}{1-c} \cdot C_{aut} + \frac{1}{1-c} \cdot I_{aut}$

dies ist der Formelausdruck des Gleichgewichtsvolkseinkommens.

(6) Soll eine Veränderung von „Y“ durch eine Veränderung von „I_{aut}“ gezeigt werden (was ja das Ziel ist), so muss (5) nach I_{aut} abgeleitet werden (differenziert!), wobei

$\frac{1}{1-c} \cdot C_{aut}$ eine Kostante ist somit:

$$\frac{dY}{dI_{aut}} = \frac{1}{1-c}$$

oder:

$$dY = \frac{1}{1 - c} \cdot dI_{aut}$$

(7) da lineare Funktionen vorliegt, kann statt d (Differenzial) auch Δ(Differenz) eingesetzt werden, d.h.

$$\Delta Y = \frac{1}{1 - c} \cdot \Delta I_{aut}$$

(8) Somit lautet der Investitionsmultiplikator:

$$\frac{1}{1 - c}$$

oder

$$\frac{1}{s}$$

weil bekanntlich $1 = c + s$ bzw. $1 - c = s$ ist.

Ein angenommenes Zahlenbeispiel soll dies verdeutlichen:

Wenn $s = 0{,}2$ ist und Iaut = 2 Mio € so ergibt sich ein Y:

$$\Delta Y = \frac{1}{s} \cdot \Delta I_{aut} \rightarrow \Delta Y = \frac{1}{0{,}2} \cdot 2 \text{ (Mio €)} = 5 \cdot 2 = 10 \text{ Mio. €}$$

d.h. eine autonome Investition von 2 Mio € hatte ein zusätzliches Volkseinkommen (eine Steigerung von Y) von 10 Mio € ergeben, wobei ein Multiplikator von 5 vorhanden gewesen wäre (der Wert von 5 bzw. 10 für Y stellt dabei die maximale Größe dar). Problematisch ist dabei die Annahme von 0,2 = s, denn die einzelnen Haushalte haben jeweils eine unterschiedliche marginale Sparquote.

Nach der gleichen formalen Ableitung könnte man den **Konsummultiplikator** ermitteln:
Das Resultat wäre:

$$\frac{dY}{dC_{aut}} = \frac{1}{1 - c}$$

oder:

$$\Delta Y = \frac{1}{1 - c} \cdot \Delta C_{aut}$$

auch der Konsummultiplikator wäre:

$$\frac{1}{1 - c} \text{ oder } \frac{1}{s}$$

Autonome Konsumänderung (= C_{aut}) könnte bedeuten, dass die Zukunftserwartungen der Verbraucher positiv sind und sie durch z.B. Entsparen bei konstanten Einkommen ihren Konsum steigern.

Den Investitionsmultiplikator kann man auch graphisch ableiten, wobei das Instrumentarium von Keynes in der Präsentation von Hicks verwendet wird. Für die Investition wird dabei angenommen, dass sie eine gegebene Größe darstellt = eine Parallele zur X-Achse (siehe auch den folgenden Abschnitt = Gleichgewicht am Gütermarkt).
Wir unterstellen eine üblich verlaufende Sparfunktion S(Y) und wie bereits dargelegt, eine gegebene autonome Investition I_{aut} (Parallele zur X-Achse) und dann eine Zunahme (Vergrößerung) der autonomen Investition ΔI_{aut} wie folgt:

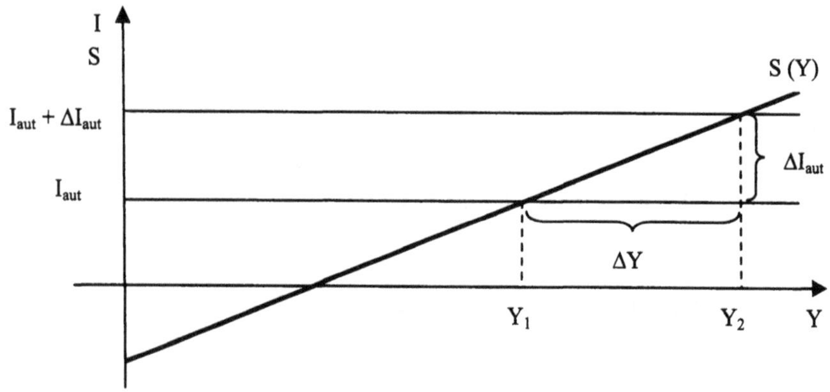

Abb.: 3-5: Wirkung des Investitionsmultiplikators

Die zusätzliche autonome Investition ΔI_{aut} ergibt sich durch eine Parallelverschiebung der Investitionsfunktion um den Betrag ΔI_{aut} nach oben.
In der Ausgangslage S(Y) und I_{aut} bestand ein Gleichgewicht im Schnittpunkt der beiden Graphen mit einem Volkseinkommen Y_1. Durch die Investitionszunahme um ΔI_{aut} ergibt sich ein neues Marktgleichgewicht mit Y_2. Betrachtet man die Veränderungsgrößen, die sich dadurch ergeben, so:

$$Y_2 - Y_1 = \Delta Y > \Delta I_{aut}$$

bzw. die Volkseinkommensveränderung ist deutlich größer als die Investitionsdifferenz, bzw. dem I-Multiplikator zuzurechnen.
Entscheidend ist dabei (wie auch die formale Ableitung zeigt) die Steigung der Sparfunktion bzw. die marginale Sparneigung. Wobei gilt: Umso kleiner die marginale Sparneigung ist, umso größer ist die Multiplikatorwirkung.

3.3 Gleichgewicht am Gütermarkt

Analog zum dargelegten Gleichgewicht auf dem Geldmarkt ist es für die Präsentation des Gütermarktgleichgewichtes üblich, die Analyse entsprechend der Präsentation von Keynes mit Hicks (des einfachen logischen Verständnisses wegen) vorzunehmen.
Als Ergebnis gewinnt man dabei die sog. *IS-Funktion*.
Gleichgewicht herrscht am Gütermarkt, wenn die für eine Periode geplante Investitionsnachfrage gleich ist mit der für diese Periode geplanten Ersparnis, d.h. wenn

$$I\,(i) = S\,(Y)$$

ist. Wenn dieses Gleichgewicht gegeben ist, dann entspricht das geplante Güterangebot der beabsichtigten Güternachfrage.
Das Gleichgewicht hängt somit von den Variablen Zinssatz i, dem realen Einkommen Y, bzw. einer Kombination von i und Y ab.
Analog zur LM-Kurve wird nun die Menge aller Kombinationen von i und Y bestimmt, bei denen Gleichgewicht am Gütermarkt herrscht, dies ist dann die IS-Kurve. Die Entwicklung der IS- Kurve erfolgt entsprechend der Abb. 3-6.

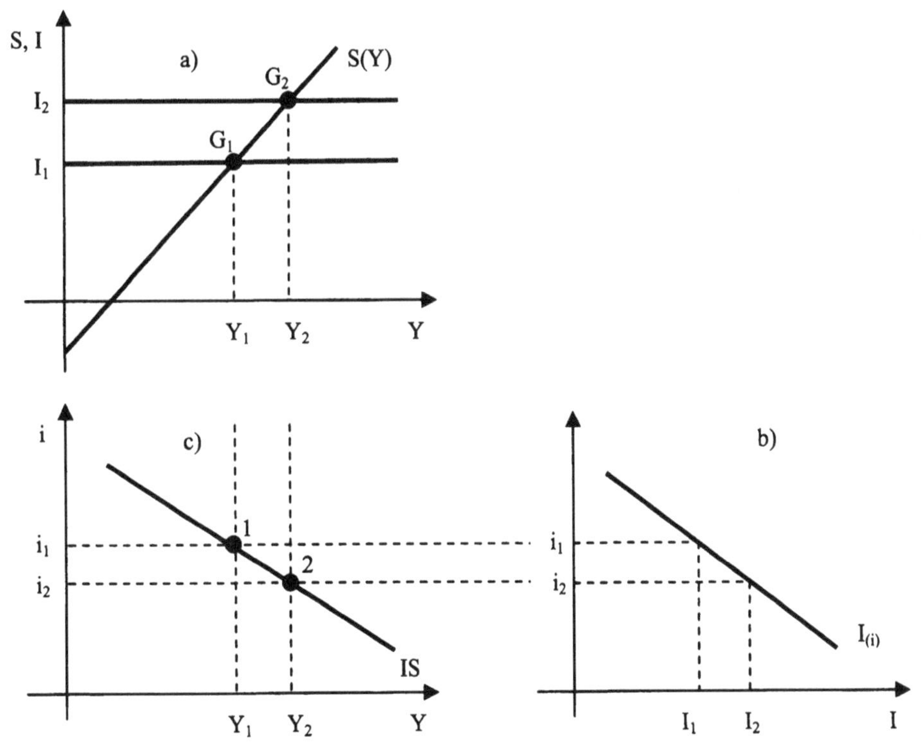

Abb.: 3-6: Entwicklung der IS-Funktion aus S (Y) und I (i)

In der Abb. 3-6 wird zunächst (wie vorher dargelegt) in der Darstellung a) eine unterstellte Sparfunktion S (Y) angenommen. In der Darstellung b) eine angenommene Investitionsfunktion I (i).
In der Darstellung b) wird von einem gegebenen Marktzins i_1 ausgegangen. Die Investitionsfunktion ergibt die zum Marktzins i_1 gehörige (geplante) Investition I_1. Diese Investition I_1 wird in die Darstellung a) übertragen und als Parallele eingezeichnet (d.h. es wird angenommen, dass nur *eine* Investition in der Höhe I_1 durchgeführt wird). Der Schnittpunkt von I_1 und S (Y) ergibt das gesuchte Gleichgewicht am Gütermarkt G_1. Die Determinanten des Gleichgewichtes G_1 sind i_1 und (aus der Darstellung a) Y_1. Y_1 und i_1 werden (siehe Abb. 3-6) in die Darstellung c) übertragen bzw. Y_1 und i_1 sind die Koordinaten des ersten Punktes 1 der gesuchten IS Kurve.

Nach dem gleichen Schema wird Punkt 2 der IS-Kurve ermittelt (siehe Abb. 3-6), bzw. entsprechend viele Punkte.
Die Verbindung der Punkte 1 und 2 mit weiteren Punkten ergibt die IS-Kurve bzw. den geometrischen Ort aller Gleichgewichte am Gütermarkt unter der Annahme einer gegebenen S (Y) und I (i).
Eine andere Sparfunktion und/oder eine andere Investionsfunktion ergibt eine anders gelagerte IS-Funktion. D.h. alle (dargelegten) Faktoren, die S (Y) und I (i) beeinflussen, verändern die IS-Kurve.

Die IS-Kurve ist dabei keine Verhaltensfunktion. D.h. es ist weder der Zinssatz vom Volkseinkommen (d.h. i von Y), noch umgekehrt Y von i abhängig. Es wird lediglich eine Kombination (wie vorgeführt) von i und Y ermittelt, für die gilt I (i) = S (Y), bzw. bei der Gleichgewicht am Gütermarkt herrscht.

Eigenschaften der IS-Kurve:

1) *Steigung der IS-Kurve*
   Die Steigung (Richtung) der IS-Kurve ist negativ.
   Die Größe der Steigung (Winkel) ist abhängig von den Steigungen der Investitions- und der Sparfunktion. D.h. von der Empfindlichkeit der Investition auf eine Zinsänderung, und von der Empfindlichkeit der Ersparnis auf eine Einkommensänderung. Prinzipiell verläuft die IS-Kurve umso flacher, je stärker die Investition auf eine Zins-, bzw. je stärker die Ersparnis auf eine Einkommensänderung reagiert.
2) *Punkte außerhalb der IS-Kurve*
   Bei Punkten außerhalb der IS-Kurve herrscht kein Gleichgewicht am Gütermarkt zwischen dem Güterangebot und der Güternachfrage.
   Bei allen Punkten, die oberhalb (rechts) von der IS-Kurve liegen, ist die Ersparnis größer als die Investition ($S > I$), siehe Abb. 3-7.

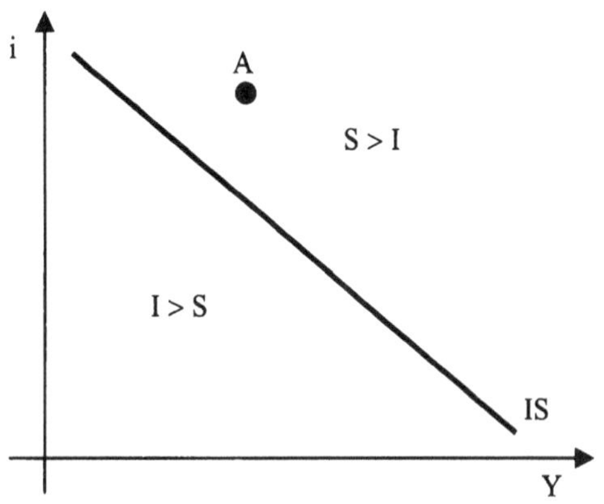

Abb.: 3-7: IS-Kurve und Punkte außerhalb vom Gleichgewicht

In einem Punkt A ist der Zinssatz, gemessen mit einem Punkt auf der IS-Kurve zu hoch. Konsequenz daraus ist, dass die Investitionsnachfrage (und damit die gesamtwirtschaftliche Nachfrage) zu gering ist. Die geplante Produktion übersteigt die geplante Nachfrage, es herrscht ein *Überschussangebot an Gütern.* Umgekehrt ist bei allen Punkten unterhalb (links) der IS-Kurve die Investition größer als die Ersparnis *(I > S).* Hier ist der Zinssatz zu niedrig, die Folge ist jetzt eine Überschussnachfrage nach Gütern.

Ungleichgewichte, d.h. Punkte außerhalb der IS-Kurve sind nicht stabil, d.h. nach Keynes wird sich die Güterproduktion (bzw. das Realeinkommen) so anpassen, dass ein Gleichgewicht angesteuert wird.

Z.B. im Punkt A ergibt die zu geringe Güternachfrage eine ungeplante Lagerhaltung. Bei den Unternehmen führt dies zu Produktionseinschränkungen. Die Folge ist ein Sinken der Realeinkommen, das so lange anhält, bis S (Y) = I (i) ist.

3) *Verschiebungen der IS-Kurve*

Bereits dargelegt wurde, dass sich die IS-Kurve verändert (verschiebt), wenn sich die Investitions- und/oder die Sparfunktion in ihrer Lage verändern.

Wir unterstellen eine *Verschiebung der Investitionsfunktion,* und zwar eine *Zunahme der Investitionstätigkeit,* dies wird durch eine Rechtsverschiebung der I (i)-Funktion ausgedrückt (d.h. zu jedem Zins von i würde jetzt mehr investiert werden). Zu einer Zunahme der Investition kommt es durch exogene Variable, d.h. durch Größen, die in unserem Modellansatz nicht erklärt werden (siehe vorhergehende Darlegungen). Eine derartige exogene Variable könnten die Erwartungen der Unternehmer sein. Wenn sich z.B. die Ertragserwartungen verbessern, so könnten die Unternehmer mehr investieren, d.h. die I (i)-Funktion verschiebt sich nach rechts.

Wenn sich die I (i)-Funktion nach rechts verschiebt, d.h. die Investitionen zunehmen, so verschiebt sich als Folge davon auch die IS-Funktion nach rechts (der Leser führe dies selbst als Nachweis entsprechend der Abb. 3-6 durch). Würden demgegenüber die Erwartungen hinsichtlich der Erträge der Unternehmer pessimistischer ausfallen, so ergäbe sich ein Rückgang der Investition, damit eine Linksverschiebung der I (i)-Funktion. Die Folge wäre eine Linksverschiebung der IS-Kurve.

Wichtig für die Analyse einer *Verschiebung der IS-Kurve ist die Einbeziehung des Staates.* Wir nehmen somit als Erweiterung unseres bisherigen Kreislaufmodells an, dass der Staat neben den Haushalten und Unternehmen als zusätzlicher Nachfrager am Gütermarkt auftritt. Unterstellt wird dabei, dass der Staat seine Ausgaben (Symbol G) autonom durchführt, d.h. unabhängig von Zins und Einkommen. Die gesamtwirtschaftliche Nachfrage (Y^n) sieht somit wie folgt aus:

$$Y^n = C(Y) + I(i) + G$$

Damit lautet die neue Gleichgewichtsbedingung für den Gütermarkt:

$$S(Y) = I(i) + G$$

Diese Erweiterung der Gleichgewichtsbedingungen ändert dabei nichts an den bisherigen Überlegungen, d.h. weiterhin muss die Kombination aus Zins i und Einkommen Y ermittelt werden, die die Gleichgewichtsbedingung erfüllt- Es kommt zusätzlich nur noch die Staatsnachfrage G hinzu. Die Staatsnachfrage G wird dabei (siehe Gleichgewicht) zur Investition dazuaddiert, d.h. es gilt nunmehr für die I (i)-Funktion (I (i) + G). Die Folge dieses Dazuaddierens von G ist eine Rechtsverschiebung der Investitionsfunktion um den Betrag von G (im Vergleich zur Situation ohne Staatsnachfrage). Die Steigung der Kurve bleibt gleich, d.h. es erfolgt eine Parallelverschiebung der Investitionsfunktion (d.h. die Steigung wird weiterhin nur von der Zinsreagibilität beeinflusst).

Die Konsequenz dieser Rechtsverschiebung der Investitionsfunktion ist (wie vorher) eine Rechtsverschiebung (parallel) der IS-Kurve. D.h. erhöhte Staatsausgaben führen bei jedem Zinssatz zu einem höheren Gleichgewichtsniveau des Einkommens.
Somit verschiebt eine Zunahme der Staatsausgaben die IS-Kurve nach rechts, ein Rückgang dagegen nach links.

Unterschiedliche Preisniveaus beeinflussen ebenfalls die Lage der IS-Kurve. So würde z.B. ein *niedereres Preisniveau* (wieder) eine reale Erhöhung der Kaufkraft bedeuten (bzw. einen Anstieg des Vermögenswertes eines Haushaltes). Dies führt dazu (Realkasseneffekt), dass bei gleichem Einkommen weniger gespart wird (sog. *Pigou-Effekt).* Dies zeigt sich in der Abb. 3-6 in einer Verschiebung der Sparfunktion nach unten. Dies wiederum ergäbe eine Verschiebung der IS-Kurve nach rechts (der Leser möge anhand der Logik der Abb. 3-6 den Beweis wieder selbst erbringen). Umgekehrt würde sich eine Erhöhung des Preisniveaus in einer Verschiebung der Sparfunktion nach oben und damit in einer Linksverschiebung der IS-Kurve darstellen.

4 Gesamtwirtschaftliches Gleichgewicht

4.1 Einführung

Das gesamtwirtschaftliche Gleichgewicht (nach Keynes) beschreibt auch die sog. Transmission.

Im Sinne einer klassischen makroökonomischen Analyse soll nunmehr untersucht werden, ob und wie der monetäre Bereich einer Volkswirtschaft und der güterwirtschaftliche Bereich zusammenhängen. D.h. ob, und wenn ja, wie ökonomische Wirkungen von einem dieser Bereiche auf den anderen Bereich übergreifen.
Ob z.B. eine von der Zentralnotenbank ausgelöste Veränderung der Geldbasis (hier gleich Vergrößerung), die sich im monetären Bereich durch eine Erhöhung der Liquidität der Banken, weiter einer Erhöhung des Geldangebotes und schließlich einer Erhöhung des Kreditvolumens darstellt, auf den Güterbereich übergreift. D.h. ob sich daraus ein Anpassungsvorgang beim Sozialprodukt, bei der Beschäftigung oder beim Preisniveau bemerkbar macht. Um im Beispiel zu bleiben, ob geldpolitische Maßnahmen letztlich das bewirken, was mit ihnen bezweckt wird (häufig einen Einfluss auf das Preisniveau auszuüben, oder auch auf die Beschäftigung).

Grundsätzlich denkbar wäre ein Wirkungszusammenhang zwischen Geld- und Güterbereich in beiden Richtungen, d.h. vom Geld- zum Güterbereich und umgekehrt vom Güter- zum Geldbereich.

Nach derzeit herrschender Auffassung sind autonome Änderungen im Güterbereich und deren Übertragung in den Geldbereich als relativ selten anzusehen (d.h. die Frage, beeinflusst ein güterwirtschaftlicher Vorgang das Geldangebot und/oder die Geldnachfrage). Bei dieser Richtung des Wirkungszusammenhanges müsste es sich schon um schwerwiegende, außergewöhnliche Vorgänge wie z.B. einen entscheidenden Regierungswechsel mit einer völligen Kehrtwendung der Wirtschaftspolitik, oder eine völlige Umgestaltung des Steuersystems, oder eine kriegerische, tiefgreifende Auseinandersetzung handeln.
Demgegenüber kann man Übertragungen monetärer Vorgänge auf den Gütersektor in der Realität häufig beobachten, so dass diese Richtung des Wirkungszusammenhangs als die wichtigere angesehen wird und im folgenden analysiert werden soll. Diese Richtung des Wirkungszusammenhanges (d.h. Ursache = Vorgang im monetären Bereich, Wirkung im Güterbereich) wird als **Transmissionsmechanismus** bezeichnet.
Falsch wäre es, sich den *Transmissionsvorgang als* einen festen, sich wiederholenden und empirisch testbaren *Mechanismus vorzustellen.* Vielmehr handelt es sich bei jedem Einzelfall um einen äußerst komplizierten Vorgang und Zusammenhang, für den folgende Grundüberlegungen jeweils zu beachten sind:

1) Ein monetärer Impuls wird unterschiedliche Wirkungen auslösen, je nachdem, ob er aus einer Geld- oder kreditpolitischen Maßnahme besteht. Eine geldpolitische Maßnahme verändert die Geldversorgung einer Volkswirtschaft und beeinflusst die Geldmenge. Eine kreditpolitische Maßnahme beeinflusst den Geld- und Kapitalmarkt und die Zinsstruktur
2) Die Transmission von monetären Wirkungen wird unterschiedlich sein, je nachdem, ob der monetäre Impuls nur kurz- oder auch langfristig wirkt; ob er als restriktive oder expansive Maßnahme eingesetzt wird und ob er schließlich eine Transmission in einer Boom- oder Depressionsphase auslösen soll
3) Auch die Intensität und die Änderungsrate eines monetären Impulses sind wichtig. So wird z.B. ein oft wiederholter Impuls in den Erwartungshorizont der Wirtschaftssubjekte eingebaut, so dass schließlich keine Transmission mehr stattfindet
4) Geldwirkungen und eine Transmission können sich dabei sowohl als Effekt im realwirtschaftlichen Bereich wie aber auch bei der Inflationsrate auswirken. Es kommt hierbei entscheidend auf den Beschäftigungsgrad der Wirtschaft an. So wird z.B. ein steigendes Geldangebot und eine zunehmende Geldnachfrage (bzw. ein wachsendes Kreditvolumen) im Zustand der Unterbeschäftigung meist ein Wachstum des realen Sozialproduktes bei konstantem Preisniveau ergeben. Würde der nämliche monetäre Vorgang bei Überbeschäftigung stattfinden, ergäbe sich kein Wachstum des realen Sozialprodukts sondern lediglich eine Preissteigerung. Aber auch dieser eben dargelegte Transmissionsvorgang muss nicht „mechanisch“ so stattfinden. So könnte sich besagter monetärer Impuls lediglich in einer erhöhten Liquidität niederschlagen, damit keine Wirkung im Güterbereich auslösen, wie dies z.B. in einer ausgeprägten Depression denkbar wäre

Wie und mit welchen Auswirkungen sich ein monetärer Vorgang auf den güterwirtschaftlichen Bereich auswirkt, darüber gibt es unterschiedliche (z.T. konträre) Auffassungen und Theorien. Im Zentrum der folgenden Ausführungen sollen die Keynessche bzw. die Postkeynessche Auffassung stehen, das sog. IS-LM-Modell (von Hicks entwickelt). In einer Zusammenfassung soll dann auch die neoklassische bzw. monetaristische Position berücksichtigt werden. Für die übrigen Theorien zu diesem Bereich muss auf die Spezialliteratur verwiesen werden.
Hierbei wird der Transmissionszusammenhang (nach Keynes) so entwickelt, dass zunächst für den monetären Bereich alle denkbaren Gleichgewichtszustände bestimmt werden. Dies erfolgt durch die Ableitung der sog. *LM-Kurve* (bekanntlich L = Nachfrage; M = Angebot auf dem Geldmarkt).

Diesen Gleichgewichtszuständen auf dem Geldmarkt werden alle Gleichgewichte auf dem Gütermarkt gegenübergestellt, was durch die Ableitung der sog. *IS-Kurve* erfolgt (I = Investition; S = Ersparnis).
Beide zusammen, d.h. LM- und IS-Kurve ergeben dann ein gesamtwirtschaftliches Gleichgewicht.

4.2 Beziehungen zwischen Güter und Geldmarkt

Die Zusammenführung von Geld- und Gütermarkt und das Zusammenspiel aller dabei in den vorausgehenden Ausführungen berücksichtigten Einflussfaktoren (nach Keynes) zeigt die Übersicht in Abb. 4-1.

Diese gesamten Zusammenhänge zwischen Geld- und Gütermarkt stellt man geometrisch in einer Graphik durch den Verlauf der LM- und der IS-Kurve wie in Abb. 4-2 dar und drückt damit das momentane (d.h. soweit sich LM und IS nicht ändern) *gesamtwirtschaftliche Gleichgewicht* aus.

Das gesamtwirtschaftliche Gleichgewicht ist im Schnittpunkt von LM und IS (= G_0) gegeben. Bestimmt wird dadurch der *Gleichgewichtszins i** und das *Gleichgewichtsvolkseinkommen Y**.
Zugleich mit Y* ist für die Volkswirtschaft ein bestimmter Beschäftigungsgrad determiniert. D.h. Y* ist über die makroökonomische Produktionsfunktion ein bestimmter Arbeitsinput zugeordnet (bzw. um Y* produzieren und anbieten zu können, benötigt man ein bestimmtes Arbeitspotential).

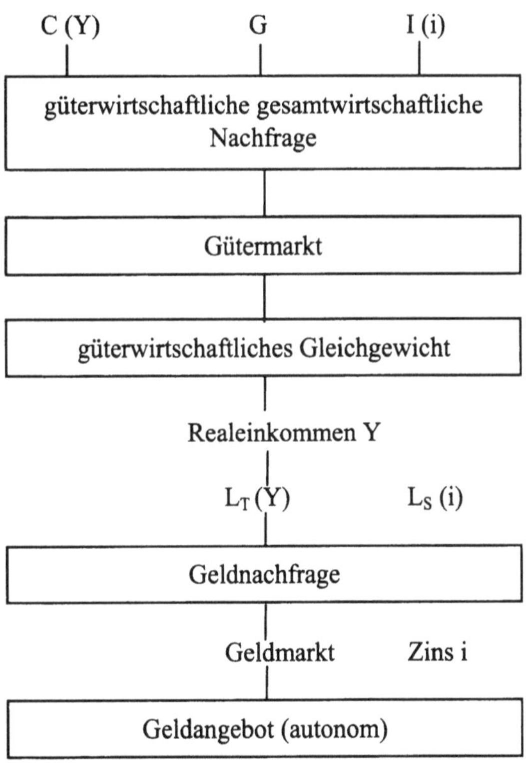

Abb.: 4-1: Beziehungen zwischen Geld- und Gütermarkt nach Keynes

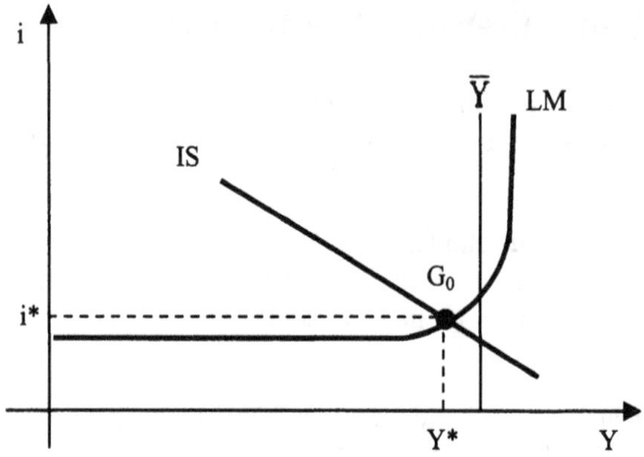

Gleichgewichtsbedingungen:
$M = L(Y, i)$
$S(Y) = I(i) + G$

Abb.: 4-2: Gesamtwirtschaftliches Gleichgewicht mit IS und LM

Dies wiederum bedeutet aber, dass G_0 nicht identisch sein muss mit dem *Vollbeschäftigungsgleichgewicht* $\overline{Y}$. Im Beispiel der Abb. 4-2 herrscht somit ein Gleichgewicht bei Unterbeschäftigung, bei Arbeitslosigkeit.

Diese Feststellung ist eine der wichtigsten wirtschaftspolitischen Ergebnisse von Keynes, d.h. es gibt ein gesamtwirtschaftliches Gleichgewicht, das die Wirtschaft (zunächst) von sich aus nicht ändern will, gekoppelt mit u.U. erheblicher Arbeitslosigkeit. Nur durch entsprechende staatliche wirtschaftspolitische Maßnahmen kann (nach Keynes) diese unerwünschte Situation (Arbeitslosigkeit) verbessert bzw. geändert werden.

4.3 Änderung des gesamtwirtschaftlichen Gleichgewichtes durch Verschiebung der LM-Kurve

Nunmehr sollen die Auswirkungen von Veränderungen in unserem Modell 4-2 (das statisch ist) analysiert werden.

Wir beginnen mit Änderungen auf dem Geldmarkt, die eine Verschiebung der LM-Kurve bewirken.
Zunächst soll eine **Vergrößerung des Geldangebotes**, ausgelöst durch eine (autonome) expansive geldpolitische Maßnahme der Zentralbank: untersucht werden. Dabei wird der zu Beginn des Kapitels angesprochene Transmissionsmechanismus dargelegt. Eine Vergrößerung des Geldangebotes ergibt eine Rechtsverschiebung der LM-Kurve, siehe Abb. 4-3.

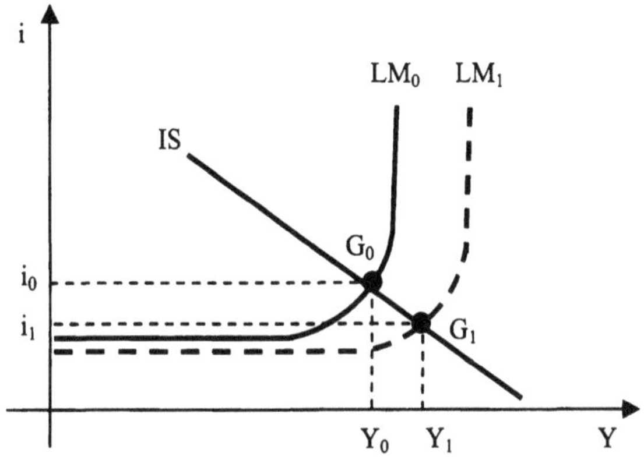

Abb.: 4-3: Wirkung einer GeldangebotsVergrößerung auf das gesamtwirtschaftliche Gleichgewicht

Das Gleichgewicht verlagert sich von G_0 nach G_1. Die Folge einer Geldangebotszunahme ist somit bei unverändertem Einkommen eine Reduzierung des Zinssatzes von i_0 auf i_1. Der gesunkene Zins beeinflusst die Investitionsnachfrage positiv.

Damit steigt die Investitionsnachfrage und somit die gesamtwirtschaftliche Nachfrage (am Gütermarkt). Daraus ergibt sich eine Einkommens- bzw. Sozialprodukterhöhung. Die Zunahme des Einkommens zieht ihrerseits eine vermehrte Geldnachfrage für Transaktionszwecke nach sich. Dies wiederum ergibt eine Tendenz zur Zinssteigerung, die aber (im normalen Bereich der LM-Kurve) durch die Zinssenkungswirkung nicht aufgehoben wird. Das neue Gleichgewicht G_1 ergibt neben dem niedrigeren Zins i_1 ebenfalls somit ein höheres Sozialprodukt Y_1.

Für den erfolgten Transmissionsmechanismus sind zwei Schritte wesentlich: Einmal kommt es durch die Erhöhung des Geldangebotes zu einer Zinssenkung. Zum anderen ergibt die Zinssenkung (jetzt erfolgt die Transmission) eine Steigerung der Investitionsnachfrage und damit eine Zunahme der gesamtwirtschaftlichen Nachfrage. Die Folge ist eine Zunahme des Sozialproduktes.

Nunmehr soll eine **Verschiebung der LM-Kurve infolge einer Preisniveauänderung** analysiert werden, siehe Abb. 4-4.

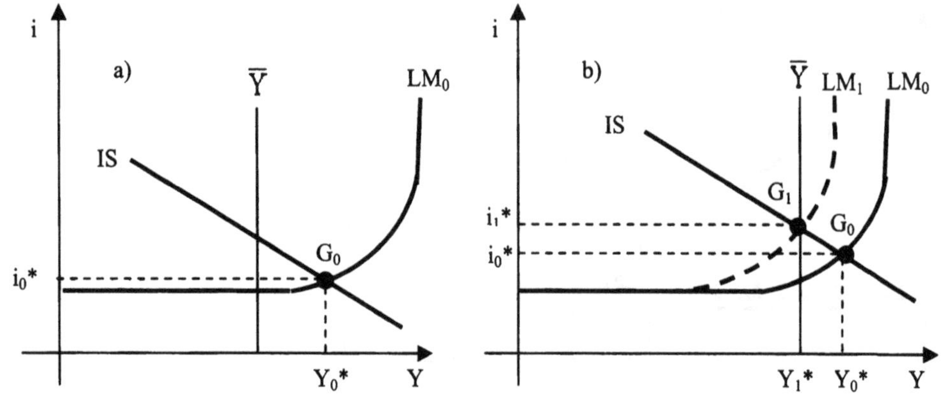

Abb.: 4-4: Anpassung von LM durch Preissteigerung (höheres Preisniveau)

In der Ausgangslage (Darstellung a) der Abb. 4-4 wird angenommen, dass sich ein gesamtwirtschaftliches Gleichgewicht im Punkt G_o mit i_o* und Y_0* einstellen möchte, das *über* dem Vollbeschäftigungseinkommen Y liegt. Dieses Gleichgewicht in G_o *kann nicht realisiert* werden, da c.p. eine Produktion (real) über der Vollbeschäftigung nicht möglich ist, es fehlen dazu die Produktionsfaktoren (hier Arbeit). Die Konsequenz ist hier, dass ein Anpassungsvorgang über Preissteigerungen stattfindet (bzw. das gesamte Angebot und die gesamte Nachfrage nach Geld sind größer als das machbare gesamte Angebot und die Nachfrage auf dem Gütermarkt), d.h. der Ausgleich erfolgt über ein höheres Preisniveau.
Ein höheres Preisniveau führt bekanntlich zu einer Linksverschiebung der LM-Kurve nach LM_1. Dadurch verschiebt sich auch der Gleichgewichtsschnittpunkt nach links. Das erste realisierbare gesamtwirtschaftliche Gleichgewicht ist im Punkt G_1 (bei Vollbeschäftigung) möglich. G_1 bedeutet aber einen höheren Gleichgewichtszins i^*_1 und ein geringeres Gleichgewichtseinkommen Y_1* (als das eigentlich angestrebte Y_o*).

Nunmehr sollen die Anpassungsreaktionen von LM im Sinne einer aktiven wirtschaftspolitischen Maßnahme zur Realisierung eines bestimmten wirtschaftspolitischen Zieles analysiert werden. Entscheidend ist dabei der Bereich des Schnittpunktes von LM und IS, siehe Abb. 4-5.

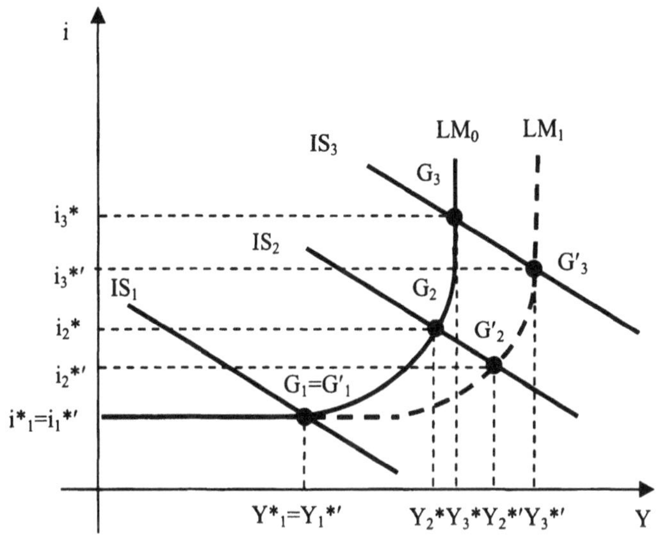

Abb.: 4-5: Verschiebung von LM beim Schnittpunkt in den verschiedenen Bereichen

Wir nehmen (analog zur Abb. 4-3) als aktive geldwirtschaftliche Maßnahme (der Zentralbank) eine Vergrößerung des Geldangebotes an. Bekanntlich ergibt dies eine Rechtsverschiebung der LM-Kurve (hier nach LM_1).

1) Erfolgt die Vergrößerung des Geldangebotes (von LM_0 nach LM_1) beim Schnittpunkt mit *IS_1* d.h. im *Keynes-Bereich,* so ergeben sich *keine Auswirkungen auf den Zins und das Einkommen.* Wie Abb. 4-5 zeigt, ist der Ausgangszins i_1* gleich dem Zins nach erfolgter Erweiterung des Geldangebotes i_1*'. Das nämliche gilt für das Einkommen, d.h. $Y_1* = Y_1*'$. Das zusätzliche Geldangebot fließt ausschließlich in die Spekulationskasse L_S. Die Geldpolitik „bleibt im monetären Bereich stecken", sie hat keine reale Wirkung, d.h. eine Transmission findet nicht statt
2) Trifft das vergrößerte Geldangebot LM_1 dagegen auf *IS_2,* d.h. im *mittleren Bereich,* so ergeben sich hier in Analogie zur Darlegung der Abb. 4-3 eine Zinssenkung von i_2* auf i_2*' und eine Einkommensvergrößerung von Y_2* auf Y_2*' (siehe auch Darlegungen zu Abb. 4-3)
3) Erfolgt der Schnittpunkt des zusätzlichen Geldangebotes mit *IS_3,* d.h. im *klassischen Bereich,* so ergibt sich der stärkste Zinssenkungseffekt von i_3* auf i_3*', mit der stärksten Einkommenszunahme von Y_3* auf Y_3*'. Hier ist somit die Geldpolitik besonders wirksam.

Schließlich soll die Wirkung einer **Verschiebung der LM-Kurve bei unterschiedlichen Steigungen der IS-Kurve** dargelegt werden.
Wir gehen analog zu den Abb. 4-3 und 4-5 von einer Vergrößerung des Geldangebotes aus und stellen dies unterschiedlichen Steigungen der IS-Kurve gegenüber, siehe Abb. 4-6.

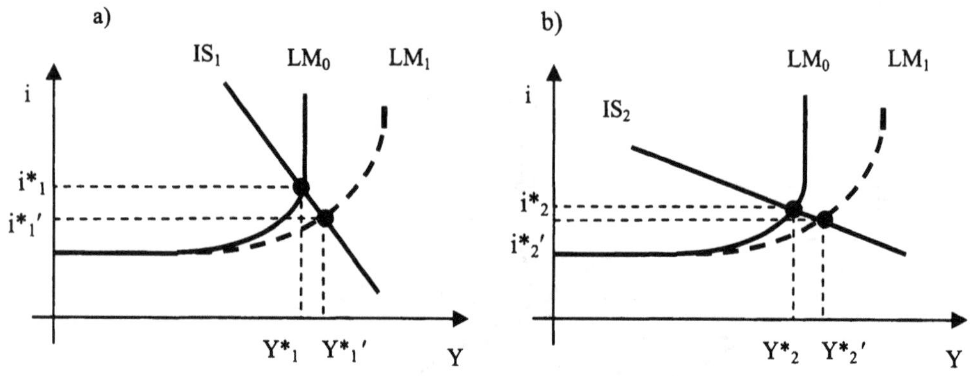

Abb.: 4-6: Verschiebung der LM-Kurve bei unterschiedlicher Steigung von IS

In der *Darstellung a)* wird das vergrößerte Geldangebot einem relativ *steilen Verlauf der Is-Kurve* gegenübergestellt. Die steile IS-Kurve *drückt* eine *geringe Zinsreagibilität* der Investitionsnachfrage der Unternehmer aus. D.h. die Zinssenkung von i_1* nach i_1*' fällt relativ stärker aus als die dadurch bewirkte Einkommenszunahme von y_1* nach Y_1*, (der Zins muss kräftig sinken und bewirkt dann trotzdem keine allzugroße Sozialproduktvergrößerung). Im Extremfall einer *senkrecht* (völlig unelastisch) *verlaufenden IS-Kurve* tritt trotz Zinssenkung *keine* Wirkung beim Einkommen ein (Geldpolitik bleibt ohne Wirkung auf das Sozialprodukt).

In der *Darstellung b)* wird die völlig gleiche LM-Situation einer *flach verlaufenden* (ziemlich elastischen) *IS-Kurve* gegenübergestellt. Die Abb. 4-6 zeigt, dass jetzt die Zinsreagibilität sehr groß ist, d.h. bereits eine geringe Zinssenkung ergibt eine deutlich relativ größere Zunahme des Sozialproduktes. Dies bedeutet, die Investitionsnachfrage reagiert sehr schnell und deutlich auf Zinsänderungen.

Gleichgewichtsänderungen durch Verschiebung der IS-Kurve, siehe entsprechenden Abschnitt im Kapitel Fiskalpolitik.

4.4 Geldpolitische Konsequenzen entsprechend dem unterschiedlichen Modell der Transmission

Aus den vorherigen Darlegungen, durch geeignete wirtschaftspolitische Maßnahmen (ausgehend vom Staat) erwünschte Anpassungsreaktionen im gesamtwirtschaftlichen IS-LM Modell zu induzieren, ergeben sich entsprechende Konsequenzen für den Erfolg der Geldpolitik. Dies soll zunächst aus der Sicht von Keynes und dann als Gegenpart (obwohl diese Transmission nicht dargelegt wurde - bei Interesse siehe Literatur) die Auffassung der Neoklassiker dazu (bzw. der Monetaristen, insbesondere von Friedman) dargelegt werden.

4.4.1 Geldpolitische Konsequenzen nach fiskalischer Sicht (Keynes)

Die Folgerungen aus dem Transmissionsmechanismus nach Keynes, die sich für die Wirtschaftspolitik ergeben (sollte deren Ziel Vollbeschäftigung heißen), sind:
Keynes geht davon aus, dass das Volkseinkommen, die Beschäftigung und das Preisniveau durch die gesamtwirtschaftliche Nachfrage im wesentlichen bestimmt werden. Weiterhin nimmt er an, dass die gesamte private Nachfrage sehr instabil ist, vor allem, weil die Investitionsnachfrage der Unternehmen großen konjunkturellen Schwankungen unterliegt.
Sowohl eine Unterbeschäftigungslage mit entsprechender Arbeitslosigkeit wie eine zu starke Inflation sind nach Keynes wirtschaftliche Situationen, die die staatliche Wirtschaftspolitik mit geeigneten Maßnahmen bekämpfen muss.
Der *Geldpolitik* wird *dabei* nach Keynes nur eine *untergeordnete Rolle* zugedacht, denn grundsätzlich kann sie (siehe die Ausführungen dazu) *nur indirekt* die *gesamtwirtschaftliche Nachfrage durch Beeinflussung des Zinses ansprechen* (in der Absicht, durch einen niedrigeren Zins die Investitionen anzuregen).
Wie dargelegt, ist eine derartige Transmission (nach Keynes) nur im mittleren und im klassischen Bereich der LM-Kurve überhaupt denkbar. Im Keynes-Bereich findet über einen niedrigeren Zins (der gar nicht mehr eintritt) keine Transmission statt. Damit hat man hier keine Chance einer Beeinflussung der gesamtwirtschaftlichen Nachfrage von der Geldpolitik her.
Der Zustand im Keynes-Bereich entspricht häufig aber der Konjunkturphase einer Depression mit geringem Y und niedrigen Zinsen i und einer ungünstigen Beschäftigungslage, die man verbessern möchte. Hier nun kann (nach Keynes) die Geldpolitik (nach heutiger Sicht zumindest nicht allein) nicht den nötigen expansiven Impuls auf die gesamtwirtschaftliche Nachfrage ausüben.

Umgekehrt kann in einer Überbeschäftigungsphase (Boom), die durch hohe Zinssätze gekennzeichnet ist (= siehe mittleren und klassischen Bereich), durch eine restriktive Geldpolitik (= Geldmengenverminderung) die erwünschte Wirkung eintreten. D.h. dass über die dann steigenden Zinsen eine Verringerung der Investitionsnachfrage und damit ein niedrigeres Volkseinkommen sich ergeben.

Bei dieser Argumentation, die der *Geldpolitik in der Depression eine lediglich geringe*, im *Boom* dagegen *eine größere Effizienz zuspricht*, müssen *folgende Aspekte noch beachtet werden:*

1) Einmal, *reagieren die Investitionen ausreichend auf eine Zinsvariation?*
   Empirische Untersuchungen dazu haben ergeben, dass Investitionen nur sehr schwach (oder gar nicht) auf Zinsänderungen reagieren. Dies einmal deshalb, da die Zinskosten (zunächst deutlich ja nur bei Fremdfinanzierung) bei einer Investition sekundär sind. Zum anderen sind für eine Investition entscheidend die Ertrags- und die Absatzerwartungen der Unternehmen. Eine stärkere Zinsabhängigkeit lässt sich bei Bauinvestitionen (vor allem beim privaten Wohnungsbau) und bei der Lagerhaltung (= Vorratsinvestitionen) nachweisen.
2) Weiterhin ist es *fraglich*, ob die *Zentralnotenbank die Geldmenge* (= Geldangebot) *autonom bestimmen kann.*

Die Ausführungen zum Geldangebot haben ergeben, dass es einer Zentralbank *nicht* in jeder Situation gelingt, das Geldangebot autonom zu bestimmen. Vielmehr, dass Banken, Finanzintermediäre und übrige Wirtschaftssubjekte (häufig) kurzfristig das Geldangebot mitbestimmen. Langfristig gelingt es zwar (meistens) der Zentralbank das Geldangebot zu determinieren, aber die Wirtschaftspolitik würde häufig auch eine rasche, kurzfristige Beeinflussung erfordern.

3) Aus all diesen Überlegungen ist (nach Keynes) die *Geldpolitik kein geeignetes Mittel einer kurzfristigen Stabilitätspolitik.* Stattdessen schlägt Keynes vor, die gesamtwirtschaftliche Nachfrage direkt durch eine Beeinflussung der IS-Kurve zu tangieren. Dies kann dabei (insbesondere) durch eine Variation der Steuereinnahmen und vor allem und/oder durch eine Änderung der Staatsausgaben erreicht werden (siehe dazu die Stabilitätspolitik in der BRD lt. Stabilitätsgesetz). Man nennt die Keynesianer deshalb auch Fiskalisten, da die Fiskal(Finanz-)politik bei ihnen eindeutig zur Konjunkturbeeinflussung vorherrscht (sog. antizyklische Finanzpolitik).
   Langfristig hat nach Keynes die Geldpolitik eine gewisse Bedeutung, da durch eine reichliche Geldversorgung sich ein niedriges Zinsniveau ergibt und dadurch eine hohe Investition (Keynes sieht die Konjunkturproblematik, geprägt durch die Erfahrungen der Weltwirtschaftskrise, eher in einer zu geringen gesamtwirtschaftlichen Nachfrage denn umgekehrt).

4.4.2 Geldpolitische Konsequenzen nach monetaristischer Sicht (Neoklassik, Friedman)

Die Monetaristen unterscheiden sich von den Fiskalisten bereits bei der Diagnose der Ursachen konjunktureller Schwankungen. So halten sie im Gegensatz zu Keynes den privaten Sektor für relativ stabil (Stabilitätsoptimisten). D.h. nach ihrer Auffassung neigt ein marktwirtschaftliches System zur vollen und optimalen Ausnutzung sämtlicher vorhandener Ressourcen. Sollten hierbei Störungen eintreten, so werden von *alleine* (vom System) Anpassungsprozesse ausgelöst, die wieder zu einem stabilen Gleichgewicht hinführen.
Infolgedessen besteht nach monetaristischer Auffassung keine sehr große Notwendigkeit für staatliche wirtschaftspolitische Interventionen. Im Gegenteil, in der Vergangenheit hätten die ständigen und abrupten ad-hoc-Eingriffe häufig zu einer Destabilisierung des Wirtschaftsablaufes beigetragen. Somit weisen die Monetaristen die von Keynes so favorisierten fiskalischen Maßnahmen zurück und geben ihnen, wenn überhaupt, nur eine untergeordnete Bedeutung.
Nach ihrer Auffassung dominieren für den Wirtschaftsablauf monetäre Impulse. Infolgedessen wird von den *Monetaristen* der *Geldpolitik* eine *deutlich überragende Rolle zugestanden.* Dabei wird die Geldmenge (nach Friedman) autonom von der Zentralnotenbank durch die Steuerung der Geldbasis beeinflusst.
Würde man aus diesen Darlegungen der Monetaristen zum Schluss gelangen, dass sie einer antizyklischen Geldpolitik das Wort reden, so wäre dies falsch. Nach *Friedman* sprechen mindestens *zwei Argumente gegen* eine *derartige antizyklische Geldpolitik:*

1) Einmal sind monetäre wirtschaftspolitische Maßnahmen mit einem time-lag verbunden, der zudem noch variabel schwanken kann. D.h. eine antizyklische Geldpolitik läuft so-

mit Gefahr, zu spät zu wirken und prozyklisch sich darzustellen. Es bestünde somit die Gefahr einer konjunkturellen Übersteuerung.
2) Zum anderen sei der private Sektor von sich aus auf Stabilität aus (er wirke selbst dahin) und benötige somit keine ständigen korrigierenden Eingriffe. Diese würden eher vorübergehend die Instabilität fördern.

Vielmehr wird nach *monetaristischer Auffassung* der *Geldpolitik* die *Aufgabe* zugewiesen, eine sog. **verstetigte Geldmengenpolitik** zu betreiben. D.h. der Geldpolitik wird die Aufgabe zugeordnet, dafür Sorge zu tragen, dass ein monetärer Rahmen ständig vorhanden ist (= eine ausreichende Geldmenge), von dem möglichst wenig Einflüsse bzw. Störungen auf das reale Wachstum ausgehen.
Dies bedeutet z.B., dass die Zentralnotenbank ein Wachstum der Geldmenge im Umfang des realen Sozialproduktwachstums praktiziert (siehe hier das sog. Geldmengenziel in der EWU). So spricht z.B. Friedman von einem jährlichen 3-5%igen, später von einem 2%igen notwendigen Wachstum der Geldmenge. Das Konzept ist dabei langfristig anzulegen und lautet kurz: *Verstetigte Geldmengenpolitik als Zentrum monetaristischer Wirtschaftspolitik.*
Nach Auffassung der Monetaristen sind für die gegenwärtigen Probleme der Arbeitslosigkeit strukturelle Faktoren primär verantwortlich. Die staatliche Wirtschaftspolitik müsste hier ansetzen und u.a. die Ausbildung, die Infrastruktur, die Arbeitsmobilität usw. verbessern.

Stark vereinfachend lautet somit der Kern monetaristischer Wirtschaftspolitik:
Die Zentralnotenbank hat die Aufgabe, durch eine verstetigte Geldmengenpolitik den nötigen Rahmen abzustecken. Ansonsten soll die Wirtschaftspolitik des Staates alle Hemmnisse beseitigen, die einer Anpassung der wirtschaftlichen Entwicklung entgegenstehen. Dann wird durch den Markt (Marktmechanismus) von selbst ein optimales Gleichgewicht bei stabilen Preisen angesteuert (eigentlich der Kerngedanke der Klassiker).

4.4.3 Zusammenfassende Betrachtung

Die Grundideen der Fiskalisten und der Monetaristen haben in der realisierten Wirtschaftspolitik unterschiedlich Berücksichtigung und Einlass gefunden:

1) So ist z.B. jede Forderung nach einem Konjunktur- bzw. Beschäftigungsprogramm eine Argumentation im Sinne von Keynes
2) Das Stabilitätsgesetz der BRD mit seinem möglichen Maßnahmenkatalog zur konjunkturellen Steuerung ist ein Argument im Sinne der Fiskalisten
3) Der Umbau des Grundkonzeptes der Bundesbankpolitik in den 1970er Jahren in der Formulierung eines jährlichen Geldmengenzieles ist an das Konzept der Monetaristen angelehnt. Auch das Grundkonzept der Geldpolitik in der EWU ist deutlich davon geprägt
4) Die Grundrichtung der Wirtschaftspolitik in England unter Lady M. Thatcher, Reduzierung der Inflationsrate bei Inkaufnahme hoher Arbeitslosigkeit und Abstinenz von Konjunkturprogrammen, entspricht der Grunddenkweise der Monetaristen

In der realisierten Wirtschaftspolitik trifft man somit monetäre und güterwirtschaftliche (fiskalische) Maßnahmen gleichzeitig an. Es wird, wie meistens, eine optimale Kombination, abgestellt auf eine bestimmte Situation, den besten Erfolg bringen. Damit ist im Sinne einer erfolgreichen Wirtschaftspolitik weder eine einseitige Orientierung an den Auffassungen der Fiskalisten wie an denen der Monetaristen angebracht, wenn sowohl Arbeitslosigkeit wie Inflation vermieden werden sollen.

Sehr grob vereinfachend kann z.Z. somit gelten:

Fiskalpolitik wirkt schneller (siehe time-lags der Geldpolitik) und wirkungsvoller auf die wirtschaftliche Aktivität und kann in ihren Wirkungen besser prognostiziert werden. Eine alleinige Geldpolitik erscheint somit nicht zweckmäßig zu sein. Andererseits hat die (konsequente) Geldpolitik Erfolge in der Bekämpfung der Boomphase und der dort (meist) herrschenden Inflation aufzuweisen. Sie dient weiterhin zur Ergänzung als expansive Politik bei der Überwindung einer Depression. Nicht entschieden ist die Frage, ob die Wirtschaftspolitik eher bewusst antizyklisch auszurichten, oder ob einem verstetigten Einsatz der Vorzug zu geben sei. Auch hier ist wohl für die reale Wirtschaftspolitik der Kompromiss die beste Empfehlung.

5 Inflation

5.1 Einleitung

5.1.1 Preisniveaustabilität als wirtschaftspolitisches Ziel

Neben der Aufgabe, Arbeitslosigkeit möglichst weitgehend zu vermeiden, ist in der öffentlichen Meinung das zweite wichtige stabilitätspolitische Ziel die Verhinderung von Inflation. Vor allem in Deutschland, das durch die jüngeren Erfahrungen zweier Währungsreformen hierzu besonders empfindlich ist, wird häufig das Wort „Stabilität" synonym mit Preisniveaustabilität gebraucht.

Inflation ist ein zentrales Problem der Wirtschaftstheorie und der Wirtschaftspolitik. Allgemein kennzeichnet man Inflation als Abnahme des Geldwertes bzw. als Zunahme des allgemeinen Preisniveaus. Bei Abwesenheit von Inflation spricht man von Preisniveaustabilität oder analog von Geldwertstabilität.
Ausdruck findet das Streben nach Preisniveaustabilität in der BRD im „Gesetz zur Förderung der Stabilität und des Wachstums der Wirtschaft" (sog. Stabilitätsgesetz von 1967), in dem das Ziel der Preisniveaustabilität neben denjenigen eines hohen Beschäftigungsgrades, des außenwirtschaftliehen Gleichgewichtes und des angemessenen und stetigen Wirtschaftswachstums in § 1 StWG postuliert wird (sog. magisches Viereck). In der BRD obliegt die Bekämpfung der Inflation im wesentlichen der EZB.

5.1.2 Messung der Inflation – Geldwert

Geldwert
Es gibt eine lange Liste von werttheoretischen Erklärungsversuchen zum Geldwert. So z.B. die Substanzwerttheorie u.a. eines Karl Marx, oder die Quantitätstheorie u.a. eines R.A. Fisher (mit der bekannten Verkehrsgleichung), die Neoquantitätstheorie u.a. eines M. Friedman, die Liquiditätstheorie eines J.M. Keynes, oder die Portfoliotheorie usw. Alle diese Theorien beschäftigen sich auch mit der Erklärung des Geldwertes, der sich offensichtlich nicht einfach begrifflich fassen lässt.

Packt man (was häufig geschieht) den Geldwertbegriff mehr pragmatisch an, so geht man von der Tauschmittelfunktion des Geldes aus und gelangt für die Erklärung des Geldwertes zur Frage nach der *Kaufkraft des Geldes*. Dabei kann man mit einer bestimmten Geldsumme umso mehr Güter kaufen, je niedriger die Preise der Güter sind. D.h. die *Kaufkraft des Geldes* und die *Preise der Güter* stehen zueinander in einem *reziproken Verhältnis*.
D.h. es gilt folgende Aussage:

Gleichbleibender Preisdurchschnitt = unveränderte Kaufkraft des Geldes bzw. unveränderter Geldwert. Steigender (sinkender) Preisdurchschnitt = zurückgehende (ansteigende) Kaufkraft des Geldes bzw. des Geldwertes.
Stabilität des Preisdurchschnittes heißt dabei nicht, dass einzelne Preise nicht steigen dürften bzw. alle Einzelpreise unverändert bleiben müssten. Im Gegenteil, Preisveränderungen (nach oben und unten) sind ein wichtiges Kriterium einer funktionsfähigen Marktwirtschaft. Nur *im Durchschnitt* müssten bei Preisniveaustabilität die Preise unverändert bleiben, d.h. einige steigen zwar an, dafür gehen andere zurück.
Erklärt man den Geldwert über die Kaufkraft des Geldes, so interpretiert man den sog. *Binnenwert des Geldes.*
Der Außenwert des Geldes (die Kaufkraft des Euro im Ausland) lässt sich über den Wechselkurs ermitteln.

Messung des Geldwertes – Messung der Inflation
Die Veränderung des Geldwertes wird somit durch die Beobachtung des Preisniveaus (= Durchschnitt der Preise) vorgenommen. Nimmt der Geldwert (bzw. die Kaufkraft des Geldes) ab, so wird dies als Inflation bezeichnet. Somit erfolgt die Messung einer Inflation aus der Veränderung des Geldwertes bzw. der Beobachtung des Preisniveaus.
Wichtige Voraussetzung dieser allgemein praktizierten Form der Inflationsmessung ist, dass sich das Preisniveau (relativ) frei entwickeln kann. D.h. bei einem vom Staat praktizierten allgemeinen Preisstopp kann dieser Weg einer Beschreibung des Geldwertes und damit der Inflationsmessung nicht durchgeführt werden.

Geht man von dieser Definition der Messung einer Inflation als Veränderung (= Zunahme hier) des Preisniveaus aus, so folgt daraus zunächst, dass zur Beobachtung *alle Preise* und ihre Entwicklung im Zeitablauf nötig wären. D.h. man müsste einen *Preisindex des Bruttosozialproduktes* berechnen (Preisindizes als statistisches Instrument zur Feststellung von Preisveränderungen). Dieser (eigentlich richtige) Gedanke, alle Preise in einem Index zusammenzufassen und aus seiner Veränderung eine Aussage über die Geldwertentwicklung und damit den Inflationsverlauf zu machen, ist aus organisatorischen und kostenmäßigen Überlegungen nicht realisierbar. Man geht in der Praxis der Preismessung deshalb einen anderen Weg und misst nicht alle Preise in einem Index, sondern man wählt bestimmte Preisgruppen aus und bestimmt dafür dann einen Index. Exakt misst dieser Index dann aber nur einen bestimmten Preisausschnitt und nicht alle Preise.
Da man beim Begriff Kaufkraft üblich von der Vorstellung der Kaufkraft in der Hand des Konsumenten ausgeht, hat es sich durchgesetzt, dass man die Kaufkraft bzw. den Geldwert durch die *Konsumgüterpreise* ausdrückt. D.h. man ermittelt einen Index, der nur einen Teil aller möglichen Preise, nämlich die Konsumgüterpreise, umfasst und beschreibt damit den Geldwert, die Kaufkraft des Geldes und letztlich die Inflation. In der BRD wird dazu der Preisindex der Lebenshaltung verwendet, in der Währungs-Union wird für alle Unionsländer der sog. harmonisierte Verbraucherpreisindex (HVPI) verwendet.
Aus dieser Notwendigkeit ergibt sich eine wichtige Feststellung:
Zur Messung des Geldwertes bzw. der Kaufkraft des Geldes und damit auch der Inflation werden nur ganz bestimmte, ausgewählte Preise beobachtet, d.h. nur ein kleiner Ausschnitt aus allen Preisen. Somit gibt es in der Praxis **den** Geldwert bzw. **die** Kaufkraft des Geldes als rechnerische Größe in einer Volkswirtschaft **nicht**.

Dieser ersten wichtigen Einschränkung in der Praxis der Geldwert- und Kaufkraftmessung (und damit der Inflationsmessung) muss noch eine Zweite folgen. Denn die Technik der Preismessung über einen Index ist mit einer Reihe von Unzulänglichkeiten versehen (zur genaueren Information sei auf die Statistikliteratur, speziell zur Indexproblematik verwiesen). Die wichtigsten Aspekte der Probleme einer Indexberechnung wären:

1) Wahl des „richtigen" Basisjahres
2) Problematik der Veränderung des Warenkorbes
3) Qualitätsverbesserungen und -verschlechterungen bleiben unberücksichtigt
4) Schwierigkeit des Indexhaushaltes
5) Verschleierte Preiserhöhungen werden nicht erfasst
6) Staatlich administrierte Preise und Subventionen verzerren den Preisindex
7) Internationale Vergleiche sind äußerst problematisch

Insgesamt ergibt sich für das allgemein praktizierte Verfahren der Preismessung und damit der Inflationsmessung, dass es mit Mängeln und nicht unerheblichen Unsicherheiten behaftet ist. D.h. wenn wie heute üblich, aus der einmaligen Veränderung des Index tiefschürfende ökonomische Schlussfolgerungen bereits gezogen werden, so hätte man dazu genausogut das Orakel befragen können.

Wenn aber über einen längeren Zeitverlauf alle Indizes ansteigen, so ist der Rückschluss gerechtfertigt, dass eine Kaufkraftverschlechterung eingetreten ist und somit eine Inflation herrscht.

5.1.3 Konkretisierung des Inflationsbegriffes

Der **Begriff Inflation** (Lateinisch von „inflare" = aufblähen) ist einer der schillernden ökonomischen Begriffe. Soweit feststellbar, wird er in der heutigen Interpretation zum ersten Mal während des amerikanischen Bürgerkrieges verwendet, wo es infolge der praktizierten Kriegsfinanzierung (durch Geldschöpfung) zu erheblichen Preissteigerungen kam.
Diese erste Begriffsverwendung entspricht einer populären Definition des Begriffes Inflation, nämlich:
Inflation ist ein Prozess ständiger Preisniveausteigerungen bzw. er bedeutet eine permanente Verschlechterung des Geldwertes. Hierbei handelt es sich um den **engen Inflationsbegriff** (der in den weiteren Ausführungen, soweit dies nicht anders betont wird, immer unterstellt werden soll).
Der **weite Inflationsbegriff** lautet:
Inflation ist eine Veränderung der Relation zwischen der gesamten volkswirtschaftlichen monetären Nachfrage zum gesamten realen Güter (= Waren und Dienste) Angebot. Inflation herrscht dabei, wenn die gesamte monetäre Nachfrage größer ist als das gesamte reale Güterangebot.
Diesen weiten Inflationsbegriff kann man anschaulich durch die sog. *Inflatorische Lücke* wie in Abb. 5-1 darstellen.

Die Winkelhalbierende (45°-Linie) beschreibt den Zustand, dass die gesamte (binnenwirtschaftliche) Nachfrage aus Konsum (C), Investition (I) und dem Staat (G) genau dem Ange-

bot Y (bzw. dem realen Volkseinkommen) entspricht. Übersteigt dagegen (wie angenommen) die Nachfrage (bzw. die Ausgaben) aus C + I + G die Angebotsmöglichkeiten des Punktes A (der Kapazitätsgrenze) diese bis zum Punkt B, so herrscht im Abstand AB die sog. inflatorische Lücke, d.h. die gesamte Nachfrage ist hier größer als das gesamte Angebot. Der Ausgleich kann nur durch Preissteigerungen erzielt werden.
Die *Erscheinungsformen der Inflation* zeigt die Abb. 5-2, die im nächsten Abschnitt kurz dargelegt werden.

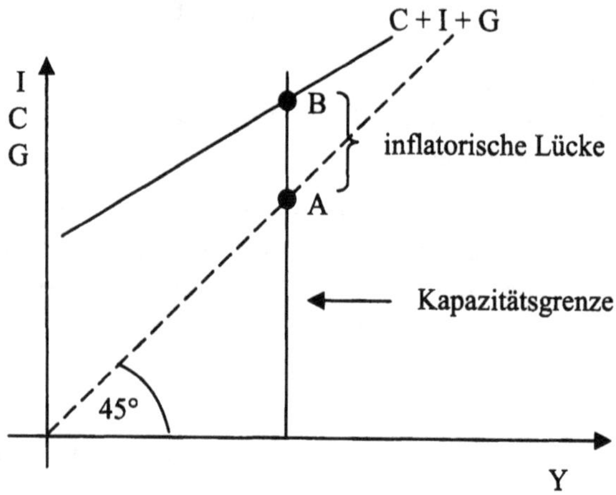

Abb.: 5-1:Inflatorische Lücke

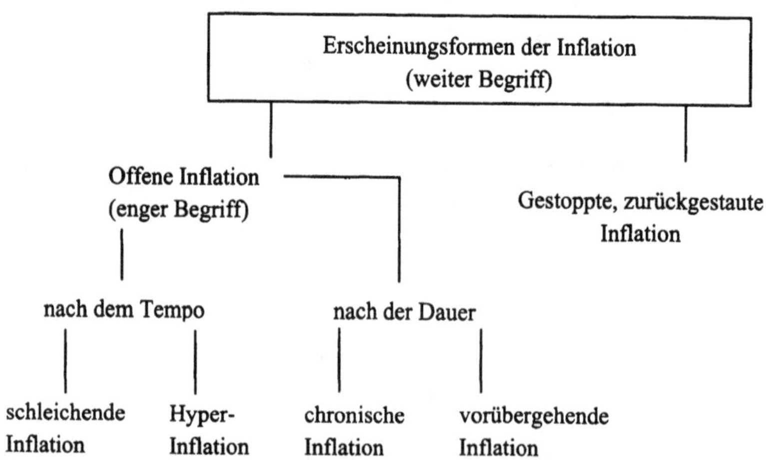

Abb.: 5-2: Erscheinungsformen der Inflation

Der **Begriff Deflation** ist das Pendant zur Inflation. Die *enge Definition* lautet:
Deflation ist ein Prozess eines ständig sinkenden Preisniveaus bzw. eines ständigen Anstieges des Geldwertes.

Die *weite Definition* des Deflationsbegriffes lautet:
Deflation ist die Veränderung der Relation zwischen der gesamten monetären Nachfrage zum gesamten realen Güterangebot. Deflation herrscht dabei, wenn das gesamte reale Güterangebot größer ist als die gesamte monetäre Nachfrage.

Den weiten Deflationsbegriff drückt die *deflatorische Lücke* der Abb. 5-3 aus.

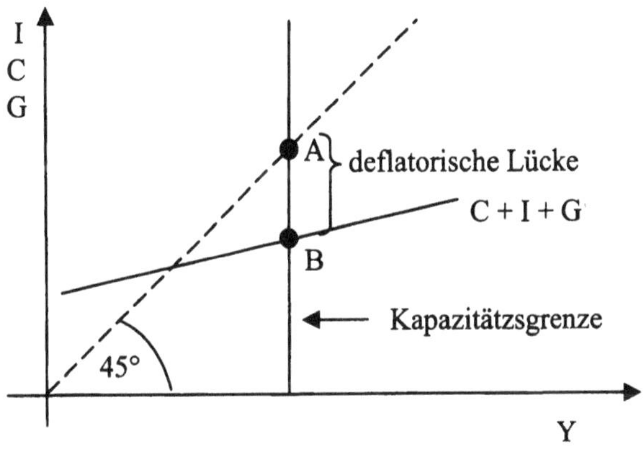

Abb.: 5-3: Deflatorische Lücke

Jetzt schneidet die gesamte Nachfrage aus C + I + G die Kapazitätsgrenze der Volkswirtschaft im Punkt B, während bei der Kapazitätsgrenze das gesamte Angebot dem Punkt A entspricht. Im Abstand AB ist somit jetzt das Angebot größer als die Nachfrage bzw. AB ist die sog. deflatorische Lücke dieser Volkswirtschaft.

Der *enge Deflationsbegriff* entspricht der sog. **offenen Deflation**, d.h. der Zustand der Deflation zeigt sich offen durch die ständig sinkenden Preise. Dieser Zustand ist zum letzten Mal während der Weltwirtschaftskrise aufgetreten. Aus einer Reihe von Gründen (siehe dazu die Literatur) kann man ziemlich sicher davon ausgehen, dass eine offene Deflation der Vergangenheit angehört.
Der **weite Deflationsbegriff**, insbesondere in der Form mit Preisstarrheit nach unten bzw. mit ansteigenden Preisen, wird heute als die Konjunkturphase einer Depression bzw. Rezession analytisch untersucht, oder auch als Stagflation beschrieben.

Insgesamt wird heute in der Literatur die Erscheinung der Deflation nicht mehr behandelt.

5.1.4 Inflationsarten

Seit dem 2. Weltkrieg ist *die wichtige monetäre Ungleichgewichtssituation* diejenige der *Inflation.* Deflationen treten in offener Form nicht mehr auf, bzw. wird das Phänomen der deflatorischen Lücke als Depression, Rezession oder auch als Stagflation dargestellt.
Somit soll im folgenden nur noch die Inflation analysiert werden, wobei, wenn nicht anders erwähnt, der enge Inflationsbegriff unterstellt wird.

5.1.4.1 Hyperinflation

Die Hyperinflation, auch als rasende oder galoppierende Inflation bezeichnet, ist der Typ, bei der jedermann den Zustand einer Inflation erkennt und seine gesamten wirtschaftlichen Handlungen darauf abstellt. Sie ist, wie die Beispiele zeigen, im Extremfall geeignet, das Geldwesen einer Volkswirtschaft, die übrigen Wirtschaftsbereiche und damit u.U. die staatliche und politische Ordnung so zu erschüttern, dass es zum wirtschaftlichen und politischen Kollaps kommt (siehe dazu den Ausspruch Lenins, man müsste in den kapitalistischen Staaten nur deren Geldwesen zerstören, und sie würden von alleine sozialistische Systeme werden).
Es ist umstritten, wann man von einer Hyperinflation sprechen kann. Es hängt dabei von regionalen und zeitlichen Aspekten ab. Nach einem häufig zitierten Vorschlag von P. Cagan könnte man ab 600% jährlicher Preissteigerung von einer Hyperinflation sprechen.
Derartige *Prozentangaben* des *Preisniveauanstieges* sollten aber besser *nur als Hilfswert* verwendet werden (so ist es z.B. umstritten, ob die teils bis zu 1.000 Prozent Preissteigerung in Russland Anfang der 1990er Jahre bereits eindeutig eine Hyperinflation ist). *Besser scheint es, zur Kennzeichnung einer Hyperinflation das Verhalten der Wirtschaftssubjekte als Kriterium zu verwenden.*

Das äußere Zeichen einer Hyperinflation sind rapide, allgemeine Preissteigerungen auf allen Gebieten, wobei sich die Preissteigerungsraten ständig beschleunigen und schließlich astronomische Ausmaße annehmen. Wenn man z.B. aus der Sicht der Preise in den 2000er Jahren in der BRD innerhalb einer kürzeren, nachvollziehbaren Zeitspanne für eine Trambahnfahrt oder eine Schachtel Zigaretten etliche Millionen Euro bezahlen müsste, dann ist die Erkenntnis des Zustandes einer Hyperinflation Allgemeingut.
Derartige Hyperinflationen herrschten z.B. in Deutschland 1920-1923, nach dem 2. Weltkrieg in Griechenland, Ungarn, Rumänien und China. Zur Demonstration des rapiden Preisverfalles einige (willkürliche) Daten für Deutschland 1920-1923:

Banknotenumlauf (ohne Notgeld)		
Jeweils zum 31.03. in Deutschland (in Mrd. M)		
1914	=	3,6
1918	=	22,7
1920	=	67,7
1922	=	351,7
1923	=	5.542,9
15.11. 1923	=	92.900.000.000,-

	Es kostete im	
	Nov. 1922	Nov. 1923
1 Liter Bier	140,- M	2,6 Mrd. M
1 Briefport	12,- M	1,0 Mrd. M

Entwicklung des Dollarkurses in Deutschland		
1 US $ in RM jeweils am ...		
03.07.1922	=	420 M
31.01.1923	=	49.000 M
08.08.1923	=	4.860.000 M
03.10.1923	=	440.000.000 M
22.10.1923	=	40.000.000.000 M
20:11.1923	=	4.200.000.000.000 M

Abb.: 5-4: Daten der Hyperinflation in Deutschland 1920 - 1923

Das Verhalten der Wirtschaftssubjekte in einer Hyperinflation ist (im Regelfall) durch folgendes Muster gekennzeichnet:

Dem Konsumenten wird die ständige Kaufkraftverschlechterung durch drastische Preissteigerungen bewusst. Ab einem kritischen Punkt (Frage, wo dieser jeweils liegt) verlieren die Verbraucher die Geldillusion, was zu einer starken Zunahme der Geldumlaufgeschwindigkeit führt. Dies deshalb, weil man erkennt, je früher man kauft, umso „billiger“ kauft man. D.h. sobald man zu Geld kommt, wird dieses sofort zum Kauf von Gütern verwendet, die Kassenhaltung reduziert sich auf Null (in der Endphase war in Deutschland 1923 tägliche Lohn- und Gehaltszahlung üblich). Diese deutliche Änderung der Zahlungsmodalitäten (= erhöhte Umlaufgeschwindigkeit) erhöht den eigentlichen Preissteigerungsprozess quasi aus sich heraus noch einmal, so dass sich eine kumulative Zunahme des Preisniveaus ergibt.

Die Unternehmer produzieren in der Anfangsphase einer Hyperinflation noch voll, da sog. Scheingewinne eine wirtschaftliche Prosperität vortäuschen (Faktorkäufe zu den Preisen von gestern, Produktverkäufe zu den Preisen von heute, dazwischen findet Preissteigerung statt, somit ergeben sich scheinbare Gewinne immer). Die permanente, sich im Zeitablauf be-

schleunigende Preissteigerung holt aber durch ihr Tempo die Produktion ein (d.h. der Erlös aus dem Produktverkauf heute ermöglicht nicht mehr den Faktorkauf dazu von morgen).
Um sich diesen Nachteilen zu entziehen, gehen die Unternehmen zu Kompensationsgeschäften über (= Naturaltausch). Dies bringt aber für eine moderne Volkswirtschaft erhebliche Erschwernisse mit sich, so dass die Produktion zurückgeht. D.h. der Inflationsprozess wird von einer zweiten Seite, vom realen Angebot zusätzlich negativ beeinflusst bzw. gesteigert.
Kredite werden praktisch nicht mehr gewährt, es sei denn, man baut Preissicherungsklauseln mit ein. Die **Ersparnis** geht auf Null zurück. **Vorrats-** und **Angstkäufe** sind an der Tagesordnung. Es setzt eine Flucht in alle nur möglichen Sachwerte ein. Viele Güter dienen nicht mehr nur zum Konsum, sondern werden Geldersatz (Zigarettenwährung). Man kehrt zum **Naturaltausch** zurück, verbunden mit einer weitgehenden Weigerung, Geld anzunehmen. Das **Geld kann seine Funktionen nicht mehr erfüllen**. Dadurch wird die wirtschaftliche Tätigkeit insgesamt sehr erschwert. Man greift zu allen möglichen **Geldwertsicherungsklauseln**. Der schnelle Preisanstieg verzerrt die Preisrelation mit der Folge der Fehlleitung von Produktionsfaktoren, die Beschäftigung geht zurück, Spekulation ist oft lukrativer als Arbeit und Produktion.

Die klassischen Beispiele von Hyperinflation traten im Gefolge von Kriegen auf. Die enormen Budgetdefizite, die meist mit Kriegen verbunden sind, lassen sich durch übliche wirtschaftspolitische Maßnahmen meistens nicht beseitigen. Diese haben zudem häufig die Tendenz, sich fortzusetzen und zu beschleunigen. Die Staatseinnahmen hinken im Zeitablauf immer hoffnungsloser hinter den Ausgaben her (so wurde z.B. im Herbst 1923 nur noch 1% der Staatsausgaben durch Steuereinnahmen abgedeckt, der Rest war Kredit = letztlich Geldschöpfung).
Die Zeit nach dem 2. Weltkrieg zeigt, dass auch ohne kriegerische Auseinandersetzungen Hyperinflation entstehen können (teils in Südamerika und in den ehemaligen Ostblockstaaten). Aber auch hier sind die Auslöser Haushaltsdefizite, die durch Geldschöpfung (Kredite) abgedeckt werden.

Nach heutiger Erkenntnis kann eine (wirkliche) **Hyperinflation** nur durch einen **Währungsschnitt** (Währungsreform) **überwunden** werden. Der *Grundgedanke* dabei ist:
Zunächst wird das alte, als wertlos bekannte Geld aus dem Verkehr gezogen und durch ein neues, knappes und damit als wertvoll angesehenes Geld ersetzt (1923 die sog. Rentenmark). Entscheidend ist dabei, dass mit dieser Reform auch das Vertrauen in das neue Geld wieder zurückkehrt. Dies wird ganz entscheidend dadurch unterstützt und ermöglicht, dass der Staat zu einer soliden (konservativen) Finanzpolitik wieder zurückkehrt, d.h, (zunächst) Ausgaben nur im Umfang von Steuereinnahmen tätigt, ergänzt durch eine Reihe weiterer Maßnahmen.

5.1.4.2 Schleichende Inflation

Mit dem Begriff der *schleichenden bzw. säkularen Inflation* umschreibt man den Tatbestand, dass das *Preisniveau ständig, aber in langsamen Raten ansteigt.* Ein Faktum, dass deutlich seit dem 2. Weltkrieg in allen Ländern, insbesondere in den westlichen Industriestaaten feststellbar ist. Die Grenze, was man unter geringem Preisanstieg zu verstehen hat, lässt sich nur willkürlich ziehen. Der angegebene Prozentsatz ist von Land zu Land und je nach analysier-

ter Zeitperiode verschieden. Während man in den 1990er Jahren für die BRD 4%, wohl auch 7-10% noch als schleichend bezeichnen würde, sind es sicher 20% nicht. In südlichen europäischen Ländern betrachtet man 20% noch als schleichende Inflation. D.h. operiert man mit derartigen Zahlenangaben, um den Zustand einer säkularen Inflation zu charakterisieren, so muss man die jeweilige Zeit, das entsprechende Land und die herrschende Einstellung zur Preisentwicklung mit berücksichtigen.
Besser umschreibt man eine schleichende Inflation wie folgt:
Eine säkulare Inflation kennzeichnet ständige Preissteigerungen in sog. Friedenszeiten (inklusive „begrenzter militärischer Konflikte") in praktisch allen Ländern in einem prozentualen Ausmaß, dass dabei keine chaotischen Zustände auftreten. Der Prozentsatz schwankt je nach der Zeitspanne und von Land zu Land nicht unbeträchtlich.

Die *Einstellung der Wissenschaft und der Politik zur schleichenden Inflation ist nicht einheitlich:*
So sieht in ihr ein Teil entweder das kleinere Übel, das man eben hinnehmen müsse oder man erblickt in ihr den „Preis", den eine Demokratie für die Zufriedenheit ihrer Bürger (meist günstige Beschäftigung gemeint) eben zahlen müsse.

Diese Auffassung, die die Problematik negiert, gründet sich auf zwei nicht unproblematische Voraussetzungen:

1) Einmal auf die These des unausweichlichen Zielkonfliktes zwischen Preisniveaustabilität und Vollbeschäftigung, die weitgehend in ihrer einfachen Form heute nicht mehr anerkannt wird
2) Alle Argumente für die positiven Effekte einer schleichenden Inflation gelten nur für mäßige, geringe Preissteigerungsraten

Mit zunehmenden Preissteigerungsraten werden nämlich die Nachteile auch einer schleichenden Inflation immer deutlicher.
Die Frage lautet somit:
Besteht nicht die Gefahr, dass die zunächst tolerierten geringen Preissteigerungsraten sich im Zeitverlauf doch erhöhen? Oder aber, muss man dann, um den Anstieg der Inflationsrate in Grenzen zu halten, nicht zu erheblich stärkeren wirtschaftspolitischen Maßnahmen greifen, die bei einer rechtzeitigen Bekämpfung der säkularen Inflation vermeidbar gewesen wären?

5.1.4.3 Stagflation

Bis zum 2. Weltkrieg galt es in der Wirtschaftswissenschaft als ausgemachte Tatsache, dass das Auftreten von Preissteigerungen, d.h. einer Inflation, in der Konjunkturphase einer Depression nicht möglich ist. Ab den 1960er, 1970er Jahren musste aufgrund der gemachten Erfahrungen diese Auffassung revidiert werden.

Für dieses Phänomen des gleichzeitigen Auftretens von **Inflation** (Preissteigerungen) und Depression bzw. **Stag**nation, hat man den Begriff einer **Stagflation** geprägt.
Die Wirtschaftslage einer Stagflation ist deshalb so problematisch, weil einerseits die ständigen Preissteigerungen (die nicht unbedingt „stark" sein müssen) die Depressionsphase verschlechtern, andererseits die klassischen wirtschaftspolitischen Maßnahmen sich im Dilem-

ma des richtigen Einsatzes befinden. Geht nämlich die Wirtschaftspolitik zur Überwindung der Depression bzw. Stagnation zu den typischen Ankurbelungsmaßnahmen über, so wird meist die Inflation ansteigen und den Erfolg in Frage stellen. Bekämpft man umgekehrt eindeutig die Inflation, so besteht die Gefahr einer Verschärfung der Depression und damit einer Verschlechterung der Beschäftigungslage (typischer Zielkonflikt).
Zunächst hat man hier den Vorschlag („Worthülse“) einer sog. **Doppelstrategie** gemacht. D.h. gleichzeitig Gas geben (in der BRD meint man damit die Fiskalpolitik, die die Depression überwinden helfen soll) und bremsen (gemeint ist die EZB, die mit der Geldpolitik die Inflation bekämpfen soll). Diese Doppelstrategie erfordert nicht nur sehr viel Geschick der jeweiligen Wirtschaftspolitik, sondern birgt in sich eine Reihe von Zielkonflikten (siehe die Anfang bis Mitte der 1990er Jahre in der BRD geführte Diskussion über die Zinshöhe).

Das Aufkommen einer Stagflation lässt sich wie folgt skizzieren:
Bewegt sich die Wirtschaftslage von einer guten Konjunkturphase in diejenige einer Beruhigung, evtl. in den beginnenden Abschwung, so zeigt sich dies bei den Unternehmen in einem Nachlassen der Auftragseingänge üblicherweise an. Dies führt in der Folge zu nicht mehr ausgelasteten Kapazitäten bzw. zu einem Rückgang des Mengenumsatzes.
Die Unternehmen reagieren auf diese Entwicklung nun aber nicht entsprechend der üblichen (polypol-) Markt- und Preistheorie mit Preissenkungen, um den zurückgehenden Mengenumsatz teilweise aufzufangen, vielmehr versucht man, die Kosten (den Aufwand) zu senken. Beim Versuch die Kosten zu senken, ergibt sich ein deutliches Überwiegen der Fixkosten. Der immer weiter fortschreitende Einsatz von Technik und EDV brachte einen deutlichen Fixkostenschub. Auch die Lohnkosten sind kurzfristig fix und so leicht (kostensenkend) nicht abzubauen. Dieses Überwiegen der Fixkosten führt bei schlechter Auslastung zu einem Anstieg der Stückkosten. Somit entsteht bei sich langsam abschwächender Konjunktur seitens der Unternehmen deutlich das Bestreben, die Preise nicht etwa zu senken, sie vielmehr anzuheben, um somit dem Anstieg der Stückkosten zu begegnen. D.h. die Preise steigen an, trotz der schlechteren Kapazitätsauslastung.
Den Ausgleich der gesunkenen Nachfrage versucht man nicht über den Preis (hier Reduzierung), sondern über die Menge zu erreichen. Zunächst wird kurzfristig auf Lager produziert, aber bald folgen Produktionskürzungen, zuerst mit Kurzarbeit, dann mit Entlassungen, es entsteht Arbeitslosigkeit. Damit treten aber gleichzeitig Inflation und Stagnation mit Beschäftigungseinbrüchen auf.
Das Verhalten der Unternehmer, trotz gesunkener Nachfrage (plus einsetzender Arbeitslosigkeit) die Preise anzuheben, wird stark durch die vorherrschende Oligopolmarktform ermöglicht.
Der Kostendruck in den Unternehmen, ausgelöst durch die sich verschlechternde Wirtschaftslage, wird häufig durch einen weiteren Umstand noch verschärft. Die Gewerkschaften nehmen bei den Tarifverhandlungen zunächst den gesamtwirtschaftlichen Nachfragerückgang nicht zur Kenntnis. Die Lohnforderungen werden hier oft an der vorangegangenen guten Situation orientiert. Evtl. Arbeitslosigkeit wird im Hinblick auf die vermeintliche Vollbeschäftigungsgarantie des Staates nicht ernst genommen. Zusätzlich kommt das Argument des Nachholbedarfs. Ergo: die Kosten des Faktors Arbeit steigen zusätzlich.
Das Bestreben der Unternehmen, in dieser Situation die Preise anzuheben, muss je nach Branche und Marktform differenziert betrachtet werden. Je stärker der Wettbewerb ausgep-

rägt ist und keine deutlich monopolistische oder oligopolartige Marktform vorliegt, umso geringer sind die Chancen, die Preise anzuheben (und umgekehrt).
Hält eine Stagflation länger an (dann meist als Depression bezeichnet), in der Regel 1-2 Jahre oder länger, so kann man (zumindest in der BRD) feststellen, dass die Preise doch abzubröckeln beginnen (nicht unbedingt in offenen Preisrückgängen, mehr versteckt in höheren Rabatten oder günstigen Finanzierungsangeboten). In einer längeren, deutlichen Depression lassen dann auch die gewerkschaftlichen Lohnforderungen nach.

5.1.4.4 Zurückgestaute bzw. verdrängte Inflation

Alle bisher vorgestellten Inflationsarten waren offene Inflationen (der Inflationszustand ist offen an den Preissteigerungen erkennbar) bzw. unterstellten den engen Inflationsbegriff.
Als Ausnahme soll jetzt der weite Inflationsbegriff verwendet werden, obwohl dies in der Literatur umstritten ist.
Eine zurückgestaute bzw. verdrängte (manchmal auch gestoppte genannte) Inflation liegt vor, wenn das erkennbare Merkmal einer (offenen) Inflation fehlt, nämlich das steigende Preisniveau, trotzdem aber eine inflatorische Lücke vorhanden ist bzw. die gesamte monetäre Nachfrage größer ist als das gesamte reale Angebot. Der *Ausgleich der inflatorischen Lücke durch Preissteigerungen wird hier durch den Preisstopp des Staates verhindert.* Eine derartige Inflation setzt letztlich ein anderes Wirtschaftssystem, nämlich eine irgendwie modifizierte Planwirtschaft voraus.
Eine deutlich zurückgestaute Inflation wurde zum ersten Mal in Deutschland von 1936 bis 1948 (bis zur Währungsreform) praktiziert.

Die Überlegung bzw. der Weg in eine zurückgestaute Inflation sind:
Das Merkmal einer Inflation sind bekanntlich die Preissteigerungen. Diese beunruhigen die Bevölkerung und erzeugen u. U. eine inflationsbestimmte Mentalität. Man beseitigt infolgedessen das Inflationsmerkmal, die ständig steigenden Preise, durch einen rigorosen allgemeinen Preisstopp und schon herrscht (scheinbar) keine Inflation. Das ökonomische Problem (der Grundzusammenhang) wurde dadurch aber nicht beseitigt, es wurde durch den Preisstopp lediglich verdeckt.
Es steigen jetzt zwar die Preise nicht (was die Bevölkerung lobend zur Kenntnis nimmt), aber die zu große monetäre Nachfrage versucht nun, zu den gestoppten Preisen zu kaufen. Das Ergebnis wäre, dass nur die schnellsten etwas erhielten, der Rest ginge leer aus. Will man die nun drohende, u.U. noch größere Unzufriedenheit der Bevölkerung verhindern, bleibt nur (wenn, wie meistens, das Angebot nicht ausreichend gesteigert werden kann) eine Güterzuteilung bzw. Warenrationierung übrig. Die Warenrationierung bewirkt aber, dass das Geld seiner Funktionen beraubt wird, es wird beim Kauf zu einer Nebensache (die man reichlich besitzt), entscheidend ist der Warenbezugsschein.

Der entstehende Geldüberhang zeigt sich in einer erhöhten Kassenhaltung und höheren Sparquoten.
Die Preisstopp- und Warenrationierungsvorschriften werden sehr bald auf den schwarzen Märkten umgangen, wo sich das Ausmaß der Inflation (inklusive einem Risikozuschlag) deutlich zeigt. Man geht teilweise wieder zum Naturaltausch und zu Kompensationsgeschäften über.

Herrscht längere Zeit eine *zurückgestaute Inflation,* so lässt sie sich meist *nur durch eine Währungsreform* (wie 1948 in der BRD) *überwinden* (siehe Abschnitt Hyperinflation). Denn, würde man lediglich den Preisstopp aufheben, so wäre infolge des Nachfrageschubs ziemlich sicher mit einer Hyperinflation zu rechnen.

Die Analyse einer verdeckten Inflation eignet sich gut, um die *Maßnahme eines* **Preisstopps**, manchmal auch eines **Lohn-Preisstopps** *zur Überwindung einer stärker schleichenden Inflation zu beurteilen:*

1) Ein längerfristiger allgemeiner Preisstopp, ohne Angebotssteigerung, bewirkt entweder ein fast völliges Verschwinden der Waren zu den gestoppten Preisen und ihr Auftauchen auf den schwarzen Märkten. Oder aber man muss zur Warenzuteilung übergehen
2) Ein Lohn- und Preisstopp übersieht (siehe Abschnitt „Ursachen der Inflation"), dass es außer Lohnsteigerungen auch noch andere wichtige Ursachen einer Inflation gibt. Darüber hinaus lässt sich in demokratischen Marktwirtschaften ein längerfristiger Lohnstopp nicht durchsetzen
3) Preis- und/oder Lohnstopp sind somit nur kurzfristig (nicht zu häufig) als ein psychologisch einsetzbares Mittel anzusehen, das dem Staat eine Verschnaufpause gibt und den Tarifpartnern über die Denkpause den Ernst der Situation klar machen soll
4) Ganz abgesehen wurde dabei von der Problematik des erforderlichen Verwaltungs- und Überwachungsapparates zur Durchsetzung eines Preisstopps

5.2 Ursachen der Inflation

5.2.1 Monetäre Alimentierung der Inflation

Der Zusammenhang der sog. monetären Alimentierung der Inflation fragt nach den *grundsätzlichen Bedingungen,* die in einer Volkswirtschaft gegeben sein müssen, damit eine Inflation überhaupt eintreten kann. D.h. es wird bei diesem Komplex noch nicht nach einer evtl. Ursache für den Preissteigerungsprozess geforscht, vielmehr dreht es sich um die *prinzipiellen Voraussetzungen,* die gegeben sein müssen, damit es zu einem Inflationsprozess kommen kann. Man spricht hier davon, dass der Inflationsprozess *monetär alimentiert werden muss.*

Einen einfachen Einstieg in diese Problematik bietet die Verkehrsgleichung:

$$M \cdot V = O \cdot P$$

M = Geldmenge (z.B. M_1); V = Umlaufgeschwindigkeit des Geldes; O = Output (Sozialprodukt); P = Preisniveau.

Inflation setzt voraus, dass genug Geld vorhanden ist, um die Preissteigerung zu finanzieren. Woher das Geld nun kommt, darauf gibt die Quantitäts-(Verkehrs-)gleichung eine Antwort. Nach P aufgelöst lautet die Quantitätsgleichung:

$$P = \frac{M \cdot V}{O}$$

Wenn man unterstellt, dass O = Sozialprodukt (exakt = Y = das reale Sozialprodukt) unverändert bleibt (obwohl es in einer Stagflation bzw. Depression doch auch zurückgehen kann), so zeigt die nach P aufgelöste Verkehrsgleichung, dass das Produkt $M \cdot V$ als Voraussetzung einer Preissteigerung P größer werden muss. D.h. somit, als Bedingung einer Preissteigerung muss dann die Geldmenge M wachsen, oder die Umlaufgeschwindigkeit V zunehmen, oder beide zusammen werden größer. Empirische Untersuchungen haben ergeben (siehe u.a. Geldnachfrage der Monetaristen, Abschnitt 2.1.3), dass ein Anstieg der Umlaufgeschwindigkeit des Geldes nur in sehr engen Grenzen möglich ist (abgesehen von einer wirklichen Hyperinflation). Somit bleibt als allgemeine Voraussetzung einer Inflation nur noch ein Anstieg der Geldmenge M. Diesen Zusammenhang bezeichnet man als monetäre Alimentierung der Inflation, d.h. als Umschreibung des Tatbestandes, dass für eine Inflation das nötige Geld vorhanden sein, bzw. dass (wie es heißt) eine Inflation finanziert werden muss.

Die monetäre Alimentierung einer Inflation durch einen Anstieg der Geldmenge M verdeutlicht die Bedeutung der Instanzen einer Volkswirtschaft, die das Geldangebot regeln, denn langfristig kann es nur dann zu einer Inflation kommen, wenn dies durch eine Zunahme der Geldmenge ermöglicht wird. Die Ausführungen zum Geldangebot (siehe Abschnitt 2.2) hatten ergeben, dass es kurzfristig der Wirtschaft im Zusammenspiel mit den Kreditinstituten möglich ist, das Geldangebot autonom zu bestimmen. Aber mittel- bis langfristig gelingt es der (konsequenten) Zentralnotenbank das Geldangebot in den Griff zu bekommen. Damit wird die Bedeutung der Zentralnotenbank (aber auch der Kreditwirtschaft) für die Vermeidung einer Inflation deutlich. Zu zeigen ist noch, dass die Kontrolle der Geldmenge nicht so exakt möglich ist, wie dies zur Vermeidung von Inflation wünschenswert wäre.

5.2.2 Monetäre und nichtmonetäre Inflationsursachen

In der Literatur herrscht keine eindeutige Auffassung über die Einteilung der Inflationsursachen. Im folgenden soll eine neuere Unterscheidung verwendet werden, die sich mit der üblichen älteren teils deckt (siehe Abb. 5-5).

Zunächst unterscheidet man monetäre und nichtmonetäre Ursachen einer Inflation. Liegt eine *monetäre Ursache* einer Inflation vor, so kann der Grund einmal in der Relation einer zu großen Geldmenge liegen, oder in einer Erhöhung der Umlaufgeschwindigkeit des Geldes, oder in beiden Ursachen zugleich, d.h. im Produkt $M \cdot V$.

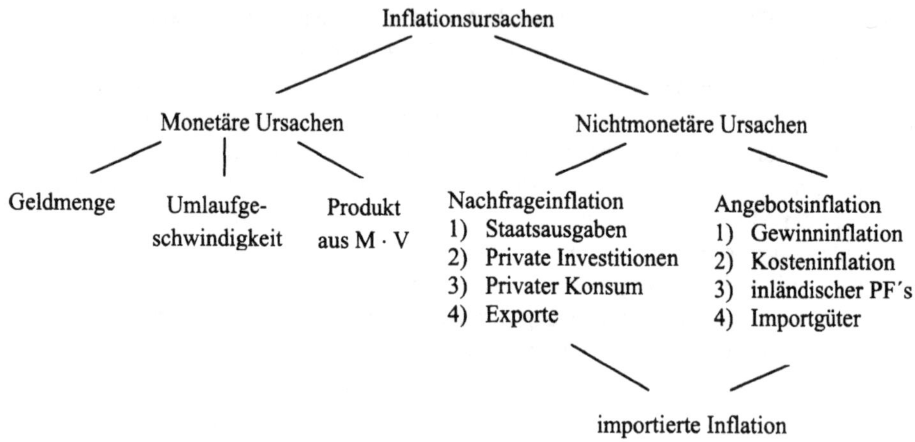

Abb.: 5-5: Ursachen einer Inflation

Handelt es sich dagegen um eine *nichtmonetäre Ursache,* so kann dies einmal eine Nachfrageinflation sein. Der konkretere Grund der (relativ) zu großen Nachfrage kann einmal beim Staat (staatliche Nachfrage), bei den Investitionen (Nachfrage der Unternehmen) oder beim privaten Konsum (Nachfrage der privaten Haushalte) bzw. schließlich beim Export (Nachfrage des Auslandes) liegen.
Liegt dagegen die (moderne Variante) Angebotsinflation als Ursache vor, so kann der Grund in zu hohen geplanten Gewinnen oder in den vielfältigen Kostensteigerungen (Löhne, Zinsen, Rohstoffe) liegen. Ein Sonderfall wäre die importierte Inflation, deren Grund auf der Export- oder Importseite liegt.
Die heute wichtigsten Inflationsursachen sollen nunmehr genauer betrachtet werden.

5.2.3 Monetäre Ursachen einer Inflation

Die monetäre Inflationstheorie erblickt den Auslöser in einer Ausweitung der Geldmenge. Diese Geldmengenausweitung führt schließlich zu einer Änderung des Verhaltens der Wirtschaftssubjekte und damit (bei konstantem Sozialprodukt) zu einem Anstieg des Preisniveaus.

Dieser Vorgang könnte sich wie folgt abspielen:
Der Prozess setzt ein, indem die Geldbasis in einem bestimmten Ausmaß ansteigt. Dabei ist es (zunächst) unerheblich, aus welcher Quelle der Anstieg der Geldbasis gespeist wurde. Der Anlass könnte eine geldpolitische Maßnahme der Zentralnotenbank sein (z.B. Ankauf von Wertpapieren) oder der Zufluss spekulativer Auslandsgelder.
Dieser Anstieg der Geldbasis bewirkt zunächst eine größere reale Kassenhaltung, wobei zunächst sowohl das Preisniveau wie auch das reale Volkseinkommen unverändert bleiben. Die angestiegene Geldmenge macht sich in zunehmender Bankenliquidität bemerkbar. Die Banken versuchen durch Zinssenkung und bessere Konditionen ihr Kreditvolumen zu erweitern (siehe Abschnitt 2.2.3.2). Steigt das Kreditvolumen infolge dieser Aktivitäten an, so

macht sich dies nach einem time-lag in höheren Ausgaben und in einer höheren Gesamtnachfrage bemerkbar, die Transmission hat stattgefunden.
Dieser Anstieg der gesamtwirtschaftlichen Nachfrage (nach N_1N_1) ergibt eine Zunahme des Preisniveaus (auf P_1) und ein höheres reales Volkseinkommen (auf Y_1) mit höherer Produktion und höherer Beschäftigung. Im Ausmaß der Preissteigerung ist die Inflation eingetreten.
Häufig kommt der Prozess jetzt nicht zum Stillstand, denn der Preisanstieg zieht höhere Lohnforderungen nach sich. Werden diese gewährt, so bedeutet dies einen Anstieg der Produktionskosten. Dies wiederum kann zum Ausscheiden (oder Rückgang) einer nicht mehr rentablen Produktion führen, d.h. zu einer Reduzierung des Angebots. Der Angebotsrückgang (nach A_1A_1) bedeutet einen weiteren Preisschub (auf P_2), denn die Relation der gesamtwirtschaftlichen Nachfrage zum gesamten Angebot verschlechtert sich.
D.h. häufig entwickelt der durch den monetären Impuls in Gang gesetzte Preissteigerungsprozess eine Eigendynamik, der eine weitere Aufstockung der Geldbasis erforderlich macht, bzw. die (weitere) Inflation muss finanziert werden.
Würde nämlich die Zentralnotenbank durch eine streng restriktive Politik die Geldbasis nicht ansteigen lassen, so würde der weitere Preisanstieg unterbunden werden (monetäre Alimentierung der Inflation).
Die Folge dieser Politik der Zentralnotenbank wäre allerdings eine monetäre Nachfragedämpfung mit der Konsequenz eines Produktionsrückganges und einer daraus folgenden Verschlechterung der Beschäftigung bei wohl noch nicht sinkenden Preisen. Fraglich ist, ob eine Zentralnotenbank diese Politik politisch durchhalten kann.

Der eben geschilderte (mögliche) Verlauf einer monetären Inflation kann einfach geometrisch dargestellt werde, siehe Abb. 5-6.
Abb. 5-6 zeigt, dass der Auslöser einer monetären Inflation nicht nur in einer Geldmengenvergrößerung (wie dargelegt) bestehen muss, sondern seinen Grund auch in einer Erhöhung der Umlaufgeschwindigkeit oder im Produkt $M \cdot V$ haben könnte. Am realistischsten ist aber als Auslöser eine Zunahme der Geldmenge.

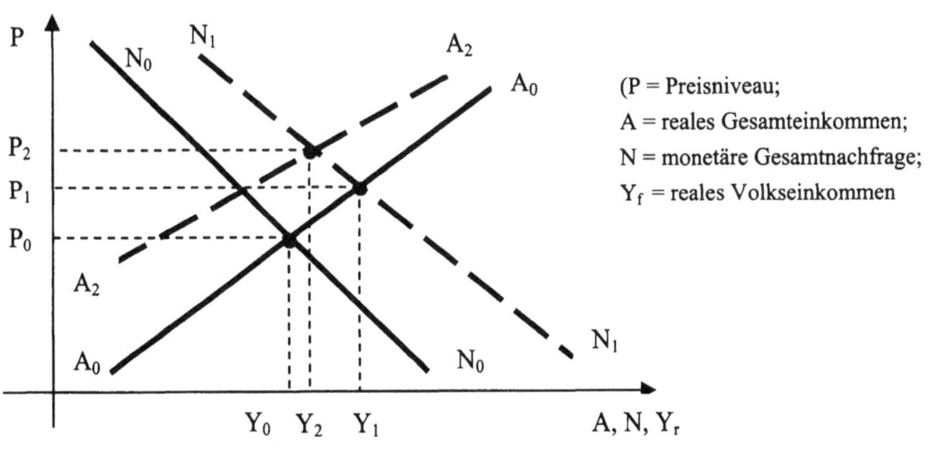

Abb.: 5-6: Monetär induzierte Inflation und die Auswirkung auf dem Gütermarkt

Wie beim Abschnitt zur Transmission bereits gezeigt (siehe dort), *muss* der vorgestellte Inflationsprozess, hervorgerufen durch eine monetäre Transaktion, *nicht immer eintreten*. Es fehlt bei der Analyse eine entscheidende Annahme, nämlich, dass die Transmission in der Konjunkturphase einer guten Beschäftigung (Boom) stattfinden muss.

D.h. die dargelegte Inflation ist typisch für eine wirtschaftlich deutliche Aufschwungsphase bzw. Boomsituation.

Die Frage, wie eine wachsende Geldmenge zu verstärkter wirtschaftlicher Aktivität der Wirtschaftssubjekte und damit bei konstantem Sozialprodukt zu Inflation führt, war in der Vergangenheit Inhalt kontroverser Diskussionen.
Im Ergebnis führen die Erklärungsansätze, wie die vorangehende Darlegung zeigt, einmal die inflatorische Wirkung (z.B. die Neoquantitätstheorie) auf einen Anstieg der gesamtwirtschaftlichen Nachfrage zurück, dem sog. monetären Nachfragesog der Inflation.
Andererseits betont man die Wirkung der durch die Geldmengenzunahme ausgelösten Zinssenkung, die das Anlage- und Investitionsverhalten derart beeinflusst, dass die Nachfrage dadurch zunimmt.
Schließlich betont man den Realvermögenseffekt. Die Geldmengenausweitung führt dazu, dass die Wirtschaftssubjekte plötzlich mehr Kasse halten als sie wollen. Sie nehmen eine Umstrukturierung ihres Portfolios vor, fragen dazu mehr Realvermögen nach, d.h. die Nachfrage nimmt zu.

5.2.4 Nachfrageinduzierte Inflation

Die Nachfrageinflation geht davon aus, dass der Anstoß für den Preissteigerungsprozess durch eine autonome Erhöhung der gesamtwirtschaftlichen Nachfrage ausgelöst wird, die das momentane reale gesamte Angebot übersteigt.

Bekanntlich besteht die gesamte Nachfrage (Y_d) aus vier Hauptnachfrageblöcken, der privaten Nachfrage (C), der staatlichen Nachfrage (G), der Investitionsnachfrage (I) und dem Außenbeitrag (X - M), d.h.:

$$Y_d = C + G + I + (X - M)$$

Die Nachfrageinflation kann somit realiter durch einen oder mehrere dieser Nachfrageblöcke bedingt sein. Man hat dafür eigene Begriffe geprägt, wie Fiskalinflation, Konsuminflation, Investitionsinflation usw.

Als besonders schwerwiegend betrachtet man die Nachfrageinflation, wenn sie durch eine übermäßige Staatsnachfrage G ausgelöst wird (siehe Abschnitt 5.1.4.1 zur Hyperinflation). Durch die Realisierung zusätzlicher politischer oder ökonomisch bedingter Vorhaben erhöht der Staat die gesamtwirtschaftliche Nachfrage. Diese erhöhte Staatsnachfrage kann dabei durch Steuererhöhungen finanziert werden (wäre der günstigere Fall, denn die gesamte Nachfrage dürfte hier nur bei Änderung des Sparverhaltens und/oder einer privaten Geld-Kreditschöpfung wachsen, ansonsten bedeuten Steuererhöhungen Reduzierungen der übrigen Nachfrageblöcke), oder aber durch Aufnahme von Krediten geschehen (der als eindeutig ungünstiger angesehene Zustand, siehe Ausweitung des staatlichen Finanzierungsdefizites als Grund einer Inflation, unter der Bedingung einer damit einhergehenden Geldausweitung).

Die Überschussnachfrage kann auch vom Unternehmenssektor, d.h. von den Investitionen I ausgehen. Der Grund für die erhöhte Investitionstätigkeit können gute Absatz- und Gewinnerwartungen, Zwang zur Rationalisierung, Notwendigkeit neuer Produktentwicklung usw. sein. Diese Investitionen führen zwar (meist) zu einer Ausweitung des Produktionsapparates, d.h. einer Angebotserhöhung, aber erst zu einem späteren Zeitpunkt (können somit inflationsdämpfend wirken). Zunächst aber sind sie eine Nachfrageerhöhung und können somit inflationssteigernd wirken.

Die von den privaten Haushalten = C ausgehende zusätzliche Nachfrage wird im folgenden noch genauer analysiert.

Schließlich kann die gestiegene Nachfrage durch das Ausland, d.h. durch den Außenbeitrag X–M bedingt sein. Am anschaulichsten ist dies, wenn man annimmt, dass der Export X gestiegen ist. Die Ursachen für die Exportzunahme können im deutlich höheren ausländischen Preis- und Kostenniveau liegen, im kräftigeren ausländischen Konjunkturaufschwung, in falschen Wechselkursrelationen (Unterbewertung der eigenen Währung) oder in sonstigen Gründen, wie Z.B. einem technologischen Vorsprung in der Produktproduktion.

Per Saldo geht die Theorie der Nachfrageinflation (die in ihren Anfängen stark auf Keynes fußt) davon aus, dass der Grund der Preissteigerung im Anstieg der gesamten Nachfrage bei gleichzeitig unverändertem Angebot zu suchen sei. Dabei kann es aber so sein, dass die steigende Nachfrage eines Blockes durch einen Rückgang eines anderen kompensiert wird, damit keine Inflation eintritt.

Zu klären ist aber: *Warum kann das Angebot die steigende Nachfrage nicht bedienen,* so dass es nicht zum gesamtwirtschaftlichen Ungleichgewicht kommt?

Hierzu sind zwei Gründe wichtig:

1) Das Angebot hat die Nachfrageentwicklung falsch beurteilt und somit versäumt, rechtzeitig ausreichende Kapazitäten bereitzustellen. Bis die zusätzlichen Kapazitäten bereitstehen, vergeht Zeit; inzwischen ist das Angebot zu klein. Konsequenz Ungleichgewicht, Ausgleich nur durch Preisanstieg möglich
2) Es besteht ein Mangel an Produktionsfaktoren, um das nötige zusätzliche Angebot auf die Beine zu stellen, bzw. die Volkswirtschaft befindet sich in einer guten Beschäftigungsphase (Boom?), d.h. es fehlen insbesondere die entsprechenden Arbeitskräfte

Für das Auftreten einer *nachfrageinduzierten Inflation müssen insbesondere drei Voraussetzungen erfüllt sein* (abgesehen von der prinzipiellen Bedingung eines gesamtwirtschaftlichen Ungleichgewichtes):

1) Eine ausreichende Flexibilität der Güterpreise, d.h. dass die Preise steigen können. Dies wird üblicherweise unterstellt
2) Ein elastisches Geldangebot, d.h. die Inflation muss finanziert werden. Wie im Abschnitt 2.2 dargelegt, kann beim Geldangebot zumindest kurzfristig von einem elastischen

Geldangebot ausgegangen werden, das die Wirtschaft in dieser Situation benötigt, selbst wenn die Geldbasis von der Zentralnotenbank nicht verändert wird

3) Eine entsprechende Konjunkturphase der Wirtschaft, d.h. die Volkswirtschaft muss sich in einer deutlichen Aufschwungs- bzw. Boomphase befinden (d.h. ein zusätzliches Angebot muss nicht oder nur erschwert möglich sein)

Diese drei Voraussetzungen stellt man gerne wie in Abb. 5-7 geometrisch dar.

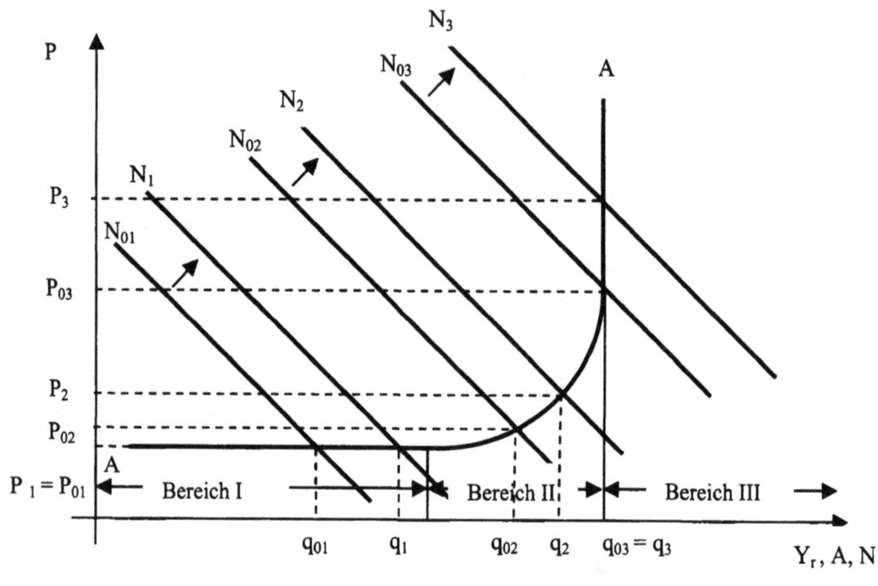

(P = Preisniveau; Y_r = reales Volkseinkommen; A = Angebot; N = Nachfrage)

Abb.: 5-7: Nachfrageinflation und Konjunkturphasen

Das gesamtwirtschaftliche Angebot AA in Abb. 5-7 wird hier so dargestellt, dass es die Konjunkturphasen der Depression im Bereich I, des Aufschwungs im Bereich II und des Booms im Bereich III ausdrückt (nicht zu verwechseln mit der formal analog verlaufenden gesamten Geldnachfrage nach Keynes). Bzw. AA hat hier im Kurvenverlauf verschiedene Elastizitäten, d.h. im Bereich I ist das Angebot völlig elastisch, im Bereich 11 elastisch, und im Bereich III völlig unelastisch.

Wenn nun, wie in Abb. 5-7, die Nachfrage in einem Bereich bzw. in einer bestimmten Konjunkturphase jeweils um das nämliche Ausmaß ansteigen soll (immer von z.B. N_{01} auf N_1, usw.), dann zeigt sich:

1) Im Bereich I = der Depression ergibt die (wohl erwünschte) Nachfragesteigerung eine deutliche Zunahme des realen Volkseinkommens Y_r von Y_{01} auf Y_1 bei unverändertem Preisniveau P, bzw. $P_{01} = P_1$

2) Im Bereich 11 = Aufschwung ergibt sich eine geringere Zunahme von Y_r (in Relation zur Depression), ausgelöst durch die Nachfragezunahme von Y_{02} auf Y_2, jetzt aber begleitet von einem Preisanstieg von P_{02} auf P_2
3) Im Boom = Bereich III ergibt die Nachfragesteigerung von N_{03} auf N_3 keine Vergrößerung von Y_r, dagegen einen deutlichen Preisanstieg von P_{03} auf P_3

Eine in der Öffentlichkeit, d.h. in der Wirtschaftspolitik und zwischen den Tarifvertragsparteien immer diskutierte Ursache (und ihre Probleme) der Nachfrageinflation soll nunmehr etwas genauer analysiert werden, nämlich, inwieweit autonome Erhöhungen der privaten Konsumnachfrage zu einer Inflation führen können.

Eine Zunahme des privaten Konsums könnte auf drei Arten zustande kommen:

1) Haushalte beanspruchen mehr Kredite und fragen deshalb insgesamt mehr nach
2) Haushalte lösen Sparguthaben auf oder reduzieren ihre Sparquote und fragen so mehr nach
3) Lohn- und Gehaltssteigerungen ermöglichen den privaten Haushalten eine größere Nachfrage

Von diesen drei Möglichkeiten ist vor allem die letztgenannte von besonderem wirtschaftspolitischen Interesse, denn diese Ursache wird in der ökonomischen Auseinandersetzung mit dem Schlagwort der Lohn-Preis-Spirale (bzw. je nach politischem Standort als Preis-Lohn-Spirale) abgehandelt.

Dabei gilt zunächst folgender ökonomischer Grundzusammenhang:
Lohnerhöhungen stellen für ein Unternehmen Kostensteigerungen dar, die bei sonst unveränderten Daten eine Gewinnschmälerung bedeuten. Somit wird das Unternehmen grundsätzlich versuchen, diese Gewinnreduzierung durch Preiserhöhungen auszugleichen.
Kann das Unternehmen Preissteigerungen durchsetzen, ergibt sich Inflation. Würden nun infolge der Preissteigerung von den Gewerkschaften wieder Lohnforderungen mit dem Argument des Inflationsausgleiches gefordert und durchgesetzt, ergeben sich für das Unternehmen wiederum Kostensteigerungen. Ist das Verlangen, diese über Preissteigerungen zu überwälzen erfolgreich, so wäre die Lohn-Preis-Spirale in Gang gesetzt.
Diese übliche Argumentation zur Lohn-Preis-Spirale ist im folgenden genauer zu analysieren:

1) Ob es zu diesem Prozess der sich gegenseitig aufschaukelnden Lohn- und Preiserhöhungen kommt, hängt *einmal* von der **herrschenden Konjunkturphase** ab. Herrscht deutlicher Aufschwung oder gar Boom, so wird dies in aller Regel immer gelingen (von evtl. notleidenden Branchen abgesehen). Wie die Ausführungen zur Stagflation zeigen (siehe Abschnitt 3.1.4.3), kann dies prinzipiell auch in einer Abschwungsphase im wesentlichen angenommen werden. Lediglich in einer längerfristig ausgeprägten Depressionsphase dürfte es zumindest sehr schwierig sein.
2) Weiterhin ist zu prüfen, ob Lohnsteigerungen (die ja Kostensteigerungen darstellen) nicht durch Kostensenkungen an anderer Stelle ausgeglichen werden können, somit Preiserhöhungen seitens der Unternehmer nicht nötig wären. D.h. es ist zu prüfen, ob

nicht **Rationalisierungsmaßnahmen die Preiserhöhung eliminieren**. Dabei ergibt sich:

a) Rationalisierungsmöglichkeiten (wohl überwiegend durch den verstärkten Einsatz des PF Kapital und Technischer Fortschritt) sind in den jeweiligen Branchen unterschiedlich stark möglich. Somit können Lohnerhöhungen dadurch auch nur unterschiedlich aufgefangen werden
b) Zu fragen wäre, ob Lohnerhöhung und Rationalisierungsmöglichkeit immer zeitlich synchron möglich sind
c) Weiterhin ist zu berücksichtigen, dass Rationalisierung auch Kosten verursacht. D.h. dann z.B., wenn durch eine Rationalisierung die Lohnkosten pro Stück um 8,- € sinken, die Rationalisierung selbst pro Stück 3,- € ausmacht, so stehen höchstens 5,- €/Stück für eine kostenneutrale Lohnerhöhung zur Debatte
d) Schließlich ist hierbei mit zu berücksichtigen, dass Rationalisierung meistens auch Arbeitsplätze kostet (was sehr deutlich Anfang der 1990er Jahre sich zeigte). D.h. die Forderung, Lohnerhöhungen durch Rationalisierung aufzufangen, bedeutet häufig auch Arbeitsplatzabbau. Durch die Hintertür kommt hier wieder der Zielkonflikt zwischen Beschäftigung und Inflation zum Tragen

3) Es ist zu prüfen, ob Lohnerhöhungen deshalb nicht zu Preissteigerungen führen, weil dies die Unternehmen **durch entsprechende Gewinnreduzierungen ausgleichen**. Hierbei ergibt sich:
a) Das Argument setzt voraus, dass Gewinne in dem Ausmaß vorhanden sind, dass dadurch Lohnsteigerungen auch ausgleichbar sind. Dies kann nicht für alle Unternehmen und Branchen immer unterstellt werden
b) Gewinne werden zum wesentlichen Teil wieder investiert. Würden sie verringert, leidet dann darunter nicht die Investitionstätigkeit, und damit künftiger Fortschritt und Wachstum?
c) Nehmen Gewinnreduzierungen ein zu starkes Ausmaß an, werden dann nicht typische Unternehmereigenschaften negativ beeinflusst?
d) Da es schließlich unrealistisch ist zu erwarten, dass die Unternehmen freiwillig auf Gewinne verzichten um Lohnsteigerungen auszugleichen und damit die Preise stabil zu halten, wird dies wohl nur durch die Konkurrenz erzwungen werden können. D.h. für evtl. Gewinnkürzungen ist auch hier wieder die Konjunkturphase und der Grad des Wettbewerbes wichtig (der z.B. durch Auslandskonkurrenz verbessert werden könnte). Branchen mit deutlichem Oligopolcharakter und ohne Wettbewerb werden keine Veranlassung haben, ihre Gewinne zu reduzieren

4) **Zusammenfassend** ergibt sich somit zur Problematik der **Lohn-Preis-Spirale**:
a) Die durch Lohnerhöhungen angestiegene private Konsumnachfrage und die dadurch mögliche nachfrageinduzierte Inflation muss nicht zwingend eintreten
b) Gegen die Preissteigerungen wirken bzw. können wirken einmal die Konjunkturphase der Depression bzw. die dort größeren Elastizitäten des Güterangebotes. Weiterhin können Kostensenkungen durch Rationalisierung und Gewinnkürzungen in den Unternehmen gegen die Preissteigerung wirken. Durch diese Gegenkräfte könnte zumindest teilweise das Ausmaß der Preissteigerung vermindert werden

c) Steigen die Löhne aber überproportional an, d.h. in einem von den Unternehmen als übermäßig betrachteten Maß bzw. deutlich über dem Produktivitätsfortschritt, so werden sie seitens der Unternehmer über Preiserhöhungen überwälzt. Diese lassen sich häufig realisieren, da die ökonomischen Kräfte gegen Preiserhöhungen meist nur schwach ausgebildet sind

Inflation bzw. Preissteigerung liegt entsprechend der Begriffsdefinition dann vor, wenn es zu einer andauernden Preiserhöhung kommt. Dies würde beim Typ der nachfrage induzierten Inflation aber eine andauernde Zunahme der Nachfrage bedingen. D.h. ein einmaliger Nachfrageschub (= eine einmalige Verschiebung der Nachfragekurve infolge einer Zunahme) kann zwar zu einer einmaligen Preisniveauerhöhung führen, nicht aber zu einer dauerhaften Inflation.

An diesem Punkt setzt die Kritik an der Nachfrageinflationshypothese ein, die in Frage stellt, ob dauerhafte Nachfragesteigerungen realistisch sind. So haben empirische Untersuchungen ergeben, dass sich die private Konsumnachfrage langfristig parallel zur Einkommensentwicklung darstellt, während die Investitionsnachfrage der Unternehmen starken zyklischen Schwankungen unterliegt. Wenn somit in der Realität permanente Nachfrageerhöhungen nicht so häufig vorkommen, wie die Theorie dies wohl idealtypisch annimmt, so ist es doch möglich, dass Nachfrageschübe die durch andere Ursachen bedingte Inflation verstärken und dann einen inflatorischen Prozess in Gang setzen. So geht man u.a. davon aus, dass vom Ende der 1960er bis Anfang der 1990er Jahre vor allem der Staatsverbrauch und die Exportsteigerungen als Grund der nachfrageinduzierten Inflation gelten können. Beide Nachfrageblöcke haben allerdings in den Depressionsphasen dieser Zeitspanne verhindert, dass der Beschäftigungseinbruch stärker ausgefallen ist.

5.2.5 Angebotsinduzierte Inflation

Seit den 1950er Jahren wächst die Erkenntnis, dass Inflation nicht nur (wie bis dato angenommen) von einer übersteigenden Nachfrage ausgehen kann, sondern auch von der Seite des Angebotes, ja dass dies heute sogar die entscheidende Quelle sei, d.h. die Inflation heute in weiten Teilen durch eine autonome Angebotsverteuerung zu erklären ist.

Der *Anlass* zur Erhöhung des Preisniveaus seitens des Angebotes (= der Unternehmen) kann einmal in einer *Erhöhung der Kosten jeder Art* zu finden sein. Man spricht dann von einer *Kostendruckinflation* (cost-push-inflation).

Die Preissteigerung des Angebotes kann auch dadurch veranlasst sein, dass es deshalb autonom die Preise erhöht, um einen als *angemessen betrachteten Gewinn zu erzielen.* Hier spricht man von einer *marktmachtinduzierten Inflation* (market-power-inflation) bzw. von *gewinninduzierter Inflation* (profit-push-inflation).

Grundlage der „anbieterorientierten Inflation“ ist dabei *ein Abrücken der Anbieter* bzw. Unternehmen von einer *kurzfristigen Gewinnmaximierung nach Angebots- und Nachfragesituation* und *dafür eine langfristige Gewinnorientierung unabhängig vom Markt.* Dieses Argument stellt letztlich eine Abkehr von der theoretischen Vorstellung der vollständigen Konkurrenz dar, bei dem es keinem Anbieter möglich ist, durch sein Verhalten den Gleichgewichtspreis zu beeinflussen. Bekanntlich ist die Marktform der vollständigen Konkurrenz heute nicht die typische, vielmehr sind dies oligopolartige Strukturen. Beim Oligopol dage-

gen ist es ja möglich, dass dieses (zumindest teilweise) seine Preiserhöhungen durchsetzen kann.
Basis der „anbieterorientierten Inflation" ist *weiterhin,* dass die *Preise ausschließlich unter Kostenaspekten festgesetzt werden,* wiederum unabhängig von der jeweiligen Wirtschaftslage. Die Preissteigerung setzt hier ein, wenn entweder bei gegebenem Gewinnaufschlag die Produktionskosten steigen, wenn bei gegebenen Kosten der Gewinnaufschlag erhöht wird, oder wenn eine Kombination der beiden Anlässe vorliegt.

Unabhängig vom konkreten Anlass führt diese Reaktion der Unternehmer dazu, dass die gesamtwirtschaftliche Angebotskurve nach links verschoben wird. Bei (zunächst) unveränderter Nachfrage führt dies sowohl zu einem Rückgang des realen Volkseinkommens (Y_r) von Y_0 nach Y_1 wie auch zu einem Preisanstieg von P_0 auf P_1.
Steigt nach einiger Zeit die gesamtwirtschaftliche Nachfrage von N_o auf N_1 an (Rechtsverschiebung der Nachfragekurve), so wächst zwar einmal das reale Volkseinkommen von Y_1 auf Y_2 an (hier angenommen, dass Y_2 bis y* wächst, d.h. bis zum maximal realisierbaren Volkseinkommen Y*, das durch die Kapazitätsgrenze der Volkswirtschaft festgelegte Y_r), andererseits hier aber eine abermalige Preissteigerung von P_1 auf P_2 eintritt.
Die Nachfragezunahme von N_0 auf N_1 könnte ausgelöst werden durch Lohnsteigerungen, die infolge des vorangegangenen Preisanstieges (ausgelöst durch die Verschiebung des Angebotes von A_0 auf A_1) = sog. Inflationsausgleich von den Gewerkschaften durchgesetzt wurden. Da aber die Verschiebung von A_0 auf A_1 im neuen Gleichgewicht G_1 einer Unterbeschäftigung mit Arbeitslosigkeit entspricht (Y* = wäre Vollbeschäftigung) dürfte die Nachfragezunahme realistischerweise durch eine Zunahme der Staatsnachfrage G bedingt sein (d.h. hier durch ein staatliches Konjunkturprogramm zur Wiederherstellung der Vollbeschäftigung). Dieser ganze Zusammenhang kann wieder anschaulich durch die Abb. 3-8 dargestellt werden.

5.2.5.1 Kostendruckinflation

Die Kostendruckinflation als Variante der angebotsinduzierten Inflation kann ihren unmittelbaren Auslöser in jeder bedeutungsvollen Kostensteigerung haben. *Wichtig* sind auch hier wieder die *Lohnkosten.* Übersteigen Lohnforderungen den Produktivitätsfortschritt, wirkt sich der Lohndruck auf die Kosten aus *(wage-push-inflation).* Im Gegensatz zur bereits vorgestellten Lohn-Preis-Spirale (als einer Variante der Nachfrageinflation) gilt hier, dass die Preissteigerung von der Angebotsseite autonom durchgeführt wird, allein infolge der Lohnerhöhung. Nicht nötig ist jetzt (wie vorher angenommen) eine vorausgegangene Nachfragesteigerung (ermöglicht durch die höheren Löhne). Selbst, wenn im Extremfall die ganze Lohnerhöhung in die Ersparnis fließen sollte (damit eine Nachfragesteigerung vom privaten Konsum her nicht möglich ist), würden alleine infolge der Lohnkostenerhöhungen autonom vom Angebot die Preise hinaufgesetzt werden.

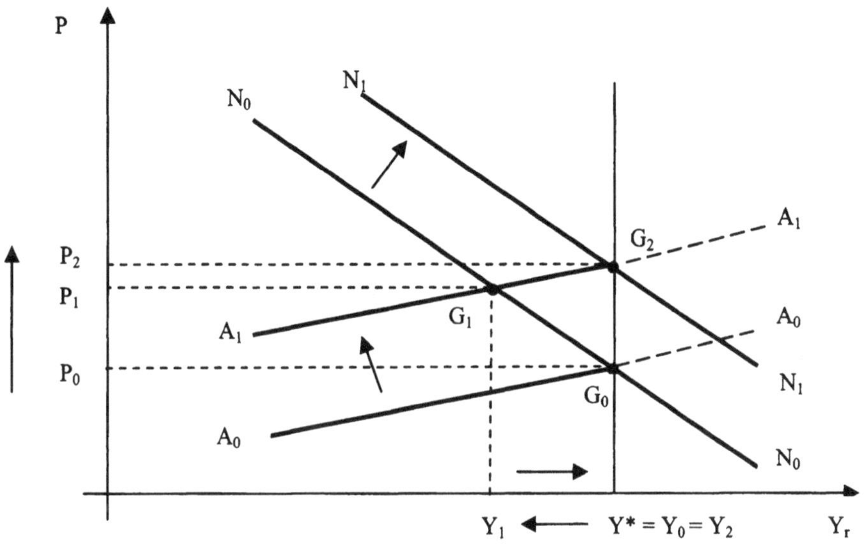

(P = Preisniveau; Y_r = reales Volkseinkommen; A = Angebot; N = Nachfrage)

Abb.: 5-8: Angebotsinduzierte Inflation

Die Argumentation zeigt aber, dass bei der Problematik der Lohn-Preis- (bzw. Preis-Lohn-)Spirale genau nach Ursache und Wirkung zu unterscheiden wäre, um den wirklichen Auslöser des Preissteigerungsprozesses festzustellen. Ein Unterfangen, das in der Realität meist nicht machbar ist (deshalb lässt es sich in der realen Wirtschaftspolitik auch so trefflich je nach Standpunkt „interpretieren“). Somit gilt, dass bei der Preis-Lohn-Spirale Elemente der nachfrage- und der angebotsinduzierten Inflation zusammen wirken können.

Kostensteigerungen können ihre Ursache auch in anderen Bereichen haben, so bei importierten Produkten (= *importierte Kosten-Inflation).* Besonders deutlich zeigte sich dies bei den Rohölverteuerungen (sog. Energiekrisen) in den 1970er, 1980er und 2000- Jahren.

Starke Steuererhöhungen (z.B. Mehrwertsteuer) als Kostensteigerungen ergäben eine sog. *tax-push-inflation,* während z.B. deutliche Zinserhöhungen eine *interest-ratepush-inflation* ergäben.
Auch *Wechselkursänderungen* können eine importierte Inflation auslösen (siehe Abschnitt 11), denn eine Abwertung des Wechselkurses führt zu einer (möglichen) Erhöhung der Importpreise und wirkt somit inflationsfördernd.

Eine wichtige Bedingung der cost-push-inflation ist die Dauerhaftigkeit des Kostendrucks. D.h. eine einmalige Kostensteigerung kann zwar einen einmaligen Preisschub nach sich ziehen, aber nicht einen ständigen Preisanstieg. Somit muss der Kostendruck permanent wirksam sein, z.B. dadurch, dass von den Kostenverursachern immer neue weitere Kostenerhöhungen ausgehen. Dieser Vorgang beschreibt für die Lohnkosten anschaulich der Zusammenhang der Abb. 5-8 (siehe dort).

5.2.5.2 Marktmachtinflation

Die Marktmacht- bzw. gewinninduzierte Inflation zeigt, dass die Unternehmen durch ihre Preispolitik direkt Preiserhöhungen auslösen können, ohne dass sonst irgendein Anlass gegeben wäre, d.h. z.B. gar keine Kostensteigerungen vorhanden sind.

Die durch die Marktmacht bedingte Inflation kann durch monopolartige Strukturen, durch Kartelle oder durch abgestimmtes bzw. gleichartiges Verhalten (sog. Parallelverhalten) auf Oligopolmärkten bzw. durch eine direkte oder indirekte Preisbeeinflussung des Staates bedingt sein.
Man nennt solchermaßen vom Angebot autonom festgesetzte Preise (wie eine Gebührenfestsetzung des Staates) *administrierte Preise* und differenziert zwischen staatlich und privat administrierten Preisen.

Der Sachverständigenrat hat für die BRD die **staatlich administrierten Preise** nach der Intensität ihrer Beeinflussung durch den Staat ermittelt und folgende vier Gruppen gebildet:

1) Die direkt administrierten Preise (wie z.B. Verkehrstarife, Nachrichtenübermittlung, Gebühren sonstiger Art) werden vom Staat unmittelbar festgelegt. Sie machen im Warenkorb der Haushalte ca. 4,6% aus (durch die Deregulierung von Post und Bahn ist die Lage hier besser geworden)
2) Sog. teiladministrierte Preise werden vom Staat nur kontrolliert und sind durch ihn genehmigungspflichtig, wie z.B. Versorgungstarife, Versicherungstarife, Gesundheitspflege, Flugtarife. Ihr Anteil am Warenkorb liegt bei ca. 10,9%
3) Quasi-administrierte Preise sind solche, die infolge eines hohen Steueranteils über die Steuerlast vom Staat beeinflusst werden, wie Z.B. bei Benzin, Heizöl, Tabak und Alkohol. Ihr Anteil am Warenkorb liegt ebenfalls bei ca. 10,9%
4) Indirekt administrierte Preise sind solche, die über die EG-Marktordnungen durch Mindest-, Fest- oder Richtpreise vom Staat mit beeinflusst werden (fast der gesamte Lebensmittelbereich). Dieser Anteil liegt bei ca. 14,9%

Somit sind im Warenkorb für den privaten Haushalt in der BRD immerhin ca. 41,3% der aufgeführten Güter so staatlich administrierte Preise. Empirische Untersuchungen bestätigen die These, dass von diesen Preisen eher und deutlich eine inflationäre Wirkung ausgeht. D.h. es liegt hier das Paradoxon vor, dass der Staat einerseits die Preisstabilität als eine seiner wichtigsten Ziele ansieht, andererseits ist er derjenige, der erheblich mit die Inflation bewirkt.

Die **privat administrierten Preise** setzen eine der vorgestellten Formen von Marktmacht voraus und des weiteren eine Preisfestsetzung auf der Basis des Vollkostenprinzips plus einer bestimmten Gewinnmarge. Man nennt sie (die private) deshalb auch Gewinninflation, da der Gewinn nicht entsprechend der klassischen Preistheorie als „Preis = Grenzkosten" sich ergibt, sondern unabhängig von den Marktdaten geplant und über die *Preissetzung* realisiert wird (werden soll!).

Die Ursache der Preissteigerung besteht darin, dass die Unternehmen ihre Preise unabhängig von der Marktentwicklung allein an bestimmten Kostengrößen orientieren plus einem bestimmten Gewinnaufschlag. D.h. es gibt eine Reihe von Meinungen, die feststellt, dass die privat administrierten Preise eine Marktmacht gar nicht voraussetzen, sondern dass alleine diese allgemein praktizierte Art der Kalkulation ausreichend sei, wenn sie nur von allen praktiziert würde. Es zeigt sich aber, dass wenn noch Wettbewerb herrscht, eine Durchsetzung so autonom erhöhter Preise (nur infolge des Kalkulationsverfahrens) doch recht unsicher ist. D.h. dass somit vor allem in nicht so guten Konjunkturphasen doch zusätzlich Marktmacht erforderlich ist.
Die privat administrierten Preise geben ein zusätzliches Argument für das Faktum des Preisanstieges in einer Stagflation.

Geht man von der Annahme aus, dass heute die angebotsinduzierte Ursache einer Inflation im Normalfall dominiert, so wäre eine interessante These die Korrelation zwischen Wettbewerb in einer Volkswirtschaft und deren Inflationsrate.

5.2.6 Weitere Inflationsursachen

5.2.6.1 Importierte Inflation

Für eine Volkswirtschaft, wie z.B. diejenige der BRD, die sehr stark in den Welthandel und in die Außenwirtschaft verflochten ist, betrachtet man die Möglichkeit einer importierten Inflation als relativ wichtig.

Wie aus der Abb. 5-5 ersichtlich, kann eine importierte Inflation ihre Ursache im Import (= angebotsinduziert) oder im Export (= nachfrageinduziert) oder beides gleichzeitig aufweisen.

Liegt die Ursache beim **Import**, d.h. liegt letztlich eine **angebotsinduzierte Ursache** vor, so ist der Grund für den Preissteigerungsprozess in den Preiserhöhungen beim Import gegeben, d.h. letztlich eine Kostensteigerung für importierte Güter. Eine Ursache, die seit Anfang der 1970er Jahre, ausgelöst durch die sog. Energiekrisen (= Preiserhöhung für Energie), in der öffentlichen Diskussion häufig dominiert. Dazu können die Ausführungen im Abschnitt 5.2.5.1. über die Kostendruckinflation völlig analog verwendet werden.

Liegt der Grund für den Preissteigerungsprozess dagegen beim Export, d.h. handelt es sich um eine nachfrageinduzierte Inflation, so wirken meist *zwei Einflüsse* zusammen, die den *Preisanstieg ausmachen.* Geht der Inflationsprozess vom Export aus, so ist zunächst *Bedingung,* dass der *Export den Import übersteigt* (wie z.B. für die BRD relativ typisch).
Trifft dieser *Exportüberschuss* mit einer gut bis *vollbeschäftigten Wirtschaft* zusammen, *so fehlen* durch den stärkeren Export im Inland *Güter auf der Angebotsseite.* Die Folge ist ein Ungleichgewicht zwischen der gesamtwirtschaftlichen Nachfrage und dem Angebot mit der Konsequenz einer Preissteigerungstendenz.

Der zweite Einfluss eines Exportüberschusses ergibt (meistens) einen Nettodevisenzufluss (pro Periode fließen mehr Devisen zu als ab). Infolge der Konvertibilität ergibt sich daraus eine Geldschöpfung in Euro. Das Ungleichgewicht zwischen monetärer Nachfrage und realem Angebot wird somit von der Geldseite zusätzlich vergrößert mit der Folge von Preiserhöhungen.

Liegt der Grund für die Exportüberschüsse neben anderen (z.B. Qualität, Lieferzuverlässigkeit, Service, technologischer Vorsprung) insbesondere auch in der Preiswürdigkeit, weil die Preissteigerungsraten geringer sind als im Ausland, so kann neben den *beiden* geschilderten *Einflüssen* sich noch ein *dritter* (evtl.) bemerkbar machen.

Geringere Preissteigerungsraten (als im Ausland) sind häufig durch eine restriktive Geld- und Kreditpolitik seitens der Zentralnotenbank gekennzeichnet. Diese wiederum zeichnen sich durch ein relativ hohes Zinsniveau aus.
Die Folge dieses höheren Zinsniveaus sind (können sein) verstärkte Kapitalimporte, so dass sich auch ein Überschuss in der Kapitalbilanz ergibt (es strömt mehr Kapital ein als aus). Die Folge wäre nun aber eine abermalige binnenwirtschaftliche Geldmengenvergrößerung, so dass die Geldmenge von einer zweiten Seite her vergrößert würde mit der Möglichkeit von Preissteigerungen.
Selbstverständlich gilt auch hier, dass GeldmengenVergrößerung alleine nicht zur Inflation führen muss. Würde die vergrößerte Geldmenge zu einer stärkeren Kassenhaltung führen (höhere Liquidität), so ergäbe sich zunächst keine Inflation (siehe dazu auch Abschnitt 5.2.3.)
Zur Abrundung der Thematik sei noch auf neuere Forschungen hingewiesen. Diese ergaben, dass eine stark weltwirtschaftlich verflochtene liberale Wirtschaft (wie die der BRD) auch dann vom Außenhandel her Preissteigerungen empfangen kann, wenn kein Export- und auch Zahlungsbilanzüberschuss vorliegt. D.h. auch ein Ausgleich zwischen Ex- und Import (bzw. der Zahlungsbilanz) bewahrt nicht davor, dass Preissteigerungen im Ausland aufs Inland übertragen werden.
Die Erklärung dieses Vorganges wird mit dem Begriff der Interdependenz geführt:
D.h. wenn im Ausland für solche Produkte eine Preissteigerung eintritt, die international gehandelt werden, dann erhöhen sich in aller Regel auch die Inlandspreise für diese Produkte, ohne dass es bereits zum Export gekommen wäre. Der Grund liegt darin, dass die Unternehmen im Inland einen möglichen Export und damit die höheren Preiserlöse einfach auf die binnenwirtschaftliche Preissteigerung übertragen. Mit dieser Argumentation befindet man sich wieder auf der Angebotsseite als Verursacher von Preissteigerungen und hier speziell bei der markt-power-inflation (siehe Abschnitt 3.2.5.2).

5.2.6.2 Verteilungskampfinflation

Wenn, wie im Abschnitt 5.2.5.2 (Marktmachtinflation) dargelegt, die Unternehmen nach höheren Gewinnmargen streben, so bedeutet dies letztlich auch, dass der Unternehmenssektor eine Erhöhung seiner Gewinnquote durchsetzen will. Die dadurch bedingte Reduzierung der Lohnquote (= Anteil der Lohnbezieher am Volkseinkommen) werden die abhängig Beschäftigten nicht einfach hinnehmen. Vielmehr versuchen sie über die gewerkschaftliche Macht die Lohnquote eher zu erhöhen.
Diesen gegenseitigen Wettbewerb der verschiedenen Gruppen um das Sozialprodukt nennt man den Verteilungskampf. Auch dieser Kampf um den „Kuchen" des Sozialproduktes birgt

inflatorische Tendenzen und wird als Verteilungskampf- bzw. *Anspruchsinflation* bezeichnet.
Die Inflation tritt dann ein, wenn die Ansprüche der Gruppen insgesamt schneller zunehmen als das zu verteilende reale Sozialprodukt. Um ihren Anteil am „Kuchen" auszuweiten, versuchen die verschiedenen Gruppen ihre Ansprüche durch den Einsatz von Macht wechselseitig durchzusetzen. Dadurch wird ständig ein Anspruchsdruck erzeugt, der den Inflationsprozess in Gang hält.

Dieser Inflationstyp ist in einer Volkswirtschaft umso stärker ausgeprägt:

1) Je stärker einzelne Gruppen (Gewerkschaften, Unternehmer, Staat) die Verteilung zu ihren Gunsten verändern wollen
2) Umso straffer die betreffende Gruppe organisiert ist, und je stärker sie dabei von einer politischen Partei unterstützt wird
3) Je mehr diese Ansprüche von der öffentlichen Meinung als gerecht angesehen werden

Dieser Inflationstyp ist somit nicht mehr nur ökonomisch, sondern auch soziologisch und politisch erklärbar.

Die durchgesetzten Einkommensansprüche (z.B. von den Gewerkschaften) sollen zwar eine reale Einkommenssteigerung der Gruppe ergeben, werden aber zunächst nur als Nominallohnsteigerung gewährt. Ist schließlich die Summe aller nominalen Ansprüche an das Sozialprodukt größer als die reale Erfüllungsmöglichkeit (was meist unterstellt werden kann), dann erfolgt der Ausgleich über Preissteigerungen.
Welche der Gruppen dabei am besten abschneidet, hängt von den wirtschaftlichen und gesellschaftlichen Machtrelationen ab. Hierin liegt zugleich auch politischer und gesellschaftlicher Sprengstoff, wenn sich herausstellt, dass die Erwartungen der Gruppe infolge der Preissteigerung sich nicht erfüllen.
Die Bekämpfung einer derartigen Inflation kann nicht nur ökonomisch erfolgen, vielmehr wäre ein neuer politischer und/oder gesellschaftlicher Ansatz erforderlich, der das Ziel hätte, eine Umstrukturierung der gesellschaftlichen Prozesse zu bewirken, die letztlich Ursache der Inflation sind.
Eine Aufgabe, die in Demokratien, wo es entscheidend auf Wählerstimmen ankommt, zumindest äußerst schwierig, wenn nicht gar unmöglich ist.

5.2.7 Zusammenfassung

Die in der Realität zu beobachtenden Inflationen monokausal erklären zu wollen, ist nicht möglich. Inflation ist ein komplexes Phänomen, d.h. es herrschen gleichzeitig unterschiedliche Inflationsursachen, die einen Anstieg des Preisniveaus bewirken. Häufig dominiert eine Ursache, so dass man sich darauf konzentriert. Als wichtige Ursachen gelten zunächst die Gesamtnachfrage (insbesondere diejenige des Staates, teils diejenige der privaten Haushalte und aus dem Ausland); weiterhin Kostensteigerungen und Einschränkung des Wettbewerbes (= mehr Marktmacht) seitens des Angebotes und internationale Einflüsse (= Varianten der importierten Inflation). Zu einer dieser wichtigen Ursachen gesellt sich in der Realität häufig eine oder mehrere der anderen hinzu. Somit steht die Bekämpfung einer bestimmten Inflation in der Realität vor großen Schwierigkeiten, da deren Ursache eben nicht eindeutig ist. Inflation muss monetär alimentiert werden, damit bekommt die „Geldseite" ihre große Bedeutung für das Inflationsphänomen. Da die ständige Zunahme der Umlaufgeschwindigkeit an ihre Grenzen stößt, muss eine längerfristige Inflation durch eine Ausweitung der Geldmenge finanziert werden. Hier nun setzt die Bedeutung der Kontrolle der Geldmenge durch die Zentralnotenbank ein als eine wichtige Handhabe zur Vermeidung von Inflation. Allerdings hat der Abschnitt 2.2 (Geldangebot) ergeben, dass es den Zentralbanken nicht immer gelingt, die Geldmenge wie erwünscht zu steuern, um so eine Inflation zu verhindern.

5.3 Wirkungen der Inflation

5.3.1 Überblick

§ 1 des Stabilitätsgesetzes der BRD nennt als eines der vier Hauptziele der Wirtschaftspolitik die Stabilität des Preisniveaus. Damit wird im Umkehrschluss festgestellt, dass Preisniveausteigerungen bzw. eine Inflation eine zu bekämpfende wirtschaftliche Situation darstellt. Dies wiederum schließt ein, dass von einer Inflation schädliche Wirkungen ausgehen.
Die wissenschaftliche Diskussion um die Inflationswirkungen wird heute von einer gewissen Skepsis gegenüber den häufig aufgeführten negativen Wirkungen einer Inflation geprägt. Der Grund liegt darin, dass man aus den vorhandenen Daten sowohl Beispiele für negative Wirkungen, aber auch für deren Gegenteil findet.
Man verbindet heute deshalb einen Inflationsprozess nicht zwangsläufig mit bestimmten Wirkungen, die eintreten müssten, vielmehr geht man davon aus, dass diese Wirkungen eintreten können, nicht aber müssen. D.h. von einer Inflation gehen sicher (häufig negative) Wirkungen aus, aber deren Ausmaß und Richtung sind grundsätzlich offen.
Die Wirkungen einer Inflation müssen (müssten) deshalb in einer Art Kosten-Nutzen-Analyse (cost-benefit) daraufhin untersucht werden, welche Nachteile (= Kosten) und welche Vorteile (= Nutzen) im Hinblick auf die gesamtwirtschaftlichen Ziele sich ergeben.

Dazu kommt weiterhin, dass es nicht realistisch ist, die Auswirkungen einer Inflation auf *eine* Wirkung zu reduzieren. Die Auswirkungen sind vielmehr vielschichtig und komplex.
Dabei kann man zunächst zwischen einzel- und gesamtwirtschaftlichen Wirkungen differenzieren.
Die *einzelnen. Wirtschaftssubjekte* sind von einer Preisniveauänderung unterschiedlich betroffen. Dies ist dadurch bedingt, ob die Veränderung des allgemeinen Preisniveaus auch eine Veränderung des Preisniveaus des betreffenden Haushaltes mit sich bringt. Eine deutliche Erhöhung der Benzin- (Mineralöl-)steuer Z.B. ergibt einen gewissen Erhöhungseffekt beim allgemeinen Preisniveau. Für einen leidenschaftlichen Radfahrer ändert sich am individuellen Preisniveau nichts (siehe dazu auch Abschnitt 3.1.2).
Im folgenden sind *die gesamtwirtschaftlichen Wirkungen* genauer zu analysieren. Dabei gilt grundsätzlich, dass die Kosten (= Nachteile) einer Inflation umso deutlicher sichtbar werden, umso höher die Preissteigerungsraten sind und umso längerfristiger sie anhalten. Aber auch hier kann man zwischen der Höhe und der Dauer der Preissteigerung und den Nachteilen der Inflation *keine* proportionale Beziehung aufstellen. Je länger z.B. eine in Gang gekommene

Inflation anhält, desto eher werden die Wirtschaftssubjekte die Wirkungen wahrnehmen und sich auf die Tatsache der Geldentwertung einstellen. D.h. die Nachteile hängen auch davon ab, ob und wieweit inflationäre Prozesse von den Wirtschaftssubjekten antizipiert (= vorweggenommen) und dann bei ihren ökonomischen Aktivitäten berücksichtigt werden.
Deshalb kann man davon ausgehen, dass die negativen Wirkungen sich ziemlich deutlich zeigen, wenn die Wirtschaftssubjekte einer Geldillusion anhängen bzw. wenn sie die Inflationsrate falsch eingeschätzt haben.
Schließlich bringt ein inflatorischer Prozess nicht unbedingt nur Nachteile. Unter Umständen können sich daraus auch gesamtwirtschaftliche Vorteile ergeben, wie dies insbesondere bei dem Beschäftigungseffekt deutlich wird.

5.3.2 Beschäftigungseffekte

Eine sehr populäre wirtschaftspolitische Feststellung lautet, dass zwischen dem Ziel einer *Vollbeschäftigung* und der *Preisstabilität* eine *Konfliktsituation bestehe.* D.h. möchte man eine gute Beschäftigungslage erreichen, so müsste man quasi als Preis dafür eine entsprechende Inflationsrate hinnehmen und umgekehrt.
Diese Behauptung geht auf das sog. **Phillips-Theorem** zurück.

A.W. Phillips, ein englischer Statistiker und Ökometriker hat 1958 für England einen empirischen Zusammenhang zwischen den Geldlohnsteigerungen und der Inflationsrate für einen Zeitraum von 100 Jahren untersucht. Von Samuelson und Solow wurde dies 1960 modifiziert. Nach dieser sog. „modifizierten Phillips-Kurve" ist die Arbeitslosigkeit umso geringer, je höher die Inflationsrate liegt und umgekehrt. D.h. Inflation führt zu einer Abnahme der Arbeitslosigkeit bzw. zu einer Zunahme der Beschäftigung. Es kommt somit zu einem positiven Effekt der Inflation. Abbildung 5-9 zeigt die modifizierte Phillips-Kurve,

Die Abb. 5-9 zeigt deutlich den sog. Trade-off (= Wechselwirkung) zwischen Inflation und Beschäftigung. Zur Inflationsrate von 5% gehört eine Arbeitslosenquote von 3%. Drückt man die Inflationsrate dagegen auf 2% runter, so muss dies mit einem Anstieg der Arbeitslosigkeit auf 6% erkauft werden. Für die Wirkung des Trade-off ist dabei entscheidend die unterschiedliche Erwartung über die künftige Inflation zwischen Arbeitnehmern und Arbeitgebern.

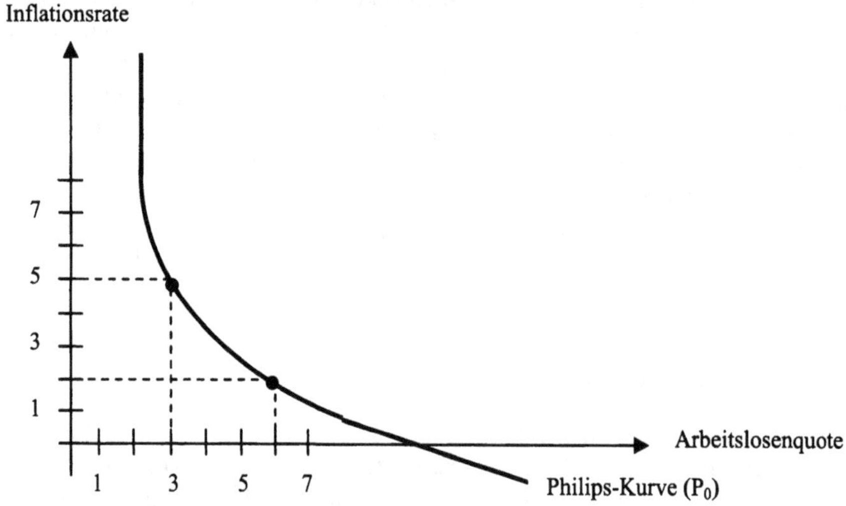

Abb.: 5-9: Modifizierte Phillips-Kurve

Die Arbeitnehmer schätzen die künftige Inflationsrate falsch ein (bzw. sie unterliegen noch weitgehend der Geldillusion). Ihre Entscheidung, Arbeit am Arbeitsmarkt anzubieten, wird aufgrund des Nominallohnes getroffen. Sie berücksichtigen nicht die Inflation, d.h. sie orientieren sich nicht am Reallohn. Die Arbeitgeber als Nachfrager nach Arbeit richten ihre Nachfrage dagegen am Reallohn aus. Bei angenommener Inflation sinkt der Reallohn, was eine „Verbilligung" der Arbeitskräfte zur Folge hat. Somit fragen die Arbeitgeber mehr Arbeit nach, die Beschäftigung steigt infolge der Inflation.
Der prinzipiell gleiche Vorgang tritt ein, wenn die Arbeitnehmer zwar eine bestimmte Erwartung hinsichtlich der künftigen Inflationsrate haben, diese aber zu niedrig annehmen, d.h. die wirkliche Rate stets höher liegt.

Der Trade-off beruht somit auf den falschen Erwartungen der Arbeitnehmer hinsichtlich der Inflationsrate.
Denn, wenn die Erwartungen der Arbeitnehmer hinsichtlich der Inflationsrate richtig sind, wirkt der Trade-off nicht mehr bzw. die Phillips-Kurve wird instabil.
Haben die Arbeitnehmer keine Geldillusion und orientieren sie sich (richtig) am Reallohn, so werden sie in ihren Lohnforderungen die Inflationsrate mit fordern. Die Folge wäre zwar für die Arbeitnehmer eine Reallohnsteigerung, aber auch ein Anstieg der realen Kosten für die Arbeitgeber. Die Konsequenz wäre sicher, dass der PF Arbeit nicht mehr vermehrt, sicher eher weniger eingesetzt wird, d.h. die Arbeitslosigkeit nimmt zu.

Die Abb. 5-10 zeigt diesen Tatbestand:

Die geänderten Erwartungen der Arbeitnehmer ergeben geometrisch eine verschobene Phillips-Kurve von Po (falsche Erwartungen) nach P_1 (richtige Erwartungen). Ginge man bei Po z.B. von einem Zustand (Punkt) A aus, so wird daraus auf P_1 der Zustand B, der eine höhere

Inflationsrate und eine höhere Arbeitslosigkeit darstellt. Denkbar wäre auch Zustand C auf P_1, d.h. trotz steigender Inflationsrate bewegt sich bei der Arbeitslosigkeit überhaupt nichts.

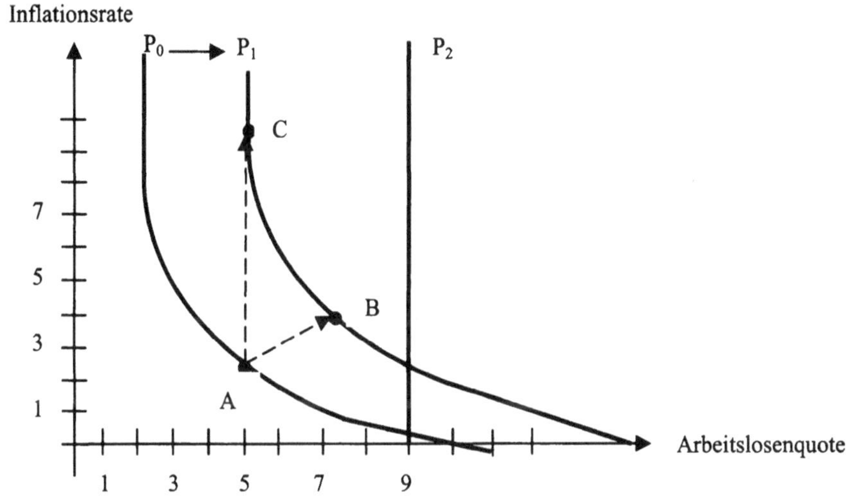

Abb.: 5-10: Instabilität der Phillips-Kurve

Schließlich wäre, wie in Abb. 5-10, langfristig noch eine weitere Verschiebung der Phillips-Kurve nach P_2 denkbar (Parallele zur Ordinate). P_2 entspricht der langfristig durch die Geldpolitik nicht veränderbaren Arbeitslosigkeit (nach M. Friedman), die als die sog. *natürliche Arbeitslosigkeit* bezeichnet wird. P_2 charakterisiert den Zustand einer immer schnelleren bzw. völligen Anpassung der Geldlöhne an die Inflationsraten (z. B. eine Indexierung der Löhne an die Preissteigerung wie (gewesen) in Italien). Die Folge ist keinerlei Reduzierung der Arbeitslosigkeit, d.h. selbst durch eine sehr expansive Geldpolitik ändert sich an der Beschäftigungslage nichts.
Diese sog. natürliche Rate der Arbeitslosigkeit wird durch strukturelle und friktionelle Komponenten bestimmt, die sich durch die Geldpolitik bekanntlich nicht beseitigen lassen.

Der *Dreh- und Angelpunkt* zwischen *Beschäftigung* und *Inflation* sind somit die *Erwartungen* (insbesondere der Arbeitnehmer). In der Literatur entwickelte sich dazu eine lebhafte Diskussion:
So gingen z.B. Samuelson und Solow von sog. *statischen Erwartungen* aus, bei denen es zum Trade-off kommt. Die Monetaristen Friedman und Phelps gehen dagegen von *adaptiven Inflationserwartungen* aus. D.h. bei adaptiven Erwartungen wird die künftige Inflationsrate aufgrund der Erfahrungen in der Vergangenheit abgeschätzt, was langfristig eine Anpassung an die tatsächliche Rate ergibt. Damit kommt bei adaptiven Erwartungen nach einem time-lag der Beschäftigungseffekt der Inflation nicht zustande, bzw. der Trade-off ist nur kurzfristig denkbar. Würde es den Wirtschaftssubjekten infolge vollständiger Informationen gelingen, die Inflationsrate immer exakt vorherzusehen, käme es auch kurzfristig zu keinem Beschäftigungseffekt, es würden *rationelle Erwartungen* vorliegen.

Zusammenfassend ergibt sich für den Beschäftigungseffekt einer Inflation:
Bei der Argumentation wird von einer (wirklichen) Hyperinflation abgesehen. Es liegen in der Realität keine rationellen Erwartungen vor, ja, man kann auch nicht von vollständig adaptiven Inflationserwartungen ausgehen (vor allem nicht für die Arbeitnehmer). Somit können kurzfristig Trade-Off-Wirkungen eintreten. Herrscht der Inflationszustand dagegen länger vor, so besteht kein stabiler Zusammenhang zwischen Inflation und Beschäftigung, d.h. mittel- bis langfristig verändert die Inflationserfahrung der Wirtschaftssubjekte deren Erwartungen. Die Folge ist, mittel- bis langfristig tritt infolge einer Inflation kein (positiver) Beschäftigungseffekt entsprechend der Phillips-Kurve ein.
Diese Argumentation wird noch dadurch verstärkt, dass es ja auch noch andere Ursachen einer Inflation gibt und nicht nur die hier letztlich unterstellte nachfrageinduzierte vom Keynes-Typ.

5.3.3 Allokationseffekte

Inflation hat auch einen Einfluss auf den Einsatz volkswirtschaftlicher Ressourcen, wie z.B. Arbeit und Kapital. Die Wirkungen einer Inflation auf den Allokationsprozess zeigen sich in einer *inflationsbedingten Fehlleitung von Ressourcen.*

Dies heißt, es werden volkswirtschaftliche Ressourcen in Aktivitäten eingesetzt, die einer nichtoptimalen Verwendung entsprechen, wie sie sich beim Nichtvorhandensein von Inflation einstellen würden.
Diese treten insbesondere bei hohen und/oder stark schwankenden Inflationsraten auf.
Inflation bedeutet Unsicherheit über die künftige Preisentwicklung und damit das Risiko von Fehlentscheidungen (z.B. beim Abschluss langfristiger Verträge). Die Wirtschaftssubjekte versuchen nun, diese Unsicherheiten möglichst gering zu halten. Dies geschieht dadurch, dass sie Zeit, Geld und Arbeitskraft (= Ressourcen) in die Gewinnung von Information über die Entwicklung des Preisniveaus einsetzen. Dies ist u.a. auch deshalb ständig nötig, weil die Informationen über den Preismechanismus nur kurzfristig gültig sind und ständig aktualisiert werden müssen.
Die neuen Preise müssen laufend richtig bewertet und dann umgesetzt, notfalls in reale Austauschpreise umgerechnet werden. Dazu sind Ressourcen nötig, die nicht mehr für die Güterproduktion bereitstehen. Dadurch entstehen volkswirtschaftliche Kosten, sog. *Wohlfahrtskosten der Inflation.*
Diese Kosten treten auch dann auf, wenn man den (eher theoretischen) Fall rationaler Erwartungen annimmt, auch hierbei entstehen Informationskosten.

Eine *andere inflationsbedingte Allokationswirkung ist der Anreiz zur Flucht in Sachwerte oder langlebige Gebrauchsgüter* (Immobilien, Gold, Antiquitäten usw.), von denen man annimmt, dass die besser vor einer Inflation schützen als z.B. Finanzaktiva (Geld und alle nominalen Werte). Auch dies bewirkt, dass Ressourcen einer Volkswirtschaft in andere Verwendungen fließen als dies bei Preisstabilität der Fall wäre. Man setzt mehr Ressourcen zur Produktion inflationssicherer Güter ein (bei Inflation boomt üblicherweise der Bausektor, wobei häufig Fehlinvestitionen vorkommen).

5.3.4 Verteilungseffekte

5.3.4.1 Redistributionseffekte der Inflation

Die Wirkungen der Inflation auf die Einkommensverteilung, die sog. Redistributionseffekte haben eine Reihe verschiedener Aspekte:

Der erste Gesichtspunkt lautet, Rentner und Pensionäre sind die **Hauptgeschädigten einer Inflation**, d.h. dass sich die Verteilung zu ihren Ungunsten verändert.

Zunächst ist sicher, dass Rentner und Pensionäre als „passive" Marktteilnehmer ihre Nominaleinkommen nicht in dem Masse anpassen können wie aktive (z.B. Arbeitnehmer). Ihr Einkommen hängt bis zu einem gewissen Maß vom Wohlwollen des Staates ab, der meist vor Wahlen das Potential der Rentnerstimmen entdeckt.
Werden dagegen, wie in der BRD, durch die Einführung der dynamischen Rente diese quasi automatisch an die Entwicklung der Einkommen angepasst, so nehmen die Renten an der allgemeinen Entwicklung der Nominaleinkommen teil.

Aber auch bei einer dynamischen Rente sind dabei zwei Gesichtspunkte zu berücksichtigen. *Einmal* erfolgt auch hier die Rentenanpassung im nachhinein, so dass ein nicht unwesentlicher time-lag entsteht, der sich umso stärker als reale „Rentenkürzung" bemerkbar macht, je stärker die Preissteigerungsrate ist. *Zum anderen* kommt es entscheidend auf die Rentenanpassungsformel an. Geht man (wie in der BRD geschehen) vom Durchschnitt der Bruttoverdienste auf Nettoverdienste über, erleiden Rentner zumindest zeitweise einen realen Einkommensverlust (insgesamt kommt es auf das Besteuerungsverfahren an).
Die vom Staat gezahlten Beamtenpensionen sind (in der BRD) an die Entwicklung der Beamtenbezüge gekoppelt, so dass dazu die analogen Überlegungen wie zur dynamischen Rente gelten. Pensionsbezieher nehmen dagegen nicht teil an einer Verbesserung der Besoldungsstruktur (sollte sie denn stattfinden).
Nicht zu übersehen ist schließlich, dass Rentner- und Pensionärshaushalte relativ stärker die Produkte kaufen, die von der Preissteigerung am stärksten betroffen sind, sich somit auch dadurch eine reale Verschlechterung ergibt.
Eventuell positiv zu beachten wäre, dass die Renten (nicht die Pensionen) effektiv nicht (bzw. nur sehr gering) einkommenssteuerpflichtig sind. Bei unterstellten gleichen nominalen Einkommenszunahmen unterliegen somit die Einkommen der Erwerbstätigen infolge der Progression einem erhöhten Abzug, so dass sich daraus eine leichte Verbesserung für die Rentner ergibt.

Der **zweite** Aspekt stellt fest, dass die **Löhne der Arbeitnehmer** in einer Inflation dem **Unternehmergewinn nur mit einer Verzögerung folgen**, d.h. sich für die Arbeitnehmer eine reale Verschlechterung ergibt, sog. wage-lag-Hypothese. Grundsätzlich ergibt sich zur Frage der funktionellen Einkommensverteilung zwischen Arbeitnehmern und Arbeitgebern: Berücksichtigt man die Verschiebungen zwischen Unselbständigen (die zunehmen) und Selbständigen (die zurückgehen), so ist die Verteilung zwischen diesen beiden Gruppen im wesentlichen unverändert geblieben. Zeitweise sind die Löhne vorangegangen, dann wurde dies (seit Anfang der 1980er Jahre) von einem relativen Anstieg der Gewinne abgelöst.

Wichtiger als die Veränderung der Lohn- und Profitquote waren dagegen im konjunkturellen Verlauf die Verschiebungen innerhalb einer dieser beiden Gruppen. Es sind die Einkommen und auch die Gewinne derjenigen stärker gestiegen, die von der jeweiligen konjunkturellen Entwicklung begünstigt wurden. D.h. die Trennung zwischen Gewinnern und Verlierern liegt nicht so sehr zwischen Arbeitnehmern und Unternehmern, sondern innerhalb der Arbeitnehmer und der Unternehmer, zwischen konjunkturell begünstigten und benachteiligten Branchen.
Dies bedeutet aber, bestimmte Gruppen von Arbeitnehmern haben ihre Vorteile in der Einkommensentwicklung nicht Schwächen der Marktgegenseite = den Unternehmen zu verdanken, sondern Schwächen in den eigenen Reihen. D.h. erfolgreiche Gewerkschaften beschränken nicht den Spielraum der Unternehmerseite, sondern den Spielraum der schwächeren Gewerkschaften und damit deren Arbeitnehmern. Diese Analyse der wage-lag-Hypothese gilt primär für die Verhältnisse in der BRD mit ihrer schleichenden Inflation. Bei deutlich stärkeren Inflationsraten wird allein durch das Tempo der Preissteigerung die Situation der Arbeitnehmer durch den wage-lag deutlich ungünstiger.

Der **dritte** Aspekt beschreibt die **Gläubiger-Schuldner-Hypothese**. D.h. durch eine Inflation erleidet der Geldgläubiger Verluste, weil der Realzins, wenn überhaupt, den Preissteigerungen nur verzögert folgt.
In einer Inflation ist der Realzins grundsätzlich niedriger als der Nominalzins, bei stärkerer Preissteigerung (auch in der BRD der Fall) sogar negativ.
Da der Zins auf den Sparkonten noch unter demjenigen für Rentenpapiere liegt, sind die Sparkonteninhaber sicher die Hauptgeschädigten einer Inflation. Dazu kommt noch, dass die Sparzinsen ausgesprochen zögernd der Entwicklung der Inflation folgen.
Inwieweit der einzelne Sparer dieser Entwicklung ausweichen kann, hängt meist nicht von seinem persönlichen Geschick in der Vermögensanlage ab, sondern entscheidend von der Höhe seines Anlagekapitals. D.h. wirtschaftlich Starke (= hohes Anlagekapital) können einer Inflationswirkung besser ausweichen als Schwache.
Die Hauptschuldner dieser Geldgläubiger sind die Unternehmen, die somit unter diesem Aspekt zu den Hauptgewinnern einer Inflation zählen, dies umso mehr, je mehr Schulden sie haben.
Denkbar wäre im Verlauf einer Inflation aber ein Lernprozess der Gläubiger, d.h. dass es zwischen Gläubiger und Schuldner unter staatlicher Billigung zu einer Indexierung kommt, d.h. dass die Nominalzinsen an die Inflationsrate angepasst werden. In der BRD sind nach § 3 des Währungsgesetzes derartige Verträge von der Genehmigung der Zentralnotenbank abhängig, die sie bisher nur ausnahmsweise erteilt hat. Andere Länder haben dagegen dieses Verfahren stärker praktiziert (z.B. Italien). Die bisherigen Erfahrungen zeigen, dass die Resultate unbefriedigend sind. Insbesondere wird den ökonomisch Schwachen damit relativ am wenigsten geholfen. Im wesentlichen gilt immer noch die Erkenntnis der Klassiker: Inflation ist eine Steuer, die vom Staat und den einkommensstarken Schichten den wirtschaftlich Schwachen aufgebürdet wird.

Der **vierte** Gesichtspunkt befasst sich mit den **Wirkungen einer Inflation auf den Staat**.
Einerseits gewinnt der Staat durch die Inflation, denn ein Anstieg des Preisniveaus führt üblicherweise zu höheren Steuereinnahmen. Dies gilt deutlich bei der Mehrwertsteuer, die ja vom Preis abhängig ist (der ja ansteigt), aber auch über die Progression bei der Einkommens-

steuer, wenn wie meist Lohnerhöhungen den sog. Inflationsausgleich beinhalten (sog. kalte Progression). Es kommt somit zu einer Einkommensverteilung zugunsten des Staates und zu Lasten der steuerzahlenden Personen. Auf der *Einnahmeseite* des *Haushaltes* ist der *Staat Inflationsgewinner.*
Andererseits verteuert ein Anstieg des allgemeinen Preisniveaus auch die vom Staat nachgefragten Waren und Dienstleistungen. Dadurch kommt es auf der Ausgabenseite des Haushaltes zu Mehraufwendungen. Ob somit insgesamt der Staat von einer Inflation profitiert oder nicht, kommt auf die Rechnung zwischen den Gewinnen auf der Einnahmeseite gegenüber den Verlusten auf der Ausgabenseite an, ist somit nicht eindeutig und in jedem Fall sicher feststellbar (eine, allerdings umstrittene Auffassung des Sachverständigenrates spricht insgesamt davon, dass der Staat Gewinner einer Inflation sei). Diese Meinung des Sachverständigenrates wird u.a. noch dadurch unterstützt, dass der Staat der BRD ja auch ein beträchtlicher Schuldner ist und wie vorher dargelegt, Schuldner in einer Inflation Gewinner sind.

5.3.4.2 Vermögensumverteilungswirkung

Wie im vorangegangenen Abschnitt zur Redistribution dargelegt, ergeben sich die Verschiebungen in der Einkommensverteilung infolge der Inflation primär dadurch, dass die verschiedenen Einkommen in unterschiedlichem Ausmaß und Tempo an die Inflation angepasst werden.

Derartige Unterschiede in der Anpassung an die Geldentwertung sind auch im Vermögensbereich möglich, so dass es zu Verschiebungen in der Vermögensverteilung kommt.

Die Inflation *begünstigt die Besitzer von Vermögenswerten,* die inflationsbedingt schneller im Wert steigen. Dazu zählen in den meisten Fällen Vermögen an Grund und Boden und teils Aktien (bei Aktien sind differenzierte Entwicklungen meist feststellbar, insbesondere bei einer schleichenden Inflation). Von der Inflation ebenfalls begünstigt werden die Schuldner von Nominalwerten (Emittenten von Anleihen, Obligationen und Pfandbriefen, Darlehen aller Art), da sie ihre Schulden (je nach Stärke und Tempo der Inflation) ja in entwertetem Geld zurückzahlen.
Benachteiligt sind **die** Besitzer von Vermögenswerten, deren Wert langsamer steigt, wie dies insbesondere bei Vermögen in Nominalwerten der Fall ist (Rentenpapiere, Sparkonten und dgl.). Benachteiligt sind auch die Gläubiger von Vermögenstiteln, denn sie erhalten ihr Vermögen in entwertetem Geld zurück.

Diese prinzipiellen Vermögensumverteilungswirkungen sind dann *besonders gravierend, wenn sie sich kumulieren.* Dies ist dann der Fall, wenn die Besitzer von Realwerten gleichzeitig die Schuldner von (nominalen) Geldvermögenswerten sind. In der Regel sind beim Unternehmer (Unternehmen) beide Seiten hier vereint, so dass sie unter dem Aspekt der Vermögensumverteilung einer Inflation zu den deutlichen Gewinnern zählen, während die kleinen Sparer eindeutig die Verlierer sind.
Ein einfaches *Rechenbeispiel* verdeutlicht den Wirkungsmechanismus:
Angenommen, der Wert des Sachvermögens und des Geldvermögens sei jeweils 100 Einheiten. Beide Vermögensblöcke wüchsen jährlich (= Zins, plus Zinseszins) um 5%, dann haben sie sich nach ca. 14 Jahren bei Preisstabilität jeweils verdoppelt. Es ergab sich keine Ver-

schiebung in der Vermögensverteilung. Nehmen wir nun eine jährliche Preissteigerung von 5% an und unterstellen wir, dass (nur) das Sachvermögen um die Inflationsrate im Wert zusätzlich steigt, so hat sich die Vermögensverteilung nach 14 Jahren deutlich verschoben. Der Anteil des Geldvermögens am Gesamtvermögen ist nicht mehr (wie bei Preisstabilität) die Hälfte, sondern jetzt nur noch ein Drittel. Entsprechend hat das Sachvermögen seinen Anteil vergrößert.
D.h. somit, selbst diese relativ geringe Inflationsrate von 5% ist eine wirkungsvolle Mechanik der Vermögensumverteilung.

5.3.4.3 Zusammenfassung der Verteilungswirkungen

Wie dargelegt, gibt es auf den verschiedenen Ebenen Gewinner und Verlierer im Rahmen der Verteilung von Einkommen und Vermögen. Die einzelnen Wirtschaftssubjekte agieren nun ebenfalls auf den unterschiedlichsten Ebenen einer Volkswirtschaft, somit werden sie von den Verteilungswirkungen auch verschieden betroffen. Damit ist es dann schwierig zu sagen, ob eine gewisse Gruppe unter dem Verteilungsaspekt durch eine Inflation eher gewinnt oder verliert.
So kann z.B. ein privater Haushalt als Lohneinkommensbezieher einerseits durch eine Inflation verlieren, andererseits als Schuldner (Häuslebauer) von ihr profitieren. *Gesamtwirtschaftlich* gleichen sich die Verteilungseffekte aus, d.h. Verluste der einen Seite werden durch Gewinne der anderen kompensiert.
Wenn man aber fordert, dass die einzelwirtschaftlichen Verteilungseffekte ausbleiben sollten, wäre es nötig, dass alle Wirtschaftssubjekte bei ihren Aktivitäten die Inflationsrate exakt einrechnen würden (z.B. Lohnsteigerungsrate berücksichtigt genau den Inflationsausgleich). Diese Fälle der vollständig antizipierten Inflation sind aber praktisch nicht möglich, so dass es unter dem Verteilungsaspekt immer zu Umverteilungen durch eine Inflation kommt.

5.3.5 Wachstumswirkungen einer Inflation

Die Frage eines Zusammenhanges zwischen Wirtschaftswachstum und Inflation gehört zu den umstrittensten Themen in der VWL. Dies u.a. deshalb, weil vorliegende empirische Analysen alle denkbaren Ergebnisse aufweisen. D.h. es gab Länder, wo eine steigende Inflationsrate mit ansteigendem Wachstum verbunden war. Gleichzeitig gab es Länder mit niedriger Inflationsrate und noch höherem Wirtschaftswachstum und schließlich solche mit hoher Inflationsrate und niederem Wachstum.

Trotzdem ist die **These** weitverbreitet, dass eine (zwar) **niedrige Inflationsrate positiv stimulierend auf das Wirtschaftswachstum wirke**. Die Argumente für diese These sind:

1) Eine starke Nachfrage sichert Vollbeschäftigung und lastet die Kapazitäten aus. Bei den Unternehmen besteht deshalb ein ständiger Anreiz für Investitionen
2) Wenn die Lohnsteigerungen hinter den Preissteigerungen zurückbleiben, nehmen die Gewinne zu, was wieder einen Anreiz für Investitionen darstellt
3) Bleibt der Zinsanstieg hinter den Preissteigerungen zurück, entsteht ein Anreiz für Investitionen über Kreditfinanzierung

4) Die Gläubiger-Schuldner-Hypothese besagt bekanntlich, dass die Geldforderungen der Gläubiger real abnehmen, während sich diejenigen der Schuldner verbessern. Daraus ergibt sich ein weiterer Investitionsanreiz

Alle diese Argumente gehen letztlich von der Annahme aus, dass sich die Preise im Verlauf einer Inflation unterschiedlich in ihrem Tempo entwickeln, wobei sich dies immer zum Vorteil der Unternehmer darstellt. D.h. somit, als Nachteil eines Wirtschaftswachstums über eine Inflation muss eine Umverteilung von Einkommen und Vermögen zugunsten der Unternehmer hingenommen werden. Dies geht eindeutig zu Lasten der kleinen Geldvermögensbesitzer und der kleineren Einkommensbezieher *(„unsoziale Komponente" dieses Typs von Wachstum).*

Neben dem negativen Argument der Verteilungswirkungen ist aber die weitergehende **Frage** zu diskutieren, **ob mit einer Inflation zwangsläufig positive Wachstumswirkungen verbunden sind.**
Als sicher kann gelten, umso länger der Inflationsprozess andauert, umso mehr verschwinden die Wachstumseffekte. Einmal ergeben sich in einem langfristigen Preissteigerungsprozess Fehlleitungen der Ressourcen (siehe Abschnitt 3.3.3), z.B. Bevorzugung von Bauinvestitionen. Die Folge ist eine Verzerrung des Preisgefüges, verbunden mit einem Absinken der Produktivität und einem Rückgang des Wachstums.
Dazu kommt der Lernprozess einer länger andauernden Inflation. Die Folge ist, dass sich die Preise, auch die Löhne, alle diesem Trend anpassen, somit sich zumindest tendenziell die anfangs als erforderlich angesehenen Unterschiede in der Preisentwicklung angleichen. Damit entfällt aber der Anreiz für Investitionen.
Als ebenfalls sicher kann gelten, dass bei stark (stärker) ansteigenden Inflationsraten die positiven Wachstumsprozesse schneller beendet werden. Bei einer Hyperinflation bestehen sie überhaupt nicht. Somit ergibt sich wieder das Problem, was sind entsprechend niedrige Inflationsraten und, vor allem, wie lange bleiben sie entsprechend niedrig. Beschleunigen sie sich nicht doch, wobei, wie vorgeführt, dann ja die positiven Wachstumseffekte zum Stillstand kommen.
Die dargelegten positiven Effekte einer Inflation auf das Wirtschaftswachstum treten dabei nur bei einer nachfrageinduzierten Inflation auf. Wenn aber (siehe Abschnitt 3.2.5) eine angebotsinduzierte Inflation vorliegt (die heute eher dominiert), so ergeben sich keine Wachstumseffekte.

Will somit ein Staat Wachstum über Preissteigerungen realisieren, so hat die Analyse ergeben, dass dies bei einer gleichen und niedrigen Inflationsrate nur kurzfristig möglich ist. Soll ein weiterer Wachstumsimpuls folgen, geht dies nur mit einer höheren Inflationsrate. D.h. es besteht die Gefahr, dass man dadurch in immer höhere Preissteigerungsraten hineingerät, die, wie dargelegt, dann nur noch negative Seiten aufzeigen.

5.3.6 Außenwirtschaftseffekte einer Inflation

Zum Verständnis der folgenden Fachbegriffe aus dem Gebiet der Wechselkurse siehe Abschnitt 11.

Wenn die Inflationsrate einer Volkswirtschaft höher oder niederer ist als diejenige der wichtigen Handelspartnerländer, so werden sich mittelfristig Auswirkungen auf die beiderseitigen Außenwirtschaftsbeziehungen ergeben.
Wenn man unterstellt (wie dies im Fall der BRD möglich ist), dass ein Land intensive Außenwirtschaftsbeziehungen besitzt, d.h. ein erhebliches Volumen an exportierten und importieren Gütern umfasst, dass weiterhin diese ausländischen Güter nur in Grenzen durch inländische substituiert werden können, so kann man von normal verlaufenden Angebots- und Nachfragekurven für den Export- und Importmarkt ausgehen.
Wenn man von spekulativen Devisenbewegungen absieht, so lassen sich aus den Angebots- und Nachfragekurven des Export- und Importmarktes normal verlaufende Angebots- und Nachfragekurven für den Devisenmarkt herleiten.

Am Beispiel der Währungs-Union und der USA soll für den \$-Wechselkurs in der BRD bzw. der EWU die Problematik analysiert werden (siehe Abb. 3-11).

Abb. 5-11 beschreibt die Situation auf dem Teildevisenmarkt für \$ in der BRD. Infolge des Güteraustausches zwischen der BRD und USA herrschte im Moment (Ausgangslage) auf diesem Devisenmarkt ein Angebot an \$ im Umfang A_0A_0 und eine Nachfrage nach \$ im Umfang N_oN_o. Somit ergibt sich ein Wechselkurs (Preis) in Höhe WK_o und ein Mengenumsatz von q_o.
Unterstellt man in den USA eine höhere Preissteigerungsrate als in der BRD, so ergibt sich auf den Export- und Importmärkten eine Verschiebung. Infolge der veränderten Preisrelationen nimmt c.p. der Export aus der BRD nach den USA zu, während umgekehrt der Import aus den USA in die BRD zurückgeht (bzw. stagniert). Dies wiederum bewirkt auf dem Devisenmarkt eine Zunahme des Angebotes an US \$, d.h. in Abb. 5-11 verschiebt sich das Angebot an \$ nach A_1A_1.

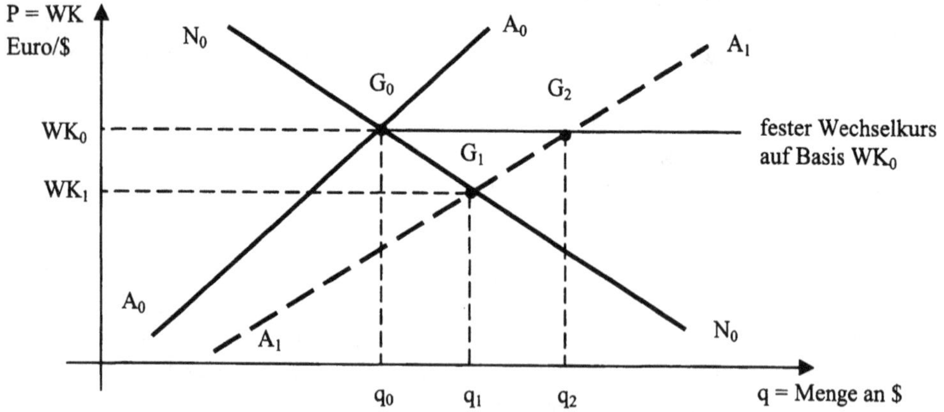

Abb.: 5-11: Inflationswirkungen bei alternativen Wechselkurssystemen

Aus Abb. 5-11 ist ersichtlich, dass dadurch der \$-Wechselkurs auf WK_1 zurückgeht, die umgesetzte \$-Menge auf q_1 ansteigt. Diese Entwicklung auf den Devisenmärkten kann aber nur eintreten bei völlig frei variablen = *floatenden WK zwischen Euro und \$*.

Der Kursrückgang des $ entspricht einer Aufwertung des Euro. Dies wiederum bewirkt, dass dadurch die deutschen Exporte in die USA teurer werden, somit die Zunahmetendenz des deutschen Exportes nach den USA (ja ausgelöst durch die geänderten Inlandspreisrelationen) zum Stillstand kommt. Umgekehrt bewirkt obige Aufwertung des Euro, dass sich die Importe aus den USA in der BRD verbilligen, damit der Stillstand der amerikanischen Importe sich ebenfalls aufhebt. D.h. es pendelt sich insgesamt ein neues Gleichgewicht ein.

Herrscht zwischen dem Euro und dem $ dagegen *ein fester (stabiler) Wechselkurs,* so wird trotz der Angebotszunahme an $ auf A_1A_1 der WK in Höhe von WK_o beibehalten bzw. verteidigt. Dies wirkt bei der sich geänderten Angebotssituation (d.h. A_1A_1) wie ein Festpreis.

Aus der Abb. 5-11 ist ersichtlich, dass infolge der Angebotsverschiebung nach A_1A_1 sich das Gleichgewicht nicht in G_1 einstellen kann, sondern nur in G_2. Auf den Devisenmarkt übertragen bedeutet dies: Um WK_o als Wechselkurs halten zu können, muss die Zentralnotenbank (hier die EZB) die zu viel angebotene Menge $q_2 - q_o$ (bzw. mindestens $q_2 - q_1$) an $ aufkaufen (sog. Intervention der EZB beim Niedrigstkurs). Durch diese Aufkäufe an $ gelangt der entsprechende Euro-Betrag zusätzlich zur inländischen Geldmenge auf den Markt. Die Folge ist eine Vergrößerung der Geldmenge mit der Gefahr (siehe Abschnitt 3.2.6.1) eines inflationären Impulses in der BRD (= importierte Inflation).
Da bei diesem stabilen Wechselkurssystem der Ausgleichsmechanismus wie beim floatenden WK auf den Export- und Importmärkten, wie vorher dargelegt, nicht eintreten kann, geht folgender Prozess weiter:
Weiter ansteigende Exporte in die USA → weiter steigendes Angebot an $ → weitere Intervention der EZB → weitere Geldmengenzunahme in der BRD. Die Folge ist ein anhaltender Inflationsdruck in der BRD.

Erwartet man infolge dieses ständigen Inflationsdruckes eine Aufwertung des Euro, so setzt darüber hinaus eine Devisenspekulation in den Euro ein, mit der Folge eines noch größeren Devisenangebotes in der EWU.

Die *Auswirkungen* der außenwirtschaftliehen Beziehungen in *Ländern* mit *höheren Preissteigerungsraten* sind genau *umgekehrt* dem dargelegten Beispiel.

Insgesamt ergibt sich:

1) Die außenwirtschaftliehen Wirkungen einer Inflation hängen sehr stark vom jeweils praktizierten Wechselkurssystem ab. Frei floatende WK sind mit der beste Schutz gegen Inflationsübertragungen aus dem Ausland
2) Stabile feste WKs führen dagegen tendenziell dazu, dass sich die Inflationsraten der Länder angleichen und zwar prinzipiell nach der höchsten Preissteigerungsrate hin

5.4 Ergebnis

Inflation ist nicht, entsprechend einer häufig vertretenen Meinung, ein einfaches ökonomisches Phänomen.

Die Inflationsarten zeigten, dass allein die reale Erscheinung einer Inflation ganz unterschiedlich sein kann.
Forscht man nach den Ursachen einer Inflation, so ergibt sich, dass dafür eine ganze Reihe von Gründen verantwortlich sein können. In der Realität kommt erschwerend hinzu, dass meist mehrere Ursachen gleichzeitig wirken und somit eine Bekämpfung alleine daraus schwierig ist.
Die Auswirkungen einer Inflation sind ebenfalls vielschichtig. Auch hier gilt, dass gleichzeitig ein ganzes Bündel an Auswirkungen berücksichtigt werden muss, was sowohl die Analyse wie auch den Mitteleinsatz gegen einen Preissteigerungsprozess erschweren. Per Saldo ergibt sich, dass eine Inflation volkswirtschaftliche Kosten verursacht, somit eine Stabilität des Preisniveaus folglich die gesamtwirtschaftliche Wohlfahrt einer Volkswirtschaft fördert.
Wenn man dieser Argumentation folgt, dann ergibt sich, dass eine Inflation ein abzulehnender Zustand ist, der mit entsprechendem ökonomischen Mitteleinsatz zu bekämpfen ist. Die *Aufgabe der Inflationsbekämpfung* wird dabei in erster Linie dem ESZB bzw. der EZB (in der BRD als ausführendes Organ der Bundesbank) übertragen, hier im sog. restriktiven Einsatz der geldpolitischen Mittel (siehe den folgenden Abschnitt 6). Aber auch im Rahmen der sog. antizyklischen Fiskalpolitik könnte eine Inflationsbekämpfung erfolgen, die aber meist nicht in der erwünschten Art eingesetzt wird (siehe dazu Abschnitt 7 ff), so dass im Endeffekt nur die Geldpolitik der Zentralnotenbank übrigbleibt.

6 Binnenwirtschaftliche Geld- und Kreditpolitik

Die im vorangegangenen Kapitel 5 dargelegten monetären Ungleichgewichtslagen, heute vor allem als Inflation bedeutungsvoll, führen unmittelbar zur Frage, wie sich derartige Ungleichgewichtssituationen (sollten sie auftreten) beseitigen lassen. Der Geldpolitik kommt dabei eine wichtige, wenn nicht die entscheidende Aufgabe zu (obwohl z.B. dafür auch die Fiskalpolitik eingesetzt werden könnte). Somit ist im folgenden Kapitel die Rolle der (binnenwirtschaftlichen) Geldpolitik grundsätzlich darzulegen (wobei, wenn nicht ausdrücklich anders erwähnt, die Verhältnisse in der Europäischen Union und speziell dann der BRD zugrunde gelegt werden).

Unter der Geldpolitik versteht man wirtschaftspolitische Eingriffe, die mit Hilfe von monetären, d.h. den Geldsektor betreffenden Maßnahmen (sog. Instrumenten) auf die Verwirklichung von wirtschaftspolitischen Zielen ausgerichtet sind. Der Zielkatalog deckt sich im wesentlichen mit dem sog. magischen Viereck, wobei aber besonders das Ziel der Preisstabilität hervorgehoben wird.
Der Träger der Geldpolitik, meist die Zentralnotenbank, kann dabei *nicht unmittelbar* auf die Zielgrößen wie Beschäftigung oder Preisstabilität einwirken. Vielmehr nimmt er Einfluss auf die monetären Größen, von denen er annimmt, dass er mit ihrer Hilfe die eigentlichen Zielgrößen erreichen kann. Man spricht hierbei von monetären *Zwischenzielen,* auf die die Geldpolitik zunächst einwirkt, d.h. die Geldpolitik *wirkt nur mittelbar* auf die entsprechende Zielgröße ein.
Derartige Zwischenziele sind die Geldmenge in den verschiedenen Abgrenzungen (siehe Abschnitt 1.1.5), die verschiedenen Marktzinssätze und die Liquidität des Bankensektors.
Wichtig ist in diesem Zusammenhang die Kreditversorgung einer Volkswirtschaft. Die dazu ergriffenen Maßnahmen ergeben die *Kreditpolitik.* Da aber im Rahmen der Kreditpolitik die nämlichen Zwischenziele wie bei der Geldpolitik angesprochen werden, ist eine exakte Trennung zwischen Geld- und Kreditpolitik nicht möglich. Somit schließen wir uns dem täglichen Sprachgebrauch an und verwenden die Begriffe Geldpolitik und Kreditpolitik in der Regel synonym.
Insgesamt ist man heute überwiegend der Auffassung, dass die Geld- und Kreditpolitik die Geld- und Kreditversorgung einer Wirtschaft so steuern soll, dass dadurch ein Beitrag zur Realisierung der wichtigen wirtschaftspolitischen Ziele gewährleistet wird. Vor allem sollen dabei vom monetären Sektor keine Störungen ausgehen, durch die der allgemeine Wirtschaftsprozess beeinträchtigt wird (wobei inflationäre Prozesse insbesondere gemeint sind).
Immer mehr wird (so in der EU und der BRD) dabei das Konzept einer anitzyklischen Geldpolitik (siehe Keynes, Abschnitt 2) in Frage gestellt und eher ein neoklassisch-monetaristisches Konzept (siehe Friedman, Abschnitt 2) vertreten. Der daraus heutige Kern-

gedanke lautet: Eine an der Geldwertstabilität orientierte Geldpolitik schafft auf Dauer die besten Voraussetzungen zur Realisierung der wichtigen wirtschaftspolitischen Ziele.

6.1 Ziele, Träger, Instrumente der Geldpolitik

Als Einstieg in die Gesamtthematik sind zunächst die Ziele einer Geldpolitik, ihre Träger, d.h. die ausführenden Institutionen und Einrichtungen, und deren mögliche Maßnahmen, die Instrumente, darzulegen.

6.1.1 Träger der Geldpolitik

6.1.1.1 Grundsätzliches

Das Recht, das Geldwesen einer Volkswirtschaft rechtlich, organisatorisch und institutionell zu gestalten, gehört heute zu den grundlegenden Souveränitätsansprüchen jedes Staates.
Sehr häufig wird dies in der Verfassung verankert, so in der BRD in Art. 73 des Grundgesetzes (GG), wonach dem Bund die ausschließliche Gesetzgebung über das Währungs-, Geld- und Münzwesen zusteht. In Art. 88 GG wird der Bund verpflichtet, eine Bundesbank als Zentralnotenbank einzurichten.
Daraus folgt, dass als Träger der Geldpolitik der Staat schlechthin fungiert. Etwas konkreter sind dies einmal das Parlament (Bundestag), das die monetär wichtigen Gesetze beschließt bzw. modifiziert, des weiteren die Regierung (Bundesregierung), die durch Verordnungen und dgl. die monetären Belange regelt (wobei sowohl das Parlament wie auch die Bundesregierung wesentliche Befugnisse im Zusammenhang mit dem ESZB bzw. EZB an die supranationalen Organe der EU abgetreten haben) und letztlich die Zentralnotenbank (Bundesbank), die im Rahmen ihrer gesetzlichen Möglichkeiten (nur noch als ausführendes Organ des ESZB) das Geldwesen lenkt.
Der entscheidende Träger ist für das Gebiet der Europäischen Währungs-Union (EWU) und damit auch für die BRD das *Europäische System der Zentralnotenbanken (ESZB)* bzw. *die Europäische Zentralnotenbank (EZB).*
In der BRD bzw. EU wird z.Z. zwischen den Trägem der Geldpolitik eine Art Arbeitsteilung praktiziert.
So ist die EZB und (als ausführendes Organ) die Bundesbank primär für die binnenwirtschaftliche Geldpolitik zuständig, während der Ministerrat der EU bzw. die Bundesregierung (plus Bundestag) mehr für die außenwirtschaftliche Geldpolitik zuständig sind (so z.B.: für das Wechselkurssystem, Kontrolle des Kapitalverkehrs mit dem Ausland, Beziehungen zu internationalen Währungsorganisationen).

Die *Außenvertretung der Euro-Währungszone* (d.h. z.B. bei den G7- oder G10-Treffen) wird von einer sog. Doppelspitze, bestehend aus dem Präsidenten der EZB und dem Präsidenten des Euro-Rates (= Vertretung der EWU-Mitgliedsländer), wahrgenommen.

Die *wichtigsten gesetzlichen Grundlagen*, die den *Geld-Währungsbereich* in der EWU bzw. der BRD tangieren, sind:

1) Vertrag zur Gründung der Europäischen Gemeinschaft (EGV)
2) Statut des ESZB
3) Gesetz über die deutsche Bundesbank (1957) (seit Herbst 1998 wurden insbesondere die §§ 3, 6, 7, 8, 12, 13, 14, 15 und 16 den geänderten Bedingungen des ESZB angepasst)
4) Gesetz zur Förderung der Stabilität und des Wachstums der Wirtschaft (1967)
5) Gesetz über das Kreditwesen (1961 und 1976)
6) Außenwirtschaftsgesetz (1961)

6.1.1.2 Das Zentralbanksystem in der BRD

Die erste Zentralnotenbank für ganz Deutschland war die am 1.1.1876 ihre Arbeit aufnehmende Reichsbank, die ihre wechselvolle Aufgabe bis 1945 ausübte.
Nach dem 2. Weltkrieg wurde das Geldwesen zunächst von der alliierten Militärregierung verwaltet. 1947 gründete diese in den einzelnen Ländern und Westberlin sog. *Landeszentralbanken* und 1948 die *Bank deutscher Länder* als eine übergeordnete Einrichtung (diese war die Zentralbank der Landeszentralbanken). Man hatte damit streng nach amerikanischem Vorbild ein zweistufiges Zentralbanksystem für die westlichen Besatzungszonen bzw. für die BRD geschaffen, das den föderativen Aufbau betonen sollte.
Als Reaktion darauf wurde in der sowjetischen Besatzungszone bzw. der DDR 1948 die Deutsche Notenbank errichtet, die 1968 in die *Staatsbank der DDR* umgewandelt wurde. Im Rahmen des „gleichgeschalteten Banksystems" war die Staatsbank der DDR mustergültig in das Planwirtschaftssystem eingebaut.
Durch das „Gesetz über die Deutsche Bundesbank" vom 26.07.1957 wurde in der BRD ein einstufiges Zentralbanksystem errichtet. Dazu verschmolzen die (11) Landeszentralbanken und die Bank deutscher Länder zur Deutschen Bundesbank (= eine bundesunmittelbare juristische Person des öffentlichen Rechts). Die Landeszentralbanken (LZBs) verloren ihren Charakter als eigenständige Zentralbanken und sind seitdem Hauptverwaltungen der Bundesbank für ihre Region.
Durch den *Staatsvertrag zwischen der BRD und der DDR* (1.7.1990) wurde die DM alleiniges gesetzliches Zahlungsmittel in beiden deutschen Staaten. Die Zuständigkeit für die Geldpolitik der Bundesbank umfasst seitdem auch das Gebiet der ehemaligen DDR.

Der **organisatorische Aufbau** des Zentralbanksystems der BRD hat an der Spitze die Bundesbank mit Sitz in Frankfurt/M. Die zweite Ebene als Hauptverwaltungsstellen der DBB sind die 9 Landeszentralbanken, die jeweils für eine bestimmte Region zuständig sind. D.h. bedingt durch den Beitritt der neuen Bundesländer wurde (nach teils heftigen Querelen) die LZB-Struktur geändert. Nunmehr hat nicht mehr (wie bis zur Wiedervereinigung) jedes Bundesland eine eigene LZB, sondern kleinere Bundesländer haben eine gemeinsame LZB.
Jede LZB hat in ihrem Gebiet als 3. Ebene der Organisationsstruktur sog. Zweigstellen bzw. Niederlassungen, die wieder für ein bestimmtes Gebiet zuständig sind und dort die eigentlichen Bank- bzw. LZB-Geschäfte vornehmen. Die 190 Zweiganstalten (1992) haben ihren Sitz in den größeren Orten, die man als sog. *Bankplätze* bezeichnet (während Orte ohne Zweiganstalt Banknebenplätze sind).

Die **Organe der Bundesbank** sind der Zentralbankrat, das Direktorium und die Vorstände der Landeszentralbanken.

Das früher (geldpolitisch) wichtigste Organ, der **Zentralbankrat**, ist ab 1.1.1999 für die Umsetzung der geldpolitischen Beschlüsse der EZB zuständig. Geldpolitisch bedeutungsvoll ist lediglich noch, dass der Präsident der DBB als Mitglied des EZB-Rates an der europäischen Geldpolitik im Rahmen der EWU mitwirkt. Für die Region der BRD in der EWU ist der Zentralbankrat das oberste Organ und stimmt die Zuständigkeit der anderen Organe in der BRD ab.

Präsident, Vizepräsident und die weiteren Mitglieder des Direktoriums werden auf Vorschlag der jeweiligen Bundesregierung vom Bundespräsidenten ernannt. Die Präsidenten der Landeszentralbanken (LZBs) werden vom Bundespräsidenten auf Vorschlag des Bundesrates, d.h. letztlich auf Vorschlag des jeweiligen Bundelandes/der jeweiligen Bundesländer, ernannt.

Das **Direktorium** der DBB besteht aus dem Präsidenten, dem Vizepräsidenten und bis zu 6 weiteren Mitgliedern. Es ist das zentrale Exekutivorgan der DBB und damit verantwortlich für die Durchführung der Beschlüsse des EZB-Rates (für das Gebiet der BRD). Darüber hinaus führt es die Geschäfte der DBB aus und leitet die gesamte Verwaltung, soweit dies nicht in die Kompetenz der LZBs fällt.

Die **Vorstände der LZBs** als 3. Organ der DBB bestehen aus dem Präsidenten der LZB, seinem Vizepräsidenten und evtl. einem weiteren Vorstandsmitglied. Die LZB' s führen alle in ihrem Bereich anfallenden Geschäfte und Verwaltungsangelegenheiten durch.

Bei den LZBs bestehen sog. **Beiräte** aus Vertretern des Kreditgewerbes, der Wirtschaft und den Arbeitnehmern. Deren Aufgabe besteht in einer Beratungsfunktion mit dem Präsidenten der LZB, um so den Kontakt mit der Wirtschaft zu pflegen.

Die DBB ist weiterhin die sog. **Hausbank des Staates**, d.h. sie tätigt mit und für die öffentliche Hand deren Kreditgeschäfte. Durch die Verträge zum ESZB ist allerdings (eingedenk der schlechten Erfahrungen) die Kreditgewährung des ESZB und damit der Bundesbank an der Staat völlig unterbunden worden, d.h. die öffentliche Hand muss ihre Kredite (wie jedes andere Wirtschaftssubjekt) auf dem üblichen Geld- und Kapitalmärkten aufnehmen. Hier nun wirkt die DBB als sog *fiscal agent* mit, d.h. Anleihen, Schatzanweisungen, Schatzwechsel usw. sollen primär nur durch die DBB begeben werden.

Bedingt durch die Gründung der EWU bzw. des ESZB und der damit verbundenen Einordnung der Bundesbank als ausschließlich ausführendes Organ wurde eine Neuordnung der Struktur der DBB diskutiert. Eines haben aber alle diskutierten Vorschläge gemeinsam, dass eine Straffung bzw. Verkleinerung der Organe erfolgen soll.

6.1.2 Europäisches System der Zentralnotenbank (ESZB)

Wie dargelegt ist ab 1.1.1999 für das Gebiet der EWU der entscheidende Träger der Geldpolitik das ESZB bzw. die Europäische Zentralnotenbank (EZB).

6.1.2.1 Entwicklung zur Europäischen Zentralbank

Zum Verständnis der EU, der EWWU und des Vertrages von Maastricht soll kurz die historische Entwicklung hin bis Maastricht dargelegt werden (für die in diesem Abschnitt nötigen Fachbegriffe zu den Wechselkursen siehe Kapitel 6).

Die Integration Europas (zunächst Westeuropas) beginnt im wesentlichen nach dem 2. Weltkrieg. Der erste Anstoß ging dabei von den USA aus (das Motiv war u.a., dass ein starkes, vereintes Westeuropa das beste Bollwerk gegen die Sowjetunion darstellt). Die erste Maßnahme der USA war mit dem Marshall-Plan (sog. ERP-Programm) der Wiederaufbau Europas. In seinem Gefolge setzten die USA nicht nur ihre Vorstellungen vom richtigen Wirtschaftssystem (einer Marktwirtschaft) durch, sondern es entstanden auch die ersten übernationalen Wirtschafts-Organisationen mit der OEEC (Organization of European Economic Cooperation) und der EZU (Europäische Zahlungs-Union).
Die USA setzten ebenfalls ihre Vorstellungen im Währungs- und Finanzbereich mit der Errichtung des Bretton-Woods- Wechselkurs-Systems durch *(Dominanz der USA)*. Die weiteren Integrationsanstöße gingen primär von Frankreich aus (Motive u.a.: Zurückdrängen des übermächtigen Einflusses der USA und die Verhinderung einer Sonderrolle Deutschlands durch dessen feste Einbindung). Zunächst war dies die Gründung (1952) der Montan-Union durch die 6 Kernstaaten (Belgien, Deutschland = BRD; Frankreich, Italien, Luxemburg, Niederlande). Ein wichtiger Schritt war 1957 die Gründung der EWG (Europäische Wirtschaftsgemeinschaft) gleichzeitig mit Euratom (Europäische Atomgemeinschaft) durch die sog. Römischen Verträge. Später fasste man die Montan-Union, EWG und Euratom zur sog. *EG* (Europäische Gemeinschaft) zusammen.

1960 entstand zur (späteren) *EG* eine Konkurrenzorganisation durch die *EFTA* (European Free Trade Association) aus England, Dänemark, Schweden, Norwegen, Finnland, Island, Schweiz, Österreich und Portugal.

Beide Integrationseinrichtungen, EG und EFTA, befassten sich primär mit der Frage, wie der gegenseitige Handelsverkehr (Ex- und Import) erleichtert werden könnte.
Währungs-, Finanz-, Wechselkursfragen standen nicht zur Debatte, dafür hatte man ja das (noch) funktionierende Bretton-Woods-System.

Die Schwächen (und der spätere Zusammenbruch) des Bretton-Woods-Systems Ende der 1960er Jahre führten dazu, dass man sich in der EG jetzt auch mit Währungs- und Wechselkursfragen auseinandersetzte. Anfang der 1970er Jahre wurde von der EG der sog. *Werner-Plan* beschlossen, der bis 1980 die Realisierung einer Wirtschafts- und Währungs-Union zum Ziel hatte. Viele der Ziele und Ideen des Werner-Planes finden sich im Maastricht-Vertrag wieder. Gescheitert ist dieser erste Versuch einer europäischen Wirtschafts- und Währungs-Union an den folgenden Energiekrisen, am Zusammenbruch des Bretton-Woods-Systems und dem noch nicht vorhandenen Integrationswillen der Staaten.

Nachdem man im Währungs-Wechselkursbereich zunächst zum Floaten überging, später mit wechselndem Erfolg die europäische Währungsschlange schuf, wurde 1979 unter Federführung Frankreichs und der BRD für die EG das EWS (Europäische Währungs-System) gegründet, in dessen Mittelpunkt die ECU (European-Currency-Unit) steht. Das EWS (und der ECU) hat eine wechselvolle Entwicklung hinter sich (deutlich negative Aspekte sind 1992 das „vorübergehende" Ausscheiden Englands und Italiens und 1993 die deutliche Erweiterung der Bandbreiten) und es steht als wichtiger Eckpfeiler auch im Maastricht-Vertrag.

Anfang der 1970er und im Laufe der 1980er Jahre treten einige EFTA-Länder (England, Dänemark, Portugal) und weitere Staaten (Irland, Griechenland, Spanien) in die EG ein, so

dass sie 1994 bereits 12 Länder umfasst und man seitdem von einer *Rest-EFTA* spricht. Inzwischen sind Österreich, Schweden und Finnland Mitglieder der EU, die somit mit 15 Staaten in das neue Jahrtausend eintritt. 2009 umfasst die EU 27 Staaten.
Gegen Ende dieses Jahrhunderts gibt es in Europa nur die EG bzw. die EU als Integrationseinrichtung, in die auch die östlichen europäischen Länder beitreten möchten.
Wichtige Schritte waren das *Weissbuch der Kommission* (1985), ein „Sündenregister" darüber, was in der EG alles noch nicht wie erhofft läuft und, daraus resultierend, die *einheitliche Europäische Akte* (1987), die den gemeinsamen Binnenmarkt ab 01.01.1993 festschreibt.
1991 schließlich wird von der EG der Maastricht-Vertrag verabschiedet, der den Weg in die Europäische Wirtschafts- und Währungs-Union = EWWU bis 1999 festschreibt.

6.1.2.2 Vereinbarungen von Maastricht

Der Vertrag von Maastricht umfasst drei Bereiche:

1) die politische Union
2) die Wirtschafts-Union
3) die Währungs-Union

Zu 1) die politische Union, d.h. die politische Integration Europas hin zu einem (letztlich) einheitlichen Staat, wird im Vertrag nur in sehr schwachen Ansätzen beschrieben. Es handelt sich um Ideen, um Empfehlungen, um unverbindliche Absichtserklärungen und Stellungnahmen. Im Kern steht eine politische Union letztlich nicht zur Debatte. In den Nationalstaaten ist dafür der politische Wille bis jetzt nur äußerst gering ausgeprägt.
Zu 2) Zur Wirtschafts-Union steht in den Maastrichtvereinbarungen selbst nicht sehr viel, denn dafür ist ein anderes Vertragswerk, die *einheitliche Europäische Akte* (1987) im wesentlichen zuständig. Die einheitliche Akte beschreibt den *gemeinsamen Markt,* der *ab 01.10.1993* in Kraft getreten ist. Damit steht der Realisierung der sog. vier Freiheiten (Freiheit im Personen-, Waren-, Dienstleistungs- und Kapitalverkehr) in der Wirtschafts-Union nichts mehr im Wege (was für einen größeren Teil der Vorhaben bereits geschehen ist, bei „einigen" hakt es noch).
Zu 3) Der Großteil der Vereinbarungen von Maastricht beschäftigt sich somit mit dem Fragenkreis der Währungs-Union. Dieses Thema steht in den folgenden Ausführungen ausschließlich zur Diskussion.

3-Stufen-Plan zur Währungs-Union

Die Währungs-Union sollte in einer zeitlichen Abfolge, in drei Stufen realisiert werden.

Die **1. Stufe** hat bereits mit der Liberalisierung des Kapitalverkehrs und der Finanzmärkte 1990/91 begonnen bzw. die Verwirklichung des Binnenmarktes ab 01.01. 1993 ist dazu der Abschluss.
Stufe 2 begann am 01.01.1994 mit der Errichtung einer EG-Institution, des sog. *Europäischen Währungsinstituts (EWI),* das nach langem Tauziehen in Frankfurt/M. seinen Sitz fand. Das EWI ist eine Übergangseinrichtung, dessen Aufgabe darin besteht, die Überleitung, insbesondere der nationalen Zentralnotenbanken in die Stufe 3 zu unterstützen. D.h. es

soll insbesondere die nationalen Einrichtungen bei der notwendigen Koordinierung beraten und ihnen zur Seite stehen.

Stufe 3 hätte frühestens am 01.01.1997, sie musste spätestens am 01.01.1999 beginnen. Mit der Stufe 3 nimmt die *Europäische Zentralnotenbank (EZB)* bzw. das *Europäische System der Zentralnotenbanken (ESZB)* seine Arbeit auf. Das EWI wird dabei in die EZB übergeleitet. Das gemeinsame europäische Geld, der Euro, wird nach einer Übergangszeit ab 01.01.2002 eingeführt.

Die Konvergenzkriterien des Maastrichtvertrages

Ein heiss und kontrovers diskutierter Aspekt im Maastrichtvertrag waren die Konvergenzkriterien, d.h. die Eintrittsbedingungen, die ein Land (lt. Maastrichtvertrag) erfüllen müsste, möchte es in die Stufe 3 eintreten, d.h. bei der Währungs-Union mitmachen.
Die Konvergenzkriterien sind:

1) Das beitrittswillige Land muss eine relativ hohe Preisstabilität aufweisen, wobei seine Inflationsrate nur 1,5% über dem Durchschnitt der drei stabilsten Länder der EU liegen darf.
2) Der beitrittswillige Staat muss eine tragbare Finanzlage des Staates aufweisen, d.h. seine jährliche Neuverschuldung darf nur 3% seines Bruttoinlandsproduktes, und die staatliche Gesamtverschuldung darf nur 60% des Bruttoinlandsproduktes ausmachen.
3) Die normalen Bandbreiten (= ±2,25% oder ±15%) im EWS müssen eingehalten werden und zwei Jahre vor dem Beitritt darf das Land seine Währung nicht abgewertet haben.
4) Die Dauerhaftigkeit der Konvergenz muss dadurch nachgewiesen werden, dass die langfristigen Zinsen nur 2% über dem Durchschnitt der drei stabilsten Länder liegen.

Die meisten Probleme bereiteten den Ländern die Staatsverschuldung.

6.1.2.3 Konstruktion des Europäischen Zentralbanksystems

Die Abb. 6-1 zeigt die Konstruktion des Europäischen Zentralbanksystems, das auf weiten Strecken sehr der deutschen Ausgestaltung entspricht.

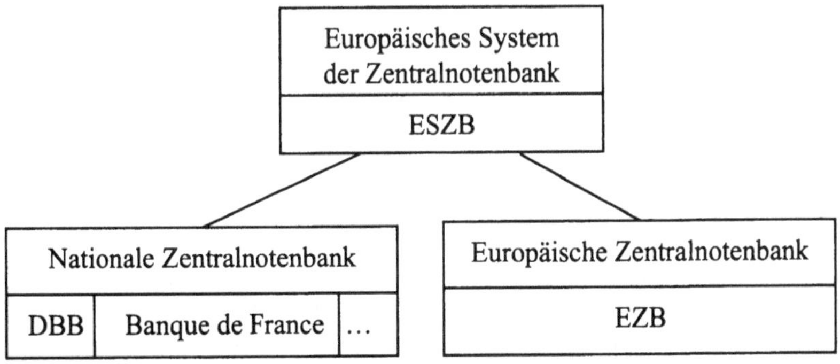

Abb.: 6-1: Aufbau des Europäischen Zentralbanksystems

Wie Abb. 6-1 zeigt, besteht das ESZB einmal aus den weiterhin bestehenden jeweiligen nationalen Zentralnotenbanken und der Europäischen Zentralnotenbank EZB. Die Nationalen Zentralnotenbanken werden in ihrer geldpolitischen Bedeutung zurückgestuft, sie werden zu reinen Ausführungseinrichtungen der EZB (analog zu den LZBs in der BRD). Die geldpolitische Entscheidung können die nationalen Zentralnotenbanken nur im Organ der EZB, dem EZB-Rat, noch wahrnehmen.

D.h. somit, die *entscheidende Einrichtung ist die EZB.* Lt. Maastrichtvertrag hat die EZB eine vorrangige Aufgabe, nämlich die Wahrnehmung der Preisstabilität. ESZB (und damit auch die nationalen Zentralnotenbanken) und EZB können dabei unabhängig von den Organen der EU und den Nationalstaaten Geldpolitik betreiben (Unabhängigkeit des ESZB). Wären (was die Regel ist) nationale Zentralnotenbanken noch nicht unabhängig, so muss dies bis zum Eintritt in Stufe 3 noch geschehen.

Die Organe der EZB sind:

1) Der EZB-Rat ist das wichtigste Organ. Es regelt die Zuständigkeiten der übrigen Einrichtungen der EZB und er bestimmt die Geldpolitik Europas.

Mitglieder im EZB-Rat sind die Mitglieder des Direktoriums der EZB und die Präsidenten der nationalen Zentralnotenbanken. Jedes Mitglied hat eine Stimme, beschlossen wird mit einfacher Mehrheit.

2) Das Direktorium besteht aus bis zu 6 Mitgliedern (Präsident und Vizepräsident der EZB und vier weitere Mitglieder), die nach Anhörung des Europaparlaments und des EZB-Rates von den Regierungschefs der EU bestellt werden.

Das Direktorium ist das ausführende Organ der EZB (d.h. setzt die Beschlüsse des EZB-Rates um), es führt die laufenden Geschäfte durch und verwaltet die Organisation der EZB.

Die Aufgaben der EZB sind:

1) das Notenmonopol, d.h. die Ausgabe der Banknoten.
2) Wahrnehmung der Aufgaben der Geldpolitik.
3) Beratung der EG-Organe und der EG-Staaten bei der Beaufsichtigung der Kreditinstitute und der Finanzsysteme.
4) Devisengeschäfte durchzuführen.
5) Die offiziellen Währungsreserven der Mitgliedstaaten zu halten und zu verwalten.
6) *Nicht erlaubt* ist die Kreditgewährung an die EU oder die Mitgliedsstaaten

Insgesamt entspricht die formale, rechtliche Konstruktion der EZB in vielen Bereichen derjenigen der Deutschen Bundesbank.

6.1.2.4 Exkurs: Beurteilung des ESZB

Das Prozedere der Vertragsentstehung soll ein erster zu beurteilender Gesichtspunkt sein. Die Integration Europas als EU soll nicht wie die Versuche der Vergangenheit durch militärischen Druck, sondern durch freiwilligen Entschluss der Länder zustande kommen. Dies schließt aber ein, dass der Beitrittskandidat bzw. das einzelne Mitgliedsland mit den übrigen Ländern über die einzelnen Themen verhandelt, was bedeutet, dass sich nicht ein Land oder eine Gruppe immer durchsetzt, sondern die Regel ist der Kompromiss.

Mustergültig lässt sich diese Grundrichtung beim Maastrichtvertrag feststellen. Er enthält auf vielen Gebieten Kompromisse, von der die eine oder andere Seite nicht begeistert ist.
Eine Reihe von Kompromissen betreffen England, die im Prinzip später auch Dänemark zugestanden wurden. Beide können z.B. ihren Beitritt zur Währungs-Union so lange aufschieben, bis die Gemeinschaft insgesamt in die Stufe 3 eingetreten ist.
Ein kritisch zu beurteilender „Kompromiss" ist die im Vertrag zwar artikulierte, notwendige Koordinierung der zentral geregelten Geldpolitik mit den übrigen Bereichen der Wirtschaftspolitik (Fiskalpolitik, Beschäftigungspolitik, Konjunkturpolitik, usw.), die ja nach wie vor im wesentlichen in der nationalen Kompetenz verbleiben. Aber alle Passagen, die diesen Bereich im Vertrag ansprechen, sind lediglich unverbindliche Empfehlungen (es kann, es sollte usw. heißt es dort).

Die Chancen der EWU bestehen zunächst für Jedermann (d.h. Unternehmen und Verbraucher) *im Wegfall der Transaktionskosten,* insbesondere der Umtauschkosten in die verschiedenen Währungen. Wenn z.B. ein Bürger seinen Urlaub in einem Land der EWU verbringt, so zahlt er ab 2002 ja mit ein und derselben Währung, dem Euro, damit entfallen die Umtauschkosten in ausländische Währungen.
Ein wichtiger Punkt für die Unternehmen, primär die exportorientierten, ist der *Wegfall des Währungsrisikos.* Export und Import zwischen den Ländern der EWU werden in der einheitlichen Euro-Währung wie Binnengeschäfte abgewickelt. D.h. da zwischen den EWU-Ländern keine Wechselkurse mehr bestehen, gibt es kein Währungsrisiko mehr und deshalb keine Notwendigkeit zur Absicherung dieses Risikos, d.h. es entfallen Kosten. Dies erklärt, warum exportorientierte Unternehmen für eine möglichst große Anzahl von Teilnehmerländer der EWU eintraten.
Für alle Marktteilnehmer wird sich eine deutlich *größere Markttransparenz* ergeben. Preise, aber auch Kosten, sind für die Marktteilnehmer einfach vergleichbar und können sich nicht mehr durch die unterschiedlichen Währungen verschleiern. Die unterschiedlichen Kosten der Produktion treten noch deutlicher als bisher zu Tage. Jeder Konsument kann unmittelbar die Preise, aber auch die unterschiedlichen Brutto- und Nettolöhne vergleichen und daraus (wie die Produzenten bei den Kosten) evtl. seine Konsequenzen ziehen.
Aus der erhöhten Markttransparenz folgt, dass sich in der EWU ein *verstärkter Wettbewerb* einstellen wird (man sehe in diesem Zusammenhang auch die erfolgte und anhaltende Fusionswelle in Europa). Die positive Wirkung eines erhöhten Wettbewerbes wäre u.a. ein zu erwartendes *höheres Wachstum* und daraus schließlich (hoffentlich) eine *Verbesserung der Beschäftigung.*
Eine hierbei nicht ganz uninteressante Frage ist es allerdings, in welcher Region = EU-Land sich mehr Wachstum einstellt und damit die Chance für mehr Beschäftigung (Skeptiker meinen, dass dies in der BRD nicht eintreten wird).
Wenn sich die EWU erfolgreich entwickelt, so könnte dies der Anstoß einer *weiteren europäischen Integration* sein.
Für die teilnehmenden Länder der EWU ergibt sich ein deutlich *größerer einheitlicher Finanzraum.* Durch die einheitliche Eurowährung können finanzielle Mittel noch ungehinderter sich zwischen den teilnehmenden Ländern bewegen. Dies erklärt, warum Kreditinstitute, Versicherungen und Finanzintermechäre für die EWU deutlich votierten.

Für die positive Umsetzung der Chancen einer Währungs-Union ist es wichtig, ob sich daraus ein sog. optimales Währungsgebiet entwickelt. Die Thematik eines optimalen Währungsgebietes (= einfach definiert: Es liegt vor, wenn für die teilnehmenden Länder Wohlfahrtsgewinne sich ergeben, bzw. durch die Teilnahme sich die Ziele des magischen Viereckes besser realisieren lassen) ist relativ umfangreich und komplex, so dass hier nur auf die Kernproblematik eingegangen werden kann, wie sie sich Anfang des 21. Jahrhunderts für Europa darstellt.

Ein sog. optimaler Währungsraum liegt (u.a.) dann vor, wenn in diesem Währungsgebiet ungefähr die gleichen Entwicklungen, d.h. die selben Produktivitäts- und Lohnstückkostenentwicklungen sich ergeben. Entscheidend ist dabei, dass die regionale Lohnentwicklung der jeweiligen regionalen Produktivitätsentwicklung entspricht. Die Region (das Land), deren Lohnentwicklung zu Lohnstückkosten führt, die über dem Gemeinschaftsdurchschnitt liegen, verliert an Wettbewerbsfähigkeit, kommt damit zu keinem Wachstum und erhält dadurch verstärkte Beschäftigungsprobleme. Diese Region kann nun, weil sie mit den anderen Ländern in einem einheitlichen Währungsgebiet lebt, zum Ausgleich dieses Nachteils, die (eigene) Währung nicht (mehr) abwerten. Dazu kommt, dass in einer Währungs-Union für alle Länder eine einheitliche Geldpolitik gemacht werden muss. Bestünden aber, wie angenommen, in den Ländern unterschiedliche konjunkturelle Entwicklungen, so passt die gemeinsame Geldpolitik für einige Länder, für andere aber nicht. Bei einer Rezession in einem Land müsste dort eine expansive Geldpolitik angewandt werden um u.a. eine Zinssenkung und damit eine Unterstützung zur Rezessionsüberwindung zu erreichen. In anderen Ländern dagegen wäre diese expansive Geldpolitik u. U. falsch. Denn eine einheitliche europäische Geldpolitik wird eine (in etwa) einheitliche Zinsstruktur ergeben, die nicht oder nicht genügend auf die Situation im Rezessionsland Rücksicht nimmt. Würde man infolge der Rezession im Land X dagegen von der Euro-Fed voll auf Expansion schalten, so besteht für den Rest der übrigen Länder die Gefahr einer Inflation.

Daraus folgt, ein optimales Währungsgebiet setzt einen Gleichschritt der Wirtschaftsentwicklung und eine Gleichgerichtetheit von Schocks (ökonomischen Problemen) voraus. Dies bedeutet u.a., dass die Inflationsraten und die Arbeitslosigkeit sich in etwa gleich entwickeln und dass dazu eine Harmonisierung der Wirtschaftspolitik erforderlich wäre.

Die **grundsätzlichen Risiken einer Währungs-Union** bestehen für die teilnehmenden Länder im *Wegfall des Wechselkurses als währungspolitisches Instrument.* D.h. bei einer Wirtschaftsschwäche kann nicht mehr durch eine Abwertung der Export angeregt werden, um dadurch insbesondere Beschäftigungsprobleme zu mildem.

Wie bereits dargelegt, gibt es in einer Währungs-Union für das teilnehmende Land auch *keine autonome eigene Geldpolitik* mehr und wie ausgeführt, dadurch entsprechende Schwierigkeiten beim Auseinanderdriften der Wirtschaftsentwicklung.

In der Übergangsphase können u. U. vor allem im *Finanzbereich nicht unbeträchtliche Unsicherheiten* auftreten. Der Eurofinanzraum muss erst beweisen, dass man ihm vertrauen kann, damit sich die Finanzströme nicht gegen ihn entscheiden. Manche Ideen von europäischen Politikern zu Beginn der Stufe 3 waren hierbei nicht gerade hilfreich.

Durch die Errichtung der Währungs-Union entstanden der Wirtschaft *nicht unerhebliche finanzielle Belastungen,* augenscheinlich z.B. in der Umstellung der vielen Automaten und der ganzen Software der EDV.
Bei einer schlecht funktionierenden EWU kann es zu *politischen Spannungen in der EU* kommen. Wenn die EWU nicht die Erwartungen der Länder erfüllt und/oder erhebliche konjunkturelle Schwierigkeiten (Arbeitslosigkeit) sich einstellen, dann ist es denkbar, dass an die EZB unterschiedliche An- und Aufforderungen gestellt werden (siehe Ende 1998, Anfang 1999), die zu Spannungen zwischen den verschiedenen Regierungen führen.
Ein entscheidender Problemkomplex wird die *künftige fiskalische Solidarität der Teilnehmerländer* sein. In einer WU könnte für einige Länder die Versuchung groß sein, infolge eines für sie relativ niedrigen Zinsniveaus bei internen ökonomischen Problemen (trotz Versprechungen verbessert sich die Arbeitsmarktsituation nicht) die fiskalischen Zügel laufen zu lassen, d.h. wieder mehr Schulden zu machen (z.B. um im Sinne einer nachfrageorientierten Politik ein Beschäftigungsprogramm aufzulegen). Ob hier der beschlossene *Stabilitätspakt* (d.h. beim Überschreiten der 3% Neuverschuldung drohen erhebliche finanzielle Strafen) eine Begrenzung darstellt darf bezweifelt werden (siehe u.a., die diskutierten Aufweichungstendenzen in der EU Ende 98, Anfang 99 dazu).

Die Geldwertstabilität des Euro, der künftigen europäischen Währung, soll nunmehr als das wohl wichtigste Kernproblem der Europäischen Währungs-Union analysiert werden.
In der Diskussion um den Vertrag von Maastricht ging (geht) es in der BRD vor allem um die zu erwartende Geldpolitik der Euro-Fed und damit letztlich um die Frage der Geldwertstabilität des Euro. Dabei werden vor allem folgende Argumente betrachtet:

1) Fehlende Interdependenz aller Bereiche der Wirtschaftspolitik
Der theoretisch wichtigste Kritikpunkt am Vertrag in seiner Funktion für das ESZB ist, dass man die gegenseitige Abhängigkeit (= Interdependenz) der einzelnen wirtschaftspolitischen Vorgänge nicht berücksichtigt hat bzw. eine bessere Abstimmung aufeinander politisch nicht durchsetzbar war. D.h. man kann nicht einen Bereich, wie hier die Geldpolitik, zentral regeln, die übrigen wirtschaftspolitischen Bereiche (wie Fiskalpolitik, Sozialpolitik, Beschäftigungspolitik) aber nach wie vor in der nationalen Kompetenz belassen, d.h. dezentral regeln. Eine entscheidende Grunderkenntnis volkswirtschaftlicher Zusammenhänge ist, dass ein Vorgang oder eine wirtschaftliche Entscheidung z.B. in der Steuerpolitik sehr wohl Auswirkungen im sozialen Bereich, bei der Beschäftigung, im Geldbereich usw. und umgekehrt hat. Letztlich bindet man mit der EWWU Länder mit unterschiedlicher ökonomischer Entwicklung (Inflationsrate, Beschäftigung, Staatsverschuldung, usw.) über die Geldpolitik zentral zusammen. Die übrigen Bereiche können dagegen weiterhin national, dezentral und (wohl sicher) egoistisch geregelt werden. Damit driftet die wirtschaftliche Entwicklung (wie auch bisher in der EU) aber auseinander. Bezogen auf den Geldwert des Euro kann dies jedoch nur bedeuten, dass dieser dann nicht so gut wäre wie der bisherige (im Durchschnitt) der DM.
Wenn man zwei typische Beispiele für diesen Fehler studieren möchte, so kann man dies beim Bretton-Woods-System und beim EWS durchführen.

2) Mehrheitsverhältnis im EZB-Rat

Im entscheidenden Organ der EZB, im EZB-Rat, hat die BRD maximal 2 Stimmen (bei 12 Ländern wären es insgesamt 18 Stimmen), d.h. die BRD hat hier keine Mehrheit, um u.U. einen wichtigen, die Preisstabilität betreffenden Beschluss durchbringen zu können. Mehrheiten kämen somit nur durch Koalitionen zustande. Entscheidend dabei ist aber die Frage, welche Einstellung die anderen Mitglieder im EZB-Rat zur Preisstabilität haben. Oft eine andere, d.h. man sieht diesen Problembereich als nicht so wichtig an, wie dies im wesentlichen bisher bei der DBB der Fall war. Andere Komplexe wie z.B. die Beschäftigung werden als entscheidender betrachtet. Per saldo kann man nach der bisherigen Erfahrung in den EU-Staaten nicht so strenge Kriterien zur Preisstabilität erwarten wie dies bisher meist in der BRD der Fall war.

3) Unabhängigkeit der Präsidenten der nationalen Zentralbanken

Im EZB-Rat liegt die Stimmenmehrheit bei den Präsidenten der nationalen Zentralbanken. Wie dargelegt, müssen beim Eintritt in die 3. Stufe der EWWU die Zentralbanken der Länder unabhängig sein (wie dies Frankreich für die Banque de France bereits 1994 durchgeführt hat).

Die hier entscheidende Frage ist aber die Unabhängigkeit der Präsidenten der Zentralbanken der Staaten. Dabei kann über die Personalpolitik, d.h. über das Ernennungsprozedere die formale Unabhängigkeit zumindest in Frage gestellt werden (Äußerungen aus Frankreich zeigen deutlich in diese Richtung). Da man im EZB-Rat zudem nur 8 Jahre Mitglied sein kann, wird dies wohl häufig als Sprungbrett für eine Karriere angesehen, mit der Konsequenz einer deutlichen Abhängigkeit von der jeweiligen nationalen Regierung .

4) EZB besitzt nicht die Wechselkurskompetenz

Die Welchselkurskompetenz, d.h. die Regelung und Änderung der Wechselkurse bleibt, wie bisher, bei den Nationalregierungen bzw. der EU.

Damit ist ein ähnlicher Konflikt wie Z.B. im Herbst 1992 und 1993 vorprogrammiert. Bei einem stabil zu haltenden Außenkurs des Euro (z.B. gegenüber $ oder Yen) müsste die EZB u.U. längere Zeit am Niedrigstkurs intervenieren, dadurch Geld schöpfen und den Geldwert gefährden,

5) Problematik der Konvergenzkriterien

Im Maastricht-Vertrag müssen die Konvergenzkriterien für einen Beitritt nur einmal, stichtagsbezogen, erfüllt werden. Damit ist es nicht unwahrscheinlich, dass verschiedene Länder, sind sie einmal in der EWWU, nachher die gleiche, alte nicht an der Stabilität orientierte Wirtschaftspolitik (wie bisher) wieder betreiben. Damit entwickelt sich die Struktur der EU-Länder wieder auseinander, wobei die ökonomischen Probleme bereits vorgezeichnet sind. Alle Beispiele zeigen, dass dann die Preisstabilität auf der Strecke bleibt.

Dabei blieb völlig unberücksichtigt, ob am Tag X der Währungs-Union von genügend Staaten die Kriterien überhaupt erfüllt werden können, und ob man diese dann nicht so interpretieren muss, wenn die Währungs-Union politisch kommen soll, dass die EU in der Folge keine Stabilitäts- sondern eine Inflationsgemeinschaft darstellt. In diese Richtung deutet z.B. die Strategie der EU-Kommission (Juli 1994) mit den sog. „blauen Briefen" hin, in denen die EU-Länder abgemahnt werden, besser dieses oder jenes Kriterium zu erfüllen. Irland bekam keinen derartigen Brief, obwohl seine Staatsgesamtverschuldung bei 93% lag (maximal 60%) mit der Begründung, dass es für die Qualifikation ausreiche, wenn sich das Land „rasch genug" z.B. den 60% näherte (ohne sie aber zu erfüllen). Da Irland sich in 7 Jahren von 117% auf 93% bewegt hat, wird dies von der Kommission als ausreichend angesehen und Irland hätte (!) 1994 dieses Kriterium somit erfüllt.

6) Kompromisse in der EZB und deren Auswirkungen

Im EZB-Rat wird es, wie gesagt, bei Entscheidungen auf einen Kompromiss hinauslaufen. Auf die Geldwertstabilität übertragen, wird und kann ein Kompromiss aber nur bedeuten, dass dies zu Lasten der Geldwertstabilität geht. Trotz der gegebenen formalen Unabhängigkeit der EZB wird diese (häufig) keine unabhängige auf Gesamteuropa ausgerichtete Geldpolitik betreiben, sondern (wie die EU dies ja täglich vorführt) eine an nationalen Interessen orientierte, und dies kann nur zum Schaden der Preisstabilität geschehen.

7) Fehlende psychologische Rücksichtnahme-Inflationsmentalität

Vor allem für die Bürger der BRD hat man nicht berücksichtigt, dass diese dem Thema Stabilität des Euro eine besondere Sensibilität entgegenbringen. Wäre das Vertrauen in das neue Geld z.B. nicht gegeben, dann könnte sich auch in der BRD durchaus eine inflationsfördernde Mentalität bei der Bevölkerung einstellen. Die Preisstabilität bliebe europaweit dann auf der Strecke.

8) Europabewusstsein in den EU-Staaten

Bei vielen EU-Ländern, deren politischer Führung und der jeweiligen Bevölkerung ist oft nur ein sehr schwach ausgeprägtes Europabewusstsein vorhanden. Sehr viele Beispiele aus der Geschichte der EG/EU zeigen, dass man wesentlich eher national denkt und handelt und nicht Europa-solidarisch. Würde sich hier eine wirkliche Krise ergeben, dann wird ganz sicher das Ziel der Preisstabilität am schnellsten aufgegeben.

Zusammenfassung:

Rein formal, d.h. auf das vorliegende Rechtswerk der EZB bezogen, könnte man gegen die EWWU nichts einwenden. Bezogen auf den Geldbereich deckt es sich in vielen Punkten mit der ehemaligen Lage in der BRD.

Es ist aber ein erheblicher Unterschied, wie ein internationaler Vertrag (= der von Maastricht) formal ausgestaltet ist und wie er dann in der Praxis der Wirtschaftspolitik umgesetzt wird.

Bei sorgfältiger Abwägung der dargelegten und weiterer Aspekte unter Einbeziehung der bisherigen Praxis der EG/EU besteht in der vorliegenden Konstruktion keine sichere Gewähr dafür, dass der Euro eine vergleichbare Stabilität wie diejenige der DM aufweist.

Eine völlig **kontroverse Analyse** kommt zu einem **genau umgekehrten Ergebnis**:

Man erwartet (der Start des Euro im Januar 1999 scheint dies zu bestätigen), dass der Euro den US-Dollar zum Teil als Reservewährung ersetzt. Da die 15 Staaten der EU ca. 29% des Weltsozialproduktes auf sich vereinigen (USA wäre mit 26% auf dem 2. Platz), bei Export nehmen sie weltweit 20% ein (USA mit 16% auf Rang 2, Japan mit 10% Rang 3) und jetzt durch eine gemeinsame Währung noch deutlicher als Block erscheinen, werden sich die globalen Gewichte in der Reservehaltung verschieben. Realistische Beobachter gehen davon aus, dass der US-Dollar mit 40% (bisher 60%) gleich mit dem Euro zu 40% als Weltreservewährung gehalten wird.

Die Folge dieser Entwicklung wäre aber, dass es zu einer Portfolio-Umschichtung von mindestens 500 Mrd. US-Dollar (oder noch mehr) in Euro käme. Die Konsequenz wäre aber eine Aufwertung des Euro. Würde diese ein bestimmtes Ausmaß überschreiten, so käme der europäische (und insbesondere der deutsche) Export in deutliche Wettbewerbsschwierigkeiten. Sollte daraufhin der Export nachlassen, so wäre (wieder besonders auch für die BRD) ein wichtiger Konjunkturimpuls weg mit den bekannten Folgen für Wachstum und Beschäftigung (nicht ohne Interesse dürften die Reaktionen der europäischen Regierungen werden). D.h. letztlich befürchtet man eher eine Deflation und keine Inflation, bzw. eine zu harten und nicht weichen Euro. Allerdings zeigt die Entwicklung des Außenwertes (Wechselkurses) des Euro (zumindest bis 2001), dass diese „Träume" bis dato nicht in Erfüllung gegangen sind, d.h. dass der Euro sich deutlich abgewertet hat und den $ von seiner Führungsrolle nicht ablösen konnte, allerdings der Trend sich neuerdings geändert hat.

6.1.3 Ziele der Geld- und Kreditpolitik

Die Ziele einer Geldpolitik lassen sich für den Europäischen Währungsraum bzw. das ESZB und damit für die BRD aus den jeweiligen Rechtsvorschriften ableiten. Wichtig sind in diesem Zusammenhang der *Vertrag zur Gründung der Europäischen Gemeinschaft (EGV-Vertrag* bzw. der *sog. Vertrag),* das *Status des ESZB (das Statut)* und das *Gesetz über die Deutsche Bundesbank (B Bank* G).
Das **vorrangige Ziel des ESZB** (und damit der Bundesbank) ist gemäß *Artikel 105 des EGV- Vertrages* **die Preisstabilität** zu gewährleisten. Die Bestimmungen des Artikel105 des EGV-Vertrages legen weiter fest: „Soweit es ohne Beeinträchtigung des Zieles der Preisstabilität möglich ist, unterstützt das ESZB (damit auch die Bundesbank) die allgemeine Wirtschaftspolitik der Gemeinschaft." In den (geänderten) Bestimmungen der §§ 3 und 12 des BBankG stehen dieses Ziel (Ziele!) analog für die Bundesbank bzw. die Region der Bundesrepublik.
Mit diesen Ausführungen wird (noch eindeutiger als in den alten Bestimmungen der §§ 3 und 12 des BBankG für die Zeit vor 1999 in der BRD) klar ausgedrückt, dass das ESZB ein primäres Ziel zu verfolgen hat, nämlich für die EWU eine möglichst hohe Preisstabilität zu realisieren. Erst wenn diese garantiert ist, dann unterstützt die Geldpolitik des ESZB die übrigen wirtschaftlichen Ziele der EU (auch dann erst u.a. das Ziel einer „Vollbeschäftigung", denn: mittelfristig ist eine Preisstabilität mit eine wichtige Bedingung und Voraussetzung für günstige Beschäftigungsentwicklungen; siehe dazu das Philipps-Theorem im Abschnitt 3.3.2).
Der Terminus „Sicherung der Preisstabilität" bezieht sich dabei in erster Linie auf die Stabilität der Kaufkraft (des Euro) im Inneren, d.h. die *binnenwirtschaftliche Stabilität* der Währung.
Nach neuerer Auslegung zählt (zum Terminus Preisstabilität) dazu aber auch die *Währungsstabilität nach außen* (Wechselkurse!). Wobei man jetzt als äußere Währungsstabilität die Kaufkraftstabilität einer Währung versteht (und nicht mehr nur das Gleichgewicht der Zahlungsbilanz, siehe dazu Abschnitt 5). Danach soll die Entwicklung des Wechselkurses dem Maßstab der sog. Kaufkraftparität des Euro zum Ausland entsprechen.
Dieses Ziel der Gewährleistung auch der äußeren Stabilität des Euro kann für das ESZB u.U. Schwierigkeiten ergeben, denn die sog. Wechselkurskompetenz (d.h. u.a. Festlegung des Wechselkurssystems und Praktizierung einer bestimmten Wechselkurspolitik des Euro, siehe dazu Abschnitt 6) liegt nicht beim ESZB, sondern beim Ministerrat der EU bzw. bei den Nationalstaaten.

Neben dem primären Ziel, der Sicherung der Preisstabilität, wird weiterhin eine technische, heute überwiegend selbstverständliche Aufgabe formuliert, die (wie bisher) von den nationalen Zentralnotenbanken (für die BRD somit von der Bundesbank) im Kontext des ESZB praktiziert wird, nämlich den *Geldumlauf und die Kreditversorgung der Wirtschaft zu regeln und zu garantieren.* Damit hat die Bundesbank das Ziel zu verfolgen, den unbaren Zahlungsverkehr als auch den Barzahlungsverkehr zu gewährleisten. Weiterhin nimmt sie ihre Aufgaben in den Bereichen der Bankenaufsicht und der Außenwirtschaft wahr (§ 3 neu BBankG). Damit ändert sich durch die Realisierung der EWU bzw. des ESZB für die Kreditinstitute in der BRD in der technischen, bankmäßigen Abwicklung gegenüber der Zentralnotenbank praktisch nichts.

Über die Konkretisierung des primären Zieles, der Sicherung der Preisstabilität, wurde im EZB-Rat bzw. im erweiterten EZB-Rat (dieser umfasst neben den Mitgliedern des EZB-Rates noch die Vertreter der EU-Staaten, die nicht an der EWU teilnehmen) lange und ausführlich diskutiert. D.h. es ging um die Klärung des Problems, *wie und womit das Ziel der Preisstabiltät ausgedrückt, konkretisiert, gemessen* werden sollte.
Die getroffene Entscheidung dieses Komplexes wurde mit dem Slogan umschrieben „ein Ziel, zwei Kompasse“. D.h. das Ziel die Preisstabilität zu verteidigen wird durch zwei Messgrößen beschrieben bzw. ausgedrückt: *Einmal an der Inflationsrate,* gemessen an einem harmonisierten Konsumentenpreisindex für den Euro- Währungsraum, wobei diese unter zwei Prozent liegen soll. Zum anderen wird vom EZB-Rat eine *Zielgröße für das Geldmengenwachstum* (wie bislang von der Bundesbank: mit dem sog. Geldmengenziel) angekündigt werden. Die beiden Indikatoren, Inflationsrate und Geldmengenwachstum, sollen somit ausdrücken, ob das Ziel der Preisstabilität von der EZB realisiert werden konnte.
Der Indikator, Inflationsrate, ist mit einem Problem behaftet. D.h. eine aktuell gemessene Inflationsrate kann einmal von der Geldpolitik ja nicht mehr beeinflusst werden, zum anderen wirkt die Geldpolitik auf die Inflation mit einer erheblichen Zeitverzögerung (siehe dazu Abschnitt 3). Somit muss sich das Inflationsziel auf die zukünftige Inflationsrate beziehen, d.h. die Geldpolitik würde an einer Prognose ausgerichtet. Bekanntlich sind Prognosen aber mit nicht unerheblichen Unsicherheiten behaftet, das wie hier u.a. daran liegt, dass viele Inflationsursachen nicht zuverlässig vorhergesagt werden können.
Deshalb hat man auch im Gegensatz zur Meinung einer Reihe von Ländern der EWU zusätzlich das Geldmengenwachstum als 2. Indikator gewählt. Das Geldmengenwachstum wird (analog zur bisherigen Praxis der Bundesbank) durch die Komponenten Wachstum des Produktionspotentials, Veränderung der Umlaufgeschwindigkeit des Geldes und unvermeidliche Inflationsrate beschrieben werden. Aber auch hier ergeben sich insbesondere in der Anlaufphase des Euro Datenprobleme, denn die Umlaufgeschwindigkeit der neuen Währung ist mit erheblichen Schwierigkeiten behaftet (wie wird z.B. in und außerhalb Europas sich die Nachfrage nach Euro entwickeln; in welchem Umfang wird der Euro als Reservewährung gehalten usw.).
Der EZB-Rat hat das Geldmengenziel des Euro z.B. für 1999 auf 4,5% festgelegt (wobei er im Gegensatz zur Bundesbank für dessen sog. Geldmengenziel keine Bandbreite angibt). Die 4,5% ergeben sich (in Analogie zur Bundesbank für das Geldmengenziel) aus der angenommenen Wachstumsrate von 2,5% für Europa und der (maximalen) Inflationsrate von 2% für die EWU. Gemessen wird das Wachstum des Geldmengenzieles des Euro am Geldmengen-

aggregat M3, wobei im Gegensatz zur Definition von M3 in der BRD durch die EZB auch Geldmarktfonds in M3 eingerechnet werden.

6.1.4 Instrumente der Geldpolitik

Im Gegensatz zur Anwendung in manchen anderen Ländern sind die Instrumente des ESZB so ausgerichtet, dass das Marktgeschehen und der Marktmechanismus im Währungsbereich weitgehend unangetastet bleiben. D.h. die Wirkung ist überwiegend *nicht* als direkter Eingriff ausgestaltet. So hat das ESZB nicht die Möglichkeit, die Kreditaufnahme von Nichtbanken unmittelbar zu beschränken (Kreditkontrolle, Kreditplafonds) oder die Zinssätze administrativ festzulegen (Zinsbindung).
Vielmehr zielen die Instrumente des ESZB darauf ab, das *Kreditangebotsverhalten* der Banken und die *Geld- und Kreditnachfrage* der Wirtschaft *mittelbar* durch Beeinflussung der Bankenliquidität, des Zinsniveaus und der Geldmenge zu steuern. Deshalb werden von der Geldpolitik des ESZB zunächst diese drei möglichen Zwischenziele (Bankenliquidität, Zinsniveau, Geldmenge) angesprochen. Diese Zwischenziele sollen dann Wirkungen ausüben, die die eigentlichen Ziele, z. B. die Preisniveaustabilität, in der gewünschten Weise anregen (siehe Abschnitt 2.3).
Durch diese Art des Einsatzes der geldpolitischen Instrumente ergeben sich im wesentlichen drei Konsequenzen:

1) Es wird eine geraume Zeit vergehen (time-lag), bis das eigentlich anvisierte Ziel eine Reaktion zeigt, denn der Einsatzmechanismus geht ja über mehrere Stufen (Zwischenziel → eigentliches Ziel), dabei vergeht Zeit.
2) Es ist nie sicher vorhersehbar, ob in einem konkreten Fall genau die erwünschte Wirkung letztlich eintritt, weil mehrere Zwischenstufen durchlaufen werden müssen und der Instrumenteneinsatz nur mittelbar erfolgt.
3) Daraus folgt schließlich, dass in jeder konkreten Situation u.U. ein unterschiedlich kombinierter Einsatz Erfolg verspricht. D.h. es gibt kein Patentrezept, nach dem die Instrumente einzusetzen wären.

Das Hauptinstrument des ESZB zur Beeinflussung des Zinsniveaus und der Bankenliquidität sind Offen-Markt-Geschäfte. Für die Ausrichtung am Zins für Tagesgeld ist hierbei entscheidend das sog. Hauptrefinanzierungsgeschäft, d.h. ein wöchentlich angebotener Tender mit einwöchiger Laufzeit (entspricht den alten Pensionsgeschäften der DBB). Daneben gibt es die sog. längerfristigen Refinanzierungsgeschäfte, angeboten im monatlichen Rhythmus mit dreimonatiger Laufzeit (entspricht in etwa dem alten Diskontkredit der DBB). Beides ergibt in etwa das was man als Leitzins bezeichnet.
Diese Zinsrichtung (dargestellt durch das Haupt- und das längerfristige Refinanzierungsgeschäft) bewegt sich in einem sog. Zinskanal (= einer Spanne), der durch die sog. ständigen Fazilitäten begrenzt wird. Die sog. Spitzenrefinanzierungsfazilität (= Übernachtliquidität) markiert dabei die Obergrenze des Zinskanals, während die Untergrenze durch die Einlagenfazilität festgelegt wird.

Man unterteilt die Instrumente in eine *Grob- und in eine Feinsteuerung*. Eine *Grobsteuerung* der Instrumente zielt darauf ab, längerfristig und nachhaltig (= öffentlichkeitswirksam) zu

wirken, d.h. damit wird eine möglichst breite Wirkung auf die Öffentlichkeit beabsichtigt. Dazu zählen beim ESZB insbesondere die Haupt- und längerfristigen Refinanzierungsgeschäfte.
Die *Feinsteuerung* der Maßnahmen verfolgt demgegenüber den Zweck, zeitweises Schwanken der Liquidität, des Zinses und der Geldmenge möglichst geräuschlos in die gewünschte Richtung zu lenken. Dazu rechnen beim ESZB Geschäfte mit einem Kreis begrenzter Geschäftspartner, wie befristete Tendergeschäfte, Devisenswaps, definitive Käufe von Wertpapieren und sonstiger Aktiva.

Die im folgenden darzulegenden Instrumente des ESZB werden entsprechend Art. 12.1 des ESZB-Statuts im wesentlichen von den nationalen Zentralnotenbanken (für die BRD somit von der Bundesbank) umgesetzt. D.h. der vom EZB-Rat beschlossene Einsatz bestimmter Instrumente erfolgt weitestgehend dezentral (bis auf bestimmte Feinsteuerungsmaßnahmen in Ausnahmefällen). Dabei besitzen die nationalen Zentralnotenbanken im Rahmen des Konzepts der Geldpolitik der EZB einen gewissen Ermessensspielraum, der es ihnen ermöglicht, gewisse nationale Besonderheiten der Geldpolitik zu berücksichtigen.

Die folgende Abbildung, Abb.: 6-2, zeigt in einer Übersicht des ESZB dessen geldpolitische Instrumente. Ergänzt müsste es noch um die Mindestreserve werden (da diese aber nicht als geldpolitische Operation gedacht ist, fehlt sie in dieser Übersicht).

Geldpolitische Operationen des ESZB					
Geldpolitische Geschäfte	Transaktionsart Liquiditätsbereitstellung	 Liquiditätsabschöpfung	Laufzeit	Rhythmus	Verfahren
Offenmarktgeschäfte					
Hauptrefinanzierungsinstrumente	Befristete Transaktionen	-	Eine Woche	Wöchentlich	Standardtender
Längerfristige Refinanzierungsgeschäfte	Befristete Transaktionen	-	Drei Monate	Monatlich	Standardtender
Feinsteuerungsoperationen	Befristete Transaktionen	Devisenswaps Hereinnahme von Termineinlagen Befristete Transaktionen	Nicht standardisiert	Unregelmäßig	Schnelltender Bilaterale Geschäfte
	Definitive Käufe	Definitive Verkäufe	-	Unregelmäßig	Bilaterale Geschäfte
Strukturelle Operationen	Befristete Transaktionen	Emission von Schuldverschreibungen	Standardisiert/ Nicht standardisiert	Regelmäßig und unregelmäßig	Standardtender
	Definitive Käufe	Definitive Verkäufe	-	Unregelmäßig	Bilaterale Geschäfte
Ständige Fazilitäten					
Spitzenrefinanzierungsfazilität	Befristete Transaktionen	-	Über Nacht	Inanspruchnahme auf Initiative der Geschäftspartner	
Einlagefazilität	-	Einlagenannahme	Über Nacht	Inanspruchnahme auf Initiative der Geschäftspartner	

Quelle: Europäische Zentralbank

Abb.: 6-2: Geldpolitische operative Instrumente des ESZB

6.2 Grundsätzliches zu den Instrumenten des ESZB

Für den Einsatz sämtlicher Instrumente des ESZB gelten einige allgemeine Zusammenhänge, die vorab darzulegen sind. Es sind dies die sog. *zugelassenen Geschäftspartner* im ESZB und die bei allen Geschäften geforderten *refinanzierungsfähigen Sicherheiten.*

6.2.1 Zugelassene Geschäftspartner im ESZB

Um einmal sicherzustellen, dass möglichst viele Kreditinstitute im Euro-Währungsraum Zugang zu den geldpolitischen Geschäften des ESZB haben, andererseits eine Gleichbehandlung aller Institute zu gewährleisten, ist festgelegt, wer sog. Geschäftspartner des ESZB wird.

Die zugelassenen Geschäftspartner unterscheiden sich danach, um welche Geschäfte des ESZB es sich handelt.

I. Für die Refinanzierung der Kreditinstitute, d.h. die Inanspruchnahme der ständigen Fazilitäten und die Offen-Markt-Geschäfte über Schnelltender, gilt für die Geschäftspartner des ESZB:
   1) Zugelassen sind dazu nur solche Institute, die gemäß Artikel 19.1 der Satzung der Mindestreserve unterliegen.
   2) Es müssen finanziell solide Institute sein, die einer Form der harmonisierten Aufsicht (= Kreditinstitutsaufsicht) durch die jeweiligen nationalen Behörden unterliegen.
   3) Die Institute müssen sämtliche operationalen Kriterien erfüllen (niedergelegt in der EZB oder der nationalen ZNB), um eine effiziente Durchführung der geldpolitischen Geschäfte zu gewährleisten.

Umgesetzt werden diese Geschäfte durch die jeweilige nationale ZNB.

II. Für die Geschäftspartner des ESZB bei Schnelltendern und bilateralen Geschäften gilt:
   1) Bei den definitiven Käufen und Verkäufen (im Rahmen der Offen-MarktPolitik) gibt es keine Beschränkung der Geschäftspartner, d.h. hier kommen somit auch Nichtbanken als Partner des ESZB in Betracht.
   2) Bei Devisenswapgeschäften und Devisenmarktinterventionen müssen die Geschäftspartner folgende Kriterien erfüllen:
      a) Vorsichtskriterium: Kreditwürdigkeit bewertet durch verschiedene Methoden; überwacht von einer anerkannten Aufsichtsbehörde; guter Ruf und hohe berufsethische Ansprüche.
      b) Effizienzkriterien: Wettbewerbsorientierte Preisgestaltung; Fähigkeit, auch bei großen Marktturbulenzen große Volumina abwickeln zu können.
      c) Umfang und Qualität der gestellten Informationen sind weitere Kriterien.

Entsprechend diesen Kriterien wurden vom ESZB geeignete Geschäftspartner ausgewählt, wobei der Großteil im Euro-Währungsraum seinen Sitz hat, aber es kommen auch ausreichend international gestreute Partner in Betracht.

III. Geschäftspartner für Schnelltender und bilaterale Geschäfte, d.h. sog. Feinsteuerungsmaßnahmen, werden von den nationalen ZNB aus dem Kreis der (überhaupt) zugelassenen Geschäftspartner nach folgenden Kriterien ausgewählt: Es muss sein ein geldmarktaktives Institut, mit einer leistungsfähigen Handelsabteilung und einem entsprechenden Bietungspotential. Um die Geschäftspartner gleichberechtigt zu behandeln, erfolgt die Auswahl nach einem Rotationsprinzip.

IV. Führt die EZB (ausnahmsweise) selbst Feinsteuerungsmaßnahmen durch, so wählt sie entsprechend Nr. III. die Geschäftspartner aus und wendet ebenfalls ein Rotationsverfahren an.

6.2.2 Refinanzierungsfähige Sicherheiten

Das ESZB verlangt für sämtliche Kreditgeschäfte mit seinen Geschäftspartnern, dass diese dafür ausreichende Sicherheiten zu stellen haben. D.h. bei sämtlichen liquiditätszuführenden Operationen des ESZB an die Kreditinstitute (= Geschäftspartner), müssen die Kreditinstitute entweder das Eigentum an Vermögenswerten an das ESZB übertragen oder als Pfand hinterlegen.
Die geforderten Sicherheiten werden dabei in zwei Kategorien unterteilt:

Die sog. **Kategorie 1-Sicherheiten** sind marktfähige Schuldtitel, die für den ganzen Euro-Währungsraum einheitliche, von der EZB festgelegte Zulassungskriterien erfüllen.
So zählen z.B. von der EZB emittierte Schuldverschreibungen, oder von den nationalen ZNB vor 1999 emittierte Schuldverschreibungen zu den Kategorie I-Sicherheiten.
Für andere Kategorie I-Sicherheiten gelten (u.a.) folgende Kriterien: Es müssen Schuldtitel sein, sie haben hohen Bonitätsanforderungen zu genügen, sie müssen im Euro-Währungsraum hinterlegt werden, sie müssen (im Regelfall) auf Euro lauten, sie sind von Rechtssubjekten im EWU-Raum begeben oder garantiert, sie müssen zumindest an einem geregelten Markt eingeführt bzw. notiert sein.
Sämtliche Kategorie I-Sicherheiten können von den Geschäftspartnern grenzüberschreitend verwendet werden, d.h. dass ein Kreditinstitut von seiner nationalen ZNB einen Kredit erhält, als Sicherheit aber dafür Kategorie 1-Sicherheiten verwendet, die in einem anderen Mitgliedsland hinterlegt sind.
Kategorie I-Sicherheiten können für sämtliche Geschäfte mit dem ESZB verwendet werden, für die Sicherheiten zu leisten sind.

Kategorie 2-Sicherheiten dienen u.a. dazu, den bestehenden unterschiedlichen Finanzstrukturen in den Mitgliedsländern der EWU Rechnung zu tragen. Dies bedeutet, dass die jeweiligen nationalen ZNB neben den Kategorie I-Sicherheiten, noch andere, weitere Sicherheiten, die Kategorie 2-Sicherheiten als refinanzierungsfähig einstufen. Es handelt sich dabei um solche, die für die jeweiligen nationalen Finanzmärkte und Bankensysteme von besonderer Bedeutung sind.
Die Zulassungskriterien für die Kategorie 2-Sicherheiten werden von den nationalen Zentralnotenbanken erlassen, wobei sie sich an einem EZB-Mindeststandard zu orientieren haben.
In entsprechenden Verzeichnissen werden vom ESZB und den nationalen ZNB sowohl für die Kategorie 1- wie auch die jeweiligen Kategorie 2-Sicherheiten die Kriterien genau aufgeführt und veröffentlicht.
Auch Kategorie 2-Sicherheiten können, wie dargelegt, grenzüberschreitend verwendet werden.

Insgesamt dient die Unterscheidung der Sicherheiten in die beiden Kategorien mehr ESZB-internen Zwecken. Lediglich bei definitiven Käufen und Verkäufen des ESZB können Kategorie 2-Sicherheiten nicht verwendet werden.

Für die zu leistenden Sicherheiten bei Geschäften mit dem ESZB sind eine Reihe von *Vorschriften zur Risikobegrenzung, bestimmte Grundsätze zur Bewertung* der Sicherheiten und die *Nutzung für die Grenzüberschreitung* zu erfüllen. Für diese mehr technischen, bankinternen Zusammenhänge siehe die entsprechenden Veröffentlichungen der EZB bzw. der Bundesbank.

6.3 Offen-Markt-Politik

6.3.1 Grundsätzliche Regelungen

Die Offen-Markt-Politik, bzw. im Terminus des ESZB die Offen-Markt-Geschäfte, ist ein Instrument, das im wesentlichen nach dem 1. Weltkrieg in den USA und England entwickelt wurde. Wie in sehr vielen marktwirtschaftliehen Ländern wurde es in Deutschland nach dem 2. Weltkrieg eingeführt.
Ursprünglich verstand man unter der Offen-Markt-Politik den An- und Verkauf von festverzinslichen Wertpapieren durch die Zentralnotenbank für eigene Rechnung am offen Markt.
Der Terminus *„am offenen Markt"* ist in seiner Bedeutung sehr wichtig und drückt aus, dass es sich hierbei um Wertpapiere handeln muss, die am Wertpapiermarkt gehandelt werden. Daraus ergibt sich die wichtige Konsequenz, dass zu den Offen-Markt-Geschäften *nicht* die Übernahme von Papieren eines Emittenten zählen, die dieser am Markt nicht unterbringen (platzieren) konnte.
Wenn z.B. ein EU-Land eine Anleihe auflegt, diese z.B. der hohen Verschuldung dieses Landes wegen am Kapitalmarkt nicht platzieren kann, und sie dann im Rahmen der Offen-Markt-Operationen von der EZB übernommen würde, so wäre dies letztlich eine Kreditgewährung der EZB an das betreffende Land. Mit obiger Bestimmung wird somit verhindert, dass die Länder der EWU sich über die Offen-Markt-Geschäfte bequem Mittel zum Haushaltsausgleich beschaffen können. D.h. es letztlich sich um eine staatliche Geldschöpfung mit der akuten Gefahr einer Inflation handelt.

Die Offen-Markt-Geschäfte sind das wichtigste geldpolitische Instrument des ESZB und gleichzeitig die wichtigste Refinanzierungsquelle der Kreditinstitute in der EWU. Sie sollen drei Funktionen erfüllen: 1) Steuerung der Zinssätze und 2) Beeinflussung der Liquidität der Kreditinstitute, sowie 3) Signale über den geldpolitischen Kurs der EZB aussenden.

Die Offen-Markt-Geschäfte werden dabei überwiegend (heute) in der Form der sog. *Wertpapierpensionsgeschäfte* durchgeführt.
Wertpapierpensionsgeschäfte sind eine Variante der Offen-Markt-Geschäfte, bei denen sich die Zentralnotenbank bereit erklärt, festverzinsliche Wertpapiere zum sog. *Pensionssatz* (Zinssatz) anzukaufen, unter der (zusätzlichen) Bedingung, dass die Papiere vom Kreditinstitut nach X-Tagen wieder zurückgekauft werden. Es handelt sich somit um Offen-Markt-

Geschäfte auf Zeit, gekoppelt mit einer Rückkaufsverpflichtung. Die Kreditinstitute erhalten somit Zentralbankgeld für eine ganz bestimmte Frist zur Verfügung gestellt.
Vorteilhaft bei den Pensionsgeschäften (aus der Sicht des ESZB) ist, dass sie hierbei aktiv die Initiative ergreifen kann und je nach Lage am Geldmarkt bzw. dem Ziel der Geldpolitik des ESZB flexibel die Konditionen festlegen kann.

Der prinzipielle Einsatz der Pensionsgeschäfte als geldpolitisches Instrument sieht wie folgt aus:
Agiert die Zentralnotenbank *expansiv* (d.h. darf die Geldmenge-Kreditmenge wachsen und soll das Zinsniveau sinken), so wird sie die Pensionsgeschäfte günstiger anbieten (insbesondere den Pensionssatz senken) und/oder das angebotene Volumen vergrößern. Ginge sie umgekehrt *restriktiv* vor (Geld-Kreditvolumen soll nicht mehr weiter wachsen, u.U. abnehmen und das Zinsniveau soll steigen), so gestaltet sie die angebotenen Pensionsgeschäfte ungünstiger (= Erhöhung des Pensionssatzes und/oder Verringerung des Kreditvolumens).

Die Offen-Markt-Geschäfte des ESZB kommen dabei in folgenden Varianten zur Anwendung:

1) Als befristete Transaktionen
2) Als definitive Käufe bzw. Verkäufe
3) Als Emission von EZB-Schuldverschreibungen
4) Als Devisenswapgeschäfte
5) Als Hereinnahme von Termineinlagen

6.3.2 Befristete Transaktionen

6.3.2.1 Grundsätzliches

Bei den befristeten Transaktionen handelt es sich einmal um den klassischen Fall der Pensionsgeschäfte (mit Fristbegrenzung), zum anderen um das quantitativ wichtigste Instrument des ESZB (d.h. um die Hauptrefinanzierungsquelle der Kreditinstitute). D.h. die befristeten Transaktionen werden insbesondere in der Form von Pensionsgeschäften technisch abgewickelt. Darüber hinaus besteht (länderspezifisch) auch die Möglichkeit die Form eines Pfandkredites anzuwenden.
Der Zinssatz = Pensionssatz entspricht dabei der Differenz zwischen dem Ankaufs- und dem Rückkaufspreis, d.h. der von den Kreditinstituten zu zahlende Rückkaufspreis schließt die zu zahlenden Zinsen mit ein.

6.3.2.2 Hauptrefinanzierungsinstrument

Wie der Name sagt, soll das Hauptrefinanzierungsinstrument das wichtigste Offen-Markt-Geschäft des ESZB sein. Es soll insbesondere die Zinssätze und Liquidität steuern und als Signal den geldpolitischen Kurs des ESZB artikulieren. Darüber hinaus wird mit diesem Instrument dem Finanzsektor der größte Teil des Refinanzierungsvolumens zur Verfügung gestellt.

Die technische Ausgestaltung sieht wie folgt aus: Pro Woche wird als Hauptrefinanzierungsinstrument ein Pensionsgeschäft vom ESZB angeboten mit einer einwöchigen Laufzeit. Durchgeführt werden diese Geschäfte dezentral von den nationalen Zentralnotenbanken, angewandt werden sog. Standardtender, wobei alle Geschäftspartner Gebote abgeben können, dabei können Kategorie 1- und 2-Sicherheiten hinterlegt werden. Damit entsprechen sie den bis Ende 1998 von der Bundesbank praktizierten Pensionsgeschäften.

6.3.2.3 Längerfristige Refinanzierungsgeschäfte

Das ESZB bietet für eine längerfristige Refinanzierung Pensionsgeschäfte pro Monat einmal mit einer dreimonatigen Laufzeit an (im Kern entsprechen sie damit den alten Diskontkrediten der Bundesbank). Mit diesen Geschäften soll dem Finanzsektor aber nur ein begrenzter Teil des Refinanzierungsvolumens angeboten werden. Damit (wie beabsichtigt) das ESZB als Preisnehmer agieren kann, wird es hierbei gewöhnlich die Form des Zinstenders wählen.

Die technische Ausgestaltung entspricht (bis auf kleine Varianten) demjenigen des Hauptrefinanzierungsinstrumentes.

6.3.2.4 Feinsteuerungsoperationen und strukturelle Operationen

Um die Auswirkungen unerwarteter Liquiditätsschwankungen auszugleichen, können **Feinsteuerungsoperationen** angewandt werden.
Da hierbei die Handlungen je nach Lage unregelmäßig erfolgen werden, zudem rasch gehandelt werden muss, sehen die technischen Ausgestaltungen wie folgt aus:
Die Operationen finden unregelmäßig statt, die Laufzeit ist nicht festgelegt, soll Liquidität dem Markt zugeführt werden kommen Schnelltender zur Anwendung, wenn dagegen Liquidität abgebaut werden soll, werden bilaterale Geschäfte verwendet, durchgeführt werden sie dezentral, Kategorie 1- und 2-Sicherheiten werden akzeptiert, u.U. kommt nur eine begrenzte Anzahl von Geschäftspartnern in Betracht.

Will das ESZB bestimmte strukturelle Positionen im Finanzsektor beeinflussen, so können dazu die **Strukturellen Operationen** eingesetzt werden. Dabei handelt es sich nur um liquiditätszuführende Maßnahmen, die von allen Geschäftspartnern genutzt werden können. Ansonsten entspricht die technische Ausgestaltung den Feinsteuerungsmaßnahmen.

6.3.3 Definitive Käufe bzw. Verkäufe

Die definitiven Käufe und Verkäufe, vom ESZB zur Beeinflussung der strukturellen Liquidität oder zur Feinsteuerung eingesetzt, sind (definitionsgemäß) die klassischen Offen-Markt-Operationen. D.h. sie besitzen weder die Fristbegrenzung noch die Rückkaufsvereinbarung. Wie der Begriff dies ausdrückt, kauft bzw. verkauft das ESZB rechtlich endgültig die Wertpapiere.
Bei der technischen Umsetzung der Geschäfte und der Kurs/Preisgestaltung orientiert sich das ESZB an den jeweiligen Marktgepflogenheiten.

Entsprechend den Motiven des ESZB finden diese Geschäfte unregelmäßig statt, durchgeführt werden sie dezentral von den nationalen ZNB (u.U. können sie auch zentral von der EZB angewandt werden), als Geschäftspartner können alle Wirtschaftssubjekte in Frage kommen, es handelt sich um bilaterale Geschäfte, für die Geschäfte kommen (normalerweise) nur Papiere der Kategorie I-Sicherheiten in Betracht.

Möchte das ESZB den Geld-Kreditmarkt *expansiv* beeinflussen (Geldvolumen darf wachsen und Zinsen sollen sinken), *so kauft* sie im Rahmen der Offen-Markt-Operationen verstärkt Papiere an. Dadurch fließt der Wirtschaft verstärkt Zentralbankgeld zu und c.p. können die Zinsen sinken. Ginge das ESZB umgekehrt *restriktiv* vor (Geldvolumen soll nicht weiter wachsen, evtl. zurückgehen und das Zinsniveau soll steigen), *so verkauft* sie die Papiere. Dadurch wird dem Finanzsektor Liquidität entzogen und die Zinsen beginnen c.p. zu steigen.

6.3.4 Emission von EZB-Schuldverschreibungen

Die EZB kann Schuldverschreibungen emittieren (die Bundesbank hatte dieses Recht nicht, d.h. wenn sie z.B. Papiere zum Verkauf benötigt hätte, so hätte auf ihr Ansuchen die Bundesregierung dafür Papiere emittieren müssen).
Bei einer evtl. Emission handelt es sich um (festverzinsliche) Geldmarktpapiere mit einer Laufzeit unter 12 Monaten. Beabsichtigt wird damit eine Liquiditätsabschöpfung am Markt, d.h. der Einsatz (die Emission) wirkt restriktiv (während die Einlösung dem Markt dann wieder Liquidität zuführt, so gesehen expansiv wirkt). Beeinflusst sollen damit Strukturprobleme des Finanzsektors werden.
Die Zinsen werden in abgezinster Form erbracht, d.h. die Schuldverschreibungen werden unter dem Nennwert begeben und zum Nennwert eingelöst, damit wird der fällige Zins bezahlt.
Die Emission kann regelmäßig, oder unregelmäßig erfolgen, angewandt werden dazu Standardtender, die dezentral angeboten werden, wobei alle Geschäftspartner Gebote abgeben können.

6.3.5 Devisenswapgeschäfte

Ein Devisenswapgeschäft liegt vor, wenn das ESZB Euro per Kasse (Kassageschäft) gegen Devisen (= Fremdwährung) kauft oder verkauft und diese gleichzeitig per Termin (Termingeschäft) zu einem festgelegten Datum (wieder) verkauft bzw. kauft. Zum geldtheoretischen Verständnis siehe den folgenden Abschnitt „Geldpolitik und Außenwirtschaft".
Angewandt wird die Devisenswappolitik zur Feinsteuerung und dient vor allem der Beeinflussung von Liquidität und Zinsniveau.
Devisenswapgeschäfte wird das ESZB dezentral nur in gängigen konvertiblen Währungen durchführen, wobei bei jedem Geschäft der Swapsatz (siehe Abschnitt „Geldpolitik und Außenwirtschaft") zwischen dem ESZB und dem Geschäftspartner vereinbart wird (entsprechend den allgemeinen Marktchancen für diese Geschäfte). Derartige Geschäfte finden unregelmäßig statt, ohne standardisierte Laufzeiten, angewandt wird die Technik über Schnelltender (siehe folgenden Abschnitt über Tenderverfahren) oder bilaterale Geschäfte.

6.3.6 Hereinnahme von Termineinlagen

Das ESZB kann den Geschäftspartnern die Hereinnahme von verzinslichen Termineinlagen (Termingelder - Festgelder) anbieten. D.h. die Kreditinstitute können beim ESZB bzw. dezentral bei den nationalen ZNB überschüssige Liquidität als Termingelder anlegen. Damit dient dieses Instrument im Umfang der jeweiligen Laufzeit (Termin) der Abschöpfung von Liquidität.
Möchte das ESZB erreichen, dass die Kreditinstitute von dieser Möglichkeit Gebrauch machen, so müsste es den Zins etwas attraktiver (= höher)) ansetzen, als dies z.Z. der Markt anbietet.
Die hereingenommenen Einlagen besitzen dabei eine fest vereinbarte Laufzeit mit einem festen Zins, der bei Fälligkeit gezahlt wird.
Auch dieses Instrument dient der Feinsteuerung am Geldmarkt.
Dieses Geschäft wird ebenfalls unregelmäßig angeboten, wobei die Laufzeiten nicht standardisiert sind, abgewickelt wird es in der Technik der Schnelltender oder als bilaterales Geschäft, wobei u. U. nur eine begrenzte Anzahl der Geschäftspartner in Betracht kommt.

6.3.7 Verfahren und geldtheoretische Beurteilung der Tender und bilateralen Geschäfte

Mehrmals wurde darauf hingewiesen, dass die Technik zur Realisierung der Offen-Markt-Politik insbesondere die sog. Tenderverfahren oder bilaterale Geschäfte seien. Dies ist im folgenden darzulegen:

6.3.7.1 Tenderverfahren

Unter einem Tender versteht man *eine Ausschreibung des ESZB* über den Umfang der vorgesehenen Zuteilung an Liquidität für den Finanzsektor. D.h. es handelt sich um eine Art Auktion, Versteigerung über die Menge an Zentralbankgeld, die das ESZB den Kreditinstituten anbietet.

Die Tenderverfahren werden nach folgenden Kriterien differenziert:

1) Nach dem **zeitlichen Rahmen der Tenderzuteilung**
   Dabei unterscheidet man zunächst die Standardtender, die innerhalb von 24 Stunden von ihrer Ankündigung bis zur Bestätigung des Zuteilungsergebnisses an die teilnehmenden Geschäftspartner abgewickelt werden. Standardtender kommen für das Hauptrefinanzierungsinstrument, die längerfristigen Refinanzierungsgeschäfte und (teils) die strukturellen Operationen in Betracht.
   An den Standardtendern können sämtliche zugelassenen Geschäftspartner teilnehmen. Für das Hauptrefinanzierungsinstrument und die längerfristige Refinanzierung werden für ein Jahr im voraus die jeweiligen Termine der Tenderankündigung bekanntgegeben, nicht dagegen für die strukturellen Operationen.

Weiterhin differenziert man unter zeitlichen Aspekten den **Schnelltender**, der innerhalb einer Stunde von der Ankündigung bis zur Bestätigung des Zuteilungsergebnisses durchgeführt wird.
Schnelltender kommen lediglich bei Feinsteuerungsoperationen zur Anwendung. Daran teilnehmen kann (u.U.) nur eine vom ESZB ausgewählter Teil der Geschäftspartner. Eine vorherige terminliche Ankündigung kommt (logischerweise) für Schnelltender nicht in Betracht.

2) Nach der **Zuteilungstechnik der Tender**.
Hierbei unterscheidet man zunächst den **Mengentender**. Hierbei legt das ESZB das Volumen des Geschäftes fest, d.h. die ZNB bestimmt den Umfang an Liquidität, die sie den Kreditinstituten anbietet. Darüber hinaus gibt sie die Laufzeit bekannt (im ESZB durch die Art der Refinanzierung überwiegend vorherbestimmt) und nennt den Festzins (d.h. legt den Pensionssatz fest) zu dem der Mengentender in Anspruch genommen werden kann.
Daraufhin geben die Kreditinstitute ihre Gebote ab, d.h. nennen den Betrag, den sie vom Mengentender haben möchten. Bei Überzeichnung des Mengentender wird ein Repartierungsverfahren angewandt, d.h. es erfolgt eine anteilsmäßige Zuteilung durch das ESZB.
Z.B. das ESZB bietet einen Mengentender zu 3% Pensionssatz im Volumen von 4 Mrd. Euro an. Insgesamt geben die Kreditinstitute Gebote von 6 Mrd. Euro ab, wobei eine Bank X ein Gebot von 300 Mio. Euro abgegeben hatte. Die Bank X erhält dann anteilsmäßig 200 Mio. Euro zugeteilt (denn: 4 Mrd. zu 6 Mrd. Euro = 67% bzw. 2/3).
Weiterhin gibt es den **Zinstender nach dem holländischen Verfahren**. Das ESZB legt dabei das Volumen des Geschäftes fest, gibt die Laufzeit bekannt und nennt einen Mindestbietungszinssatz (d.h. einen Zins, den sie bei Inanspruchnahme des Tenders auf jeden Fall haben möchte).
Daraufhin geben die Geschäftspartner ihre Gebote ab, die den Betrag umfassen, den sie vom Tender haben möchten und einen bestimmten Zins, der über dem Mindestzins des ESZB liegt. Jedes Kreditinstitut kann bis zu 10 unterschiedliche Gebote mit verschiedenen Zinssätzen abgeben.
Das ESZB ordnet die Gebote nach der Höhe der Zinssätze und bedient vom höchsten Zins ausgehend alle Gebote der Reihe nach, bis das Volumen des Tenders ausgeschöpft ist. Sie verlangt dann für sämtliche Zuteilungen einen einheitlichen Zinssatz, der dem Satz entspricht, den das letzte noch berücksichtigte Gebot aufweist.
Möglich ist ein weiterer **Zinstender nach dem amerikanischen Verfahren**. Hierbei wird von der ZNB das Volumen und nur noch die Laufzeit bekanntgemacht (d.h. kein Mindestzins ausgeschrieben). Die Kreditinstitute geben Gebote ab, die den gewünschten Betrag umfassen und den Zins, den sie bereit wären zu zahlen. Das ESZB ordnet die Gebote nach der Höhe der gebotenen Zinssätze und bedient die Kreditinstitute vom höchsten Zins ausgehend wieder (abfallend) bis das Tendervolumen ausgeschöpft ist. Jetzt allerdings erhalten die Geschäftspartner ihre jeweils gewünschten Beträge zu dem Zins, den sie angeboten haben.
Die EZB will dieses Verfahren (wie dargelegt) mit dem Prinzip eines Mindestzinses ausstatten.

3) Ob es sich um **liquiditätsabschöpfende oder liquiditätszuführende Tender** handelt, wobei diese Differenzierung *nur bei Zinstendern angewandt wird.* **Liquiditäts-**

zuführende Zinstender (d.h. deren expansiven Anwendung) kommen so zur Anwendung, wie dies vorher unter 2) dargelegt wurde. **Liquiditätsabschöpfende Zinstender** , die bei der Emission von Schuldverschreibungen und der Hereinnahme von Termineinlagen angewandt werden können, unterscheiden sich (entsprechend der geldpolitischen Zielsetzung als restriktive Maßnahme) in folgendem Punkt: Die ZNB ordnet die eingehenden Gebote in aufsteigender Reihe der gebotenen Zinsen und bedient vom *niedrigsten Zins ausgehend* solange bis das Tendervolumen vergeben ist.
Unter diesem Aspekt ist bei **Zinstendern für Devisenswaps** folgende Besonderheit zu beachten:
Bei einem *liquiditätszuführenden Devisenswapgeschäft* erfolgt die Zuteilung ausgehend vom niedrigsten gebotenen Swapsatz der Geschäftspartner, während bei einem *liquiditätsabschöpfenden Devisenswapgeschäft* die Zuteilung ausgehend vom höchsten gebotenen Swapsatz aus erfolgt (zum Verständnis siehe den folgenden Abschnitt über „Geldpolitik und Außenwirtschaft").

6.3.7.2 Verfahren bei bilateralen Geschäften

Bilaterale Geschäfte werden für Feinsteuerungsoperationen und für strukturelle Operationen eingesetzt, wobei diese durch definitive Käufe bzw. Verkäufe realisiert werden. D.h. es handelt sich hierbei um den (ursprünglichen) klassischen Fall von Offen- Markt-Geschäften.
Bilaterale Geschäfte als definitive Käufe bzw. Verkäufe kann das ESZB dabei mit einem oder mehreren ausgewählten Geschäftspartnern abschließen, die vom ESZB direkt angesprochen werden. Oder aber das ESZB bedient sich dazu der Börsen oder Marktvermittler, wobei apriori der Kreis der (dann wirklichen) Geschäftspartner nicht eingeschränkt ist.
Grundsätzlich werden auch die bilateralen Geschäfte dezentral von den nationalen ZNB durchgeführt. Ausnahmsweise könnte dies auch zentral von der EZB oder in deren Auftrag von einigen nationalen ZNB vorgenommen werden. Eine vorherige Ankündigung bilateraler Geschäfte erfolgt üblicherweise nicht.

6.3.7.3 Geldtheoretische Beurteilung

Die geldtheoretische Beurteilung bezieht sich auf die im ESZB dominierenden Tenderverfahren, d.h. auf die Wertpapierpensionsgeschäfte. Zur Beurteilung der bilateralen Geschäfte siehe den folgenden Abschnitt 6.3.8.
Wie bereits dargelegt, wird bei der meist üblichen Form der Tenderverfahren als liquiditätszuführendes (expansives) Instrument für die Dauer des Pensionsgeschäftes zusätzliches Zentralbankgeld in den Bankenkreislauf geschleust (= wachsendes Geldvolumen) und tendenziell c.p. das Zinsniveau gesenkt (bzw. an einem Anstieg gehindert). Der Pensionssatz markiert damit den Leitzins der Wirtschaft. Bei der vereinbarten Rückzahlung nach Ablauf der jeweiligen Tenderfrist wirkt das Instrument restriktiv, da dem Geldmarkt Mittel entzogen werden, sein Volumen geringer wird und nun c.p. tendenziell ein Zinsniveauanstieg eintritt. Dieser Wirkungszusammenhang erklärt die Beliebtheit und jetzige Dominanz der Pensionsgeschäfte aus der Sicht einer ZNB, denn sie *weisen folgende Vorteile auf:*

1) Die ZNB bzw. das ESZB kann aktiv die Initiative ergreifen, bzw. es ist ein von ihr voll beherrschbares Instrument. D.h. je nach der Lage am Geldmarkt bzw. dem Ziel der Geldpolitik kann sie flexibel die Konditionen (insbesondere Pensionssatz und Volumen) festlegen.
2) Das ESZB kann die Bedingungen kurzfristig ändern.

Nachteilig ist (was aber im Prinzip für die gesamte Geldpolitik des ESZB gilt), dass das ESZB mit den jeweiligen Pensionsgeschäften den Kreditinstituten nur Angebote unterbreitet, sie aber nicht dazu zwingen kann, diese auch anzunehmen. D.h. diese geldpolitische Maßnahme ist dann letztlich wirkungslos, wenn die Kreditinstitute auf die Angebote des ESZB nicht eingehen müssen, weil sie sich anderweitig die nötige Liquidität beschaffen können. Dies ist insbesondere bei einer evtl. günstigeren Refinanzierung aus dem Ausland gegeben, bei starken Kapitalimporten (z.B. Fluchtkapital aus dem Ausland) und bei entsprechend hohen Zahlungsbilanzüberschüssen (z.B. infolge hoher Exportüberschüsse). Siehe dazu die folgenden Kapitel 5, 6 und 7.

Aber selbst wenn die Kreditinstitute auf die Angebote des ESZB eingehen (bzw. eingehen müssen), hängt es im weiteren von ihrem Verhalten ab, ob sich die geldpolitischen Impulse über den Bereich der Geschäftsbanken hinaus fortsetzen. D.h. ob sie den restriktiven und vor allem den expansiven Impuls an ihre Kunden weitergeben und damit c.p. die Transmission in Gang setzen.

6.3.8 Exkurs: Prinzipielle Wirkungen von Offen-Markt-Operationen

Der grundsätzlich geldtheoretische Wirkungszusammenhang von Offen-Markt-Operationen, ideal bei den bilateralen Geschäften des ESZB darstellbar, sieht wie folgt aus:
Geht das ESZB *expansiv* vor, so kauft es verstärkt Offen-Markt-Papiere an. Dadurch fließt der Wirtschaft (bzw. vorher den Kreditinstituten) verstärkt Zentralbankgeld zu (sog. Geldmengen- bzw. Liquiditätseffekt), während c.p. gleichzeitig die Zinsen zu sinken beginnen (sog. Zinseffekt). Geht das ESZB umgekehrt *restriktiv* vor, so verkauft sie verstärkt Offen-Markt-Titel. Dadurch wird jetzt der Wirtschaft Zentralbankgeld entzogen (Liquiditätseffekt), während c.p. gleichzeitig die Zinssätze zu steigen beginnen (Zinseffekt).

Diese Analysen zur Offen-Markt-Politik lassen sich sehr anschaulich mit dem Instrumentarium der Preistheorie wie folgt darlegen:

Wenn man mit K = den Kurs eines festverzinslichen Wertpapieres, mit R = die effektive Rendite in% und mit Z = den Nominalzins in% bezeichnet, so ergibt sich R als:

$$R = \frac{Z}{K} \cdot 100$$

Da Z festliegt und bekannt ist, kann aus K und seiner Veränderung R berechnet werden.

K wiederum ist der Preis des Papiers, der sich aus dem Angebot (AA) und der Nachfrage (NN) am (Wertpapier-)Markt ergibt.
K als Preis (Kurs) kann entsprechend der Abb. 6-3 ermittelt werden.

AA und NN sind die momentane Angebots- und Nachfragesituation (z.B.) am Rentenmarkt. Durch das Gleichgewicht G (Schnittpunkt von AA und NN) wird der Kurs K_G (Gleichgewichtskurs) bestimmt, wobei die Menge q_G an Papieren umgesetzt wird.

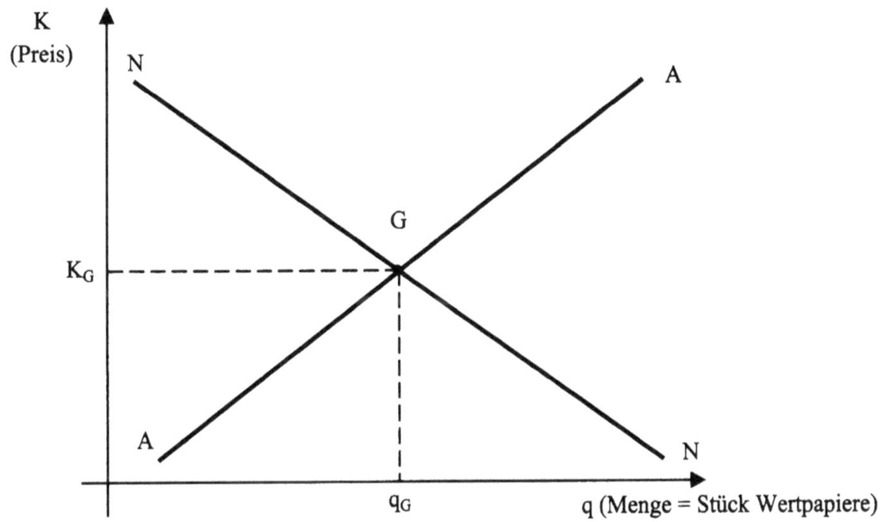

Abb.: 6-3: Gleichgewichtssituation am Rentenmarkt

Würde man den Kurs K_G in die vorherige Formel einsetzen (bei bekanntem Z), so ergäbe sich R (die momentane Rendite).

Wenn nun die Zentralbank im Rahmen ihrer Offen-Markt-Politik auf dem Markt für festverzinsliche Wertpapiere expansiv auftritt, d.h. sie kauft derartige Papiere verstärkt auf, dann ergibt dies eine zusätzliche Nachfrage auf diesem Markt.
Bekanntlich drückt man eine Zunahme der Nachfrage durch eine Rechtsverschiebung der NN-Kurve aus, siehe Abb. 6-4.

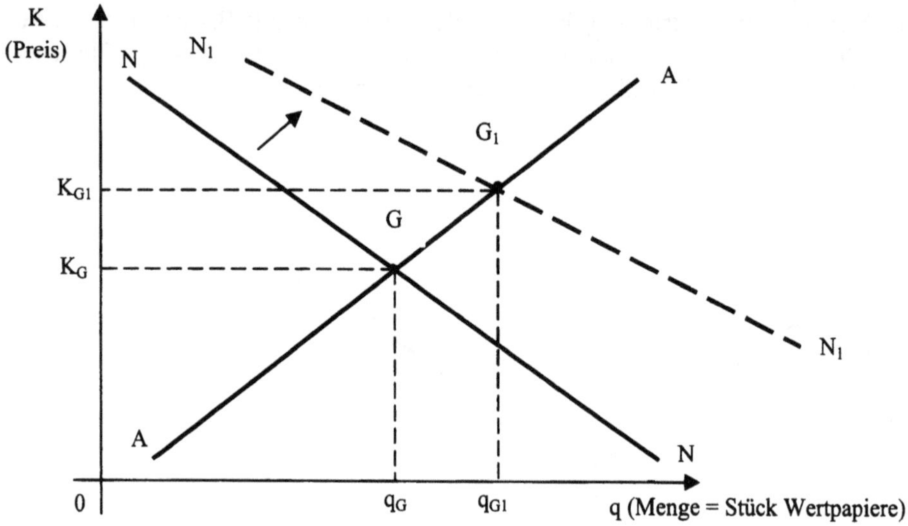

Abb.: 6-4: EZB agiert am Rentenmarkt expansiv

Ausgehend von der (momentanen) Gleichgewichtslage (wie in Abb. 6-3) durch AA und NN tritt die EZB in Abb. 6-4 expansiv auf, was eine Zunahme der Nachfrage nach N_1N_1 zur Folge hat. Dadurch ergibt sich eine Zunahme der umgesetzten Stück Papiere von q_G auf q_{G1} und eine Kurssteigerung von K_G auf K_{G1}.
Setzt man den gestiegenen Kurs K_{G1} in die vorherige Formel ein, so ergibt sich, dass die Rendite R sinkt bzw. eine Zinssenkung eintritt. Beim expansiven Vorgehen der Zentralbank hat sich der beabsichtigte *Zinseffekt* eingestellt.
Aus Abb. 6-4 ist auch der *Liquiditätseffekt* ablesbar, d.h. die Vergrößerung (weil expansiv) an Zentralbankgeld im Wirtschaftskreislauf, ausgelöst durch die Wertpapierkäufe der DBB.
Das Mehr an Liquidität ergibt sich als:
Rechteck OK_{G1} G_1 q_{G1} minus Rechteck OK_GGq_G.

Eine restriktive Maßnahme der Zentralbank wäre ein Vergrößerung des Angebotes (= Rechtsverschiebung von AA). Auch aus dieser Graphik ergibt sich das vorher analysierte Resultat im Hinblick auf den Zins- und Liquiditätseffekt.
Eine auf dem Markt festverzinslicher Wertpapiere denkbare Variante wäre, dass das Angebot an Papieren (zumindest kurzfristig) eine gegebene Größe ist. Auch dies lässt sich geometrisch darstellen, AA wäre in diesem Fall völlig unelastisch (= Parallele zur Ordinate).

6.4 Ständige Fazilitäten

6.4.1 Grundsätzliches und Beurteilung

Unter einer Fazilität (Kreditfazilität) versteht man die Kreditmöglichkeit eines Kunden (hier der Kreditinstitute) bei seiner Bank (hier beim ESZB), Kredite in bestimmter Form in Anspruch zu nehmen, d.h. eine Kreditbeschaffungsmöglichkeit, unbeschadet davon, ob sie tatsächlich in Anspruch genommen wird.
Der Terminus „ständige Fazilitäten“ drückt hierbei aus, dass grundsätzlich den Kreditinstituten (von Ausnahmen abgesehen) diese Kreditmöglichkeit ständig zur Verfügung steht.
Die Fazilitäten dienen dazu, kurzfristigst Liquidität den Kreditinstituten bereitzustellen oder abzuschöpfen (absorbieren), sog. Übernachtliquidität (die nach maximal 24 Stunden in umgekehrter Richtung wieder abgebaut, getilgt werden müssen).
Das geldtheoretische Ziel der Fazilitäten besteht deshalb einmal darin, deutliche Signale über den Kurs der Geldpolitik des ESZB zu setzen, zum anderen werden dadurch Ober- und Untergrenzen der Geldmarktzinssätze für Tagesgelder abgesteckt.

Der geldpolitische Einsatz des Instrumentes der Fazilität sieht wie folgt aus:
Geht das ESZB *expansiv* vor, so wird es den Zinssatz für die Kreditfazilität senken. Ginge es umgekehrt *restriktiv* vor, so wird es die Zinssätze anheben und/oder (Ausnahme) die Fazilität aussetzen (d.h. im wesentlichen diese Kreditbeschaffungsmöglichkeit versperren).
Günstig unter dem Aspekt der Handlungsfähigkeit des ESZB ist die kurze Frist der Kredite, d.h. sie könnte die Bedingungen täglich ändern.
Entsprechend der geldpolitischen Richtung des ESZB wird sich dies am Geldmarkt bei den Zinssätzen c.p. wiederspiegeln und somit die Geldpolitik des ESZB auf den Geldmarkt übertragen.

6.4.2 Spitzenrefinanzierungsfazilität und Einlagefazilität

Entsprechend dem Einsatz der Fazilität als expansives oder restriktives Instrument gibt es zwei (ständige) Fazilitäten, die Spitzenrefinanzierungsfazilität und die Einlagefazilität.

Die **Spitzenrefinanzierungsfazilität** dient dazu, den Kreditinstituten bei einem vorübergehenden Liquiditätsbedarf Zentralbankgeld zur Verfügung zu stellen. Der Zinssatz dafür wird vom ESZB vorgegeben, es müssen entsprechende Sicherheiten bereitgestellt werden, der Kredit läuft einen Tag und er steht allen Geschäftspartnern offen. Ein Kreditlimit (Kredithöchstbetrag) besteht nicht, das ESZB könnte einzelne Geschäftspartner von der Fazilität aussetzen oder diese begrenzen.
Die Inanspruchnahme der Spitzenrefinanzierungsfazilität wirkt prinzipiell expansiv, während deren Tilgung durch die Kreditinstitute restriktiv ist.
Der Zins der Spitzenrefinanzierungfazilität markiert (üblicherweise) die Obergrenze der Tagesgeldsätze.

Die **Einlagefazilität** können die Kreditinstitute in Anspruch nehmen, um (über Nacht) überschüssige Liquidität beim ESZB anzulegen. Der Zins, den sie für derartige Einlagen bekommen wird (im voraus) vom ESZB festgelegt, wobei er (im allgemeinen) die Untergrenze der Tagessätze darstellt. Die Einlagefazilität ist für einen Tag möglich, einen Höchstbetrag für Einlagen gibt es nicht, wobei alle Geschäftspartner von dieser Möglichkeit Gebrauch machen können.

Die Einzahlung der Einlage seitens der Kreditinstitute wirkt dabei grundsätzlich restriktiv, während deren Rückzahlung durch das ESZB expansiv wirkt.

6.5 Mindestreserven – Mindestreservepolitik

Der Gedanke der Mindestreserven stammt aus den USA, wo erstmals 1913 im „Federal Reserve Act" festgelegt wurde, dass Banken beim FED eine Mindestreserve zu unterhalten hätten. Dieses erfolgte damals allerdings mit einer völlig anderen Zielrichtung als heute.
Diese ersten Mindestreserven waren als eine (mindeste) Barreserve zu verstehen, sie dienten somit der Aufrechterhaltung der Bankenliquidität. Aber bereits 1935 tritt in den USA ein Wandel ein, d.h. jetzt werden die Mindestreserven zu einem geldpolitischen Instrument und dienen **nicht** mehr der Liquiditätssicherung. Mindestreserven im heutigen Sinne als geldpolitisches Instrument gibt es in der BRD, wie in einer Reihe von Marktwirtschaften, erst nach dem 2. Weltkrieg. Erst nach heftigen Diskussionen wurde vom ESZB eine Mindestreserve eingeführt.

6.5.1 Organisation des Mindestreservesystems

Entsprechend Artikel 19 der ESZB/EZB-Satzung sind die Kreditinstitute verpflichtet beim ESZB bzw. ihrer nationalen Zentralnotenbank eine Mindestreserve zu unterhalten.

Die Mindestreservepflicht besteht dabei **für die im Eurowährungsraum niedergelassenen Kreditinstitute.** Somit trifft diese Bestimmung auch für Zweigstellen von Instituten zu, die ihren Sitz außerhalb des Eurowährungsraumes haben.
Das ESZB *kann* in Liquidation oder Sanierung befindende Kreditinstitute von der Verpflichtung der Mindestreserven freistellen. Darüber hinaus *können* weitere Institute von der Reservepflicht freigestellt werden, wenn (mindestens) eine der folgenden Kriterien erfüllt sind: 1) Es handelt sich um ein Spezialinstitut. 2) Das Institut übt keine Bankenfunktion im Wettbewerb mit anderen Kreditinstituten aus. 3) Sämtliche Einlagen des Institutes sind für regionale oder internationale Entwicklungshilfe zweckgebunden.
Das ESZB erstellt eine Liste sämtlicher Institute, die der Reservepflicht unterliegen und derjenigen, die davon befreit sind.

Die Berechnung der Mindestreserve erfolgt als Prozentsatz angewandt auf bestimmte Positionen von Einlagen der Bilanz der Kreditinstitute. Das Resultat ergibt das sog. **Reservesoll,** d.h. den Betrag, den ein Institut auf dem Konto beim ESZB zu hinterlegen hat.
Die Abb. 6-5 (Quelle EZB) zeigt die **Bilanzpositionen, die zur Ermittlung der Mindestreservebasis herangezogen werden**.

Reservebasis und Mindestreservesätze
A. In die Mindestreserve einbezogene Verbindlichkeiten mit einem Reservesatz von 2%
Einlagen Täglich fällige Einlagen Einlagen mit vereinbarter Laufzeit von bis zu zwei Jahren Einlagen mit vereinbarter Kündigungsfrist von bis zu zwei Jahren Ausgegebene Schuldverschreibungen Schuldverschreibung mit vereinbarter Laufzeit von bis zu zwei Jahren Geldmarktpapiere Geldmarktpapiere
B. In die Mindestreserve einbezogene Verbindlichkeiten mit einem Reservesatz von 0%
Einlagen Einlagen mit vereinbarter Laufzeit von über zwei Jahren Einlagen mit vereinbarter Kündigungsfrist von über zwei Jahren Repogeschäfte Ausgegebene Schuldverschreibungen Schuldverschreibung mit vereinbarter Laufzeit von über zwei Jahren
C. Nicht in die Mindestreservebasis einbezogene Verbindlichkeiten
Verbindlichkeiten gegenüber Instituten, die selbst den ESZB-Mindestreservevorschriften unterliegen Verbindlichkeiten gegenüber der EZB und den nationalen Zentralbanken

Quelle: Europäische Zentralbank

Abb. 6-5: Bilanzposition zur Bestimmung der Mindestreservebasis

Wie die Abbildung 6-5 zeigt, werden (zunächst!) zur Errechnung der Mindestreservebasis eines Kreditinstitutes folgende *seiner Bilanzpositionen berücksichtigt.*

1) Von den Einlagen: Täglich fällige Einlagen (= solche auf Girokonten); Einlagen mit einer Laufzeit bis zu 2 Jahren; Einlagen mit vereinbarter Kündigungsfrist bis zu 2 Jahren.
2) Ausgegebene Schuldverschreibungen eines Institutes mit einer Laufzeit bis zu 2 Jahren.
3) Geldmarktpapiere.

In die Mindestreservebasis *mit Null-Prozent* werden folgende Verbindlichkeiten einbezogen (d.h. sie werden „zunächst“ nicht bei der Ermittlung der Mindestreserve mit berücksichtigt, aber sollte es die geldpolitische Lage erfordern, so könnte das ESZB diese in die nächste Berechnungsperiode sofort mit einbeziehen):

1) Einlagen: Solche mit einer Laufzeit bzw. vereinbarten Kündigungsfrist über 2 Jahren und Repogeschäfte
2) Schuldverschreibungen: Solche mit einer Laufzeit über 2 Jahren

In die Berechnung werden *nicht* einbezogen:

1) Verbindlichkeiten gegenüber Instituten, die selbst der Reservepflicht unterliegen.
2) Verbindlichkeiten gegenüber dem ESZB.

Berechnungsmodus und -fristen der Mindestreserve

Der EZB-Rat hat (zum Start ab 1.1.1999) den Reservesatz für die reservepflichtigen Verbindlichkeiten einheitlich auf 2% festgelegt. Von der sich ergebenden Mindestreserve (Reservesoll) kann jedes Institut einen Freibetrag von 100.000 Euro abziehen, so dass kleinere Kreditinstitute von der Reservepflicht verschont werden. Darüber hinaus besteht auf Antrag die Möglichkeit, Mindestreserven über einen sog. Mittler zu halten (was in der BRD z.B. bei Sparkassen und Kreditgenossenschaften auch schon bei der Bundesbank üblich war).
Das Reservesoll wird als Durchschnittswert im Laufe eines Monats aus den Tagesendständen vom 24. Kalendertag bis zum 23. Kalendertag des Folgemonats ermittelt (damit werden die Liquiditätsschwankungen am Monatsende ausgekoppelt). Ein Kreditinstitut weiß dabei bereits am Monatsanfang die Reservebelastung für den jeweiligen laufenden Monat, da sich diese aus dem vorangegangenen Monat ergibt.

Neu ist (für die BRD), dass **in Höhe des Reservesolls die Mindestreserve vom ESZB verzinst wird,** d.h. das Soll der Mindestreserve wird den Kreditinstituten vom ESZB in Höhe des Zinssatzes für das Hauptrefinanzierungsinstrument verzinst (und nicht mehr wie in der BRD bis Ende 1998 zinslos). Damit erhalten die Kreditinstitute die Refinanzierungskosten des Reservesolls zurückerstattet (es ist für sie somit kostenneutral). Damit soll ebenfalls eine Gleichstellung der Institute im globalen Wettbewerb realisiert werden.

Die **Mindestreservepflicht** hat ein Institut **nicht eingehalten**, wenn der Durchschnittsbetrag des Reserve-Ist im Laufe eines Monats auf dem Konto des ESZB das Reservesoll nicht abdeckt. Das ESZB verhängt dann eine der folgenden Sanktionen: 1) Eine Strafe von 5% über dem Satz der Spitzenrefinanzierungsfazilität für den Fehlbetrag. 2) Oder eine Strafe in Höhe des doppelten der Spitzenrefinanzierungsfazilität. 3) Die Auflage, bis zum dreifachen des Fehlbetrages beim ESZB eine unverzinsliche Einlage zu bilden.
Sollte ein Institut dem nicht nachkommen oder auch andere Mindestreserveverpflichtungen nicht einhalten (z.B. Meldung bankstatistischer Daten), so kann das ESZB es von den Fazilitäten und den Offen-Markt-Geschäften ausschließen.

6.5.2 Wirkungen der Mindestreserve

Prinzipiell ist das geldpolitische Grundprinzip der Mindestreservepolitik einfach:
Möchte das ESZB *expansiv* agieren, so senkt es die Reservesätze und/oder befreit bestimmte Bankverbindlichkeiten von der Reservepflicht (z.B. die Geldmarktpapiere). Dadurch stünde den Kreditinstituten mehr Liquidität z.B. für Kredite zur Verfügung und c.p. würde (Angebot und Nachfrage) auch das Zinsniveau sinken. Würde die Zentralnotenbank umgekehrt *restrik-*

tiv vorgehen, so könnte sie die Reservesätze erhöhen und/oder weitere Verbindlichkeiten in die aktive Reservepflicht einbeziehen. Die Wirkungen am Geldmarkt wären grundsätzlich umgekehrt zum expansiven Einsatz.
Ein (vor allem früher betonter) Vorteil der Mindestreserve besteht darin, dass sie *ihre Wirkungen gegenüber den Kreditinstituten grundsätzlich immer entfaltet,* d.h. sie stellt einen hoheitlichen Akt des ESZB dar, dem die Kreditinstitute (prinzipiell) nicht ausweichen können, es wirkt immer. Alle anderen Instrumente des ESZB, d.h. sämtliche Offen-Markt-Operationen und die ständigen Fazilitäten, sind letztlich ein Angebot der Zentralnotenbank an die Kreditinstitute, erfordern somit bei ihrer Realisierung die Mitwirkung der Banken. Nicht dagegen bei der Mindestreserve, hier müssen die Kreditinstitute (grundsätzlich) mitspielen.
Eine *Erhöhung der Reservesätze* tangiert zunächst die Liquidität der Kreditinstitute (Liquidität wird gebunden). Es steigt der Bedarf an Zentralbankgeld. Vor allem in einer kombinierten Zusammenwirkung mit den anderen Instrumenten wird (bei gleichbleibendem Angebots- und Nachfragerelationen) auch das Zinsniveau ansteigen. Wenn infolge der gestiegenen Zinsen die Kreditnachfrage zurückgeht wird auch der Giralgeldschöpfungsmultiplikator sich verringern und tendenziell der Anstieg des Geldvolumens gestoppt (u.U. sogar zurückgehen). Bei einer Reservesatzsenkung sind die Wirkungen genau umgekehrt zu analysieren.

Bei der **jetzt vom ESZB praktizierten Mindestreservepolitik** sind deren Wirkungen in Anlehnung an das dargelegte Prinzip zu relativieren. Bereits in den 1990er Jahren ist schon die Bundesbank vom strikten Prinzip der Geldschöpfungsbremse der Mindestreserven abgerückt. Insbesondere die niedrigen Reservesätze beschränken deren Funktion als deutliche Beeinflussung der Liquidität.
Abgesehen vom nach wie vor bestehenden Grundprinzip einer Mindestreserve besteht deren *geldpolitische Funktion heute in zwei Punkten:*

1) In einer Stabilisierung der Geldmarktzinsen. Durch die Durchschnittsberechnung des Reservesolls soll den Kreditinstituten die Möglichkeit eingeräumt werden zeitweilige Liquiditätsschwankungen auszugleichen. Dadurch sollen die Geldmarktzinsen nicht zu heftigen Schwankungen ausgesetzt sein.
2) Bei den Kreditinstituten soll eine ständige Liquiditätsknappheit bestehen, bzw. ein stabiler Bedarf an Zentralbankgeld gewährleistet sein. Dadurch soll der Einsatz der übrigen geldpolitischen Instrumente effektiver sein (bzw. für sie ein sog. ordnungspolitischer Rahmen vorhanden sein). D.h. durch die Variation der Mindestreserve soll gewährleistet sein, dass das ESZB eine Herbeiführung oder Vergrößerung einer Liquiditätsknappheit bei den Kreditinstituten jederzeit vorfindet und so die übrigen Instrumente effektiver im Sinne einer Liquiditätssteuerung einsetzen kann.

Die Entwicklung in den 1990er Jahren in der BRD unter der Agide der Bundesbank zeigt, dass für diese beiden wichtigen Funktionen der (neuen!) Mindestreserve die niedrigen Reservesätze keine Einschränkung der Effektivität (im wesentlichen) darstellen.

6.6 Geldpolitik und Außenwirtschaft

Bei mehreren Ausführungen wurde bereits darauf hingewiesen, dass in der BRD die Entwicklung der Geldbasis und die Veränderung des Geld- und Kreditvolumens deutlich von außenwirtschaftliehen Einflüssen geprägt war.
Die der Politik einer ZNB (häufig) zuwiderlaufende Schaffung von Zentralbankgeld infolge außenwirtschaftlicher Komponenten kann folgende Ursachen haben:

1) Interventionspflicht bei festen (stabilen) Wechselkursen
2) Wachsende Exporterlöse in der Handelsbilanz
3) Kapitalimporte in ein Land
4) Zufluss von spekulativen Geldern

Alle Ursachen zusammen führten (insbesondere) in den 1960er und 1970er Jahren in der BRD (aber auch in der Gegenwart) zu einer massiven Anhäufung von Devisenreserven und (was hier wichtig ist) zu einer starken Ausweitung des Geldvolumens, mit der Konsequenz von Preissteigerungen.
Dadurch wird der Handlungsspielraum der Geldpolitik einer ZNB u.U. von der Außenwirtschaft so stark eingeschränkt, dass sie letztlich (fast) wirkungslos wird.
Deshalb soll zunächst der grundsätzliche Wirkungszusammenhang zwischen der Außenwirtschaft und der nationalen Geldpolitik dargelegt werden und, daran anschließend, die hierbei möglichen Maßnahmen.
In den folgenden Darlegungen müssen Begriffe und Zusammenhänge der Außenwirtschaft verwendet werden. Zum genaueren Verständnis siehe dazu die Kapitel 5, 10,11 und 12.

6.6.1 Geldpolitik und Devisenkurspolitik

Zunächst ist dem prinzipiellen Wirkungszusammenhang einer bestimmten Devisenpolitik und den davon ausgehenden Einflüssen auf die nationale Geldpolitik nachzugehen.

6.6.1.1 Feste (stabile) Wechselkurse und Geldpolitik

Herrschen feste (stabile) Wechselkurse (WK), dann muss die Zentralnotenbank (das ESZB) am Devisenmarkt intervenieren. Wenn z.B. infolge zu starken Devisenangebots der Kurs unter den unteren Interventionspunkt sinkt, dann muss von der ZNB der Kurs durch Devisenkäufe gestützt werden.
Würde der WK umgekehrt durch zu starke Devisennachfrage über den oberen Interventionspunkt ansteigen, dann müsste die Zentralnotenbank den Kurs jetzt durch Devisenverkäufe stützen.
Im ersten Fall der Intervention gibt die ZNB Zentralbankgeld ab, vergrößert somit die Geldbasis; im zweiten Fall zieht sie Zentralbankgeld an sich und verringert dadurch die Geldbasis.
Damit zeigt sich der grundsätzliche Wirkungszusammenhang zwischen der Devisenkurspolitik (der Außenwirtschaft) und der Geldpolitik. Häufig harmonisieren dabei die Zielsetzung der Geldpolitik und diejenige der Außenwirtschaft *nicht* miteinander.

Um dieses Nichtharmonisieren zu verdeutlichen, sei als Beispiel eine (nicht unübliche) Situation unterstellt. Das ESZB betreibt eine *restriktive Geldpolitik* bei gleichzeitiger Interventionsverpflichtung im Rahmen stabiler WK.
Um den Preisauftrieb zu bremsen, reagiert das ESZB mit seinen Instrumenten restriktiv. Unterstellen wir daraufhin einen Zinsanstieg, der ein höheres inländisches Zinsniveau in Relation zum Währungsausland ergibt, so werden (zunächst) die Banken wie folgt reagieren. Sie werden Zentralbankgeld verstärkt auf inländischen Märkten anlegen und sich umgekehrt auf ausländischen Märkten refinanzieren. Die Folge ist ein Rückgang der Kapitalexporte und eine Zunahme der Kapitalimporte, ausgelöst durch obige Renditeunterschiede. Im nächsten Schritt kann auch bei Nichtbanken das nämliche Verhalten wie bei den Banken infolge der Zinsdifferenz ausgelöst werden.
Die Folge ist eine unmittelbare Erhöhung der Geldmenge mit der Konsequenz, dass über die Außenwirtschaft den Banken Liquidität zufließt. Dies wiederum kann zu einer Ausweitung des Kreditangebotes führen. Letztlich wirken diese Einflüsse der Außenwirtschaft dem Ziel der Geldpolitik des ESZB genau entgegen. Damit wird die beabsichtigte Wirkung der Geldpolitik geschwächt bzw. im Extremfall völlig aufgehoben.

Dieser negativ entgegengerichtete Einfluss der Außenwirtschaft auf die Geldpolitik wird u. U. durch die Entwicklung der Handels- und Dienstleistungsbilanz (Außenbeitrag) noch verstärkt.
Unterstellt man einen dämpfenden Einfluss der Geldpolitik auf das inländische Preisniveau, dann kann als Folge davon der Import zurückgehen und der Export ansteigen, mit der Konsequenz einer Erhöhung des Außenbeitrages. Dies würde der Antiinflationspolitik des ESZB in doppelter Weise zuwiderlaufen.
Der erhöhte Außenbeitrag bedeutet eine Steigerung der gesamtwirtschaftlichen Nachfrage, wodurch Preiserhöhungen weitergegeben werden können, und er führt über den eintretenden Devisenzufluss wieder zu einer (wie vorher dargelegten) Erhöhung der Geldmenge.

Kommt durch diese Zusammenhänge schließlich noch die Spekulation auf den Plan, die mit einer Aufwertung dieser Währung (hier des Euro) rechnet, so führt dies zu derartig massiven Devisenzuflüssen, dass die Antiinflationspolitik des ESZB letztlich zum Scheitern verurteilt ist.

Bei einem *expansiven Einsatz der Geldpolitik* (z.B. um die Beschäftigung zu verbessern) ist über die Außenwirtschaft mit den umgekehrten negativen Einflüssen zu rechnen.
Hier ist mit deutlichen Devisenabflüssen zu rechnen, u.a. weil durch eine expansive Politik die Zinsen sinken, somit wird eine Geldanlage im Ausland rentabler. Meistens verschlechtert sich der Außenbeitrag. Erwartet die Spekulation schließlich eine Abwertung, so setzt eine massive Kapitalflucht ein. Insgesamt würde auch hierbei das Ziel der Geldpolitik unterlaufen werden.

Insgesamt ergibt sich, dass die Effektivität geldpolitischer Maßnahmen bei stabilen WK zumindest als deutlich eingeschränkt anzusehen ist.

6.6.1.2 Variable Wechselkurse (Floating) und Geldpolitik

Betreibt eine Volkswirtschaft variable WK, dann bildet sich der WK am Devisenmarkt durch Angebot und Nachfrage, wobei keine Intervention der Zentralnotenbank stattfindet.

Wie sieht jetzt der Wirkungszusammenhang zwischen der Außenwirtschaft und einer *restriktiven Geldpolitik* aus?
Da die Zentralnotenbank hier nicht interveniert, führen u. U. ausgelöste Kapitalimporte infolge der restriktiven Geldpolitik nicht zu einer Erhöhung des Bestandes an Zentralbankgeld. Damit ist eine Giralgeldschöpfung der Banken über diesen Weg nicht möglich. Die Folge der erhöhten Kapitalimporte wäre lediglich ein Sinken des WK (Aufwertungseffekt). Somit können Nettokapitalimporte bei variablen WK eine restriktive Geldpolitik nicht zum Scheitern bringen.

Der Außenbeitrag wird sich im Gefolge einer restriktiven Geldpolitik zunächst verbessern, da, durch die angenommene Preisstabilisierung, die Exporte zunehmen und die Importe zurückgehen. Die damit verbundene Zunahme der Devisenzuflüsse führt aber beim Floaten zu einer WK-Senkung, d.h. zu einer Aufwertung. Dies wiederum bedeutet für den Export einen Preisanstieg und für den Import eine Preissenkung, so dass sich nach einem time-lag ein Rückgang des Außenbeitrages ergibt.

Bei einem *expansiven Einsatz der Geldpolitik* und variablen WK führen die gegenteiligen Überlegungen zum Ergebnis, dass auch hier die Geldpolitik im wesentlichen durch die Außenwirtschaft nicht negativ tangiert wird.
Insgesamt ergibt sich, dass die Wirkung geldpolitischer Maßnahmen bei variablen WK durch die Außenwirtschaft *nicht* negativ unterlaufen wird. Häufig ist es sogar so, dass eine restriktive Geldpolitik durch die Aufwertung bzw. eine expansive durch die Abwertung positiv unterstützt wird.

Damit erfordert eine effektive Geldpolitik in Verbindung mit einem stabilen Wechselkurssystem, bei einem Blockfloating oder beim schmutzigen Floaten eine außenwirtschaftliche Absicherung. Dazu bestünden folgende Möglichkeiten (wobei einige erst im Abschnitt 11 dargelegt werden):

1) Auf- bzw. Abwertung einer Währung
2) Förderung bzw. Hemmung von Kapitalbewegungen
3) Stillegung spekulativer Devisenzuflüsse (Bardepot, Mindestreserve)
4) Beschränkungen des Geld- und/oder des Kapitalverkehrs
5) Änderung des Wechselkurssystems

6.6.2 Geldpolitik über den Devisenmarkt

Wie im vorherigen Abschnitt ausgeführt, können Devisenzuflüsse, ausgelöst durch Kapitalimporte (Kreditaufnahme im Ausland z.B.), einen positiven Außenbeitrag, oder durch die Spekulation bei stabilen WK eine restriktive Geldpolitik u.U. erheblich in ihrer Wirkung mindern. Umgekehrt beeinträchtigen Devisenabflüsse eine expansive Geldpolitik. Die sog.

Geldpolitik über den Devisenmarkt verfolgt den Zweck, diese störenden Devisenzu- bzw. -abflüsse entsprechend zu steuern.
Dieses heute deutlich dominierende Interesse kann noch mit einem zweiten verbunden sein (das in den 1960er und 1970er Jahren wichtig war). Durch Kapitalexporte und -importe werden auch die Währungsreserven berührt. Hat eine Volkswirtschaft z.B. zu hohe Währungs- (hier Devisen)Reserven und steht sie deshalb unter einem Aufwertungsdruck, so würde eine Stimulierung der Kapitalexporte die Devisenvorräte abbauen und somit der Aufwertungsdruck verringert werden. Umgekehrt würden Kapitalimporte die Devisenvorräte vergrößern. Beeinflusst die Zentralnotenbank Kapitalexporte bzw. -importe, so ähnelt der geldpolitische Effekt demjenigen der Offen-Markt-Politik.

Zum Verständnis der geldpolitischen Maßnahmen über den Devisenmarkt sind zunächst einige Geschäftsusancen auf diesen Märkten zu erörtern:
Da die Kursentwicklung für Devisen (vor allem bei variablem WK) nicht sicher vorhersehbar ist, bergen Außenhandelsgeschäfte die Gefahr von Kursverlusten in sich. Wird z.B. heute ein Exportgeschäft auf Dollarbasis über einen Betrag von 100.000 $ abgeschlossen, zahlbar in 3 Monaten, und liegt diesem Geschäft ein kalkulierter Wechselkurs von 1 $ = 0,85 E zugrunde, so rechnet man mit einem Erlös von 85.000 E. Wäre aber z.B. der $-Kurs nach diesen 3 Monaten auf 0,80 E gesunken, so ergäbe sich lediglich ein Erlös von 80.000 E, d.h. man hätte allein durch die Kursentwicklung ca. 6% Verlust erlitten.

Gegen dieses Wechselkursrisiko kann man sich über den Devisenterminmarkt absichern, indem bereits heute zu einem vereinbarten Kurs zukünftig verfügbare Devisen (sog. Termindevisen) gekauft oder auch verkauft werden.

Der sog. **Devisenkassakurs (= We_K)** ist der Preis für zu kaufende oder zu verkaufende Devisen, wenn das Geschäft innerhalb von zwei Tagen abgewickelt wird.
Der **Devisenterminkurs (=We_T)** ist der Preis für zu verkaufende bzw. zu kaufende Devisen nach einer bestimmten Frist (z.B. 30 oder 90 Tage).
In der Regel stimmen Devisenkassakurs und -terminkurs nicht überein, je nachdem, ob man aus gegenwärtiger Sicht mit einem Ansteigen oder Fallen des betreffenden WK rechnet. Liegt der Terminkurs über dem Kassakurs, besteht ein *Aufschlag, ein Report;* liegt er darunter, besteht ein *Abschlag, ein Deport.*

Die Relation

$$\frac{We_T - We_K}{We_K} \cdot 100$$

bezeichnet man als **Swapsatz.**
Ergibt sich ein positiver Swapsatz, so entspricht dies einem Kursgewinn, d.h. einem Report; umgekehrt entspricht ein negativer Satz einem Kursverlust, d.h. einem Deport.
Ein Beispiel mit den vorangegangenen Daten:
$ Kurs/Euro:

$We_K = 0{,}85$; $We_T = 0{,}80$ bei 3 Monaten

$$\frac{0{,}80-0{,}85}{0{,}85}\cdot 100 = \text{ca.} - 6\% \text{ per 3 Monate}$$

oder ca. – 24% p.a., d.h. ein Deport von 24% p.a.

Ob eine Bank einen Kapitalexport tätigt, d.h. ihre liquiden Mittel z.B. für 3 Monate in amerikanischen Schatzanweisungen anlegt, wird von zwei Überlegungen abhängen.
Erstens vom Zinsunterschied einer vergleichbaren Anlage in der BRD, und zweitens vom Swapsatz. Nur wenn beide Kalkulationskomponenten insgesamt positiv ausfallen, wird für eine Bank ein derartiges Engagement in Frage kommen.
Wenn z.B. eine Anlage in amerikanischen Schatzwechseln einen Bruttozins von 14% p.a., eine Anlage in deutschen Schatzwechseln eine Bruttozins von 7% p.a. ergibt, so besteht zunächst eine positive 7% Zinsdifferenz zugunsten der amerikanischen Anlage. Ergäbe der Swapsatz einen Deport von - 5% p.a., so wäre noch eine positive Differenz von + 2% gegeben, somit würde sich eine Anlage in Amerika rentieren (von steuerlichen und sonstigen Kosten abgesehen) und damit letztlich der Kapitalexport stattfinden.

An dieser Kalkulationsüberlegung setzt die **Devisenterminmarktpolitik** bzw. die **Swappolitik** des ESZB ein, und zwar ändert sie autonom den Swapsatz.
Wenn das ESZB z.B. den Kapitalexport fördern will, so bietet sie den Kreditinstituten ein Swapgeschäft an (d.h. sie verkauft den Banken Kassadevisen und nimmt sie als Termindevisen zu einem bestimmten Swapsatz zurück), wobei sie einen Swapsatz in Rechnung stellt, der günstiger ist als der z.Z. marktübliche. Damit geht obige Kalkulation für die Banken positiv (oder noch positiver) auf. D.h. der Swapsatz der ZNB ist entweder ein höherer Report oder ein niederer Deport als der momentan übliche.
Wenn die Banken auf dieses Angebot des ESZB eingehen, so werden für die Dauer des Swapgeschäftes dem Inland liquide Mittel entzogen (= restriktive Politik des ESZB) und gleichzeitig der Devisenbestand verringert.
Betreibt das ESZB somit eine restriktive Politik und soll diese entweder außenwirtschaftlich zusätzlich unterstützt werden (heute sog. Feinsteuerung) oder soll diese Politik von außenwirtschaftliehen Störfaktoren befreit werden, dann kann das ESZB wie dargelegt dazu die Swappolitik einsetzen. Die geldpolitischen Wirkungen der Swappolitik entsprechen denjenigen der Offen-Markt-Politik, siehe dazu deshalb Abschnitt 6.3.

In *jüngster Zeit* wird vom ESZB die Swappolitik *verstärkt als ausschließliches liquiditätssteuerndes Instrument* eingesetzt (sog. Feinsteuerung am Geldmarkt).
D.h. kauft das ESZB im Rahmen eines Swapgeschäftes Devisen (z.B. Dollar) von den Geschäftsbanken an (und verkauft sie gleichzeitig per Termin), so stellt sie den Banken während der Laufzeit des Geschäftes Zentralbankgeld zur Verfügung, was eine *expansive* Wirkung ergibt. Verkauft sie dagegen Devisen (die später vom ESZB wieder gekauft werden), so entzieht sie für diese Zeit Zentralbankgeld, was somit eine *restriktive* Wirkung ergibt. Die Volumina derartiger Geschäfte sind z. T. nicht unbeeinträchtlich.

Die Geldpolitik über den Devisenmarkt kann vom ESZB noch in zwei weiteren Varianten betrieben werden.

Einmal als sog. **Outright-Termingeschäfte**.
Ein Outright- Termingeschäft besteht, im Gegensatz zu einem Swapgeschäft, *nur* aus einem Termingeschäft. D.h. man kauft bzw. verkauft Devisen zu einem künftigen Termin. Das ESZB tritt dabei als normaler Marktpartner am Devisenterminmarkt als künftiger Anbieter bzw. Nachfrager auf.
Die ökonomische Logik derartiger Operationen ist einfach erkennbar: Einmal versucht das ESZB durch Outright-Termingeschäfte die Wechselkursentwicklung in einer bestimmten Richtung zu beeinflussen (einfach nach der Gesetzmäßigkeit von Angebot und Nachfrage).
Zum anderen ergibt sich ein Liquiditätseffekt, d.h. eine geldpolitische Zielrichtung, wenn das Termingeschäft fällig wird. Denn bei einem Devisenankauf durch das ESZB fließt Zentralbankgeld in die Wirtschaft *(expansive* Wirkung), umgekehrt wird bei einem Devisenverkauf durch das ESZB Liquidität aus der Wirtschaft abgezogen *(restriktive* Wirkung).
Dazu kommt als ergänzender Effekt, dass ein Qutright-Termingeschäft auch unmittelbare Wirkungen am Kassa-Markt auslöst. Banken versuchen das Währungs(Wechselkurs-)Risiko eines Outright-Termingeschäftes durch ein entgegengesetztes Kassageschäft auszugleichen.

Die weitere Variante sind **Devisenpensionsgeschäfte**:
Bei einem Devisenpensionsgeschäft erwerben die Banken für eine befristete Zeit einen Herausgabeanspruch für bestimmte Devisen zu einem vereinbarten Kurs (Optionsgeschäft).
D.h. die Banken haben gegenüber dem ESZB während der Laufzeit des Geschäftes eine Rückgriffsmöglichkeit auf bestimmte Devisen zu einem festen Kurs. Die Devisen selbst bleiben dabei Eigentum des ESZB.
Der Liquiditätseffekt ist der nämliche wie bei einem Swapgeschäft. Unterschiedlich ist dagegen die Wirkung auf die Devisenvorräte (der DBB), denn diese bleiben jetzt unverändert.

Insgesamt ergibt sich für die Geldpolitik am Devisenmarkt:
In jüngster Zeit setzt das ESZB Outright-Termingeschäfte primär zur Wechselkursbeeinflussung ein, während Swapgeschäfte in erster Linie nur noch liquidisierend eingesetzt werden. Bei kurzfristigen Liquiditätsabsorptionen bevorzugt das ESZB dagegen die Devisenpensionsgeschäfte.
Weiterhin gilt für alle drei Geschäftsvarianten, dass sie seitens des ESZB flexibler eingesetzt werden können und somit deutlich ein Feinsteuerungsinstrument sind.

6.7 Exkurs: Frühere geldpolitische Instrumente

In den Statuten des ESZB/der EZB ist mehrmals ausdrücklich festgehalten, dass die z.Z. im Zentralbanksystem verwendeten geldpolitischen Instrumente jederzeit (entsprechend dem dazu vorgesehenen Verfahren) geändert werden können oder dass auch u.U. neue Instrumente zur Anwendung kommen.
Unter diesem Aspekt (aber auch aus der historischen Entwicklung heraus) sollen früher (speziell in der BRD) verwendete Instrumente der Geldpolitik kurz dargelegt werden:

Die **Diskontpolitik** ist das in Deutschland älteste Instrument der Geldpolitik. Darunter versteht man die seitens der Zentralnotenbank festgelegten Bedingungen unter denen sie Wechsel (Handelswechsel) von den Banken rediskontiert, d.h. nach Abzug des Diskonts (ent-

spricht dem Zins für den Kredit) ankauft. D.h. es handelt sich um eine Kreditgewährung seitens der ZNB (nur an Kreditinstitute) durch Ankauf von Wechseln.
Die *Bedingungen für diese Geschäfte* der ZNB können folgende Punkte umfassen:

1) Festlegung des Diskontsatzes, d.h. des Zinses für ein derartiges Geschäft, wobei der Diskontsatz als sog. Leitzins der Wirtschaft bezeichnet wurde.
2) Die weiteren qualitativen Anforderungen an das Wechselmaterial. D.h. die ZNB konnte für das hereinzunehmende Wechselmaterial weitere qualitative Anforderungen erheben. So z.B. dass sie nur Handelswechsel akzeptierte (und damit keine Finanzierungswechsel).
3) Die quantitative Beschränkung der Diskontpolitik, die sog. Rediskontkontingente. D.h. die Bundesbank hatte für jedes Kreditinstitut die Menge (das Volumen, das Kontingent) festgelegt, bis zu dem sie maximal Wechsel ankauft.

Die *Geldpolitik mit Hilfe der Diskontpolitik* sah wie folgt aus: Wollte die Bundesbank restriktiv vorgehen, so wurde (auf Beschluss des Zentralbankrates) der Diskontsatz erhöht, oder die qualitativen Anforderungen verschärft, oder die Rediskontkontingente gekürzt. Dadurch wurde für die Kreditinstitute die Kreditaufnahme erschwert, teurer oder (Kontingente) nicht mehr möglich. Wollte sie expansiv agieren, so wurden umgekehrt der Diskontsatz gesenkt, die qualitativen Anforderungen gelockert und die Kontingente erweitert. Angestrebt wurde dabei jeweils eine entsprechende Beeinflussung des Zinsniveaus und des Geldvolumens. Bei der *Beurteilung der Effektivität der Diskontpolitik* ergibt sich letztlich (ohne hierbei tief in die Analyse einzusteigen), dass die Leitzinsfunktion in der Regel mit einem timelag eintritt, wobei aber die Stärke der Reagibilität nicht sicher ist, u. U. im ungünstigen Fall keine Reaktion sich zeigt. Aber die eigentlich entscheidende (weitergehende) Frage ist die nach der Zinsreagibilität von Investitionen, d.h. ob die eingetretene Zinsänderung das letztlich angestrebte Ziel einer entsprechenden Investitionsbeeinflussung auch erfolgt (siehe dazu Kapitel 2 u.a.). Auch bei der Beeinflussung des Geldvolumens durch die Diskontpolitik ist man heute eher skeptisch, wobei insbesondere finanzielle Einflüsse des Auslandes hier kontraproduktiv für das Ziel der Geldpolitik sich auswirken.

Die **Lombardpolitik** zeigt sich als Geschäft darin, dass die Zentralnotenbank (in der BRD nur an Kreditinstitute) ein verzinsliches Darlehen gegen Pfand gewährt.
Der Grundgedanke der *Lombardpolitik* ist relativ einfach: Will die ZNB restriktiv vorgehen, so erschwert (verschärft) sie die Kreditgewährung über Lombardgeschäfte, beim expansiven Agieren wird diese umgekehrt erleichtert. Die Aktionsparameter der jeweiligen geldpolitischen Handlungsweise sind der Lombardsatz (= Zins für einen Lombardkredit, der in der BRD stets über dem Diskontsatz lag); die qualitative Selektion (d.h. durch eine Variation welche Papiere als Pfand jeweils in Betracht kommen), eine evtl. quantitative Begrenzung der Lombardgeschäfte (Lombard-Warenmarke bzw. Lombardlinie) und in der sehr restriktiven Form als sog. Sonderlombard.
Die geldpolitische Beurteilung kann völlig analog zu derjenigen für die Diskontpolitik erfolgen. Beide zusammen hat man als die sog. **Refinanzierungspolitik** bezeichnet.

Die **Mindestreservenpolitik** war bis Ende der 1980er Jahre in der BRD (im Gegensatz jetzt zum ESZB) eine tragende Säule und wohl das *wirkungsvollste Instrument* der Bundesbank. Wirkungsvoll deshalb, weil es (wie auch im ESZB) keine Mitwirkung der Kreditinstitute voraussetzt, d.h. auf jeden Fall seine Auswirkung zeigt. Wirkungsvoll auch weiterhin deshalb, weil die Mindestreservesätze deutlich höher waren als (bis jetzt) im ESZB, d.h. der Zufluss an Liquidität in die Wirtschaft (bei Reduzierung der Sätze) bzw. deren Abzug (bei Anhebung der Sätze) ein ganz anderes Volumen hatten. Dazu kam noch, dass die Mindestreserve bei der Bundesbank zinslos zu halten war. Dadurch ergab sich ein effektiver Einfluss auf das Geldvolumen (u.a. über die Giralgeldschöpfung) und das Zinsniveau.

Die *Organisation des Mindestreservesystems* der Bundesbank wies mit demjenigen des ESZB eine große Ähnlichkeit auf. Ein deutlicher Unterschied besteht aber darin, dass im Gegensatz zum ESZB (bis jetzt) kein einheitlicher Reservesatz herrschte, es vielmehr unterschiedliche Reservesätze gab, die nach folgenden Gesichtspunkten differierten: 1) Art bzw. Fristigkeit der Einlagen. 2) Nach der Höhe der Einlagen. 3) Nach der Herkunft der Verbindlichkeiten (Inland, Ausland). 4) Nach dem Bestand oder der Zuwachs der Einlagen und 5) schon früher aufgehoben, ob das Kreditinstitut seinen Sitz an einem Bank- oder Banknebenplatz hatte. Durch diese Differenzierung war es möglich die Beeinflussung der Liquidität entsprechend zu steuern.
Die *Berechnung des Reservesolls* erfolgte technisch etwas anders als im ESZB, im Prinzip aber relativ analog.
Die Wirkungen der (alten) Mindestreservepolitik entsprechen im Prinzip denjenigen heute im ESZB. Sie waren aber im Ausmaß des geldpolitischen Einflusses deutlich höher anzusetzen und sie besaßen (u.a.) eine deutlichere Beeinflussung des Zinsniveaus (u.a. deshalb, da die Einlagen ja zinslos zu halten waren).

Die **Einlagenpolitik** bedeutete, dass der Bund, die Länder und Sondervermögen ihre liquiden Mittel auf einem Konto bei der Bundesbank anlegen müssen (= da Liquiditätsabzug aus dem Kreislauf = restriktiv) oder ihre Mittel (verzinslich) bei Privatbanken anlegen können (wirkt deshalb expansiv). Die Wirksamkeit dieses Instrumentes hängt vom Umfang der liquiden Mittel in den öffentlichen Kassen ab (worauf die ZNB keinen Einfluss hat), zudem wurden im Laufe der Zeit immer mehr Körperschaften davon befreit, so dass das Instrument am Schluss nur noch eine geringe Bedeutung hatte.

Die **Politik der Moral Suasion** (heute teils noch angewandt) könnte man als eine Politik des gütlichen Zuredens und der freiwilligen Vereinbarung seitens der ZNB plus im Hintergrund stehende mögliche Sanktionen beschreiben.

Je nach der Struktur des Bankensystems und der gewachsenen historischen Entwicklung des Finanzsektors kommt diese Politik unterschiedlich zur Anwendung. So gibt es z.B. in England schon aus der örtlichen Nachbarschaft (aber auch aus dem britischen Verständnis heraus) zwischen den großen Citybanken und der Bank von England sog. Gentlemen agreements. Oder in den USA bereisen leitende Beamte des FED die vielen Regionalbanken und besprechen dort bestimmte Maßnahmen. In der BRD hat neben den Gesprächen, den Interviews leitender Personen der Bundesbank, diese insbesondere auch durch die Publikationen (vor allem Monatsberichte) ein erfolgreiches Public-Relations-System aufgebaut.

Obwohl die **Bankenaufsicht** in der BRD explizit ein Aufgabengebiet des Bundesaufsichtsamtes für das Kreditwesen ist, wirkt hier die Bundesbank nicht unwesentlich mit. In vielen, für die Geldpolitik wichtigen §§ heißt es häufig, dass die Bestimmungen im Einvernehmen mit der Bundesbank ausgefüllt werden sollen. Somit kann hier die ZNB in wichtigen Rechtsvorschriften mitwirken.

Obwohl die **staatliche Kapitalmarktlenkung** mit dem Prinzip einer Marktwirtschaft nicht vereinbar ist, wird sie in unterschiedlicher Intensität teils doch angewandt. Die außenwirtschaftliche Kapitalmarktbeeinflussung ist durch die Liberalisierung der Kapitalmärkte in der EU der nationalen Beeinflussung entzogen. Trotzdem kam Ende der 1990er Jahre, ausgelöst durch die sog. Finanzkrisen in Asien, Lateinamerika und Russland, eine Diskussion in Gang, die global oder auch sonst irgendwie eine Lenkung oder Beeinflussung der Finanzmärkte zum Ziel hat. Man sehe in diesem Zusammenhang die „globale" Diskussion ausgelöst durch die Finanzkrise 2008/2009.
Im 20. Jahrhundert haben Marktwirtschaften mehr oder weniger intensiv den Kapitalmarkt beeinflusst. Z.B. in Form eines Kreditplafonds, d.h. jedes Kreditinstitut bekommt ein maximal zu vergebendes Kreditvolumen zugeteilt. Oder eine Kreditkontrolle, was bedeutet, dass jeder Kredit vom Staat genehmigt werden muss. In einer Marktwirtschaft ergeben sich infolge der ökonomischen Interdependenzen bei beiden Verfahren automatisch erhebliche Problemfelder. Eine weitere Variante wäre eine Emissionskontrolle oder ein Emissionsplafond. d.h. eine Beschränkung, Kontrolle, Lenkung in der Kreditaufnahme über den Kapitalmarkt. Weitere Beispiele sind und waren dem staatlichen Erfindungsgeist überlassen.

Maßnahmen im Rahmen des Außenwirtschaftsgesetzes (AWG) der BRD mit einem Bezug zur Geldpolitik waren u.a.:
So konnten durch § 23 AWG *Kapitalimporte verboten oder einer Genehmigung unterworfen* werden, wenn dadurch entweder inflationären Entwicklungen entgegengewirkt oder das außenwirtschaftliche Gleichgewicht beeinträchtigt würde. Dabei war eine Mitwirkung der Bundesbank vorgesehen (siehe dazu Abschnitt 6.6 und die Kapitel 11). Während der 1960er und 1970er Jahre des 20. Jahrhunderts wurde davon häufig Gebrauch gemacht. Die dabei gemachten Erfahrungen ergaben, dass damit nur ein Teil der Kapitalimporte beeinflussbar ist (insbesondere spekulative Devisenzuflüsse lassen sich nur bei totaler Kapitalkontrolle abwehren).
§ 6a des AWG beschreibt die *Bardepotpflicht,* die besagt, dass zur Abwehr unerwünschter Kapitalimporte (Inflation!) von Inländern im Ausland aufgenommene Kredite mit einem bestimmten Prozentsatz während einer bestimmten Zeit zinslos auf einem Konto der ZNB hinterlegt werden müssen (siehe Analogie zu den Mindestreserven). Der Einsatz des Bardepots erfolgt nach dem geldpolitischen Schema: Resriktiv = Bardepot einführen, expansiv = Bardepot aufheben. Die Wirksamkeit des Bardepots ist umstritten und eher skeptisch zu beurteilen. Probleme bestehen (in einer Marktwirtschaft) zunächst im Hinblick einer effektiven Kontrolle. Des weiteren haben Großunternehmen vielfache Möglichkeiten Kredite nicht als Kredite aus dem Ausland erscheinen zu lassen (z.B. über Warenlieferungen durch überhöhte Verrechnungspreise, Gutschriften, Stornos usw.).

7 Fiskalpolitik

7.1 Überblick

Unter Fiskalpolitik wird jener Teil der staatlichen Finanzpolitik verstanden, der dem Stabilisierungsziel der Volkswirtschaft dient (Stabilitätspolitik). Damit sollen die konjunkturellen Schwankungen vermieden oder zumindest gedämpft werden. 1967 wurde mit dem Stabilitäts- und Wachstumsgesetz eine keynesianisch-fiskalistische Konzeption verabschiedet, die seitdem weitgehend durch ein klassisch-monetaristisches Verständnis abgelöst wurde; in schweren Konjunkturkrisen ist aber immer wieder von der ersten Variante die Rede. Fiskalpolitik ist nichts anderes als der Umgang mit den drei Komponenten des Staatshaushaltes:

- staatliche Einnahmen
- staatliche Ausgaben
- staatliches Haushaltsdefizit als Einnahmen minus Ausgaben

Im Fortgang werden zuerst diese drei Komponenten erläutert, um dann im Anschluss auf die verschiedenen Theoriekonzepte einzugehen.

Der Begriff *Staat* muss dabei differenziert verstanden werden; wenn man in der Bundesrepublik von *dem* Staat spricht, sind damit Bund, Länder, Gemeinden und die Parafisci (v.a. Sozialversicherungen, Sondervermögen des Bundes, Kammern u.ä.) gemeint. Da die Parafisci im wesentlichen ihre Einnahmen gleich wieder in Form von Renten, Pflegezuschüssen etc. ausschütten, wird häufig unter Staat nur Bund, Länder und Gemeinden verstanden. In der volkswirtschaftlichen Theorie wird dann noch weiter vereinfacht und nur noch von dem Staat gesprochen, ohne zwischen dessen einzelnen Körperschaften zu unterscheiden.

7.2 Die Komponenten der Fiskalpolitik

7.2.1 Staatliche Einnahmen

Im Jahr 2008 betrugen die staatlichen Einnahmen von Bund, Länder, Gemeinden und Parafisci 1.050,6 Mrd. € und machten damit 42% des Bruttoinlandsproduktes in Höhe von 2.491,4 Mrd. € aus; pro Kopf bedeutete dies Einnahmen in Höhe von 12.800 €. Der Staat greift also massiv in den Wirtschaftskreislauf ein, indem er Steuern, Sozialabgaben und Gebühren erhebt und durch eigene Wirtschaftstätigkeit und durch Veräußerungen staatlicher Vermögenswerte Einnahmen erzielt, wobei Steuern und Sozialabgaben über 90% der staatlichen Einnahmen ausmachen. Als Quelle dient in diesem Kapitel das Statistische Bundesamt, insbesondere das Statistische Jahrbuch 2008.

Die folgende Tabelle zeigt die Verteilung der Staatseinnahmen auf Bund, Länder und Gemeinden und liefert einen Überblick über die wichtigsten Steuereinnahmen:

Einnahmen 2007	**in Mrd. €**	**in%**
Bund	**286,0**	
davon **Steuern**	**229,7**	**80**
davon: Umsatzsteuern	92,4	40
Lohn- und Eink.steuer	66,6	29
Energiesteuer	39,0	17
Länder	**275,6**	
davon **Steuern**	**213,6**	**78**
davon: Umsatzsteuern	73,8	35
Lohn- und Eink.steuer	66,6	31
Gemeinden	**169,3**	
davon **Steuern**	**72,6**	**43**
Davon: Gewerbesteuer (netto)	33,2	46
Eink.steueranteil	24,7	34

Abb.: 7-1: Einnahmen von Bund, Länder und Gemeinden

Die Abb. 7-1 verdeutlicht, dass vor allem die Lohn- und Einkommensteuer (eine direkte Steuer) und die Umsatz-, Mineralöl- und Gewerbesteuern (als die wichtigsten indirekten Steuern) den größten Anteil der Steuereinnahmen ausmachen. Die Einnahmen der Parafisci betragen 295 Mrd. €, die weitgehend durch Sozialabgaben bestritten werden.

Diese großen Summen werden für die Ausgaben des Staates benötigt; unabhängig von der Frage, wie groß die Einnahmen des Staates sein sollen, werden drei Forderungen an ein effizientes und gerechtes Steuersystem gestellt:

1) Jede Steuererhebung verändert die Entscheidungen der Menschen; bei manchen Steuern ist dies beabsichtigt und Umwelt- und Tabaksteuern sollen die Umweltbelastung und den Tabakkonsum reduzieren. Die Einkommensteuer verringert aber ungewollt den Leistungsanreiz und hat damit unerwünschte Allokationseffekte. Die erste Forderung lautet also, unerwünschte Allokationseffekte der Steuererhebung möglichst zu vermeiden. In der Praxis findet sich jedoch ein sehr kompliziertes und unübersichtliches Steuersystem, das diesbezüglich noch deutlich zu verbessern wäre.
2) Jede Steuererhebung erfordert einen administrativen Erhebungs- und Kontrollaufwand, der ja selbst wiederum durch Steuern bezahlt werden muss. Die nachvollziehbare zweite Forderung verlangt ein Steuersystem mit möglichst geringem Erhebungs- und Kontrollaufwand – eine Bedingung, von der das deutsche Steuersystem sehr weit weg ist.

3) Nach herrschender Meinung gilt ein Steuersystem als *gerecht*, wenn es dem Leistungsfähigkeitsprinzip genügt, demzufolge der einzelne gemäß seiner steuerlichen Leistungsfähigkeit herangezogen werden soll. Auch hier geht die Praxis andere Wege, denn meistens werden immobile Faktoren überproportional besteuert: sie können sich nicht ins Ausland absetzen. Mobile Faktoren, insbesondere Spitzenverdiener oder Kapital werden demgegenüber eher gering oder gar nicht herangezogen. Auch sogenannte Doppel-, Bestands- und Nominalbesteuerungen (beispielsweise die Zinsabschlagssteuer) erfüllen das geforderte Kriterium nicht.

7.2.2 Staatliche Ausgaben

Im Jahr 2008 betrugen die staatlichen Ausgaben von Bund, Länder, Gemeinden und Parafisci 1.053,3 Mrd. € und machten damit 42% des Bruttoinlandsproduktes in Höhe von 2.491,4 Mrd. € aus; pro Kopf bedeutete dies Ausgaben in Höhe von ca. 12.800 €. Die Hälfte der Ausgaben wird für die soziale Sicherung ausbezahlt; der zweitgrößte Ausgabenposten mit etwa 8% geht in das öffentliche Bildungswesen und die Wirtschaftsförderung macht den drittgrößten Posten aus.

Die folgende Tabelle zeigt die Verteilung der Staatsausgaben auf Bund, Länder und Gemeinden und liefert einen Überblick über die wichtigsten Ausgabearten:

Ausgaben 2005	**in Mrd. €**	**in%**
Bund	**272,7**	
Soziale Sicherung	127,7	47
Allg. Finanzwirtschaft	65,8	24
Verteidigung	23,7	9
Verkehrs- und Nachrichtenwesen	11,1	4
Länder	**219,0**	
Allg. Finanzwirtschaft	59,5	27
Allg. und berufliche Schulen	40,7	19
Soziale Sicherung	21,6	10
Gemeinden	**99,9**	
Soziale Sicherung	41,2	41
Wohnungswesen, Städtebau	16,4	16
Polit. Führung und Verwaltung	12,8	13

Abb.: 7-2: Ausgabe von Bund, Länder und Gemeinden

Wiederum steht die soziale Sicherung weit oben, wobei sich ansonsten die Aufgabenverteilung zwischen den Körperschaften widerspiegelt: Verteidigung ist eine Bundesaufgabe, Bildung weitgehend Ländersache und bei den Kommunen stehen kommunaler Wohnungs-

und Städtebau ganz oben. Hervorzuheben ist der Posten allgemeine Finanzwirtschaft, hinter dem sich vor allem die Zinsen verbergen, die die öffentliche Hand für ihren Schuldenberg, siehe unten, bezahlen muss: Bund und Länder müssen bereits ein Viertel ihrer Ausgaben für diesen Posten einkalkulieren. Hier zeigt sich bereits die Gefahr hoher öffentlicher Schulden: die daraus resultierenden Zinszahlungen können den Handlungsspielraum der Körperschaften sehr einengen.

Es kann an dieser Stelle nicht geklärt werden, ob all die Staatsausgaben nötig und sinnvoll sind. Aber der hohe Ausgabenanteil für soziale Sicherung spiegelt den Anspruch der Bundesrepublik wider, eine soziale Marktwirtschaft sein zu wollen; ob hierfür die Sozialausgaben noch zu wenig sind oder ob, umgekehrt, zu hohe Sozialausgaben die Leistungsfähigkeit der deutschen Wirtschaft beschneiden, sei hier nicht diskutiert. Neben dieser staatlichen Umverteilungspolitik werden die Ausgaben benötigt, um meritorische und öffentliche Güter bereitzustellen. Öffentliche Güter (auch Kollektivgüter) sind durch Nicht-Ausschließbarkeit gekennzeichnet und ein Nutzer dieser Güter wird nicht dafür bezahlen; weil sich deshalb kein Privater findet, der diese Güter anbietet, muss der Staat einspringen und beispielsweise Verteidigung, öffentliche Sicherheit, Grundlagenforschung oder Straßenbeleuchtung zu finanzieren. Aus verschiedenen Gründen werden meritorische Güter von den Menschen zu wenig nachgefragt; deshalb zwingt sie der Staat dazu, führt beispielsweise eine Schul- oder Impfpflicht ein und stellt dann häufig die erforderlichen Einrichtungen, Schulen und Gesundheitsämter zur Verfügung. Andere Ausgaben gehen in den Hochschulbereich oder in die Förderung bestimmter Wirtschaftsbereiche und -sektoren, um dort Aktivitäten zu forcieren, die ansonsten nicht oder zu wenig stattfinden würden.

Im Fortgang der theoretischen Analyse unten wird auf den Staatskonsum (G) anstelle der Staatsausgaben abgestellt; dies liegt daran, dass den Transfers an Private (z.B. Renten und Kindergeldzahlungen an Haushalte, Subventionen an Unternehmen) keine produzierten Güter oder Dienstleistungen gegenüberstehen. Der Staatskonsum in einer Höhe von ca. 400 Mrd. € jährlich spiegelt die Inanspruchnahme von realen Ressourcen wider, die vor allem als Sach- und Personalaufwand zu Buche schlagen.

Die Notwendigkeit staatlicher Ausgaben wird von keinem Ökonomen widersprochen; über deren Höhe und Adressaten gibt es jedoch heftige Kontroversen. Während Neoliberale eher einen Nachtwächterstaat mit wenig staatlicher Einmischung fordern, argumentieren andere mit zahlreichen Marktversagen, denen der Staat mit seiner gezielten Ausgabepolitik begegnen müsse.

7.2.3 Staatliche Schulden

Ein staatliches Haushaltsdefizit ergibt sich, wenn die Ausgaben größer als die Einnahmen sind; eher selten findet sich heutzutage ein Staatswesen, bei dem Umgekehrtes gilt und deshalb ein Haushaltsüberschuss vorliegt. die Bundesrepublik hat diesen wünschenswerten Zustand zuletzt in 2007 aufgrund der mit der guten Konjunktur verbundenen hohen Steuereinnahmen erreicht – aufgrund der gegenwärtigen Wirtschaftskrise muss in den nächsten Jahren jedoch mit deutlich steigenden Defiziten gerechnet werden. Die Bundesrepublik hatte in 2008 eine Differenz zwischen Ausgaben (1.053,3 Mrd. €) und Einnahmen (1.050,6 Mrd. €)

in Höhe von 2,7 Mrd. €. Damit stiegen die Schulden des öffentlichen Gesamthaushalts Ende 2008 auf 1.517,6 Mrd. €, was 61% des Bruttoinlandsprodukts oder ca. 18.500 € Schulden pro Einwohner bedeutete. Von den öffentlichen Schulden sind, inklusive ihrer jeweiligen Parafisci, der Bund für 63,1%, die Länder für 31,7% und die Gemeinden für 5,2% verantwortlich. Die Defizite sind Stromgrößen pro Periode, die die Bestandsgröße Schuldenstand verändern; die öffentlichen oder Staatsschulden dürfen nicht mit der Verschuldung eines Landes im Ausland verwechselt werden, die sich durch Leistungsbilanzdefizite erhöht; leider wird die Auslandsverschuldung ab und an auch als Staatsschuld bezeichnet und es hilft dann nur der Blick auf den Kontext.

Was bedeutet nun ein Staatsdefizit? Es heißt nichts anderes, als dass der Staat heute Ausgaben tätigt, die er erst morgen durch (Steuer-) Einnahmen gegenfinanziert; oder noch deutlicher formuliert: mittels Staatsdefiziten genehmigt sich eine heutige Steuerzahlergeneration Staatsausgaben, die erst spätere Steuerzahlergenerationen bezahlen müssen. Deshalb ist im Grundgesetz Art. 115 GG verankert, dass eine Nettokreditaufnahme grundsätzlich nur dann erlaubt ist, wenn ihr investive Staatsausgaben entgegenstehen; die Logik ist einfach: durch investive Staatsausgaben, z.B. in Forschungszentren, entstehen heute Kosten, denen hoffentlich morgige Erträge entspringen – eine zusätzliche Verschuldung bürdet der nächsten Generation somit jene Kosten auf, denen auch entsprechende Erträge entgegenstehen. Eine intertemporale Umverteilung wäre es allerdings, wenn, wie in der Bundesrepublik üblich, die Nettoneuverschuldung zur Finanzierung nicht-investiver Ausgaben, z.B. höherer Transferzahlungen, herangezogen wird.

Die Höhe der Staatsverschuldung ist gar nicht so entscheidend; wichtig sind die aus der Verschuldung resultierenden Zinszahlungen. Diese sind zwar nicht „verschwunden", denn sie werden denjenigen Privaten gezahlt, die, z.B. in Form von Bundesschatzbriefen, dem Staat ihr Geld geliehen haben; aber sind die staatlichen Zinszahlungen hoch, schränken sie die Handlungsfähigkeit des Staates deutlich ein. Zu einer tödlichen Abwärtsspirale könnte es kommen, wenn der Staat so hoch verschuldet ist, dass er sogar zur Bezahlung der Zinsen wiederum neue Schulden aufnehmen muss, deren zusätzliche Zinslasten zu wieder neuen Schulden führen und so weiter. Historisch wird dieser Staatsbankrott meistens durch eine Hyperinflation abgewendet, mit der sich der Staat und jeder andere Schuldner ihrer Schuld bequem zulasten der Sparer entledigen können: wenn es durch unverantwortliche Finanzpolitik so weit gekommen ist, stehen also alle nur noch vor der Wahl zwischen „Pest und Cholera".

7.3 Fiskalpolitik im keynesianischen Modellkontext

Ausgehend von J. M. Keynes und seinen Nachfolgern werden makroökonomische Modelle dann als keynesianisch bezeichnet, wenn vier Aussagen im Mittelpunkt stehen:

1) dem Markt wird eine prinzipielle Instabilität attestiert, der durch geeignete staatliche Wirtschaftspolitik begegnet werden muss
2) Güter- und Faktorpreise werden als rigide, also wenig flexibel bis kurzfristig unbeweglich angenommen

3) es existieren nachfragebedingte Unterbeschäftigungsgleichgewichte
4) die gesamtwirtschaftlichen Nachfrageaggregate werden als entscheidend für die wirtschaftliche Aktivität angesehen und Fiskalpolitik ist zuallererst Nachfragepolitik.

Die Grundaussagen keynesianischer Fiskalpolitik werden zuerst am berühmten Multiplikator und danach im IS-LM-Modell erläutert.

7.3.1 Keynesianischer Multiplikator

Die gesamtwirtschaftliche Nachfrage Y^N ergibt sich aus dem privaten (C) und staatlichen Konsum (G), den Investitionen (I) und dem Außenbeitrag als Export minus Import (Ex – Im):

$$Y^N = C + G + I + (Ex - Im)$$

Im einfachsten Fall werden alle Nachfrageaggregate bis auf den privaten Konsum als autonom, das heißt als von außen gegeben und momentan unverändert, angesehen; der private Konsum hat eine autonome Komponente C^a und eine einkommensabhängige Komponente cY, wobei $0 < c < 1$ die marginale Konsumneigung angibt. In Deutschland liegt die Konsumneigung zwischen 0,85 und 0,9: das heißt, dass von zusätzlich verdienten 100 € circa 85 bis 90 € in den Konsum, der Rest in die Ersparnis fließen:

$$C = C^a + cY$$

Ein Unterbeschäftigungsgleichgewicht ist dadurch charakterisiert, dass die Unternehmen unterhalb ihrer Kapazitätsgrenzen produzieren, es herrscht Arbeitslosigkeit und zu gegebenen Preisen werden genau jene Güter produziert und gekauft, die nachgefragt werden: die Nachfrage bestimmt das völlig elastische Angebot.

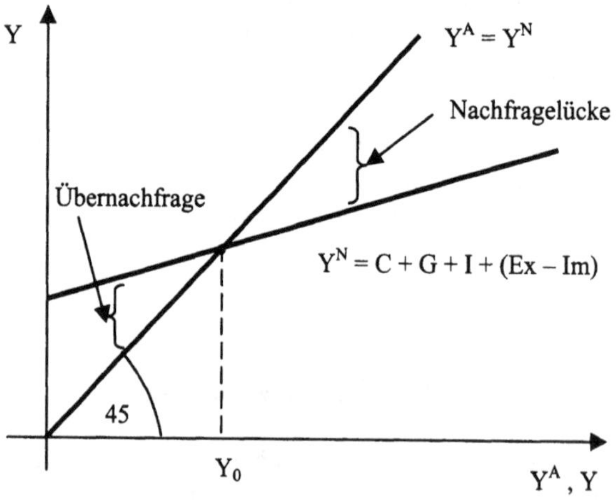

Abb.: 7-3: Nachfrage bestimmt Angebot

In Abbildung 7-3 definiert jeder Punkt auf der 45°-Linie ein Unterbeschäftigungsgleichgewicht, denn Angebot und Nachfrage sind gleich; die Nachfragelinie hat aufgrund der autonomen Komponenten einen positiven Achsenabschnitt und aufgrund der marginalen Konsumneigung eine Steigung kleiner Eins. Nur in Y_0 ist das nachgefragte Inlandsprodukt gleich dem angebotenen, während links bzw. rechts davon eine Übernachfrage bzw. eine Nachfragelücke existieren; die Unternehmer würden im ersten Fall mehr, im zweiten weniger anbieten, um die Lücken zu schließen. Y_0 ist ein stabiles Unterbeschäftigungsgleichgewicht, denn es sind keine Marktkräfte vorhanden, die weiter nach rechts, hin zu einer (nicht eingezeichneten) Vollbeschäftigungssituation führen könnten.

In dieser Situation muss nun laut Keynes der Staat eingreifen und durch Erhöhung des Staatskonsums die Wirtschaft ankurbeln:

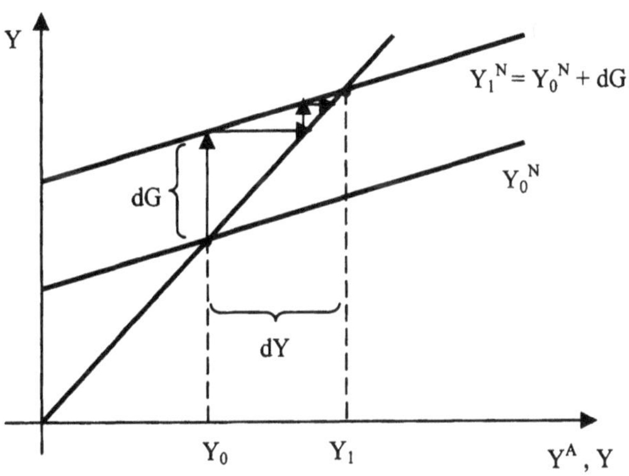

Abb.: 7-4: Der Multiplikator

Der Leser sieht bereits an der Abbildung 7-4 den überraschenden Sachverhalt, dass die Erhöhung der Staatshausgaben dG zu einer Erhöhung des Inlandsproduktes führt, die deutlich größer ist als die ursprüngliche Staatsausgabenveränderung. Dies liegt am Multiplikator: die zusätzliche Nachfrage führt sofort zu einer entsprechenden Einkommenserhöhung bei denjenigen, die sie staatliche Nachfrage bedienen; aus dieser Einkommenserhöhung werden gemäß der marginalen Konsumnachfrage zusätzliche Konsumausgaben generiert, die wiederum zu zusätzlichem Einkommen führen, das wiederum weitere, immer kleiner werdende Konsum- und Einkommensveränderungen induziert - bis in Y_1 das neue Gleichgewicht erreicht ist. Mathematisch lässt sich der Multiplikator berechnen und hängt im hier dargestellten einfachen Fall ausschließlich von der marginalen Konsumneigung c ab; je größer diese ist, desto größer ist der Multiplikator, denn die Sickerverluste in Form nicht nachfragewirksamer Ersparnis bleibt klein:

$$dY = (1/(1-c))\, dG \qquad \text{mit } 0 < c < 1$$

So würden beispielsweise bei c = 0,8 zusätzliche Staatsausgaben in Höhe von 1 Mio. € das Einkommen um immerhin 5 Mio. € erhöhen. Doch wie werden die Staatsausgaben gegenfinanziert? Den vollen Multiplikator kann die Fiskalpolitik nur erreichen, wenn die Gegenfinanzierung durch zusätzliche Kreditaufnahme erfolgt. Dies ist das so genannte Deficit Spending, das von keynesianisch geprägten Wirtschaftspolitikern gefordert wird: in Unterbeschäftigungssituationen soll sich der Staat verschulden, seine Ausgaben erhöhen und so die Wirtschaft Richtung Vollbeschäftigung führen. Unter bestimmten Bedingungen gilt sogar das Haavelmo-Theorem, das zeigt, dass selbst bei einer Gegenfinanzierung der Staatsausgaben durch Steuererhöhungen ein positiver Multiplikator übrig bleiben kann. Die Multiplikatortheorie klingt eigentlich zu schön, um wahr zu sein; und in der Tat gibt es einige starke theoretische und praktisch-politische Gegenargumente, die im Fortgang sichtbar werden.

7.3.2 Fiskalpolitik im IS-LM-Modell

Staatliche Nachfragepolitik kann auch im IS-LM-Modell erläutert werden. In Abschnitt 3.3. wurde die IS-Kurve abgeleitet und gezeigt, dass eine Staatsausgabenerhöhung die IS-Kurve nach rechts verschiebt. In Abbildung 7-5 werden die Effekte gezeigt:

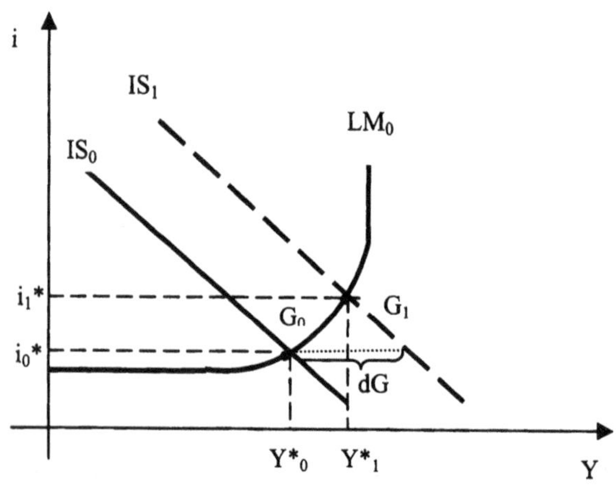

Abb.: 7-5: Staatsausgabenerhöhung im IS-LM-Modell

Im Unterschied zur Abbildung 7-4 zeigt sich nun, dass die Staatsausgabenerhöhung dG ebenfalls zu einer Einkommenserhöhung dY von Y_0* auf Y_1* führt, die aber kleiner als dG ausfällt. Was ist die Ursache für dieses signifikant andere Ergebnis als oben? Es sind *Crowding Out Effekte*, die hier den Multiplikator ausschalten. Die kreditfinanzierten zusätzlichen Staatsausgaben erhöhen auf dem Geldmarkt (siehe oben 2.3) die Geldnachfrage, die nun das Geldangebot übersteigt; zum Ausgleich werden die Zinsen solange steigen, bis am Geldmarkt wieder ein Gleichgewicht herrscht. Dieser Zinsanstieg verringert aber die zinsabhängigen Investitionen, da sich nun weniger Investitionsprojekte rechnen. Im Ergebnis *verdrängt* (= Crowinding Out) also die zusätzliche Staatsnachfrage private Investitionsnachfrage und die Einkommenserhöhung fällt geringer aus als die ursprüngliche Erhöhung der Staatsausgaben.

Die Auswirkungen des Crowding Out Effektes sind abhängig vom Verlauf der LM-Kurve und drei verschiedene Szenarien können anhand der Abbildung 7-6 erläutert werden:

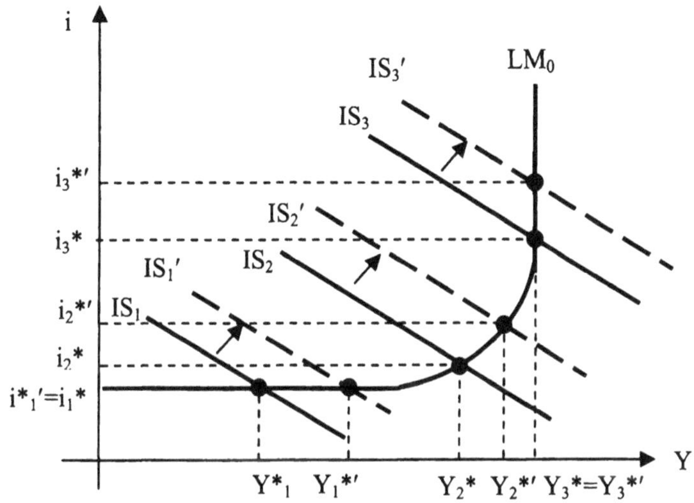

Abb. 7-6: Verschiebung der IS-Kurve und Verlauf der LM-Kurve

Eine jeweils gleiche Erhöhung der Staatsausgaben und eine dadurch hervorgerufene je gleiche Rechtsverschiebung der IS-Kurve haben unterschiedliche Effekte, wenn sie in den drei typischen Bereichen der LM-Kurve erfolgen.

1) Die Rechtsverschiebung der IS-Kurve von IS_1 nach IS_1' erfolgt im *Keynes-Bereich* und die Ergebnisse entsprechen denen des grundlegenden Multiplikators des letzten Abschnitts: die Staatsausgabenerhöhung führt zu einer deutlichen Einkommenserhöhung bei unverändertem Zinsniveau $i_1^* = i_1^{*'}$. Das Auffüllen der Transaktionskasse erfolgt hier ausschließlich aus der Spekulationskasse; Geldmarktungleichgewichte entstehen deshalb nicht, die Zinsen steigen nicht, Investitionen werden nicht verdrängt und der Crowding Out Effekt entfällt komplett. Dieser Keynes-Bereich, in der Geldpolitik aufgrund der Liquiditätsfalle unwirksam ist, findet sich häufig während einer Rezessionsphase.
2) Die Rechtsverschiebung von IS_2 nach IS_2' im mittleren Bereich der LM-Kurve entspricht der Situation der Abbildung7-5 und wurde dort erläutert. Es kommt zu einer Zinssteigerung von i_2^* auf $i_2^{*'}$, damit zu einem Crowding Out und einer geringeren Zunahme des Einkommens von Y_2^* auf $Y_2^{*'}$. Der mittlere Bereich spiegelt eine normale Konjunkturphase, also weder Boom noch Rezession, wider.
3) Die Rechtsverschiebung der IS-Kurve von IS_3 nach IS_3' erfolgt im *klassischen Bereich* der LM-Kurve. Diese Bezeichnung, siehe auch die Erläuterungen im nächsten Abschnitt, ergibt sich deshalb, weil nun die Fiskalpolitik völlig wirkungslos ist. Die Staatsausgabenerhöhung führt zu einer so starken Zinserhöhung von i_3^* auf $i_3^{*'}$, dass Investitionen in gleicher Höhe wie die zusätzlichen Staatsausgaben verdrängt werden. Bei diesem totalen Crowding Out werden lediglich private Investitionen durch staatliche Konsumausgaben ausgetauscht, der Nachfrageeffekt ist neutralisiert und das Einkommen bleibt unverändert. Der klassische Bereich entspricht einer konjunkturellen Boomphase.

Keynesianische Fiskalpolitik ist somit je nach vorherrschender Konjunkturphase unterschiedlich wirksam; je größer ein nachfragebedingtes Unterbeschäftigungsgleichgewicht ist, je niedriger die Zinsen sind und je wahrscheinlicher eine Liquiditätsfalle vorliegt, desto wirksamer ist Nachfragepolitik. Je größer jedoch die Gefahr von Crowding Out Effekten ist, desto wirkungsloser wird staatliche Nachfragepolitik und ihre Kritiker monieren unter anderem die bloße Verdrängung privater investiver Wirtschaftstätigkeit durch konsumtive Staatsausgaben, die nichts anderes bewirken als eine höhere Staatsverschuldung.

7.3.3 Antizyklische Fiskalpolitik und die Kritik an der keynesianischen Fiskalpolitik

Kein Keynesianer empfiehlt staatliche Nachfragepolitik in jeder Situation. Zum einen kann damit nur jene Unterbeschäftigung bekämpft werden, die auch auf Nachfragemangel zurückzuführen ist; so kann beispielsweise strukturelle Arbeitslosigkeit damit nicht behoben werden. Zum anderen wird niemand Nachfragepolitik vorschlagen, wenn sich die Ökonomie im Hoch befindet und eine steile oder gar vertikal LM-Kurve vorliegt. Das Konzept der *antizyklischen Fiskalpolitik* berücksichtigt diese Einwände und besagt, dass der Staat antizyklisch zum Konjunkturverlauf intervenieren soll: expansive Nachfragepolitik in Phasen der Rezession und bei mangelnder gesamtwirtschaftlicher Nachfrage und restriktive Fiskalpolitik in Phasen des Booms. Zum einen kann die antizyklische Fiskalpolitik *aktiv* sein, das heißt die Regierung legt in der Rezession ein Konjunkturprogramm auf, beispielsweise mit zusätzlichen Baumaßnahmen der öffentlichen Hand, und streicht im Boom die Subventionen und Transfers an private Unternehmen und Haushalte. Zum anderen bedient sich die antizyklische Fiskalpolitik *automatischer* antizyklischer Stabilisatoren, denn in der Rezession werden zusätzliche Transfers an Arbeitslose und Sozialhilfeempfänger nötig, während im Boom hohe zusätzliche Steuereinnahmen das Staatsbudget entlasten. Deshalb ist, zumindest vom Prinzip her, die antizyklische Fiskalpolitik mittelfristig neutral bezüglich der Schuldenpolitik: im Boom werden Haushaltsüberschüsse gebildet (hohe Steuereinnahmen + geringe Ausgaben), die dann in der Rezession die Haushaltsdefizite (geringe Steuereinnahmen + hohe Ausgaben) finanzieren können.

Soweit ist die Theorie durchaus logisch und nachvollziehbar; doch seit den 1970er Jahren ist die keynesianische Nachfragepolitik zunehmend kritisiert worden und überspitzt formuliert lässt sich fragen, ob sie denn *Wunderwaffe oder staats-interventionistisches Teufelszeug* sei? Die grundsätzliche Gegnerschaft klassisch-monetaristischer Makroökonomen zu staatlichen Interventionen wird im nächsten Abschnitt erläutert; hier sollen die pragmatischen *Kritikpunkte* an dieser Theorie erläutert werden.

1) Gute antizyklische Fiskalpolitik benötigt einen gut prognostizierten Konjunkturverlauf und eine Politik, die die expansiven beziehungsweise restriktiven Maßnahmen zum *richtigen Zeitpunkt* in der *richtigen Dosierung* umsetzen kann. Trotz einer Reihe mehr oder minder präziser Konjunktur-Frühindikatoren ist die erste Bedingung schwer zu erfüllen und damit erschwert sich Zeit- und Mengenplanung erheblich. Hinzu kommen Lags, also Verzögerungen, die zwischen die Erkenntnis eines Handlungsbedarfs und der Wirkung einer Maßnahme erhebliche Zeiträume entstehen lassen. So muss beispiels-

weise ein staatliches Straßenbauprogramm zuerst durch diverse politisch-administrative Genehmigungsinstanzen, dann müssen Unternehmer gefunden werden, die Arbeiten müssen beginnen und die Bezahlung erfolgt Zug um Zug zum Baufortschritt. Im ungünstigsten Fall wird also das expansive Konjunkturprogramm erst dann wirksam, wenn die Konjunktur sich bereits in der Aufschwungphase oder gar im Boom befindet. So entstehen prozyklische Effekte, die destabilisierend wirken.

2) Auf der (wirtschafts-) *politischen Ebene* können verschiedene Probleme auftauchen. Hauptgefahr ist, dass die Vorgaben der antizyklischen Fiskalpolitik nur in der Rezession, nicht aber im Boom befolgt werden: Aus wahltaktischen Gründen geben Politiker lieber als dass sie nehmen; so wird keynesianische Expansionspolitik in der Rezession durchgeführt, im Boom wird jedoch nicht restriktiv, sondern weiterhin expansiv gewirtschaftet, weil ja die Steuereinnahmen reichlich sprudeln. Dies hat zur Folge, dass die Staatsschulden andauern zunehmen, denn die eigentlich geforderte Rücklagenbildung in den wirtschaftlich guten Zeiten wird „vergessen". Und in der Tat sind die sehr hohen Schuldenberge, auf denen die meisten Staatshaushalte sitzen, seit den 1970er Jahren auf diese Weise gebildet worden. In der Realität wird die antizyklische Fiskalpolitik häufig sogar durch eine wahlzyklische Fiskalpolitik abgelöst, die sich völlig von der Konjunktur abgekoppelt hat und vor den Wahlen Steuern senkt und Subventionen erhöht und dies nach der Wahl (manchmal) wieder rückgängig macht. Außerdem hat eine erfolgreiche Stabilisierungspolitik möglicherweise zur Folge, dass die privaten Wirtschaftssubjekte das Vollbeschäftigungsziel als mehr oder minder staatsgarantiert ansehen und mit immer höheren Lohn- und Gewinnforderungen inflatorische Tendenzen anheizen. Eine weitere Gefahr besteht darin, dass andere als nachfragebedingte Arbeitslosigkeitsursachen länger als nötig übersehen werden und beispielsweise strukturelle Veränderungen der Volkswirtschaft kurzfristig mit Hilfe expansiver Nachfragepolitik kaschiert werden können. Dadurch werden gegebenenfalls nötige Kurskorrekturen und Strukturanpassung verzögert; mittelfristig werden dadurch größere Probleme generiert als ursprünglich vorhanden. Der verpasste und mit Subventionen verhinderte Strukturwandel in der deutschen Kohle- und Stahlindustrie ist hierfür ein gutes Beispiel.

7.4 Fiskalpolitik im klassisch-monetaristischen Modellkontext

Ausgehend von den klassischen Ökonomen und neu formuliert in der Kritik am Keynesianismus durch die Monetaristen werden makroökonomische Modelle dann als klassisch-monetaristisch bezeichnet, wenn vier Aussagen im Mittelpunkt stehen:

1) dem Markt wird eine prinzipielle Stabilität attestiert und der Staat soll sich weitgehend aus dem Marktgeschehen heraushalten, um die Selbstheilungskräfte des Marktes nicht zu stören
2) Güter- und Faktorpreise werden als flexibel angesehen
3) Unterbeschäftigungsgleichgewichte entstehen nur durch falsche wirtschaftspolitische Eingriffe

4) Nachfragemangel gibt es nicht, das gesamtwirtschaftliche Angebot bestimmt die Ökonomie und Aufgabe der Wirtschaftspolitik ist es lediglich, die Angebotskräfte und -bedingungen der Ökonomie zu stärken.

Gelten diese vier Aussagen, stellt sich folgende Grundsatzfrage:

7.4.1 Gibt es überhaupt klassisch-monetaristische Fiskalpolitik?

Wenn, wie anfangs definiert, Fiskalpolitik als Stabilisierungspolitik verstanden wird, kann es streng genommen keine klassisch-monetaristische Fiskalpolitik geben; denn aus den vier Grundaussagen dieser Modellfamilie folgt, dass Stabilisierungspolitik kein staatliches Ziel ist und es deshalb keine stabilisierende Fiskal- (und keine stabilisierende Geld-) Politik geben darf.

Und deshalb fordern klassisch-monetaristische Ökonomen von der Wirtschaftpolitik zweierlei:
Zum einen soll die Fiskal- (und Geld-) Politik *verstetigt* werden. Anstelle der bewussten diskretionären Eingriffe, die die antizyklische Fiskalpolitik fordert, sollen langfristige Regeln gelten und der Staatshaushalt soll konjunkturneutral gestaltet werden. Meist läuft dies auf die zusätzliche Forderung hinaus, die Staatsquote zu senken, sich lediglich auf die Bereitstellung öffentlicher Güter zu beschränken und expansive und restriktive Nachfrageelemente aus dem Haushalt weitgehend zu entfernen.

Zum anderen soll die *Angebotsseite* der Ökonomie gestärkt werden; auch hier laufen die konkreten Forderungen auf eine Deregulierung, höhere Flexibilisierung und einen weitgehenden Rückzug des Staates hinaus. Diese Maßnahmen sollen die Eigendynamik des Marktes stärken, die Eigenverantwortung der privaten Wirtschaftssubjekte verbessern, Leistungsanreize setzen und die investiven Kräfte fördern. Eine hohe Ersparnis, die oben im Keynesianismus den Multiplikator abschwächte, wird hier positiv interpretiert, denn sie ermöglicht wachstumsstimulierende Investitionen.

7.4.2 Laffer-Theorem und Supply-Side-Economics

Der Legende nach skizzierte der Ökonom Laffer 1974 folgende Kurve 7-5 auf eine Serviette in einem Restaurant, um den Zusammenhang zwischen Höhe des Steuersatzes und dem Steueraufkommen zu verdeutlichen. Es ist einleuchtend, dass sowohl bei 0% als auch bei 100% Steuersatz die Steuereinnahmen gegen Null gehen: einmal weil der Satz bei Null liegt, einmal weil die Bemessungsgrundlage bei Null liegt, da bei 100%iger Besteuerung niemand mehr arbeiten wird.

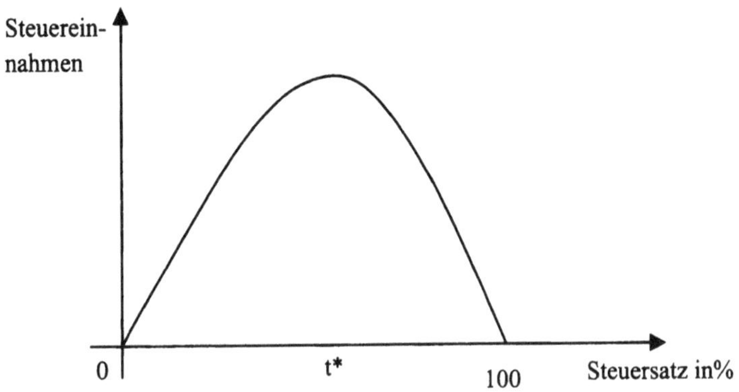

Abb. 7-5: Laffer-Kurve

Irgendwo dazwischen muss sich deshalb zwingend ein Steuersatz t* befinden, bei dem das Steueraufkommen maximiert wird; wo sich dieser Satz befindet, konnte bisher empirisch nicht festgestellt werden, weshalb die Laffer-Kurve fast nach politischem Belieben interpretiert werden kann. Klassisch-monetaristische Ökonomen und Politiker behaupten deshalb, dass sich der tatsächliche Steuersatz rechts von t* befindet, so dass eine Steuersatzsenkung nicht nur leistungssteigernd wirkt, sondern gleich noch das Steueraufkommen wachsen lässt. Ironisch betrachtet ist das Laffer-Theorem das klassisch-monetaristische Pendant zum keynesianischen Zauberinstrument Haavelmo-Theorem, dass sich steuerfinanzierte Ausgaben selber refinanzieren. Der berühmteste Versuch, das Laffer-Theorem in die Praxis umzusetzen, wurde unter US-Präsident Reagan gewagt, der nach seiner Wahl hohe Steuersenkungen umsetzte. Statt zu Steuermehreinnahmen kam es zu hohen Steuerausfällen, die in Verbindung mit drastisch gestiegenen Rüstungsausgaben zu einem hohen Staatsdefizit führte. Reagan war ein starker Verfechter der angebotsorientierten Wirtschaftspolitik in ihrer strengen amerikanischen Variante, dass sich der Staat aus dem privaten Wirtschaftskreislauf so weit wie möglich zurückziehen sollte und letztlich nur innere und äußere Sicherheit gewährleisten sollte. Ironischerweise war aber die de facto Politik Reagans extrem keynesianisch und das Steuersenkungspaket mit gleichzeitiger Erhöhung der Ausgaben war nichts anderes als ein gigantisches Konjunkturprogramm mittels expansiver Nachfragepolitik.

7.5 Moderne Fiskalpolitik in Deutschland und der EU

7.5.1 Moderne Fiskalpolitik in Deutschland

Heutige moderne Fiskalpolitik in Deutschland bedient sich relativ ideologiefrei der Ansätze aus beiden Modellrahmen. Der weit überwiegende Teil der politischen Parteien (Union, SPD, Grüne, FDP) bekennt sich ausdrücklich zur sozialen Marktwirtschaft und fordert *so wenig Staat wie möglich und soviel Staat wie nötig*. Dass es hier zu Detailstreitigkeiten kommt, ist natürlich, aber es besteht weitgehender Konsens über folgende grundlegende Punkte bezüglich der Fiskalpolitik:

1) Staatsdefizite und dadurch wachsende Schuldenberge sollen vermieden werden; Ziel sind ausgeglichene Haushalte und mittelfristiger Schuldenabbau; dahinter verbirgt sich die richtige Erkenntnis, dass Staatsschulden die Handlungsmöglichkeiten späterer Generationen deutlich einschränken und aus inter-generationeller Fairness heraus zu vermeiden sind.
2) Diskretionäre antizyklische Fiskalpolitik wird weitgehend abgelehnt aufgrund der oben erläuterten praktischen Umsetzungsschwierigkeiten. Dies heißt nicht, dass in Wahlkampfzeiten, die in Rezessionen fallen, der Ruf nach stabilisierender Nachfragepolitik lauter wird – Gehör fand er bis zum Herbst 2008 beinahe nicht.
3) Es besteht weitgehende Einigkeit, dass die angebotsseitigen Bedingungen der Ökonomie durch kontrollierte Steuer- und Subventionssenkungen, durch ein stark zu vereinfachendes Steuersystem und durch Bürokratieabbau gestärkt werden müssen. Starke Lobbyinteressen haben jedoch diesen moderaten Umbau bisher weitgehend verhindert.

Die Fiskalpolitik der dominierenden Parteien lässt sich somit als Kompromiss beschreiben, der moderat klassisch-monetaristisch ist, aber pragmatische keynesianische Einsprengsel erkennen lässt. Seit Herbst 2008 hat sich der wirtschaftspolitische Wind aber komplett gedreht und seitdem gelten nachfragewirksame Konjunkturprogramme in immer größeren Paketen als einzige Rettungsmöglichkeit aus der fulminaten Wirtschaftskrise – das Problem, wer denn wann die gigantische Rechnung bezahlen solle, ist natürlich nicht dadurch gelöst, dass sich Wirtschaftsfachleute und -politiker rund um den Globus über mangelnde Alternativen einig sind.

7.5.2 Herausforderungen durch den Stabilitäts- und Wachstumspakt

Im Unterschied zu früheren Zeiten befindet sich die Fiskalpolitik seit Einführung der Gemeinschaftswährung Euro in einem neuen internationalen Kontext. Die Geldpolitik ist bekanntlich auf die EZB übergegangen; die Fiskalpolitik ist noch komplett dezentral in den nationalen Händen der jeweiligen Regierungen verblieben, denn das Zentralbudget der europäischen Kommission ist derart klein, dass (noch) nicht von einer europäischen Fiskalpolitik gesprochen werden kann. Wichtiger wirkt jedoch der Europäische Stabilitätspakt, der zusammen mit der Euroeinführung umgesetzt wurde, um eine währungs-gefährdende Fiskalpolitik der Mitgliedsländer zu verhindern. Hintergrund dieser Überlegung ist die Gefahr eines *Fiskalwettbewerbs*: Wie oben erläutert, führen staatliche Budgetdefizite zu mehr oder minder großen Zinserhöhungen. In Vor-EU-Zeiten bezogen sich Geld- und Fiskalpolitik auf je das gleiche Staatsgebiet und wenn eine Regierung kreditfinanzierte Wahlgeschenke verteilte, standen diesen Vergünstigungen Kosten in Form gestiegener Zinsen gegenüber: Begünstigte und Benachteiligte dieser Politik waren somit die jeweiligen Staatsbürger. Anders innerhalb des Euroraumes: wenn eine Regierung kreditfinanzierte Fiskalpolitik zugunsten ihrer Bürger betreibt, erhöht sie damit tendenziell die Zinsen im Euroraum. Mit anderen Worten: der Nutzen entsteht für die eigenen Bürger, die Kosten entfallen auf alle Euro-Bürger. Diese Externalisierung der Kosten verführt zu einer ausufernden Fiskalpolitik – und wenn dies alle Regierungen tun, kommt es zu einem Fiskalwettbewerb mit immer schneller steigenden Schuldenbergen. Ziel des Stabilitäts- und Wachstumspaktes ist es somit, diesen Teufelskreis des Fiskalwettbewerbs erst gar nicht beginnen zu lassen. Dieser Hintergrund stärkt somit jene angebotsseitigen Tendenzen, die Staatsverschuldung niedrig zu halten, die so genannten Maastricht-Kriterien des Paktes nicht zu verletzten und Haushaltsdisziplin zu üben. Bisher hat der Pakt im Ergebnis funktioniert, obwohl einzelne Länder die Maastricht-Referenzwerte für die öffentliche Verschuldung immer wieder deutlich und länger überschritten hatten. Der Leser kann in den nächsten Jahren begleiten, ob es zum einen dabei bleibt und ob es zum anderen sogar Tendenzen zu einer stärkeren Vereinheitlichung der Fiskalpolitik innerhalb der Union und zugunsten zentraleuropäischer Instanzen geben wird. Noch gibt es keine Forderungen nach einem europäischen Finanzminister und einer einheitlichen europäischen Fiskalpolitik – momentan eher unwahrscheinlich, aber unmöglich erscheint diese Entwicklung nicht.

8 Umwelttheorie und -politik

8.1 Überblick

In der Antike und im Mittelalter war es der Flottenbau, der dazu führte, dass der Mittelmeerraum und der ganze Nahe Osten weitgehend abgeholzt wurden. In der Frühzeit der Industrialisierung und in Entwicklungsländern waren und sind es stinkende Müllkippen, rauchende Schlote und verdreckte Flüsse, im 20. Jahrhundert kamen Verkehrsstau, Chemie- und Kernkraftunfälle hinzu und heute drohen Komplettverlust der Biodiversität, Ozonloch und Klimawandel mit gravierenden Folgen.
Umweltprobleme sind also nichts Neues, aber sie sind zunehmend globaler und komplexer geworden. Und zweifelsohne sind sie ein Begleitprodukt der menschlichen Wirtschaftsweise. Viele sehen deshalb einen Konflikt von Ökonomie und Ökologie, während andere von zu wenig Ökonomie in der Ökologie sprechen und versuchen, mit marktwirtschaftlichen Instrumenten Umweltpolitik zu machen. In diesem Kapitel soll gezeigt werden, welche ökonomischen Ursachen für die Umweltproblematik verantwortlich sind und welche umweltpolitischen Instrumente zur Verfügung stehen, um die umweltpolitischen Ziele effizient zu erreichen.

8.2 Umwelttheorie

8.2.1 Umweltgüter, Allmendegüter und externe Effekte

8.2.1.1 Umweltgüter und Ressourcen

Die Umwelt ist eine natürlich vorgegebene Ressource, die vom Menschen als Konsumgut und als Produktionsfaktor herangezogen wird. Umweltgüter sind beispielsweise

- lebensnotweniger Input wie Wasser, Sauerstoff oder Schutz vor Strahlung (Ozonschicht)
- unser Klima und unsere natürliche Umgebung mit Flora und Fauna
- Ressourcen über, auf und unter der Erde inklusive der kompletten Biodiversität
- Boden für Wohn-, Wirtschafts- und für Infrastruktureinrichtungen
- eine *schöne* Landschaft, eine Piste oder ein Strand, die der Erholung und dem Tourismus dienen
- Land, Wasser und Luft als Abfallbehälter, die Müll oder Emissionen mit mehr oder weniger toxischer Schadstoffe aufnehmen
- Land, Wasser und Luft als Medien, die Schwingungen und Licht übertragen, insbesondere Geräusche (eines Flughafens in der Luft oder der Sonargeräte im Wasser)

Regenerierbare natürliche Ressourcen sind Tier- und Pflanzenbestände, die ein bioökonomisches Gleichgewicht erreichen; Jagd, Fischfang, Holzschlag, Beweidung und andere menschliche Aktivitäten können dieses Gleichgewicht stören und führen im Grenzfall zur Zerstörung und Ausrottung des Bestandes.
Regenerierbare natürliche Ökosysteme sind komplexe Systeme, die ebenfalls zu einem natürlichen Gleichgewicht tendieren. Gewisse menschliche Einflüsse, z.B. Einleitung von Abwässern, können kompensiert werden, wenn sie die Regenerationsfähigkeit des Systems nicht überstrapazieren; wenn doch, *kippt* das System und ist zerstört. Urwälder, unsere Atmosphäre und unser Klima fallen in diese Kategorie. *Erschöpfbare* natürliche Ressourcen stammen aus natürlichen Lagerstätten, die sich nicht mehr auffüllen; Kohle und Öl sind die bekanntesten Beispiele, aber auch geerbte Natur- und Kulturattraktoren im Tourismus sind ähnlich interpretierbar. Eine weitere Einteilung der Umweltgüter erfolgt in lokale, nationale, transnationale oder internationale Umweltgüter und Qualm in Gaststätten, entropierte Seen, ein kalibelasteter Rhein oder das Ozonloch sind Beispiele für die jeweilige Kategorie.

8.2.1.2 Nicht-Ausschließbarkeit und Rivalität: das Allmendegut

Eine letztlich auf P. A. Samuelson zurückgehende Kategorisierung von Gütern hat sich für verschiedene Zwecke als sehr nützlich erwiesen. Sie stellt in einer einfachen Version auf die beiden Kategorien Ausschliessbarkeit und Rivalität im Konsum ab und teilt Güter in ein 4-Felder-Schema ein:

		Rivalität	
		ja (= „knapp“)	nein
Ausschließbarkeit	ja	P-Gut	M-Gut
	nein (= „frei“)	A-Gut	Ö-Gut

Abb.: 8-1 Güterkategorien

Ausschließbarkeit meint, dass ein Gut mittels technischer und/oder juristischer Mittel so abgeschlossen werden kann, dass nicht jedermann „frei“ dieses Gut verwenden kann; *Rivalität* (oder Knappheit im ökonomischen Sinn) bedeutet, dass ein Gut ganz oder teilweise an Qualität verliert, wenn es von jemanden konsumiert wird. In der Kombination ergeben sich folgende Güterkategorien:

Private Güter: Ein Auto ist ein gutes Beispiel, denn es kann abgeschlossen werden und verliert an Wert, wenn damit gefahren wird. Die allermeisten der üblichen Konsumgüter sind private Güter, für die der Markt- und Preismechanismus effiziente Allokationsergebnisse herbeiführt.

Für *Mautgüter* sind Mautstraßen oder Museen ein Beispiel, wenn sie nicht gerade von so vielen Leuten genutzt werden, dass es zu Stau-Externalitäten (siehe unten) kommt.

Öffentliche Güter: Bestes Beispiel sind Radiowellen, denn niemand kann daran gehindert werden, mit einem Radioempfänger diese Wellen zu empfangen, deren Qualität sich aber auch nicht ändert, egal ob eine oder 1.000 Antennen die Wellen auffangen; Straßenlicht, öffentliche Sicherheit oder leere deutsche Autobahnen sind ein anderes Beispiel dafür. Weil niemand ausgeschlossen werden kann, kann auch schwerlich ein Preis für die Nutzung des öffentlichen Gutes angesetzt werden – bei privatwirtschaftlichem Angebot käme es in der Regel zu einer Unterversorgung mit öffentlichen Gütern, so dass deren Bereitstellung sehr häufig vom Staat finanziert wird.

Im Unterschied zu den öffentlichen Gütern sind die *Allmendegüter* genau dadurch gekennzeichnet, dass Rivalität im Konsum besteht, dass also die Qualität eines Gutes ganz oder teilweise abnimmt, wenn es konsumiert wird. Beispiel sind Fischschwärme auf hoher See, die niemanden gehören; da aber sehr wohl eine Rivalität besteht - sogar doppelt, denn ein Fisch kann nur einmal gefangen/gegessen werden und ein gefangener Fisch trägt nicht mehr zum Erhalt der Population bei - kommt es bei Allmendegütern regelmäßig zum Problem der Übernutzung. Die Existenz von Allmendegütern ist eine Hauptursache für die Umweltproblematik und wird unten noch vertieft.

Als *Allgemeingüter* sind jene Güter definiert, für die keine Ausschliessbarkeit gilt; Allgemeingüter sind also der Oberbegriff zu öffentlichen und Allmendegütern. Demzufolge ist es richtig, die Umwelt als Allgemeingut zu bezeichnen. Umwelt*probleme* kann es aber nur geben, weil Umwelt ein Allmendegut ist; die häufig zu lesende Behauptung, dass Umweltgüter öffentliche Güter sind, ist streng genommen nicht logisch: denn wäre Umwelt ein „echtes" öffentliches Gut, gäbe es keine Rivalität und somit keine Umweltprobleme.

Güter sind nicht unverrückbar in die eine oder die andere Kategorie zugeordnet. Eine deutsche Autobahn kann nachts ein öffentliches Gut sein, weil kein Auto das andere stört und wird zur Stoßzeit plötzlich ein Allmendegut, weil der Platz auf der Straße knapp wird.

8.2.1.3 Externe Effekte

Externer Effekt bedeutet erst einmal ganz einfach, dass von einer bestimmten ökonomischen Handlung eines privaten Wirtschaftssubjektes Effekte auf andere Wirtschaftssubjekte ausgehen. Von diesen Interdependenzen gibt es verschiedene Arten:

Pekuniäre externe Effekte sind Marktmechanismen, die zu Preisänderungen und zu dadurch induzierten Verhaltensänderungen anderer führen: wenn viele Menschen plötzlich mehr Milch trinken wollen, steigt die Nachfrage nach Milch, was für andere potentielle Milchtrinker den Genuss verteuert. Diese pekuniären externen Effekte sind Voraussetzung für effiziente Märkte und werden im Rahmen dieses Kapitels nicht mehr interessieren.

Nicht-pekuniäre oder *technologische* externe Effekte sind jene, die im Rahmen der Umweltproblematik sehr wichtig sind. Bei diesen externen Effekten geht vom Konsum und/oder der Produktion eines Gutes ein direkter technologischer, nicht über den Markt gehandelter Effekt auf die Konsum- und/oder Produktionsfunktion eines anderen Wirtschaftssubjektes aus. Dies ist nur möglich, weil andere Subjekte von den Effekten nicht ausgeschlossen werden können; externe Effekte können also wie Allgemeingüter interpretiert werden, die keinen Marktpreis haben.

Im Fall *positiver* (technologischer) externer Effekte (auch externe Erträge genannt) wird der Verursacher nicht vom Nutznießer dafür entschädigt, dass er ihm etwas Gutes getan hat. Diese Nicht-Kompensation führt dazu, dass Güter, die einen positiven externen Effekt haben, *weniger* als volkswirtschaftlich wünschenswert vorhanden sind. Wer einen schönen Garten anlegt oder eine attraktive Fassade gestaltet, hat die privaten Kosten hierfür zu tragen und erfreut den Betrachter, der sich aber nicht an den Kosten beteiligen muss – würde jeder Betrachter einen Obolus für eine schöne Fassade entrichten, gäbe es bedeutend weniger hässliche Gebäude.

Im Fall *negativer* (technologischer) externer Effekte (auch externe Kosten genannt oder external diseconomies) wird der Geschädigte vom Verursacher nicht dafür kompensiert, dass er von ihm etwas Schlechtes erfahren hat. Diese Nicht-Entschädigung führt dazu, dass Güter mit negativen externen Effekten *mehr* als volkswirtschaftlich wünschenswert angeboten werden. Wenn durch das Autofahren klimaschädliche Emissionen frei werden und deshalb in Bangladesch die Überschwemmungen zunehmen, werden die Betroffenen nicht vom Autofahrer entschädigt – ein Beispiel für einen global wirkenden negativen externen Effekt. Ein regionaler oder lokaler negativer externer Effekt ist es, wenn die Anwohner eines Flughafens aufgrund der Lärmemissionen keinen Schlaf mehr finden und ein Beispiel für einen partiellen negativen externen Effekt ist es, wenn sich ein Nichtraucher durch einen rauchenden Nachbarn gestört fühlt. Negative externe Effekte können auch intertemporal auftreten, wenn durch heutiges Verhalten morgige Generationen geschädigt werden ohne dass sie entsprechend kompensiert werden.

8.2.2 Umweltschäden als allokatives Marktversagen

8.2.2.1 Private und volkswirtschaftliche Grenzkosten

Die Existenz technologischer externer Effekte führt dazu, dass der Marktmechanismus alleine kein effizientes Allokationsergebnis hervorbringt. Der Grund liegt darin, dass externe Effekte zur Diskrepanz von privaten und volkswirtschaftlichen Grenzkosten (GK) führen. Zur Erläuterung:

Grenzkosten geben an, wie viel es *mehr* kostet, wenn von einem Gut *eine* Einheit mehr hergestellt wird.

Private (oder auch betriebswirtschaftliche) Grenzkosten sind jene Grenzkosten, die ein Wirtschaftssubjekt zusätzlich ins Kalkül seiner privaten Wirtschaftlichkeitsrechnung ziehen muss, wenn es eine Einheit mehr produziert.

Volkswirtschaftliche (oder auch: gesamtwirtschaftliche oder soziale) Grenzkosten sind jene Grenzkosten, die insgesamt für die Volkswirtschaft als Zusatzkosten der Produktionsausdehnung um eine Einheit entstehen.

Volkswirtschaftliche Grenzkosten sind *größer, kleiner* oder *gleich* den privaten Grenzkosten.

Wenn *keine* externen Effekte vorliegen, sind alle volkswirtschaftlich anfallenden Kosten auch in der privaten Rechnung berücksichtigt (= internalisiert) und jeder, der durch die Produktion des Gutes Ungemach oder Gutes erleidet, wird entschädigt beziehungsweise muss entschädigen: der Markt führt zu einer effizienten Allokation.

Es gilt: volkswirtschaftliche Grenzkosten = private Grenzkosten

Wenn *positive* externe Effekte vorliegen, sind die volkswirtschaftlichen anfallenden Kosten kleiner als in der privaten Rechnung, da Entschädigungen von den unfreiwilligen Nutznießern nicht fließen: der Markt führt zu einer ineffizienten Unterversorgung mit dem Gut.

Es gilt: volkswirtschaftliche Grenzkosten < private Grenzkosten

Wenn *negative* externe Effekte vorliegen, sind die volkswirtschaftlichen Zusatzkosten größer als jene, die der Verursacher privat berücksichtigen muss: der Markt führt zu einer ineffizienten Überversorgung mit dem Gut.

Es gilt: volkswirtschaftliche Grenzkosten > private Grenzkosten

Zusammenfassend heißt die Formel also:

volkswirtschaftliche Grenzkosten = private Grenzkosten – positiver externen Effekt + negativer externer Effekt

(1) $GK^v = GK^p - eE^+ + eE^-$

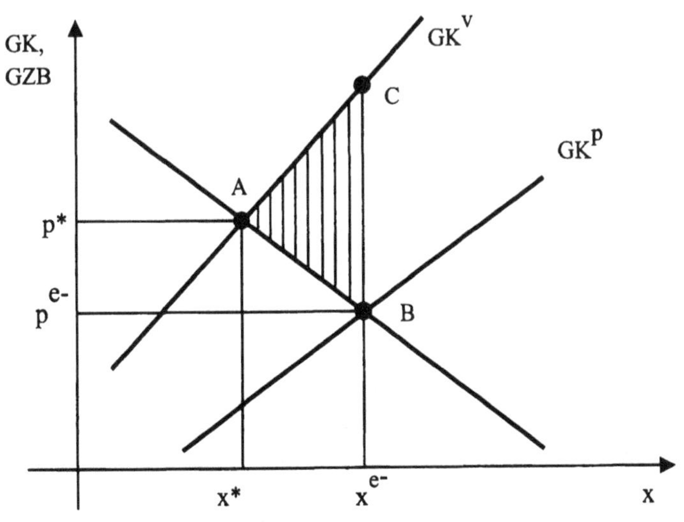

Abb.: 8-2: Negativer externer Effekt

An Grafik 8-2 für das Gut x seien die Zusammenhänge verdeutlicht:

Die fallende Grenzzahlungsbereitschaft symbolisiert die Nachfrage nach Gut x; gäbe es keinen negativen externen Effekt, wären die privaten Grenzkosten gleich den volkswirtschaftlichen und ein allokationseffizientes Ergebnis in A würde zum optimalen Gleichgewichtspreis p* und zur optimalen Gleichgewichtsmenge x* führen. Bei Vorliegen eines negativen externen Effekts sind jedoch wie oben erläutert die privaten Grenzkosten kleiner als die volkswirtschaftlichen. Da sich die privaten Akteure nur an den für sie relevanten privaten Grenzkosten orientieren, kommt es zu einem Marktergebnis B mit einem niedrigeren Preis und einer höheren Menge. Da bei der Menge x^{e-} zu den privaten Grenzkosten die externen Effekte hinzukommen, die insgesamt zu tatsächlichen Grenzkosten in Höhe von C führen, ist dieses Ergebnis suboptimal; dies zeigt sich darin, dass in C die volkswirtschaftlichen Grenzkosten größer als die Grenzzahlungsbereitschaft sind, dass also jede zusätzlich produzierte Einheit von x größere Kosten verursacht als sie Nutzen bringt. Die Überproduktion verursacht somit einen negativen volkswirtschaftliche Wohlfahrtseffekt in Höhe des Dreiecks ABC, der aber den Produzenten *egal* ist, weil sie ihn nicht kompensieren müssen und der den Konsumenten des Gutes x *gelegen* ist, weil sie mehr Ware für einen niedrigeren Preis bekommen – den volkswirtschaftlichen Schaden tragen, je nach zugrunde liegender Externalität, wenige oder viele andere. Der Leser möge sich an einer analogen Grafik die Konsequenzen eines positiven externen Effektes selbst verdeutlichen.

8.2.2.2 Allmendegüter als Erklärung und als Spezialfall externer Effekte

Negative externe Effekte entstehen, weil private Wirtschaftssubjekte knappe, aber freie Allmenderessourcen nutzen, ohne dafür bezahlen zu müssen. In vielen Fällen handelt es sich um *einseitige Effekte*: wenn eine Fabrik am Oberlauf eines Flusses durch Wasserverschmutzung die Fischzucht am Unterlauf des Flusses beeinträchtigt, geht die Wasserverschmutzung nicht in das privatwirtschaftliche Kalkül des Fabrikmanagements ein. Oft gibt es aber *Rückkoppelungseffekte*, wenn eine (knappe aber freie) Ressource *gemeinsam* genutzt wird und der Verursacher der Externalität gleichzeitig auch Betroffener der Externalität wird; die Nutzung der Ressource durch den einen erhöht dann die Kosten für die anderen und umgekehrt: mehrere Trawler in einem Fischgrund; mehrere Fabriken an einem See, die das Seewasser als Brauchwasser nutzen und damit verschmutzen; die Schweine aller im Dorfwald etc. In diesem Fall wird jeder Betroffene mit den volkswirtschaftlichen Durchschnittskosten (DK), die nun seinen privaten Grenzkosten entsprechen, anstatt mit den volkswirtschaftlichen Grenzkosten kalkulieren:

$$(2) \qquad GK^v > DK^v = GK^p$$

Wenn sich eine Ressource in Privatbesitz befindet, wird deren Nutzung soweit ausgedehnt, bis Grenzkosten gleich Preis gilt; bei einer von allen gleichermaßen genutzten Allmenderessource kommen aber solange weitere Anbieter hinzu, bis die Durchschnittskosten gleich dem Preis sind. Am Beispiel: Ein Jagdgrund sei allen zugänglich: der einzelne Jäger kalkuliert nur mit seiner durchschnittlichen Jagdzeit – dass mit jedem geschossenen Tier der Zeitaufwand für andere Jäger größer wird (dass es also einen negativen externen Effekt gibt), interessiert den einzelnen Jäger nicht: seine privaten Grenzkosten entsprechen den volkswirtschaftlichen

Durchschnittskosten und nicht den volkswirtschaftlichen Grenzkosten (inklusive des induzierten zusätzlichen Zeitaufwandes für andere). Das Fangvolumen V ist zu groß, der Wildbestand wird übernutzt und es ergibt sich ein negativer Wohlfahrtseffekt ABC, weil der volkswirtschaftliche Aufwand für ein zusätzliches Wildbret größer ist als der zusätzliche Nutzen für die Konsumenten.

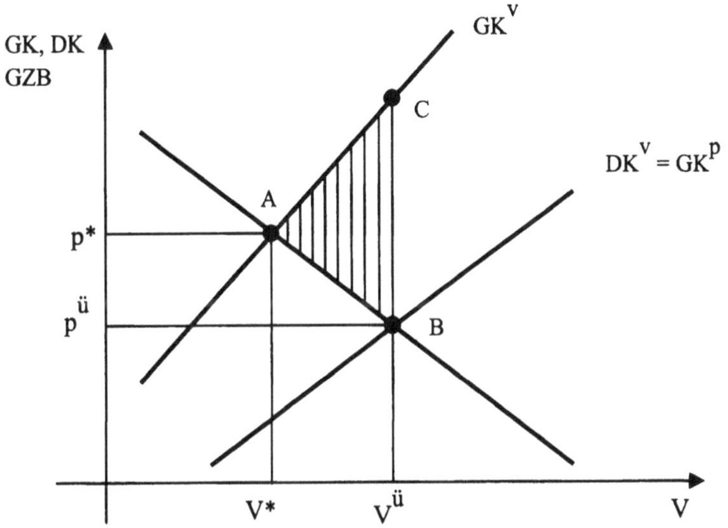

Abb.: 8-3: Klassische Allmende

Allmendegüter, also freie und knappe Ressourcen, sind die Ursache für negative externe Effekte, die der eine beim anderen auslöst. Handelt es sich um freie und knappe Ressourcen, die darüber hinaus *gemeinsam* von allen Beteiligten als Produktionsinput genutzt werden und bei denen es deshalb die oben beschriebenen Rückkoppelungseffekte gibt, handelt es sich um den Spezialfall der „klassischen Allmende", bei der jeder, je nach Situation, mit den Durchschnittskosten, mit dem Durchschnittsnutzen, mit der Durchschnittsverschmutzung, mit dem Durchschnittslärm, mit der Durchschittsproduktivität oder anderen *Durchschnitten* zu tun hat. Die historisch „Allmende" genannten Wälder und Weiden, eine Alm oder die heutige Hochsee sind also eine klassische Allmende.

8.2.2.3 Stauungs-Externalitäten als spezielle Allmendeproblematik

Bereits zur Übersicht 1 wurde darauf hingewiesen, dass die Einteilung der Güter in die verschiedenen Kategorien fließend ist und von den jeweiligen Umständen abhängt. Im folgenden sei dies an einer öffentlichen Straße demonstriert, die normalerweise ein öffentliches Gut ist und zu Stoßzeiten ein Allmendegut wird. Man spricht dann von Stauungs- oder Crowding-Externalitäten:

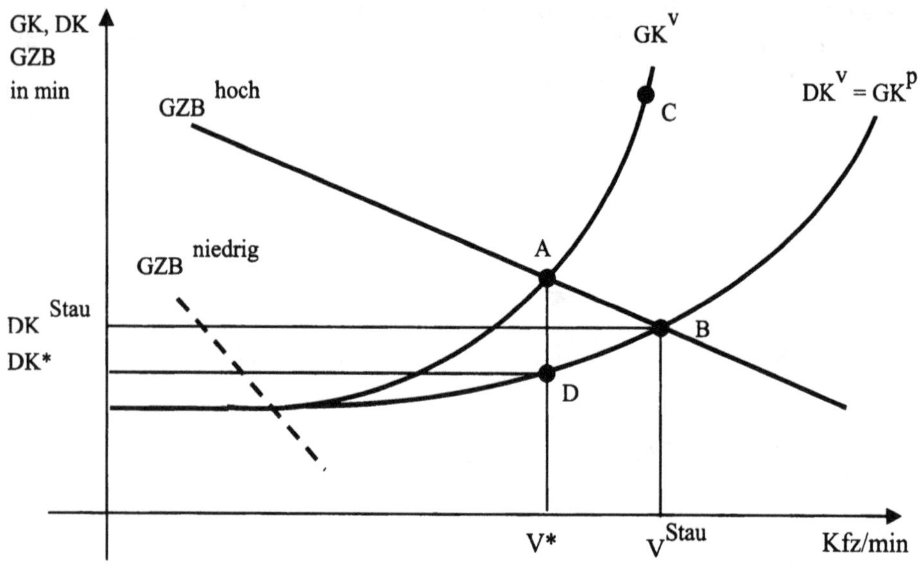

Abb. 8-4: Stauungs-Externalität

In Zeiten niedriger Nachfrage, gemessen als Grenzzahlungsbereitschaft in Minuten für eine bestimmte Wegstrecke, ist die frei zugängliche Straße ein öffentliches Gut, denn es gibt keine Rivalität zwischen den die Strecke nutzenden Autos, deren Durchfahrt an einer Messstation pro Minute gezählt wird. Nicht-Rivalität bezieht sich hier natürlich nicht auf ein (hoffentlich zivilisiertes) Fahrverhalten, sondern bedeutet, dass durch ein zusätzliches Auto auf einer leeren Strecke die durchschnittliche Fahrtzeit nicht ansteigt: Grenz- und Durchschnittskosten sind identisch und konstant. Die Kapazitätsgrenze der Straße ist aber dort erreicht, wo sich die beiden Kurven zu trennen beginnen; nun ist die Straße schon voller und jedes zusätzliche Fahrzeug erhöht den Zeitbedarf für alle: die gemeinsame Ressource Straße ist knapp geworden. Da jeder weiterhin frei die Straße benutzen darf, ist diese zur Allmende geworden und jeder Autofahrer verhält sich so, wie bereits im letzten Abschnitt geschildert. Jeder Fahrer sieht nur seinen eigenen durchschnittlichen Zeitverbrauch für die Staustrecke und berücksichtigt nicht, dass er auch bei allen anderen Autofahrern eine zusätzliche Verzögerung auslöst.

→ Zahlenbeispiel für die Aussage „Du stehst nicht im Stau, Du bist der Stau“:
14 Autos benötigen a 10 min für die Strecke = 140 min gesamt
15 Autos benötigen a 10 min für die Strecke = 150 min gesamt
16 Autos benötigen a 12 min für die Strecke = 192 min gesamt
17 Autos benötigen a 15 min für die Strecke = 255 min gesamt
Unterhalb der Kapazitätsgrenze von 16 Autos gibt es keine Probleme: für den 1. bis 15. Autofahrer sind Grenz- und Durchschnittskosten gleich 10 min und er stört die anderen nicht. Anders jenseits der Kapazitätsgrenze: Der 16. Autofahrer verursacht volkswirtschaftliche Grenzkosten in Höhe von 42 min (12 min für die eigene Fahrt + 15 mal 2 min zusätzlich für die anderen); in seinem privaten Kalkül ob er Auto fährt oder die S-Bahn nimmt, erscheinen

aber nur die volkswirtschaftlichen Durchschnittskosten in Höhe von 12 min. Da jeder nur an die Durchschnittskosten von 12 min und nicht an die eigentlich relevanten Kosten von 42 min denkt, wird die Strecke übernutzt und es kommt zum zähflüssigen Verkehr und zum Stau.

Im volkswirtschaftlichen Sinne optimal (das heißt Grenzkosten gleich Grenzzahlungsbereitschaft) wäre nur das Durchfahrtsvolumen V*; da sich aber jeder Fahrer am Durchschnittsaufwand orientiert, wird die Strecke übernutzt und ein stauträchtiges Fahraufkommen von V^{Stau} kommt zustande, bei dem jeder länger unterwegs ist ($DK^{Stau} > DK^*$). Die volkswirtschaftlichen Staukosten entsprechen der Fläche ABC, weil insgesamt suboptimal viel Zeit auf den Straßen verbracht wird.

Hergebrachte Mautstellen wie auf italienischen Autobahnen lösen dieses Problem nicht, da dort die Maut verkehrsunabhängig rund um die Uhr erhoben wird. In Zukunft wird es, wohl zuerst in den Städten, elektronische Mautsysteme geben, die die Straßennutzungsgebühr in Abhängigkeit vom jeweiligen Verkehrsaufkommen berechnen – der Wohlfahrtsverlust ABC wäre mit diesen Systemen vermeidbar.

8.2.2.4 Intertemporale Fehlallokation in komplexen Systemen

In der Literatur finden sich weitere Ausführungen zum Problem regenerierbarer natürlicher Ressourcen (Fischbestand, Wald etc.); da diese Thematik aufgrund von Differenzialgleichungen schnell sehr anspruchsvoll wird, sei hier nur ganz kurz zusammengefasst. Wenn die ausbeutenden Unternehmen über die heutigen und zukünftigen biologischen Konsequenzen ihres Handelns informiert sind und keinen Fehleinschätzungen unterliegen, wird das optimale Entnahmevolumen V* die natürliche Ressource nachhaltig erhalten. Bei freiem Zugang zu der Ressource kann es unter ungünstigen biologischen Voraussetzungen dazu kommen, dass das Entnahmevolumen $V^{ü}$ nicht nur ökonomisch suboptimal ist, sondern einen irreversiblen Prozess auslöst, der letztlich zur Vernichtung der natürlichen Ressource führen kann. Ähnliches gilt für endliche natürliche Ressourcen, die bei freiem Zugang zu schnell abgebaut werden.

Ein weiteres Allokationsproblem ist eine zu hohe Zeitpräferenzrate aufgrund unerwünschter Vererbungsfolgen oder externalisierter Risikoverteilung; ohne im Detail zu erläutern, sei das resultierende Umweltproblem am besten am Beispiel gezeigt: wenn mich nur mein heutiger Wohlstand interessiert und mir der morgige Zustand der Welt völlig unwichtig ist, werden Umweltprobleme, wie beispielsweise die Frage der ungelösten Atommülllagerung, einfach an die nächste Generation weitergegeben.

Theoretisch noch weitgehend unbearbeitet ist die These, dass in komplexen Systemen eine deterministische Ursache-Folge-Kette theoretisch und praktisch unmöglich wird; gravierende Umweltprobleme entstanden (z.B. Aussetzen fremder Arten in Australien oder im Viktoriasee) und entstehen (wer kennt die wirklichen Effekte der Gentechnologie?), weil schlichtweg nicht alle Konsequenzen und Risiken einzelner Maßnahmen in komplexen Systemen vorausgesehen werden (können).

8.3 Umweltpolitik

Umweltprobleme entstehen aufgrund von allokativem Marktversagen; Umweltpolitik hat also immer eine Allokationskorrektur zum Ziel, um umweltbelastende Aktivitäten einzugrenzen und um zu einer *Nachhaltigkeit* im Umgang mit den natürlichen Ressourcen zu gelangen.

8.3.1 Optimale Umweltbelastung

Ist denn die optimale Umweltbelastung nicht einfach Null? So wird sicherlich mancher Leser fragen, aber die Antwort ist nein. Unter ökonomischen Gesichtspunkten muss zwischen den Grenzkosten der Umweltschonung und den Grenzkosten der Umweltbelastung abgewogen werden, was in Abb. 8-5 skizziert wird:

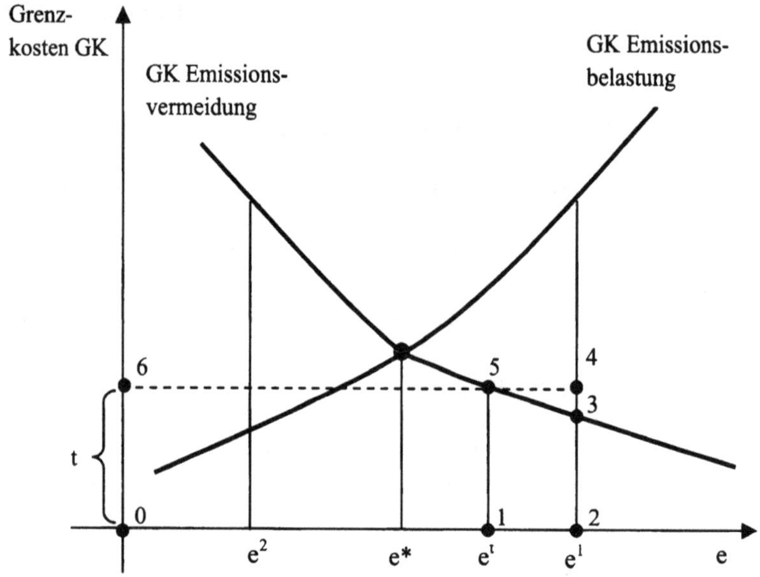

Abb. 8-5: Optimale Umweltbelastung

Die Emissionen e bezeichnen die Menge eines bestimmten Schadstoffes, die von Unternehmen und/oder Haushalten in einer bestimmten Region in einem bestimmten Zeitraum emittiert werden.

Die Grenzkosten der Emissionsbelastung steigen *von links nach rechts* und drücken aus, dass jede weitere Emission immer höhere Schäden anrichtet, weil beispielsweise die Selbstreinigungskräfte der Natur überstrapaziert werden und/oder gesundheitsbedenkliche Grenzwerte überschritten werden. Die Grenzkosten der Emissionsvermeidung steigen *von rechts nach links* an und sagen damit aus, dass die Vermeidung Schritt für Schritt teurer wird, wenn die Umweltqualität dadurch zunimmt. Am Beispiel eines alten Diesellasters sei dies verdeutlicht:

durch einen vergleichsweise günstigen Partikelfilter lassen sich die schlimmsten krebserregenden Auspuffgase verringern; noch teurer wäre es, den alten Motor auf eine dieselsparende Turbotechnik umzurüsten oder gar das Fahrzeug mit einem Hybridmotor auszurüsten; und ein Null-Emissions-Lkw ist bereits machbar, doch so teuer, dass er (noch) keine Chance am Markt hat.

e^1 sei jene Emissionsmenge, wenn keine umweltpolitischen Maßnahmen vorhanden sind und die Emittenten aufgrund von Externalitäten nicht vom Markt für ihre Kosten aufkommen müssen. Diese Situation ist dadurch gekennzeichnet, dass eine zusätzliche Einheit Emissionen sehr hohe zusätzliche Kosten verursacht, während es vergleichsweise günstig wäre, diese Emissionen zu vermeiden. Aus ökonomischen Gründen wäre es deshalb sinnvoll, die Emissionen zu senken und mehr Ökologie wäre ökonomisch.

Wie ist die Situation e^2 zu bewerten? Hier liegt eine sehr geringe Umweltbelastung vor, die durch sehr hohe Vermeidungsaufwendungen erkauft wird; der Nutzen hingegen fällt gering aus, weil die Emissionen in dieser Situation keine hohen Schäden auslösen. Hier wäre es besser, die Emissionen zu erhöhen und folglich wäre weniger Ökologie ökonomisch. Wenn sich bei dieser Aussage bei manchem Leser Unmut bemerkbar macht, so sei bedacht, dass die Vermeidungskosten auch jene Opportunitätskosten widerspiegeln, die entstehen, wenn man auf die Produktions- und Konsumprozesse verzichtet, die mit der Schadstoffemittierung einhergehen. Und völlig ungeheizte Räume im Winter würde wohl keiner akzeptieren, auch wenn dies die Emissionsmenge deutlich senken würde.

Aus ökonomischer Sicht ist somit die optimale Emissionsmenge e* anzustreben, bei der die Grenzkosten von Schadstoffbelastung und -vermeidung identisch sind. Ökologische und ökonomische Ziele stehen also nicht im Widerspruch und die optimale Emissionsmenge bedeutet eine ökonomische Bewirtschaftung des knappen Gutes Umwelt. Dies stimmt für obige einfache Grafik, doch die Probleme liegen im Detail und in der Bestimmung des genauen Kurvenverlaufs. Der Leser möge nur die aktuelle Debatte über die Auswirkungen des CO_2-Ausstosses verfolgen und wird feststellen, das bestimmte Wissenschaftler und Politiker von sehr gravierenden Folgen warnen, während andere die Belastungskosten nicht so hoch einschätzen. In der Abb. 8-5 heißt das, dass einmal die Grenzbelastungskurve weiter oben, einmal weiter unten verlaufen würde und damit natürlich auch die optimale Emissionsmenge niedriger beziehungsweise höher ausfallen würde. Konkrete Probleme gibt es bereits bei der Auswahl der zu messenden Emissionen. Häufig geht es nicht um *einen* Schadstoff, sondern um einen Schadstoffcocktail, der unter höchst komplexen Ursache-Wirkungszusammenhängen Schäden anrichten kann und die Zurechnung, welcher Schadstoff in welcher Menge was anrichtet, häufig offen ist. Außerdem sind viele gefährliche Wirkungszusammenhänge gar nicht bekannt oder deren mittel- und langfristigen Auswirkungen sind nicht abschätzbar: bereits die alten Römer haben sich mit bleihaltigen Wasserleitungen selbst vergiftet, in der Nachkriegszeit wurde Asbest als harmlos eingestuft und welche Folgen von Handystrahlungen oder genmanipulierten Pflanzen ausgehen, ist heftig umstritten. Und selbst wenn die Folgen bekannt sind, kann es schwierig sein, immaterielle Schäden adäquat in Geldeinheiten auszudrücken.

Auch wenn es schwierig ist, in der Praxis die optimale Umweltbelastung zu ermitteln, ist das Prinzip sehr einfach: es geht darum die externen Effekte zu internalisieren, also aus allen volkswirtschaftlichen auch betriebswirtschaftliche (Grenz-) Kosten zu machen und die externen Effekte möglichst zu vermeiden. Mit Hilfe der nachfolgenden Umweltinstrumente gelingt dies unterschiedlich gut.

8.3.2 Instrumente

Bei der Beurteilung der möglichen Umweltinstrumente wird vor allem zweierlei bewertet: die ökologische Zielerreichung und die ökonomische Effizienz, mit der ein Umweltziel erreicht wird. Unter statischer Effizienz wird dabei verstanden, dass bei gegebenem Stand der Technik ein bestimmtes Umweltziel mit geringstmöglichen volkswirtschaftlichen Kosten erreicht wird; unter dynamischer Effizienz wird zusätzlich verstanden, dass die Instrumente einen Anreiz bieten, neue technologische Wege zur Umweltverbesserung zu entwickeln.

8.3.2.1 Privatisierung

Der Leser möge sich erinnern, dass die Umweltprobleme entstehen, weil es Externalitäten gibt und bestimmte Ressourcen kostenlos ge- und deshalb übernutzt werden. Der naheliegende Vorschlag ist es also, an der Wurzel des Problems anzupacken und jene herrenlosen Ressourcen zu privatisieren. Dann, so das Argument, würden die jeweiligen Besitzer dafür sorgen, dass die Ressourcen nur zu ihren volkswirtschaftlichen Grenzkosten genutzt werden und die optimale Umweltbelastung würde sich von selber via Marktpreise oder Verhandlungslösung einstellen. Und in der Tat: warum gibt es bei Karpfen und Kühen nicht die Gefahr, dass sie aussterben, während dies beim Kabeljau und bei den Berggorillas droht? Weil erstere einen Besitzer haben, der langfristig auf seine Rendite aus den Tieren achtet und nicht nur den kurzfristigen Schlachtwert ins Kalkül bringt; oder etwas märchenhafter formuliert: der Besitzer der goldene Eier legenden Gans dreht dieser nicht den Hals um; ganz anders beim Nashorn: warum sollte ein Wilderer das Tier nicht erschießen und das Horn verkaufen – tut er es nicht, hat er gar nichts von dem Tier. Kurz: die Privatisierungslösung kuriert an der Wurzel, nicht am Symptom und erfüllt die ökologischen und ökonomischen Effizienzbedingungen.

So einfach und naheliegend die Privatisierungslösung auch ist, so hat sie doch ihre Grenzen:

- (Hohe) Transaktionskosten verhindern effiziente Verhandlungslösungen; insbesondere gilt dies bei einer größeren Anzahl von Verhandlungspartnern, wenn dadurch (bei manchen) ein free-rider-Verhalten ausgelöst wird.
- Die Privatisierung benötigt die Ausschliessbarkeit und wenn dies nicht gelingt, bleibt die Maßnahme wirkungslos; bei vielen Umweltproblemen ist aber genau dies technisch und/oder ökonomisch nicht möglich oder sinnvoll. Fischschwärme auf hoher See lassen sich nicht brandmarken wie Kühe in der Prärie und 100 km^2 Wüste einzuzäunen, um dann einen Sack Datteln zu ernten wäre hochgradig unökonomisch – da muss sich dann schön Öl unter der Wüste finden, dass es sich lohnt, den Besitzanspruch durchzusetzen.
- Privatisierung nutzt gar nichts, wenn die Eigentümer von der Ausschliessbarkeit keinen Gebrauch machen. So stehen beispielsweise katholische Kirchen aus religiösen Gründen jedem offen und die Probleme, die durch die vielen Besucher an der Wieskirche entste-

hen, sind typische Übernutzungsphänomene, die trotz des definierten Eigentümers auftreten.
Die Privatisierung führt auch dann nicht zur optimalen Umweltbelastung, wenn, wie in 8.2.2.4 für komplexe Systeme erläutert, die Privateigentümer die Konsequenzen ihrer Handlungen nicht einschätzen können oder wollen.

- Wie in der allgemeinen Wettbewerbstheorie auch, gelten die Argumente zugunsten einer Privatisierungslösung nur dann, wenn auch ansonsten effiziente und wettbewerbliche Märkte vorliegen.
- Der Privatisierung vieler Allmendegüter stehen verfassungsrechtliche Probleme im Weg, denn Artikel 2 (2) und Artikel 11 (1) Grundgesetz garantieren die Freiheit der Person und die Freizügigkeit. Nach herrschender Meinung gehört dazu, dass sich jedermann frei im Bundesgebiet bewegen kann. Dem Verkauf der oberbayerischen Alpen an einen privaten Investor, der sie dann umzäunt, um Nutzungsentgelte fürs Wandern, Biken und Schwimmen zu erheben, ist damit ein Riegel vorgeschoben – auch wenn diese Lösung die Übernutzungsproblematik in vielen Alpengebieten reduzieren würde.

Neben den erwünschten Allokationsveränderungen hin zu einer geringeren Umweltbelastung hätte die Privatisierung auch große Umverteilungseffekte. Schon im 19. Jahrhundert wurde in Deutschland im großen Stil Allmenden privatisiert, um deren Übernutzung zu beenden; Nebeneffekt dieser Maßnahmen war eine gewaltige Verarmung eines großen Teils der ländlichen Bevölkerung, die dann als industrielles Proletariat in den Städten landeten. Die Umverteilungswirkung hängt natürlich ganz entscheidend davon ab, wem im Zuge der Privatisierung das Eigentum an der vormals freien Ressource zugesprochen wird. Das *Coase-Theorem* beweist, dass die Umweltwirkung unabhängig von der Verteilungslösung ist. Diese überraschende Aussage möge sich der Leser selber verdeutlichen: an einem Flussoberlauf arbeite eine wasserverschmutzende Papierfabrik, am Unterlauf eine Fischzucht; einmal sei der Fluss im Eigentum der Fabrik, einmal im Eigentum der Fischzucht: warum und wie kommt es in beiden Fällen zum gleichen Grad der Wasserverschmutzung?

8.3.2.2 Auflagen, Ge- und Verbote

Die ältesten und immer noch weit verbreiteten Umweltinstrumente sind Umweltauflagen, insbesondere Ge- und Verbote. Die Auflagen regeln, dass bestimmte Input- und Outputgüter nicht oder nur in bestimmten Mengen verwendet werden dürfen (z.B. kein Asbest im Hausbau), sie schreiben bestimmte Produktionsprozesse vor oder verbieten sie (z.B. Katalysatoren und Filter in Autos und Fabriken) und sie setzen Emissionsgrenzwerte für Schadstoffe fest (z.B. maximale Anzahl von Kolibakterien in Flüssen) oder verbieten bestimmte Emissionen ganz (z.B. Dioxine in der Abluft). Die Auflagen sind in der Regel mit Sanktionen verbunden, damit sich die Adressaten auch daran halten.

Die Vorteile der Auflagenpolitik liegen darin, dass Ge- und Verbote meistens klar und leicht verständlich sind und vor allem, dass ihre ökologische Effizient sehr hoch ist. Werden die Auflagen entsprechend kontrolliert und sind die Sanktionen hoch genug, kann das gewünschte Umweltziel schnell und sicher erreicht werden. Deshalb finden sich Auflagen vor allem auch dort, wo es um hoch toxische Schadstoffe geht (Dioxine, Plutonium etc.), bei denen das

Umweltziel unter allen Umständen eingehalten werden muss. Die Nachteile dieser Umweltinstrumente sind, dass die statische als auch die dynamische Effizienz auf der Strecke bleibt. Egal, ob ein Unternehmen günstigere Vermeidungsalternativen hätte als die vorgeschrieben, es muss sich an die Verordnungen halten und emittiert mehr und teurer als eigentlich möglich. Im ungünstigsten Fall werden sogar technologisch mögliche Umweltschutzmaßnahmen unterlassen, um keine verschärften Auflagen zu provozieren.

8.3.2.3 Steuern und Subventionen

Vor allem die ökonomischen Nachteile der Auflagenlösung sollen durch Umwelt- oder *Pigou-Steuern* behoben werden. Normalerweise wird eine Mengensteuer pro Emissionseinheit (z.B. pro kg Schadstoff im Abwasser) oder pro Inputeinheit (z.B. pro ltr. Benzin) festgesetzt, um die Emittenten *freiwillig*, aber mit deutlichem ökonomischen Druck zu einer Reduzierung der umweltschädlichen Aktivitäten zu bewegen.

In der Abbildung 8-5 oben war e^1 jene umweltschädliche Emissionsmenge, wenn keine umweltpolitischen Maßnahmen vorhanden sind; weil es keinen Grund gibt, freiwillig die vergleichsweise niedrigen Vermeidungskosten zu bezahlen, ist die Vermeidungskurve aus Sicht der Emittenten irrelevant. Anders, wenn nun der Staat eine Emissionssteuer t erhebt, so dass der Emittent in Höhe der Fläche 0246 Steuern zu zahlen hätte; er wird nun lieber Emissionen vermeiden, denn die Strecke 23 ist kleiner als 24, weil die Vermeidungskosten pro Emissionseinheit kleiner sind als die Steuer pro Einheit. Der Emittent wird also *freiwillig* seine Emissionen reduzieren bis e^t erreicht ist, denn es ist besser, Vermeidungskosten in Höhe von 1235 als Steuern in Höhe von 1245 zu zahlen. Bei einer weiteren Reduzierung wären die Grenzvermeidungskosten höher als der Steuersatz und es ist besser, Steuern in Höhe von 0156 zu zahlen als weiter die Emissionsmenge zu senken. Der Leser erkennt nun schnell, dass durch eine geeignete Wahl des Steuersatzes die optimale Umweltbelastung erreicht werden kann.

Die ökologische Treffsicherheit der Steuerlösung ist nicht ganz so hoch wie bei den Auflagen: oben wurde erläutert, dass der Kurvenverlauf selten genau bekannt ist, so dass es praktisch schwierig ist, den optimalen Steuersatz festzulegen. Diesem Nachteil steht aber der Vorteil gegenüber, dass Umweltsteuern eine statische und dynamische Effizienz mit sich bringen. Dies soll an einem vereinfachten Beispiel für zwei Emittenten A und B erläutert werden, die beide im ungeregelten Fall je 100 Einheiten Schadstoff emittieren; A hat aber die höheren Vermeidungsgrenzkosten als B, wie in Abbildung 8-6 gezeigt: Will nun der Staat die Emissionen halbieren, gibt es zunächst die Auflagenlösung, dass jeder Emittent nur noch 50 Einheiten ausstoßen darf und jeder seine Vermeidungskosten zur Emissionshalbierung tragen müsste. Wenn nun aber eine Umweltsteuer t die Auflage ablöst, wird sich eine andere Situation einstellen: Der Emittent A wird mehr emittieren, um sich seine höheren Vermeidungskosten zu sparen und dafür mehr Steuern zahlen; Emittent B hingegen wird seine Emissionen verringern, denn seine Vermeidungskosten pro Emissionseinheit sind niedriger als der Steuersatz.

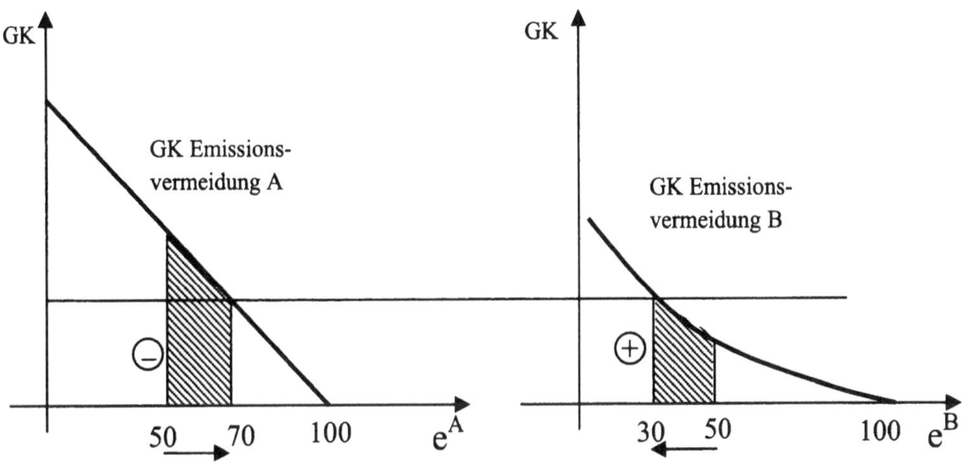

Abb.: 8-6: Von der Auflagen- zur Steuerlösung

Das Ergebnis der Steuerlösung ist somit die *identische* Umweltverbesserung, denn bei beiden Varianten werden insgesamt statt 200 nur noch 100 Einheiten ausgestoßen. Aber die Steuervariante erkauft sich die bessere Umweltqualität mit deutlich niedrigeren Kosten: A spart sich beim Übergang von 50 auf 70 Einheiten die schraffierte Fläche an Vermeidungskosten ein, während B beim Übergang von 50 auf 30 Einheiten zusätzliche Vermeidungskosten in Höhe der schraffierten Fläche hat – die Differenz der beiden Flächen (die vermiedenen Vermeidungskosten bei A sind größer als die zusätzlichen Vermeidungskosten bei B) beschreibt den Wohlfahrtsgewinn der Steuerlösung. Mit anderen Worten: die Steuerlösung ist statisch effizient, weil ein bestimmtes Umweltziel mit den geringstmöglichen Kosten erreicht wird, denn die Emissionseinsparung erfolgt bei demjenigen, der sie vergleichsweise am günstigen realisieren kann. Auch die dynamische Effizienz kann an der Abbildung 6 erläutert werden. Angenommen, eine neue technische Lösung würde bei A dazu führen, dass nun auch dessen Vermeidungskostenkurve nach unten sinkt; der Leser kann sich leicht verdeutlichen, dass nun A seine Emissionen reduzieren würde und sich eine weitere Umweltverbesserung ergäbe, ohne dass der Staat extra eingreifen muss. Dynamische Effizienz bedeutet, dass die Marktkräfte von sich aus nach weiteren Möglichkeiten zur Umweltverbesserung suchen und diese umsetzen.

Die Steuerlösung generiert gewissermaßen im Nebeneffekt Steuereinnahmen. Doch die Freude darüber ist zweigeteilt und der Leser möge sich selber verdeutlichen, warum es möglicherweise gut wäre, wenn das Steueraufkommen aus Umweltsteuern eher gering ausfällt.

Anstelle der Steuerlösung könnte der Staat eine Subventionslösung einrichten. In der Abb. 8-6 würde dann die Steuer auf die emittierten Einheiten ersetzt werden durch eine Subvention auf die vermiedenen Emissionseinheiten. Auch hier gilt das Coase-Theorem: die Allokations- bzw. Umweltwirkung wäre identisch, die Umverteilung wäre aber genau umgedreht und das *Verursacherprinzip* der Steuerlösung wird durch das *Gemeinlastprinzip* der Subventionslösung abgelöst. Was einen Aufschrei der Empörung auslösen könnte, da ja der

Verursacher dafür subventioniert wird, dass er nicht verschmutzt, ist aber gängige Praxis: Landwirte erhalten Stilllegungsprämien, Unternehmen profitieren von öffentlicher Umweltforschung und private Hausherren bekommen für Wärmedämmung und energiesparende Heizungen massive Zuzahlungen. Das Gemeinlastprinzip kehrt die Verteilung um und die Vermeidungskosten trägt nicht der Verursacher, sondern der Steuerzahler – die ökologischen und ökonomischen Effizienzwirkungen bleiben aber unangetastet.

8.3.2.4 Emissionszertifikate

„Verschmutzungszertifikate für den Umweltschutz!“ Was für den Laien geradezu paradox klingt, ist der erfolgversprechende Versuch, die Vorteile der Auflagen- und der Steuerlösung zu kombinieren. Hierzu werden Umweltmärkte geschaffen, auf denen Verschmutzungsrechte oder Emissionszertifikate gehandelt werden. Jedes Zertifikat ermöglicht es seinem Besitzer, eine genau definierte Menge an Schadstoffen pro Zeiteinheit (z.B. eine Tonne CO_2 pro Jahr) auszustoßen. Wenn ein Emittent im Zuge seiner Produktion 50 Tonnen CO_2 pro Jahr emittieren will, muss er eben 50 Lizenzen kaufen. Mit dem Zertifikat ist also ein handelbares Eigentumsrecht an der Umwelt entstanden, für das sich auf einer Umweltbörse ein entsprechender Marktpreis bilden wird. Dieser freiwillige Tausch von Verschmutzungsrechten zum Zertifikatspreis t vollzieht sich analog zur Abb. 8-6. Ursprünglich wird vom Staat eine bestimmte Menge an Zertifikaten definiert und an die potentiellen Emittenten verschenkt oder versteigert. Da der Staat die Anzahl der Zertifikate festlegt, hat er den ökologischen Vorteil der o.g. Auflagenlösung in der Hand: der maximale Schadstoffausstoß ist damit punktgenau fixiert. Wie sich nun aber diese Zertifikate auf die verschiedenen Emittenten verteilen, geschieht ökonomisch effizient auf dem jeweiligen Umweltmarkt analog zur Steuerlösung: wer eine günstige Vermeidungstechnik hat, vermeidet die Emissionen und verkauft Zertifikate; wer eine teure Vermeidungstechnik hat und/oder neue Produktion aufnehmen will, muss sich eben Zertifikate kaufen. Das vorgegebene Emissionsziel wird als mit geringstmöglichen Kosten erreicht (statische Effizienz) und für jeden Emittenten gibt es den Anreiz, neue Vermeidungstechniken anzuwenden, um danach unbenötigte Emissionszertifikate verkaufen zu können. Diese dynamische Effizienz kann der Staat noch dadurch verstärken, indem er beispielsweise ankündigt, die Gesamtzahl der ausgegeben Zertifikate jedes Jahr um 5% zu senken – dadurch steigt der Preis für die Zertifikate und erhöht den Anreiz, in neue Umwelttechnologien zu investieren.

Das Konzept der Emissionszertifikate ist sicherlich nicht ganz einfach zu verstehen, aber nach ersten Erfahrungen in den USA und nach einigen Anlaufschwierigkeiten ist es inzwischen ein verbreitetes umweltpolitisches Instrument geworden. Zur Erfüllung des Kyoto-Protokolls wurde ein EU-*Bubble* (gemeinsame Verpflichtung zur Treibhausgasreduzierung) definiert und seit 2005 sind in der EU circa 4.000 energieintensive Industriebetriebe und Energieversorger verpflichtet, am CO_2-Emissionshandel teilzunehmen: sie müssen für den Betrieb ihrer Anlagen eine ausreichende Menge an Emissionszertifikaten nachweisen;

während dessen wird an der Einbeziehung des europäischen Luftverkehrs gearbeitet. Das Prinzip Emissionshandel wird zunehmend interessant, wenn es um die Verbindung von klimapolitischen mit entwicklungspolitischen Zielen geht. Da Entwicklungsländer durchschnittlich weit weniger Emissionen als Industrieländer ausstoßen, können sie im Rahmen eines weltweiten Emissionshandels als Verkäufer von Emissionszertifikaten auftreten und davon profitieren, dass sie wenig emittieren oder Klimagas-Vermeidungsprojekte beispielsweise durch Aufforstung initiieren. Zukünftig können sich europäische Firmen, die durch Klima-Investitionen in Entwicklungsländern zu einer Emissionsreduktion im Gastland führen (*Clean Development Mechanism*), Emissionsgutschriften im EU-System ausstellen lassen. Ein weitreichender und sehr bedenkenswerter Vorschlag zur globalen *Klimagerechtigkeit* lautet: Der klimaneutrale CO_2-Ausstoss pro Kopf der Weltbevölkerung beträgt derzeit etwa 3 Tonnen pro Jahr, während ein Inder circa 1 Tonne, ein Deutscher 10 Tonnen und ein US-Amerikaner 20 Tonnen emittiert. Also müssten sich die Industrieländer für ihre 7 bzw. 17 Tonnen zusätzliche Emissionen pro Kopf Emissionszertifikate von jenen Schwellen- und Entwicklungsländern kaufen, die unter der Schwelle liegen; diese verdienen nun daran, dass sie *nicht* 3 Tonnen emittieren. Dieser Vorschlag hat den großen Vorteil, dass damit auch das zukünftige Emissionspotential der großen Schwellenländer wie Indien und China in verkraftbare Bahnen gelenkt werden könnte. Denn je größer deren Nachfrage nach Emissionszertifikaten in Rahmen ihres wirtschaftlichen Aufholprozesses wird, desto stärker steigt der Preis für die Zertifikate und löst an anderer Stelle lukrative Einsparaktivitäten aus. Natürlich erhöht dies auch bei uns die Kosten für energieintensive Aktivitäten, aber zweierlei ist klar: 1.) der Globus hält es nicht aus, wenn alle Länder so wirtschaften wie wir und 2) die anderen nachrückenden Länder werden es selbstverständlich nicht einsehen, warum sie auf Wirtschaftswachstum verzichten sollten. Das vorgeschlagene weltweite Emissionssystem stellt einen Versuch dar, aus dieser Klemme herauszukommen und einigermaßen gerecht, Umwelt- und Entwicklungsziele zu vereinbaren.

8.3.2.5 Umwelthaftung

Ein weiteres Umweltinstrument ist es, die gängige Verschuldungshaftung (für absichtliches oder fahrlässiges Fehlverhalten) durch eine Gefährdungshaftung in Verbindung mit einer entsprechenden Versicherungspflicht zu ersetzen: der Verursacher müsste dann in jedem Fall für die von ihm verursachten Umweltschäden bei Dritten eintreten. Damit würden die externen Effekte weitgehend internalisiert werden, da nun die Versicherungsbeiträge die betriebswirtschaftlichen Kosten den volkswirtschaftlichen Kosten annähern. Die Umwelthaftung ist ökologisch und ökonomisch effizient und vermeidet beim Staat größere Administrations- und Überwachungskosten, die bei vielen anderen Instrumenten auftreten; dagegen ist das Haftungsrecht für multikausale und globale Umweltprobleme eher weniger geeignet. Zurzeit arbeitet die EU an einem gemeinsamen Umwelthaftungsrecht.

8.3.2.6 Reanimation der Allmende und effiziente Ineffizienz

Trotz mancher Übernutzungen haben bestimmte Allmende-Wirtschaftssysteme jahrhundertelang, auch bei zunehmendem Bevölkerungsdruck, überdauert. Dies benötigte dreierlei:

- ein Bewusstsein für die Komplexität der natürlichen Umwelt, das sich in einem hohen immateriellen Wissen und einem vergleichsweise geringen technischen Effizienz-Wissen niederschlägt und nicht dem Wahn allwissender Berechenbarkeit verfallen ist

- stabile, auf Selbstverpflichtung beruhende Gruppenbeziehungen mit strikten Exklusivitätsregeln, die die In- und Outsider der Nutzungsrechte genau definierten
- eine *bäuerliche*, nachhaltige, und nicht gewinn-maximierende, sondern risikominimierende Wirtschaftsweise.

Diese gewachsenen Erfahrungen in Verbindung mit der modernen Chaostheorie, die beweist, dass nicht alles berechen- und prognostizierbar ist, führen zu einem scheinbar paradoxen Begriff: *Effiziente Ineffizienz* ist das Inkaufnehmen ineffizienter komplexer Situationen aus dem Wissen heraus, dass jede Handlung unkontrollierte Effekte haben kann und es letztlich besser ist, eine kleine, aber historisch gewachsene Ineffizienz in der Gegenwart zu ertragen als eine womöglich turbulente und chaotische Zukunft auszulösen. Das Subsidiaritätsprinzip der EU verweist auf die Verantwortung der jeweils niedrigsten Ebene; demokratische und plebiszitäre Überlegungen und Aspekte stärken die kommunale Selbstverwaltung und die Bedeutung von globalen NGOs und lokalen Bürgerbewegungen wächst; all dies könnte den gemeinschaftlichen Verantwortungs- und Regelungsanspruch allmendeähnlicher Konstrukte voranbringen. Reanimation der Allmende mit der *Weisheit der Alten* heißt nicht Stärkung der Lokalmafia, sondern bedeutet herrschaftsfreien Diskurs im öffentlichen Raum. Es geht darum, das gemeinsame Naturerbe zu erhalten und es nicht dem Effizienzpostulat derjenigen zu opfern, die immer alles ganz genau zu wissen glauben und letztlich doch nur den Baum, nicht aber den Wald sehen – solange es überhaupt noch Bäume gibt.

8.3.3 Nachhaltigkeit

Der Begriff Nachhaltigkeit oder Sustainability kommt aus der Forstwirtschaft und bedeutet, dass nur soviel Holz geschlagen werden darf, wie im gleichen Zeitraum nachwächst. Etwas verallgemeinert bedeutet dies, dass heutige Generationen nur solche und so viele Umweltgüter nutzen dürfen, dass die Regenerationsfähigkeit der Natur erhalten bleibt und die nachfolgenden Generationen die Natur in gleichem Umfang nutzen können. Häufig wird dies auch mit dem Verbot der Irreversibilität verbunden: heute dürfen keine Entscheidungen gefällt werden, die morgen gegebenenfalls nicht mehr rückgängig gemacht werden könnten. Wenn heute ein ganzer Urwald abgeholzt wird, wird er in dieser Form mit all seiner Flora und Fauna nie mehr wieder herstellbar sein; ein atomares Zwischen- oder Endlager wird, selbst wenn es zu keinen Unfällen kommt, in den nächsten Jahrzehnttausenden verseucht bleiben.

Wenn erschöpfbare natürliche Ressourcen verbraucht werden, stehen diese natürlich per definitionem später nicht mehr zur Verfügung; dafür müssten dann den nachfolgenden Generationen Kapitalgüter in entsprechender Menge überlassen werden, die geeignet sind die nicht mehr vorhandenen erschöpfbaren Ressourcen zu substituieren.

Kurz: Nachhaltigkeit bedeutet, die Umwelt so zu hinterlassen, dass auch nachfolgende Generationen eine vielfältige und nach ihren Wünschen gestaltbare Umwelt vorfinden. Die hohe Zeitpräferenz der jetzigen Generationen und die Tatsache, dass die externen Effekte auch in die Zukunft wirken (zukünftige Schäden kosten heute nichts) lässt aber für eine nachhaltige Wirtschaftsweise wenig Hoffnung.

8.4 Zusammenfassung

Allmendegüter und externe Effekte sind die Ursache von Umweltproblemen; weil die Nutzung der Umwelt in vielen Fällen kostenlos ist, werden Umweltgüter übernutzt, geschädigt und sogar vernichtet. Aufgabe einer verantwortungsvollen Umweltpolitik ist es, eine optimale Umweltbelastung zu erreichen, die weder die Umwelt über Gebühr ausbeutet, noch auf eine nachhaltige Nutzung derselben völlig verzichtet. Es gibt eine Reihe unterschiedlicher Umweltinstrumente, die sich je nach Sachverhalt unterschiedlich gut eignen. Ökonomische Aufgabe ist es, ein ökologisches Ziel mit möglichst geringen Kosten zu erreichen: wenn beim Umweltschutz Ressourcen verschleudert werden, nutzt dies der Umwelt auch nicht. Jedoch gibt es kein Zauberinstrument, das uns davor schützt, dass Umweltschutz etwas kostet! Umweltschutz und die gleichzeitige kostenlose Nutzung der Umwelt wie bisher ist unmöglich! Doch langsam setzt sich die Erkenntnis durch, dass heutiger Umweltschutz letztlich billiger ist als die morgige Reparatur der heute angerichteten Umweltschäden. Wenn es denn einen Hoffnungsschimmer für den übernutzten Planeten gibt, dann besteht der darin, dass Bürger, Wirtschaft und Politik die hohen Folgekosten der momentanen Wirtschaftsweise erkennen; aus diesem ökonomischen Blickwinkel könnte eine ökonomischere Bewirtschaftung der Umwelt folgen. Mehr Ökonomie in der Wirtschaft könnte also tatsächlich zu mehr Ökologie führen.

9 Grundlagen der Regionalökonomie

9.1 Überblick

Es ist vergleichsweise schwierig, den Begriff *Regionalökonomie* genau abzugrenzen; die ältere deutsche Raumwirtschaftstheorie existiert neben der jüngeren Wirtschaftsgeographie und diese ist nicht einfach als Economic Geography zu übersetzen, deren Hauptvertreter, P. Krugman, 2008 den Nobelpreis bekommen hat. Um sich hier nicht in Begriffsdefinitionen und -abgrenzungen zu verlieren, sei pragmatisch festgelegt: dass die Regionalökonomie von der ökonomischen Bedeutung des Raumes handelt und fragt, welche wirtschaftlichen Aktivitäten wann warum wo auftreten. Ob es sich dabei um einen kleinen oder großen, innerstaatlichen oder überstaatlichen Raum handelt, ist dabei sekundär: Westmittelfranken, der Alpenraum oder Ostafrika können somit als Region bezeichnet werden, die je durch geeignete Kriterien abgegrenzt werden.

Die Literatur unterscheidet in der Regel die theoretischen Ansätze zur Standortfrage, zur räumlichen Mobilität und zu regionalen Wachstums- und Entwicklungsfragen; hinzu kommen regionalpolitische Untersuchungen und die empirische Regionalforschung; einen gewissen Sonderfall nimmt die *Destination* ein, die in tourismusökonomischen Zusammenhängen von zentraler Bedeutung ist. Hier wird gar nicht der Versuch unternommen, einen systematischen Überblick über diesen großen Forschungsbereich zu versuchen; hier werden nach einer kurzen Einführung zum Thema Raum und Transportkosten zwei zentrale Bausteine der Regionalökonomie herausgegriffen und stellvertretend vorgestellt. Der Urvater der Regionalökonomie, J. H. v. Thünen und seine berühmten Thünensche Kreise im dritten und P. Krugmans Zentrum-Peripherie-Modell im vierten Kapitel.

9.2 Raum und Transportkosten

Die klassische Volkswirtschaftslehre abstrahiert weitgehend vom Raum und konzentriert die Ökonomie auf einen dimensionslosen Punkt. Diese Vorgehensweise ist zwar unrealistisch und sehr vereinfachend, aber für viele Fragestellungen problemlos möglich. Die Außenwirtschaftstheorie weiter unten im Buch führt mit den Handelshemmnissen zwischen den Ländern ansatzweise so etwas wie Transportkosten ein und die Globalisierung ist nichts anderes als das Zusammenrücken globaler Räume aufgrund dramatisch gesunkener Transportkosten. Die explizite Behandlung von Transportkosten bleibt jedoch Aufgabe der Regionalökonomie, die auf diese Weise versucht, den Raum modelltheoretisch in den Griff zu bekommen: Ort A und Ort B definieren sich im Raum dadurch, dass mehr oder minder hohe Transportkosten verhindern, dass sich eine identische Person oder reale Aktivität zeitgleich in beiden Orten aufhalten beziehungsweise ereignen kann.

Transport und -kosten können auf verschiedene Weise definiert werden:

- Transport (i.e.S.) von Menschen und/oder Gütern versus Kommunikation, das heißt der Transport von Information auf klassischem oder elektronischem Wege
- natürliche versus künstliche Ursachen der Transportkosten, die entweder von der Natur - ein Kilometer, eine Wüste, ein Fluss - oder vom Menschen geschaffen sind; bei letzeren gibt es unabsichtliche und absichtliche Transportkosten: inkompatible Spurweiten von Eisenbahnen wirken heute als unabsichtliche Transportkosten, während Zölle nichts anderes als politisch-administrative Transportkosten darstellen
- Transportkosten sind nicht mit der bloßen Entfernung zu verwechseln, denn je nach vorhandener Infrastruktur und Technologie ist eine von München 80 km entfernte einsame Berghütte *weiter weg* als Bremen
- die Messung der Transportkosten kann unterschiedlich erfolgen, aber neben der Transportzeit werden in der Regel Kosten in Geldeinheiten oder als prozentuale Vernichtung des transportierten Gutes (sog. Eisberg-Transportkosten) angegeben.

Kurz gesagt: in der Ökonomie konstituieren Transportkosten den Raum und damit die Region; Regionalökonomie beschäftigt sich somit zentral mit Transport und Transportkosten.

9.3 v. Thünens Theorie der Landnutzung

Johann Heinrich von Thünen (1783-1850) gilt als einer der bedeutensten deutschen Ökonomen und Begründer der Raumwirtschaftstheorie. Seine Theorie der Landnutzung soll hier sehr vereinfacht dargestellt werden und beginnt mit v. Thünens eigenen Worten:

Man denke sich eine sehr große Stadt in der Mitte einer fruchtbaren Ebene gelegen. ... Die Ebene selbst bestehe aus einem durchaus gleichen Boden [und gleichen Klimas], der überall der Kultur fähig ist. In großer Entfernung von der Stadt endige sich die Ebene in eine unkultivierte Wildniss, wodurch dieser Staat von der Welt gänzlich getrennt wird. (in: Der isolierte Staat in Beziehung auf Landwirtschaft und Nationalökonomie. I Theil)

Diese dimensionslos zu denkende Stadt dient als einziger Nachfrager für die im Umland produzierten Agrarprodukte und die Transportkosten vom Land in die Stadt sind proportional steigend mit der Entfernung des Agrarstandortes zum Zentrum. Bei konstanten Marktpreisen und Produktionskosten bei nur einem angebauten Produkt entsteht eine *Landrente* für jeden Hektar, die kontinuierlich mit zunehmender Entfernung von der Stadt abnimmt. Lässt man den Anbau verschiedener Agrarprodukte zu, versucht jeder Landbesitzer den Anbau so zu steuern, dass die Landrente maximiert wird. Es zeigt sich, dass die verschiedenen Anbaugebiete in konzentrischen Kreisen um die Stadt liegen und die Bebauungsintensität mit zunehmender Entfernung von dieser abnimmt: Gemüseanbau und Milchproduktion in I, Forstwirtschaft in II, Getreideanbau in III, Viehzucht in IV und Jagden in der entfernten Wildnis V. Abbildung 9-1 zeigt diese berühmten Thünenschen Ringe, die ein in der Realität natürlich viel komplizierter vorkommendes Muster vereinfachend erklären können. Letztlich sind es ausschließlich die Transportkosten, die hier den Raum *ordnen* und die Anbaustandorte determinieren. Die nachfolgende raumwirtschaftliche Forschung hat den Thünenschen Ansatz weiterentwickelt, verfeinert und um die Analyse der Orte-Hierarchie und der Markt- und Verkehrsnetze erweitert.

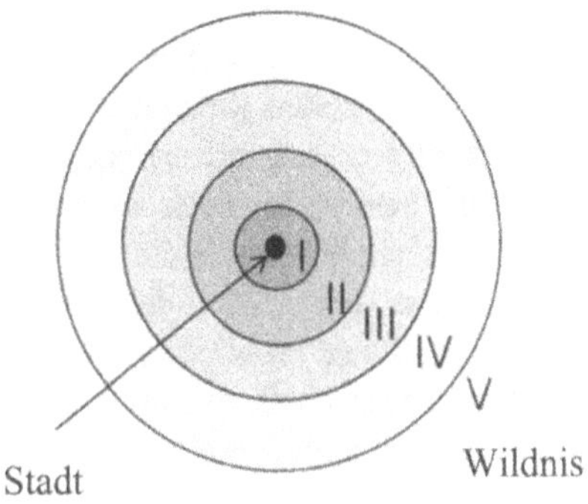

Abb. 9-1 Thünensche Ringe

9.4 Krugmans Zentrum-Peripherie-Ansatz

Während v. Thünens Interesse sichtbar der Landwirtschaft gilt, dreht Paul Krugman die Fragestellung um, gibt ihr eine industrieorientierte Interpretation und fragt, ob und wann eine Agglomeration und Zentralisierung der Industriestandorte in einer Region stattfindet oder ob eine Peripherisierung eintreten wird. Krugman (1991), S. 14f beschreibt den zirkulären Wirkungszusammenhang so.

The basic story of geographic concentration that I will propose here relies on the interaction of increasing returns, transportation costs, and demand. Given sufficiently strong economies of scale, each manufacturer wants to serve the national market from a single location. To minimize transportation costs, she chooses a location with large local demand. But local demand will be large precisely where the majority of manufacturers choose to locate. Thus there is a circularity that tends to keep a manufacturing belt in existence once it is established.

Im einfachsten der Modelle gibt es ein Land mit nur zwei möglichen Industriestandorten in Ost und West. Agrargüter werden unter konstanten Skalenerträgen von immobilen Landwirten produziert, die exogen und gleichmäßig über das Land verteilt sind. Industriegüter können in Ost oder West oder in beiden Landesteilen von den mobilen Industriearbeitern hergestellt werden; wird nur in einem Landesteil produziert, muss der andere Teil unter Inkaufnahme von Transportkosten beliefert werden; wird in beiden Landesteilen produziert, entfallen zwar die Transportkosten, doch nun entstehen doppelt so hohe Fixkosten, da zwei Fabriken aufrecht erhalten werden müssen. Wird sich nun unter diesen Bedingungen eine industrielle Ballung in einem Landesteil (= Zentrumsbildung) oder eine dezentrale Industrieansiedlung in Ost und West (= Peripherisierung) ergeben? Da die mathematische Herleitung komplex ist, wird hier darauf verzichtet und versucht, die Zusammenhänge verbal zu erläutern;

entscheidend ist das Zusammenspiel von drei Parametern: die Höhe der Fixkosten, die Höhe der Transportkosten und der Anteil der Industriearbeiterschaft an der Gesamtbevölkerung (= Industriearbeiter + Landwirte). Sind, wie in einer klassischen Agrargesellschaft, die Transportkosten hoch, die Fixkosten vergleichsweise niedrig und die Industriearbeiterschaft klein, bleibt es bei einer peripheren „Industrie"-Landschaft und jedes Dorf hat seinen Schmid, seinen Wagner und lokalen Energieproduzenten. Im Zuge der industriellen Revolution passierte aber dreierlei: die Transportkosten sanken im Vergleich zu den steigenden Fixkosten und die Agrarbevölkerung nahm stetig ab. Nun war es plötzlich besser, nur noch an einem Standort zu produzieren, denn die Vorteile der eingesparten Fixkosten übertrafen die in Kauf zu nehmenden Transportkosten; nun wäre es denkbar gewesen, dass sich ein Teil der Industrie in West, ein anderer Teil in Ost konzentriert hätte, doch kommt nun die Zirkularität von Ansiedlung und Nachfragegenerierung ins Spiel: die Industriearbeiterschaft an sich fragt ja ebenfalls die Industriegüter nach und ein dezentral produzierender Unternehmer, der aufgrund der eben durchgeführten Überlegungen nur noch eines seiner beiden Werke erhalten will, tut dies dort, wo bereits die anderen Fabriken mit ihrer Arbeiterschaft sind. Mit anderen Worten: um Transportkosten zu sparen, will die Industrie möglichst nahe an den Endverbraucher und der konzentriert sich dort, wo sich auch die Industrie konzentriert, also entweder in Ost oder in West. Welche der beiden Landesteile gewinnt, ist letztlich nicht determiniert und hängt von scheinbar kleinen historischen und/oder geographischen Zufälligkeiten ab: wenn sich erst einmal die erste Konzentration abzeichnet, kommt es zu einem sich selbst verstärkenden Effekt, der letztlich die ganze Industrie an einen Ort zieht. So kam es im Zuge der Industrialisierung zur Ballung von Industriezentren im Cotton Belt, im Ruhrgebiet, im Silicon Valley oder in Bangalore.

Auf den ersten Blick überrascht, dass in Krugmans Modell sinkende Transportkosten tendenziell zur Zentrumsbildung führen, während heutzutage sinkende Transportkosten angeführt werden, um dezentrale Industrieansiedlungen in Osteuropa oder Asien zu begründen. Ursächlich sind aber für diese Phänomene weniger die Transportkosten als diverse Kostenvorteile der Peripherie beziehungsweise Agglomerationsnachteile des Zentrums, die im einfachen Grundmodell nicht berücksichtigt sind. Die nachfolgende Literatur hat sich dieser und ähnlicher Fragestellungen angenommen; so beschreibt beispielsweise Letzner (1996) unter Einbeziehung von Exportfixkosten einen weniger harten Szenariowechsel als das Grundmodell: „The model supports the prediction that falling transportation costs – because of technical progress or further integration steps – will enforce the core-periphery pattern of regional or world economic geography. But this concentration process will be ‚slow' and evolutionary." (S. 262)

9.5 Ausblick

Die beiden kurz vorgestellten Modelle repräsentieren keinesfalls die ganze Breite der Regionalökonomie, sind aber insofern typisch, als sie bewusst den Raum in die Theorie integrieren. Beide verwenden Transportkosten, um die Standorte der Landwirtschaft beziehungsweise der Industrie bestimmen zu können. Beide zeigen, dass ökonomische Aktivitäten im Raum sich gegenseitig mittels pull- und push-Faktoren beeinflussen. Diese Dynamik des magnetischen Anziehens und Abstoßens der verschiedenen Aktivitäten und Lokalitäten ist eines der interessantesten Ergebnisse der Berücksichtigung des Raumes und der Transportkosten in der Regionalökonomie. Für die Regionalpolitik bleibt ein wichtiges, wenn auch vielleicht enttäuschendes Ergebnis festzuhalten: gegen die starken dynamischen Kräfte im Auf und Ab der Regionen sind politische Eingriffe kaum in der Lage, fundamental einer regionalen Abwärtsspirale entgegen zu wirken. Auch einer positiven Beeinflussung einer Region sind enge Grenzen gesetzt, zeigt doch die Nicht-Determiniertheit des Zentralisierungsmusters geringe systematische Einwirkungsmöglichkeiten. Kurz: Regionen werden mittel- und langfristig von derart fundamentalen Parametern getrieben, dass regionalpolitisches Handeln vielleicht die ein oder andere Flussböschung gestalten kann – der Fluss an sich lässt sich in seinem Lauf nicht verändern.

10 Zahlungsbilanz

Mit dem Kapitel über die Zahlungsbilanz wenden wir uns einem Komplex volkswirtschaftlicher Problemfelder zu, der immer wichtiger wird, nämlich der Außenwirtschaft bzw. der Außenwirtschaftspolitik.

10.1 Einführung: Zahlungsbilanz und Außenwirtschaft

Zunächst ist der Zusammenhang der Zahlungsbilanz zur Außenwirtschaft aufzuzeigen.
Für eine nach *Autarkie* strebende Wirtschaft, d.h. eine geschlossene bzw. fast geschlossene Volkswirtschaft, spielen nur binnenwirtschaftliche Vorgänge eine Rolle. Hier sind die ökonomischen Beziehungen zu anderen Staaten unwichtig, man kann somit hier die Außenwirtschaft vernachlässigen.
Wenn man von wenigen kleinen Inselstaaten im Pazifik absieht (obwohl es streng genommen auch hier nicht stimmt), sind alle Staaten der Erde (natürlich in unterschiedlichem Verhältnis) in die Außenwirtschaft integriert, d.h. Autarkie ist z.Z. out. Dies gilt in besonders starkem Maß für die westlichen Industriestaaten, und hier wiederum herausragend für die BRD.

Die immer wichtiger gewordenen außenwirtschaftlichen Zusammenhänge (so ist z.B. der Grund der leichten Belebung der Wirtschaftstätigkeit in den 1990er Jahren in der BRD insbesondere auf die Außenwirtschaft zurückzuführen) bewegen sich dabei zwischen der *Freihandelsidee* (d.h. dass der Staat sich nicht oder möglichst wenig in die Außenwirtschaft einmischt, sondern diese ganz der Privatinitiative überlässt) und dem immer stärker wuchernden *Protektionismus* (d.h. der Staat schützt die heimische Wirtschaft vor der ausländischen Konkurrenz und fördert infolgedessen den eigenen Export und behindert den Import).

Die moderne Nationalökonomie vertritt heute überwiegend die Auffassung, dass durch die Außenwirtschaft keine grundlegenden neuen Probleme in die VW gelangen, sich somit letztlich eine eigene Außenwirtschaftstheorie erübrige. Man könne mit den Resultaten der Preis-, Produktions-, Verteilungs-, Geld-, Beschäftigungs- usw. Theorien die Fragen der Außenwirtschaft lösen.
Da aber durch die Außenwirtschaftsbeziehungen zu den bereits bekannten ökonomischen Fragen und Problemen einige Besonderheiten hinzukommen, ist es nicht nur üblich eine eigene Außenwirtschaftstheorie zu pflegen, sondern, sich auch intensiv mit diesem Komplex zu beschäftigen.
Die wichtigsten Besonderheiten, die durch die Außenwirtschaft in den volkswirtschaftlichen Interessenkreis eintreten, sind:

1) Die Unterschiedlichkeit der nationalen Währungssysteme = die Wechselkursproblematik
2) Die mögliche Existenz handelspolitischer Schranken, wie Zölle, Kontingente, nichttarifäre Handelshemmnisse und dgl.
3) Unterschiede im Recht und der nationalen Wirtschaftspolitik
4) Verschiedenheit in der Mentalität der Völker
5) Die oft größere Bedeutung der räumlichen Distanz- Transportkosten und sonstige Risiken

Im Rahmen einer volkswirtschaftlichen Beschäftigung mit der Außenwirtschaft stehen insbesondere folgende Problemfelder zur Debatte:

1) Warum wird überhaupt Außenhandel betrieben? D.h. es ist zu klären, welche Vorteile ein Individuum, ein Land vom Außenhandel hat
2) Welches sind die Grundsätze internationaler Arbeitsteilung? D.h. unter welchen Bedingungen kommt zwischen zwei Ländern überhaupt ein Handel zustande, und warum ist eine Arbeitsteilung auch zwischen Ländern sinnvoll?
3) Welche Faktoren bestimmen die internationalen Tauschverhältnisse bzw. von welchen Einflüssen werden *Terms of Trade* der einzelnen Nationen bestimmt?
4) Welche Faktoren beeinflussen die Zahlungsbilanzsituation eines Landes? Da eine ausgeglichene Zahlungsbilanz eines der 4 Ziele des magischen Vierecks darstellt, lässt sich fragen, wovon der Ausgleich der Außenwirtschaft eines Landes bestimmt wird
5) Wie wird die innere Stabilität durch die Auslandsverflechtung beeinflusst? D.h. Preisniveau und Beschäftigung hängen jetzt zu einem erheblichen Masse auch von der Außenwirtschaft mit ab
6) Nach welchen Spielregeln soll die Weltwirtschaft ablaufen bzw. wie soll die Weltwirtschaftsordnung aussehen?

In der VW unterscheidet man zwischen der monetären und der reinen Außenwirtschaftstheorie.
Die monetäre Außenwirtschaftstheorie beschäftigt sich primär mit dem Zahlungsbilanzausgleich. Sie stellt deshalb zunächst die Zahlungsbilanz vor (10. Kapitel), und untersucht dann den Zusammenhang zwischen ihr und dem Wechselkurs (11. Kapitel).
Die sog. reine oder güterwirtschaftliche Außenwirtschaftstheorie abstrahiert vom Geld und sucht die realwirtschaftlichen Zusammenhänge zu erfassen. Im Zentrum steht hier immer noch die Theorie der komparativen Kosten und deren Weiterentwicklung (12. Kapitel).
Die in diese Zweiteilung nicht hineinpassende Zolltheorie untersucht die Hemmnisse im Außenhandel (Kapitel 13).

10.2 Begriff und Aufbau der Zahlungsbilanz

10.2.1 Begriff

Als Zahlungsbilanz einer Volkswirtschaft bezeichnet man die Aufzeichnung *aller* ökonomischen Transaktionen zwischen den Einwohnern, Regierungen und Institutionen des Inlands

(Inländer) und denjenigen des Auslands (Ausländer) für eine bestimmte Periode (in der Regel 1 Jahr).
Inländer im Sinne der Zahlungsbilanz sind alle natürlichen Personen mit ständigem Wohnsitz im Inland (somit u.a. auch Gastarbeiter und Asylanten), sowie alle anderen Wirtschaftssubjekte einschließlich rechtlich unselbständiger Produktionsstätten und Zweigniederlassungen, soweit der Schwerpunkt ihrer wirtschaftlichen Tätigkeit im Inland liegt (u.a. ausländische Tochterunternehmen und Zweigniederlassungen in der BRD).
Zur Definition der *Ausländer* muss obige Begriffsbestimmung nur umgekehrt interpretiert werden. Damit sind Touristen Ausländer (d.h. wenn sie in der BRD etwas kaufen, wäre dies eigentlich ein Warenexport), ebenso Angehörige von diplomatischen Vertretungen und die Mitglieder ausländischer Streitkräfte.

Die Zahlungsbilanz ist wie die volkswirtschaftliche Gesamtrechnung eine statistische *ex-post-Rechnung.*

Sie dient einmal wichtigen praktischen Informationswünschen über das Ausmaß, den Grad und die Entwicklung der Verflechtung der eigenen Volkswirtschaft mit dem Ausland. Sie zeigt andererseits den wirtschaftspolitisch Verantwortlichen den Strukturwandel der internationalen Einbindung des eigenen Landes.
Der Begriff Zahlungsbilanz ist aus zwei Gründen eigentlich missverständlich:

1) Die aufgezeichneten Transaktionen der Zahlungsbilanz beziehen sich auf einen Zeitraum (sind Stromgrößen) und nicht, wie bei der Bilanz des Rechnungswesens, auf einen Zeitpunkt (= BestandsGrößen).
2) In der Zahlungsbilanz werden im Gegensatz zur Bilanz des ReWe mehr Transaktionen als lediglich Zahlungsvorgänge erfasst. Dies sind z.B. unentgeltliche Vorgänge (Schenkungen) und Kreditvorgänge.

10.2.2 Aufbau der Zahlungsbilanz

Lt. Definition werden in der Zahlungsbilanz *sämtliche Transaktionen* erfasst. In diese Vielzahl unterschiedlicher Vorgänge bringt man eine systematische Ordnung hinein und unterteilt die Zahlungsbilanz in sog. Teilbilanzen. Eine *Teilbilanz* umfasst (in etwa) gleichartige Transaktionen zwischen Inländern und Ausländern.
Wie man die Zahlungsbilanz in Teilbilanzen aufgliedert, ist eine Zweckmäßigkeitsfrage und wird vom jeweiligen Informationsbedürfnis bestimmt. D.h. dass die Zahlungsbilanzen der einzelnen Volkswirtschaften insbesondere in der Untergliederung differenzieren und auch in der Definition der Teilbilanzen unterschiedlich sein können. Der (vorgestellte) Grundaufbau hat sich aber immer mehr angeglichen.
Der vorzustellende Aufbau der Zahlungsbilanz in der BRD nach dem Schema der Bundesbank wurde in seiner Systematik bereits mehrmals revidiert. Der jetzige Aufbau basiert auf dem 1993 vereinbarten „Balance of Payments Manual" des Internationalen Währungsfonds (IWF). Die Gründe für diese erneute Änderung in der Systematik der Zahlungsbilanz waren vor allem:

1) Das Konzept der Zahlungsbilanz soll stärker mit der Systematik der Volkswirtschaftlichen Gesamtrechnung (VGR) übereinstimmen.
2) Bedeutung und Volumen der Geld- und Kapitaldispositionen zwischen den verschiedenen Volkswirtschaften sind rapide gewachsen (so haben z.B. die Kapitalerträge von 1976 bis 1993 von 7% auf 16% der weltweiten außenwirtschaftlichen Leistungstransaktionen zugenommen). Zu diesem Zweck sollen die Zusammenhänge zwischen Beständen und Strömen stärker herausgearbeitet werden.
3) Die schnelle Ausbreitung von derivativen Finanzprodukten wird jetzt in der Kapitalverkehrsbilanz berücksichtigt.
4) Die ständig steigende Bedeutung des Dienstleistungssektors hat einerseits zu einer tieferen Gliederung, anderseits zu einer Neuzuordnung verschiedener Positionen geführt. Somit ergibt sich die neue Systematik der Zahlungsbilanz in der BRD mit folgenden Teilbilanzen (siehe Abb. 10-1).

Die **Handels- bzw. Warenbilanz** ist vom Volumen her für die BRD sehr entscheidend. Sie beinhaltet die wertmäßige (in Euro-Werten) Gegenüberstellung der Warenexporte und der Warenimporte. Dazu kommen die Lohnveredlung (der Wert der damit verbundenen Wertschöpfung) und (bestimmte) Reparaturarbeiten plus die Lieferung von Schiffs- und Flugzeugbedarf.
Die BRD hatte (abgesehen von Anfang der 1950er Jahre) stets eine sog. *aktive (positive) Handelsbilanz,* d.h. die Exporte waren größer als die Importe.

Die Dienstleistungsbilanz hat seit dem 2. Weltkrieg ständig an Bedeutung zugenommen (Wachstum des tertiären Sektors).
Sie umfasst eine Vielzahl von Diensten (sog. unsichtbare Ex- und Importe), wie u.a. den Tourismus (besonders wichtig für die BRD), Transportleistungen, Lizenzen und Patente, Transithandel, Ausgaben der alliierten Streitkräfte in der BRD, Versicherungsleistungen (hier aber lediglich die sog. Wertschöpfung der Versicherung wie Verwaltungsleistung und Ertragskomponenten).

Die Dienstleistungsbilanz weist seit etwa 1960 in der BRD einen *Passivsaldo (negativer Saldo)* auf (durch die Neugliederung hat sich dies noch verstärkt), d.h. die Importe sind größer als die Exporte (was zu einem beträchtlichen Teil auf dem Tourismus beruht).

Die Bilanz der Erwerbs- und Vermögenseinkommen enthält die (bisher in der Dienstbilanz ausgewiesen) Kapitalerträge (Zinsen, Dividenden, Mieten) auf Kapitalanlagen plus die Einkommen aus unselbständiger Arbeit von Inländern im Ausland bzw. von Ausländern im Inland.
Eine eindeutige Entwicklung ist hierbei noch nicht ersichtlich, es überwiegen aber die *Aktivsalden.*

Die Bilanz der laufenden Übertragungen (früher Schenkungsbilanz oder Bilanz der unentgeltlichen Leistungen genannt) erlässt Transaktionen, die ohne ökonomische Gegenleistung vorgenommen werden.
Dazu zählen insbesondere: Kriegsfolgen (Wiedergutmachung, Kriegsentschädigung, Reparationen), Pensions- und Rentenzahlungen ins Ausland bzw. vom Ausland, Zahlungen des Staates an internationale Einrichtungen (Nato-, UN-Beitrag, Zahlungen an die EU), Entwick-

lungshilfe (soweit Geschenk und keine Vermögensübertragungen, d.h. sonst in den Vermögensübertragungen), Überweisungen der Gastarbeiter in die Heimatländer (soweit keine Vermögenstransaktion), Nettoprämien bzw. eigentliche Risikoprämien von Versicherungsleistungen.
Die laufenden Übertragungen weisen seit vielen Jahren einen deutlichen *Passivsaldo* auf.

Zahlungsbilanz der BRD für ein Jahr X		
	Debet Ausgaben [1)]	Credit Einnahmen [1)]
A. Leistungsbilanz		
1. Handelsbilanz	Warenimporte	Warenexporte
2. Dienstleistungsbilanz	Dienstimporte	Warenimporte
3. Erwerbs- und Vermögenseinkommen	geleistete Einkommen	empfangene Importe
4. Laufende Übertragungen	geleistete Übertragung	empfangene Übertragung
B. Vermögensübertragungen	geleistete Verm.übertr.	empfangene Verm.übertr.
C. Kapitalbilanz		
1. Direktinvestitionen	BRD investiert i. Ausland	Ausl. invest. in der BRD
2. Wertpapiere	Kauf ausländ. Papiere	Verkauf inländ. Papiere
3. Kreditverkehr		
a) langfristig	langfr. Kapitalexporte	lanfr. Kapitalimporte
b) kurzfristig	kurzfr. Kapitalexporte	kurfr. Kapitalimporte
4. Sonstige Kapitalanlagen	Kapitalexporte	Kapitalimporte
D. Restpostenbilanz	Restposten (nicht erfasst, nicht aufgegliedert)	
E. Devisenbilanz		
1. Transaktionswerte	Erhöhung Devisenbestand	Verminderung Devisenbestand
2. Veränderung zu Bilanzkursen	bewertet	bewertet

Abb.: 10-1: Schema der Zahlungsbilanz der BRD (nach der DBB)

In der Art der Verbuchung der Zahlungsbilanz herrscht keine Einigkeit, man kann in der Literatur genau die umgekehrte Verbuchung feststellen.

Die Leistungsbilanz (auch *Bilanz der laufenden Posten* genannt) ist der Saldo aus der Handels- und Dienstleistungsbilanz, der Bilanz der Erwerbs- und Vermögenseinkommen und der Bilanz der Laufenden Übertragungen.

In der Leistungsbilanz werden (jetzt neu) nur jene Transaktionen berücksichtigt, die einen Einfluss auf Einkommen und Verbrauch haben.

Wenn für die BRD ein *Aktivsaldo* der Leistungsbilanz sich ergibt, dann war der Aktivsaldo der Handelsbilanz so groß, dass er insbesondere von den Passivsalden der Dienstebilanz und der Bilanz der Laufenden Übertragungen nicht ausgeglichen wurde.

Die Bilanz der Vermögensübertragungen ist die zweite Teilbilanz, die Transaktionen ohne (unmittelbare) ökonomische Gegenleistung festhält. Dabei handelt es sich um Transfers die (zunächst nur) das Vermögen der beteiligten Länder verändern.
Beispiele wären: Schuldenerlasse, Erbschaften, Schenkungen, Erbschafts- und Schenkungssteuern, bestimmte Investitionszuschüsse, Vermögensmitnahmen von Aus- bzw. Einwanderern. Unterschiedlich zugeordnet müssen die Transfers an bzw. von der EU werden (so sind die Zahlungen der BRD an die EU immer Laufende Übertragungen, Zahlungen von der EU an die BRD sind teilweise Vermögensübertragungen, z.B. Gelder für Infrastrukturmaßnahmen).
Die Tendenz bei den Vermögensübertragungen ist nicht einheitlich, es dominieren aber die *Passivsalden.*

Die Kapitalbilanz enthält den grenzüberschreitenden Kapitalverkehr des privaten und des öffentlichen Sektors. Dabei werden in der Kapitalbilanz Ansprüche und Verbindlichkeiten zwischen In- und Ausländern erlasst. Ansprüche sind dabei wirtschaftliche Rechte auf ausländisches Vermögen, Verbindlichkeiten dagegen Anrechte von Ausländern auf inländisches Vermögen.
Die Kapitalverkehrstransaktionen werden (jetzt) in folgenden Hauptkategorien unterteilt: Direktinvestitionen, Wertpapieranlagen, Kreditverkehr lang- und kurzfristig und Sonstige Kapitalanlagen.

Die Bilanz der Direktinvestitionen umfasst Beteiligungen (Erwerb von Unternehmen in Form von Aktien oder anderen Kapitalanteilen), langfristige Darlehen, Erwerb bzw. Veräußerung von Immobilien, aber auch kurzfristige Finanzbeziehungen (soweit erkennbar) verbundener Unternehmen. Der Grundgedanke ist hierbei (vor allem im Hinblick auf die kurzfristigen Transaktionen), all jene ökonomischen Beziehungen in dieser Bilanz zusammenzufassen, die durch ein intensives unternehmerisches Engagement gekennzeichnet sind.
Seit Mitte der 1980er Jahre weisen die Direktinvestitionen zum Teil beträchtliche *Passivsalden* auf.

Die Bilanz der Wertpapieranlagen umfasst sämtliche Kapitalmarktpapiere (Aktien, Rentenpapiere, Investmentanteile usw.), ebenso wie Anteile an Geldmarktfonds, Geldmarktpapiere und Finanzderivate. Damit entfällt die frühere Unterscheidung in lang- und kurzfristige Anlage von Wertpapieren.
Diese Teilbilanz spiegelt eine Gruppe sehr schnell in ihrer Richtung wechselnde Transaktionen wieder, so dass eine Aussage über eine Tendenz nicht möglich ist.

Die Bilanz des Kreditverkehrs umfasst die grenzüberschreitenden gewährten und empfangenen Kredite an Privatpersonen, Unternehmen und den Staat. Diese werden weiterhin unter-

teilt in lang- und kurzfristige Kredite. Langfristig sind dabei Kredite mit einer Laufzeit von mehr als einem Jahr, kurzfristig solche mit einer Laufzeit bis zu einem Jahr.
Eine einheitliche Tendenz der Salden ist auch bei diesen Teilbilanzen nicht feststellbar.

Die Bilanz der Sonstigen Kapitalanlagen stellt alle Transaktionen dar, die nicht den Direktinvestitionen, den Wertpapieranlagen und den Krediten zugeordnet werden können.
Da z.Z. in der Datenerfassung und Zuordnung bei den Kapitalanlagen noch Probleme bestehen, weist die Bundesbank zunächst nur eine **Bilanz des übrigen Kapitalverkehrs** aus, in der die Bilanz des Kreditverkehrs und die Bilanz der Sonstigen Kapitalanlagen zusammengefasst sind. Zeigt aber als „darunter" extra die lang- und kurzfristigen Kreditbeziehungen auf (durch Differenzbildung könnten deshalb die Sonstigen Kapitalanlagen bestimmt werden).

Die Restpostenbilanz (bzw. Fehlerbilanz oder Bilanz der ungeklärten Beträge) ist erforderlich, weil es nicht möglich ist, alle Transaktionen lückenlos zu erfassen bzw. periodengerecht zuzuordnen.
Nicht lückenlos erfassbar sind z.B. Teile des Kapitalverkehrs (Fluchtkapital), Geldtransfer der Gastarbeiter und Teile der Kapitalerträge.
Nicht exakt periodisch zuordenbar sind u.a. die oft mit dem Warenverkehr gekoppelten Handelskredite, weil diese *terms of payment* sich häufig ändern.

Die Devisenbilanz (bzw. Bilanz der Netto-Auslandsaktiva der Bundesbank) erfüllt folgende Funktionen:

1) Diese Teilbilanz fungiert „buchhalterisch" als Ausgleichsbilanz (-Konto) für die gesamte Zahlungsbilanz, um diese im Sinne der doppelten Buchführung auszugleichen. Deshalb wird in ihr auch alles umgekehrt (zwischen Debet und Credit) verbucht.
2) Weiterhin wird hier „die *Veränderung* der Nettoauslandsaktiva der Bundesbank" ermittelt.
3) Devisenbewegungen über die Bundesbank werden hier (Bilanz der Transaktionswerte) festgehalten. (Private und staatliche Devisentransaktionen dagegen im kurzfristigen Kreditverkehr, Goldbewegungen im Warenverkehr).

Die sog. *Nettoauslandsaktiva der Bundesbank* bestehen aus den Währungsreserven der DBB (d.h. Goldbestand, Devisenbestand, Reserveposition im IWF = Ziehungsrechte in der Reservetranche und Bestand an SZR) und den Krediten an ausländische Währungsbehörden oder ähnliche Institutionen (z.B. IWF). Ein Zuwachs der Nettoauslandsaktiva ergäbe eine Vergrößerung des Bestandes der Nettoauslandsaktiva (meist als Bestand der Währungsreserven bezeichnet) und umgekehrt.

Die **Bilanz der Transaktionswerte der Devisenbilanz** hält ausschließlich die Vorgänge (Transaktionen) der Zahlungsbilanz als (End-) Saldo aller vorgelagerten Teilbilanzen fest (sie entspricht der früheren Devisenbilanz im engeren Sinne).

Die Veränderung zu Bilanzkursen der Devisenbilanz (nachrichtlich genannt) zeigt die Veränderung der Nettoauslandsaktiva jetzt aber (zum Jahresende) *neubewertet,* d.h. berücksichtigt, dass die Veränderung der Nettoauslandsaktiva durch spezielle Währungsvorgänge zu- oder abgenommen haben kann. Damit wird berücksichtigt, dass es Devisenbewegungen geben kann, deren Ursache weder im Leistungs-, oder Vermögens- noch im Kapitalverkehr liegen. Dies betrifft insbesondere die Zuteilung von SZR (ergeben eine Vergrößerung), Abwertung des € (= Vergrößerung) oder Aufwertung des € (= Verkleinerung).

Durch *Differenzbildung* der Transaktionswerte - und der Veränderung zu Bilanzkursen der Devisenbilanz kann die (frühere) *Bilanz der Ausgleichsposten zur Auslandsposition der Bundesbank* berechnet werden.

Die Tab. 10-2 zeigt für ausgewählte Jahre die (neue) Entwicklung der dargelegten Teilbilanzen in der BRD.

Teilbilanzen der Zahlungsbilanz in der BRD	in Mio DM für		in Mio € für		
	1988	1994	2000	2004	2008
A. Leistungsbilanz					
1. Warenbilanz					
a) Ausfuhr (fob)	567654	694685	597440	731544	992539
b) Einfuhr (cif)	439609	622923	538311	575448	814033
c) Warenbilanzsaldo	+128045	+71762	+59128	+156098	+178507
2. Ergänzungen um Außenhandel	-2791	-1116	-9071	-16447	-12475
3. Dienstleistungsbilanz Saldo	-14645	-52399	-49006	-29341	-12822
4. Erwerbs- u. Vermögenseinkommen Saldo	+12312	+11070	-8335	+20431	+44746
5. Laufende Übertragungen, Saldo	-34937	-62716	-27950	-27849	-33088
6. Leistungsbilanzsaldo	+87984	-33399	-35235	+102889	+164868
B. Vermögensübertragungen, Saldo	-24	+312	+6823	+435	-90
C. Kapitalbilanz					
1. Direktinvestitionen, Saldo	-19269	-25250	+153822	-24753	-89788
2. Wertpapiertransaktionen, Saldo	-64272	-40338	-164910	+7644	+18310
3. Übriger Kapitalverkehr, Saldo	-42016	+130230	+39430	-107345	-129878
a) darunter langfristige Kredite	+12294	+15943	-24490	-3828	-133387
b) darunter kurzfristige Kredite	-20383	+125811	+38251	-85265	+305
4. Kapitalbilanz, Saldo	-125556	+64642	+34187	-122884	-203364
D. Restpostenbilanz, Saldo	+2920	-19312	-5775	+19660	+38585
E. Devisenbilanz					
Veränderung der Transaktionswerte	-34676	+12242	+5844	+1470	-2008

Quelle: Zahlungsbilanzstatistik DBB 06/09

Abb.: 10-2: Entwicklung wichtiger Teilbilanzen in der **BRD**

10.3 Zahlungsbilanzgleichgewicht

10.3.1 Statistischer versus ökonomischer Ausgleich

Analysiert man die Leistungs- und Kapitalbewegungen eines Landes, so zeigt sich, dass in den seltesten Fällen das Export- dem Importvolumen entspricht oder der Kapitalimport gerade den Kapitalexport ausgleicht. D.h. die Teilbilanzen der Zahlungsbilanzen sind meist im Ungleichgewicht, da die Export- und Importentscheidungen von unterschiedlichen Wirtschaftssubjekten aufgrund voneinander unabhängigen Dispositionen getroffen werden.

Diese Unausgeglichenheit gilt jedoch nicht für die gesamte Zahlungsbilanz. Statistisch betrachtet ist die (gesamte) Zahlungsbilanz immer ausgeglichen. Dies lässt sich einmal mit den Zahlungsströmen auf den Credit- bzw. Debetseiten nachweisen, zum anderen beruht dies auf dem für die Zahlungsbilanz geltenden Prinzip der doppelten Buchführung, wo jede Handels- oder Kapitaltransaktion zweimal aufgezeichnet wird. Somit ist die (gesamte) Zahlungsbilanz statistisch stets im Gleichgewicht. Ein Beispiel soll dies verdeutlichen:

Ein Land X exportiert Güter im Wert von 100 Geldeinheiten (GE). Diese Güter können entweder in Gold im Wert von 100 GE bezahlt werden (1. Möglichkeit), sie werden durch die Abgabe von Devisen im Wert von 100 GE bezahlt (2. Möglichkeit), es wird ein Lieferantenkredit gewährt (3. Möglichkeit), oder schließlich der Export war eine unentgeltliche Leistung (Geschenk) des Landes X ans Ausland (4. Möglichkeit). Von der Verbuchung her stehen dem Warenexport als Creditposten 4 Möglichkeiten der Verbuchung als Debetposten gegenüber, d.h. dem Überschuss in der Leistungsbilanz (genau in der Handelsbilanz) stehen die Defizite in der Kapitalbilanz, der Übertragungs- oder der Devisenbilanz gegenüber. Per saldo, statistischbuchhalterisch ist die gesamte Zahlungsbilanz ausgeglichen, sie ist im Gleichgewicht.

Vom statistischen Ausgleich ist aber der ökonomische zu unterscheiden. Ökonomisch ist die Zahlungsbilanz ausgeglichen, wenn sich die stattgefundenen realen und finanziellen (= Kapital)Bewegungen, die sog. *autonomen Transaktionen,* gerade ausgleichen. Autonome Transaktionen liegen vor, wenn es sich um ökonomische Vorgänge von Wirtschaftssubjekten im Außenwirtschaftsverkehr handelt, die sich nicht an der Zahlungsbilanzsituation orientieren, sondern ausschließlich an wirtschaftlichen Gegebenheiten wie Preisdifferenzen, Zinsunterschieden, an der Überwindung von Handelshemmnissen.

Von den autonomen sind die *Anpassungs- bzw. induzierten Transaktionen* zu unterscheiden, die hauptsächlich von der Zentralnotenbank mit dem Ziel durchgeführt werden, einen Zahlungsbilanzausgleich herbeizuführen. Vernachlässigt man einige Vorgänge, so liegt ein ökonomischer Ausgleich vor, wenn gilt:

$$(Ex - Im) + (K_{Im} - K_{Ex}) = 0$$

d.h. wenn der Saldo aus dem Waren- und Diensteexport (Ex) und dem Waren- und Dienstimport (Im) gleich ist dem Saldo aus dem Kapitalimport (K_{Im}) und dem Kapitalexport (K_{Ex}).

Trotz des immer gegebenen statistischen Ausgleichs der Zahlungsbilanz spricht man von Zahlungsbilanzüberschüssen (= aktive ZB) und Zahlungsbilanzdefiziten (= passive ZB). Derartige Aussagen beziehen sich nicht auf die gesamte Zahlungsbilanz, sondern auf bestimmte Teilbilanz bzw. aggregierte Teilbilanzen.

Welche Teilbilanz bzw. welche Teilbilanzen unterstellt bzw. zusammengefasst als ZB-Saldo betrachtet werden, unterscheidet sich nach dem Informationsbedürfnis und/oder der theoretischen Konzeption.

10.3.2 Zahlungsbilanzkonzepte – Zahlungsbilanzsalden

Folgende (wichtigste in der Wirtschaftspolitik verwendete) Zahlungsbilanzsalden bzw. Zahlungsbilanzkonzepte unterscheidet man:

1) den Außenbeitrag, bekannt aus der Verwendungsrechnung der VGR. Dabei ergibt der Saldo aus der Waren- und Dienstleistungsbilanz den Außenbeitrag zum BIP. Addiert man dazu den Saldo der Bilanz der Erwerbs- und Vermögenseinkommen, so ergibt sich der Außenbeitrag zum BSP.

Der Außenbeitrag ist eine wichtige wirtschaftspolitische Größe, insbesondere für die Konjunkturpolitik und hier für die Beschäftigungsfrage. Er stellt einen wichtigen Bestandteil der gesamtwirtschaftlichen Nachfrage dar (so ist z.B. die leichte Konjunkturverbesserung in der BRD in den 1990er Jahren primär auf diesen Nachfrageblock zurückzuführen). Aus diesem Grunde bewertet man in der Regel einen aktiven Außenbeitrag als positiv. Ein aktiver (positiver) Außenbeitrag (d.h. Exporte größer als Importe) bedeutet, dass diese Volkswirtschaft mehr Güter (Waren und Dienste) ans Ausland abgegeben hat als sie gleichzeitig von dort bezogen hat. Ein negativer (passiver) Außenbeitrag bedeutet demgegenüber, diese Volkswirtschaft hat mehr Güter verbraucht als sie selber produziert hat.

2) den Leistungsbilanzsaldo als Saldo der Handels-, Dienstleistungs- und Erwerbs- und Vermögenseinkommensbilanz und der Bilanz der Laufenden Übertragungen, auch **Bilanz der laufenden Posten** genannt.

Hierbei handelt es sich um das am häufigsten verwendete Konzept der Zahlungsbilanz. Der Saldo charakterisiert die Leistungsfähigkeit einer Volkswirtschaft gegenüber dem Ausland, und er drückt die Nettoforderungen (-verpflichtungen) dieses Staates gegenüber den übrigen Staaten aus.

3) die Devisenbilanz bzw. (exakt) **Veränderung der Nettoauslandsaktiva zu Transaktionswerten** als Saldo der Leistungsbilanz, der Vermögensübertragungen, der Kapitalbilanz und der Restpostenbilanz.

Wenn man (fälschlicherweise) von einem Überschuss bzw. Defizit der Zahlungsbilanz spricht, so meint man (meistens) richtigerweise den Saldo der Devisenbilanz. Eine sog. ausgeglichene Zahlungsbilanz meint somit eine Devisenbilanz von Null. Wird z.B. ein Leis-

tungsbilanzüberschuss nicht durch einen entsprechend hohen Kapitalexport ausgeglichen, so ergibt dies einen Aktivsaldo der Devisenbilanz, was eine Zunahme der Devisenreserven bedeutet. In diesem Fall spricht man (nicht richtig) von einer positiven (aktiven) Zahlungsbilanz und umgekehrt.
Die materielle Aussage eines Saldos der Devisenbilanz ist somit, ob die Zentralnotenbank über alle anderen Teilbilanzen hinweg in dieser Periode mehr Devisen aufgenommen hat (= Überschuss), oder ob sie mehr Devisen abgeben musste (= Defizit), D.h. der Saldo gibt einen Hinweis über Art und Umfang des Ungleichgewichtes zwischen Angebot und Nachfrage auf dem Devisenmarkt, und damit über Stärke bzw. Schwäche einer Währung. Durch Beobachtung der Devisenbilanz kann ebenfalls der Einfluss der Außenwirtschaftsbeziehungen auf das heimische Geldangebot analysiert werden.

Neben den dargelegten Salden untersucht man in der Literatur noch die *Liquiditätsbilanz, die Autonomen- und die Anpassungstransaktionen, das aktuelle und das potentielle Defizit.* Je nach der theoretischen Konzeption ergäben sich dabei wichtige und wünschenswerte Informationen. Allerdings bestehen für die empirische Abgrenzung noch so große ungeklärte Fragen, dass diese Salden noch keine praktische Relevanz besitzen.

10.3.3 Außenwirtschaftliches Gleichgewicht

Außenwirtschaftliches Gleichgewicht als viertes Stabilitätsziel (Stabilitätsgesetz) kann zunächst so gedeutet werden, dass von den Außenwirtschaftsverflechtungen keine negativen Auswirkungen auf die binnenwirtschaftlichen Ziele ausgehen sollen. Eine hier aktive Politik müsste darauf achten, dass beispielsweise weder Inflation noch Rezession aus dem Ausland „importiert" werden.

Mit den dargelegten Salden der Zahlungsbilanz kann das Ziel des außenwirtschaftlichen Gleichgewichtes präzisiert werden. Dabei kann man prinzipiell alle dargelegten Zahlungsbilanzkonzepte als außenwirtschaftliches Gleichgewicht heranziehen. So wird in den Jahreswirtschaftsberichten der Bundesregierung der Außenbeitrag in diesem Sinne zugrunde gelegt. Die dahinterstehende Überlegung ist, dass der Außenbeitrag u.a. das traditionelle Defizit der Übertragungsbilanz ausgleichen soll, um so ein Gleichgewicht der Leistungsbilanz zu erreichen. Man hat hierbei auch mit Zahlen operiert und (anfangs) festgelegt, dass der Außenbeitrag 1,5% des Bruttosozialproduktes nicht überschreiten solle. Durch die wachsenden Handelsbilanzüberschüsse wurde die Zahl zunächst auf 3,5%, später auf 5% angehoben.

Derartige zahlenmäßige Fixierungen sind umstritten, da die hinter den Teilbilanzen liegenden Faktoren nicht genügend berücksichtigt werden. So kann ein Leistungs- bzw. Zahlungsbilanzüberschuss durchaus positiv gesehen werden, wenn er auf einem Wettbewerbsvorsprung der eigenen Industrie oder auf Preisstabilität beispielsweise beruht. Beruht der Überschuss dagegen z.B. auf einer Investitionsschwäche (Nachfrageausfall im Inland), dann ist er kritisch zu beurteilen. Ebenso müsste eine nicht ausgeglichene Kapitalbilanz jeweils genauer analysiert werden, ehe eine entsprechende Beurteilung erfolgt.

Häufig versteht man unter außenwirtschaftlichem Gleichgewicht eine ausgeglichene Devisenbilanz (Zahlungsbilanz), d.h. man saldiert alle Leistungs- und Kapitalbewegungen gegenseitig auf.

Eine langfristig ausgeglichene Zahlungsbilanz und damit inklusive ein außenwirtschaftliches Gleichgewicht ist aber dennoch wichtig, weil bei dauerhaften Ungleichgewichten der Zahlungsbilanz binnenwirtschaftliche Ziele gefährdet werden können. So ist eine passive Zahlungsbilanz u.U. für eine negative Beschäftigungsentwicklung verantwortlich, während ständige Zahlungsbilanzüberschüsse eine importierte Inflation ergeben.

Liegt ein Ungleichgewicht der Zahlungsbilanz vor, wobei es meistens eines der Devisenbilanz ist, so stehen der Wirtschaftspolitik zwei grundsätzliche Formen zur Verfügung, den notwendigen Ausgleich durchzuführen, nämlich eine Zahlungsbilanzkorrektur und eine Zahlungsbilanzfinanzierung.

Eine **Zahlungsbilanzkorrektur** ist dann notwendig, wenn das Ungleichgewicht chronisch ist und sich in absehbarer Zeit nicht verbessert. Mit den wirtschaftspolitischen Maßnahmen soll die Entwicklung der Leistungs- und/oder Kapitalbilanz so beeinflusst werden, dass das Ungleichgewicht abgebaut wird. Dazu bestünden grundsätzlich folgende Möglichkeiten:

1) Soll der herrschende Wechselkurs unverändert beibehalten werden, dann müsste
   a) die Geld- und/oder Fiskalpolitik expansiv oder restriktiv, oder
   b) die Handels- und Kapitalverkehrspolitik der Außenwirtschaft (z.B. Zölle, Kontingente, Subventionen) expansiv oder restriktiv eingesetzt werden
2) Soll der Wechselkurs geändert werden, dann könnte
   a) eine Auf- und Abwertung durchgeführt werden
   b) eine Stufenflexibilität praktiziert werden
   c) man zu variablen Wechselkursen übergehen
3) Im Extremfall müsste man zu einer Devisenbewirtschaftung übergehen

Eine **Zahlungsbilanzfinanzierung** ist dann angebracht, wenn das Ungleichgewicht weder schwerwiegend noch langfristig ist und durch die Finanzierungsmaßnahmen ein Abbau erfolgversprechend erscheint. Das Verfahren besteht darin, dass die Zentralnotenbank auf dem Devisenmarkt durch Interventionen Angebot und Nachfrage so beeinflusst, dass sich wieder ein Gleichgewicht einstellt.

Kann die Wirtschaftspolitik ein **chronisches Zahlungsbilanzungleichgewicht nicht beseitigen**, so hat dies **unerwünschte wirtschaftliche und politische Konsequenzen**:

1) Im Falle eines Zahlungsbilanzdefizits heißt dies:
   a) Für den Warenverkehr, dass diese Volkswirtschaft über ihre Verhältnisse gelebt hat und dies durch Kredite finanziert. Gehen die Devisenvorräte zurück, geht dies einmal langfristig meist nicht, zudem sind künftige Importe nicht mehr möglich. Kreditiert das Ausland weitere Importe nicht mehr, so muss das Land seine Konsum- und/oder Investitionswünsche abrupt zurückschrauben
   b) Ein Defizit führt, wenn es nicht mit Vollbeschäftigung verbunden ist, meist zur Verschlechterung der Beschäftigung

c) Die Finanzierung des Defizites durch Auslandskredite bedeutet einen künftigen Tilgungs- und Zinsendienst, der einen späteren Aufschwung deutlich einschränkt (Export nur noch für den Zinsendienst!)
d) Ein Leistungsbilanzdefizit erscheint gerechtfertigt, wenn damit Investitionen und kein Konsum getätigt werden. Durch die erwartete Produktionszunahme müssten Tilgung und Zinsendienst möglich sein

2) Im Falle eines Zahlungsbilanzüberschuss bedeutet dies:
   a) Es werden mehr Güter weggegeben als zurückkommen, letztlich Wohlstandsminderung
   b) Ein längerfristiger Überschuss ergibt eine importierte Inflation
   c) Kurzfristig ist ein Zahlungsbilanzüberschuss geeignet, die eigene Arbeitslosigkeit abzubauen (sog. beggar-my-neighbour-policy). Da dies einmal aber Defizite bei den Handelspartnern voraussetzt, zum anderen man die eigenen Beschäftigungsprobleme auf Kosten der anderen Staaten löst, ist mit Gegenreaktionen der anderen Staaten zu rechnen
3) In etwa ausgeglichene Zahlungsbilanzen hätten folgende Vorteile:
   a) Die Vorteile der internationalen Arbeitsteilung kämen allen Ländern „gerechter" zugute
   b) Die Knappheit der Devisen zeigte sich deutlicher
   c) Maßnahmen einer Zahlungsbilanzkorrektur, die die internationale Allokation der Produktionsfaktoren verzerren, würden vermieden

10.4 Zahlungsbilanzausgleichsmechanismen

Die Thematik des Abschnittes 10.4 wird üblicherweise in der Literatur sehr ausführlich vorgestellt. Aus Platzgründen kann hier nur eine sehr verkürzte und gedrängte Darstellung erfolgen.

10.4.1 Einführung

Was sind die **Hauptursachen**, die **ein Zahlungsbilanzungleichgewicht ergeben?**

1) *Eine unterschiedliche Grundrichtung der Wirtschaftspolitik* führt in einem Land zu einer größeren Preisstabilität, in einem anderen zu stärkeren Preissteigerungen. Das Land mit der relativ höheren Inflationsrate neigt zu mehr Importen, mit der Konsequenz eines Zahlungsbilanzdefizites, während das mit der größeren Preisstabilität (u.U.) einen Zahlungsbilanzüberschuss hat
2) Durch die *unterschiedlich sich entwickelnden Kapitalbewegungen* fließt Kapital bevorzugt in ein Land ein (höhere Rendite, größere Sicherheit) und ergibt einen Überschuss, während im Land mit starkem Kapitalabfluss sich ein Defizit einstellt
3) *Durch* Missernten, unterschiedlichen technischen Fortschritt, Kriegszerstörungen oder eine sonstige Aufbauphase *wird in einem Land verstärkt importiert* (mehr Bedarf an ausländischen Produkten) = Defizit

4) *Ungleichgewichte* können *durch* Nachfrageverschiebungen (verstärkter Wunsch nach ausländischen Gütern), durch Einfuhrbeschränkungen oder Boykottmaßnahmen gegen ausländische Produkte ausgelöst werden

Im folgenden Abschnitt geht es darum, ob es neben dem statistischen Zahlungsbilanzausgleich (der ja immer ex definitione gegeben ist) noch andere Mechanismen gibt, die dafür sorgen, dass ein bestehender Zahlungsbilanzsaldo durch entgegengesetzte Güter- und/oder Kapitalbewegungen wieder ausgeglichen wird. Diese Mechanismen werden *so* isoliert, wie sie hier vorgestellt werden, in der Realität nicht auftreten. Trotzdem zeigen sie, welche Folgewirkungen sich für bestimmte ökonomische Größen aus Zahlungsbilanzungleichgewichten ergeben können und welche Anpassungsprozesse dadurch u.U. ausgelöst werden können.

Zu beachten ist, dass die einzelnen Mechanismen *unterschiedliche Wechselkurssysteme* (siehe Abschnitt 11) *voraussetzen:* So erfordert der Wechselkursmechanismus floatende Wechselkurse, während der Einkommen-, der Geldmengen-Preismechanismus und der Mechanismus des monetären Ansatzes stabile (feste) Wechselkurse bedingt.

Den Mechanismen liegen *zudem unterschiedliche Zahlungsbilanzsalden* zugrunde. Der Wechselkurs-, der Einkommen- und der Geldmengen-Preismechanismus gehen vom Leistungsbilanzsaldo aus, während der monetäre Ansatz den Saldo der Devisenbilanz unterstellt.

10.4.2 Wechselkursmechanismus

Wie dargelegt, müssen für den Wechselkursmechanismus variable (floatende) Wechselkurse herrschen und die Zentralnotenbank darf auf den Devisenbörsen nicht eingreifen. Weiterhin darf es zu keiner Veränderung der Devisenbestände der Zentralnotenbank kommen.

Zum Verständnis muss kurz (siehe auch Abschnitt 11) Angebot und Nachfrage auf den Devisenmärkten betrachtet werden.

Warenexporte, Dienstleistungsexporte und Kapitalimporte ergeben das Devisenangebot auf einem Devisenmarkt, während Warenimporte, Dienstleistungsimporte und Kapitalexporte die Devisennachfrage darstellen. Damit ergäbe sich ein Zahlungsbilanzgleichgewicht wie folgt:

$$Ex + K_{Im} = Im + K_{Ex}$$

Dies würde dann auch dem Gleichgewicht auf dem Devisenmarkt entsprechen.

Über den Devisenmarkt kann jetzt der Wechselkursmechanismus auf folgende Weise erklärt werden:

Wenn im Inland ein Zahlungsbilanzdefizit herrscht, weil mehr importiert als exportiert wurde, so ergibt dies auf dem Devisenmarkt eine relativ stärkere Nachfrage nach Devisen. Bei variablen Wechselkursen folgt daraus ein Wechselkursanstieg (= Preisanstieg für die Devisen), was eine Abwertung der heimischen Währung bedeutet.

Die Abwertung wiederum hat eine Preisveränderung der Export- und Importpreise zur Folge, und zwar sinken die Exportpreise und es erhöhen sich die Importpreise. Wenn diese Preisän-

derung nun zu einem Anstieg der Exporte (damit ja ein größeres Devisenangebot) und zu einem Rückgang der Importe (wäre ja eine geringere Devisennachfrage) führen würde, so ergäbe sich über den Wechselkursmechanismus (= *Wechselkurspreiszusammenhang)* wieder (zumindest als Tendenz) ein Gleichgewicht auf dem Devisenmarkt und damit ein Gleichgewicht der Zahlungsbilanz.
Im Falle eines Zahlungsbilanzüberschusses müsste genau umgekehrt argumentiert werden.

Wie sicher kann der eben geschilderte Mechanismus unterstellt werden? Eine Voraussetzung sind variable Wechselkurse, bei stabilen Wechselkursen wirkt der Mechanismus nicht.
Weiterhin ist erforderlich, dass der Rückgang der Exportpreise einen Anstieg des Exportes ergibt und der Anstieg der Importpreise einen Rückgang des Importes. Dies wird dann eintreten, wenn die Export- und Importnachfrage elastisch reagiert, d.h. wenn man mit einer sog. „normalen Leistungsbilanzreaktion" rechnen kann bzw. wenn die sog. Marshall-Lerner-Bedingung erfüllt ist (siehe auch Abschnitt 11).
Müsste man dagegen mit einer unelastischen Reaktion rechnen (sog. Elastizitätspessimismus), dann ergibt sich infolge des nicht wirksamen Mechanismus kein Gleichgewicht der Zahlungsbilanz.

Der Erfolg des Wechselkursmechanismus kann weiterhin durch ökonomische Fernwirkungen in Frage gestellt werden. Wenn, wie unterstellt, die Exportindustrie zunimmt und die Importe zurückgehen, so ist ein inländischer Preisanstieg ziemlich sicher. Der Preisanstieg verschlechtert aber die Wettbewerbslage auf dem Exportmarkt mit der Gefahr eines Exportrückganges. Weiterhin könnte das steigende Einkommen und/oder der Preisanstieg wieder zu einer Zunahme der Importe führen und damit den Abwertungserfolg in Frage stellen. Dieser Zusammenhang ist dann relativ sicher zu erwarten, wenn Vollbeschäftigung herrscht, denn hier lassen sich Preise bekanntlich leicht überwälzen.
Somit ergibt sich insgesamt: Soll ein Zahlungsbilanzdefizit über den WK-Mechanismus abgebaut werden, dann ist unabhängig von der Frage der Elastizitäten (vor allem bei guter Beschäftigung) eine ergänzende, hier restriktive Geld- und Fiskalpolitik zur Abstützung nötig.

10.4.3 Geldmengen-Preismechanismus

Der Geldmengen-Preismechanismus als Ausgleichsmöglichkeit eines Zahlungsbilanzgleichgewichtes wirkte zunächst in einer Goldwährung (siehe Abschnitt 1.3.2). Bedingt durch die stabilen WK einer Goldwährung ergab sich über den Goldautomatismus (damals) ein automatischer Ausgleich der Zahlungsbilanz, ohne dass (nennenswerte) wirtschaftspolitische Eingriffe erforderlich waren. Allerdings war für die Wirksamkeit des Mechanismus eine Abstinenz in der Konjunkturpolitik erforderlich, d.h. man musste einerseits Inflation und andererseits Depression mit Arbeitslosigkeit zulassen.

Der Geldmengen-Preismechanismus wirkt (kann!) aber auch in einem freien Währungssystem. Eine wichtige *Bedingung* ist aber ein *stabiles Wechselkurssystem mit Interventionsverpflichtung der Zentralnotenbank.* D.h. in einer Goldwährung ergaben sich die stabilen WK durch den Goldautomatismus automatisch, im freien Währungssystem muss sie der Staat bzw. die Notenbank garantieren, damit der Mechanismus wirkt.

Unterstellen wir jetzt einen **Zahlungsbilanzüberschuss**, so bedeutet dies auf dem Devisenmarkt, dass relativ mehr Devisen angeboten als nachgefragt werden. Die Folge wäre (bei variablen WK) ein WK-(preis)-Rückgang. Da die ZNB *hier* aber (definitionsgemäß) verpflichtet ist, den WK stabil zu halten, wird der eigentliche Kursrückgang verhindert. Dies geschieht seitens der ZNB durch eine Intervention, und zwar hier durch Devisenaufkäufe.
Durch die Aufkäufe an Devisen gelangt Zentralbankgeld in den Kreislauf (= eine Geldschöpfung), mit der Konsequenz einer Geldmengenvergrößerung im Inland. Ob man nun den Weg (wie dargelegt) über die Fiskalisten (Keynes) oder die Monetaristen (Friedman) geht, die Vergrößerung der Geldmenge ergibt inländische Preissteigerungen.
Die steigenden inländischen Preise bedeuten aber auch steigende Exportpreise, so dass (Nachfrageelastizität vorausgesetzt) die Exporte zurückgehen. Umgekehrt bedeuten steigende Inlandspreise, dass Auslandsprodukte relativ billiger werden, somit der Import steigt. Zurückgehende Exporte und steigende Importe würden aber den Zahlungsbilanzüberschuss der Ausgangssituation abbauen und wieder tendenziell ein Gleichgewicht ansteuern und damit auch die anfänglichen Interventionen der ZNB überflüssig machen.
Somit erfordert die Wirksamkeit des Geldmengen-Preismechanismus einmal stabile WK plus Intervention der ZNB bzw. staatliche Gewähr für stabile WK.
Andererseits setzt der Mechanismus auch voraus, dass die Wirtschaftspolitik entgegengerichtete binnenwirtschaftliche Maßnahmen unterlässt. Die Analyse hat ergeben, dass der Zahlungsbilanzüberschuss plus die Intervention der ZNB zu Preissteigerungen führen. Soll obiger Mechanismus wirken, dann dürfte die Wirtschaftspolitik nichts gegen den Preisanstieg unternehmen, d.h. das Ziel der Preisstabilität müsste (zunächst) ignoriert werden.
Ist man realistisch, dann neigen die meisten Staaten dazu, geringe Preissteigerungen nicht zu beachten, d.h. keine Antiinflationspolitik zu betreiben. Allerdings sind das dann meistens keine Staaten mit Zahlungsüberschüssen.

Im Falle eines **Zahlungsbilanzdefizites** wäre genau umgekehrt zu argumentieren. Hier müsste die Wirtschaftspolitik eine deflatorische Tendenz der Konjunktur tolerieren und damit einen gewissen Grad von Unterbeschäftigung akzeptieren. D.h. eine aktive Beschäftigungspolitik dürfte hier (bis zum Ausgleich der Zahlungsbilanz) nicht betrieben werden.
Ist man auch hier realistisch, dann dürfte ein Vernachlässigen der Beschäftigung nur um „den Preis des automatischen Zahlungsbilanzausgleiches" heute wohl nicht in Frage kommen.

Insgesamt ist der Geldmengen-Preismechanismus ein Musterbeispiel von Zielkonflikten im Rahmen des magischen Vierecks.

10.4.4 Einkommensmechanismus

Der *Volkseinkommensmechanismus* baut auf der Investitionsmultiplikatortheorie auf und überträgt sie auf die Außenwirtschaft.
Ausgegangen wird von einem Zahlungsbilanzüberschuss, der durch steigende Exporte bedingt ist. Diese gestiegenen Exporte haben im Inland steigende Einkommen bzw. ein gestiegenes Volkseinkommen zur Folge, d.h. es entsteht ein ständiger Strom von Verbrauchsausgaben, ausgelöst durch den angestiegenen Export.

Diese gestiegenen Verbrauchsausgaben induzieren (lösen aus) aber auch zusätzliche Importe. Durch diese Importe, letztlich ausgelöst durch die gestiegenen Exporte, verringert sich aber der Zahlungsbilanzüberschuss. Im *Grenzfall* könnte sich hier wieder ein Gleichgewicht der Zahlungsbilanz ergeben.

Ist man auch hier wieder realistisch, dann tritt beim Einkommensmechanismus *kein* Ausgleich, sondern bestenfalls ein Abbau, eine Abschwächung des Überschusses ein. Weitere Analysen zeigen, dass mit dieser eingeschränkten Wirkung *nur* bei einer *unterbeschäftigten Wirtschaft* gerechnet werden kann. D.h. dass von diesem Mechanismus nur in eingeschränktem Ausmaß ein Mithelfen zum Ausgleich überhaupt erwartet werden kann.

10.4.5 Zusammenfassung der Ausgleichsmechanismen

Neben den vorgestellten drei bekanntesten Ausgleichsmechanismen der Zahlungsbilanz analysiert man noch weitere Möglichkeiten, z.B. den monetären Ansatz der Zahlungsbilanztheorie.
Betrachtet man alle Möglichkeiten des automatischen Zahlungsbilanzausgleiches realistisch, dann sind eine Reihe von Wirtschaftssituationen denkbar, wo sie gänzlich versagen, d.h. infolge anderer wirtschaftspolitischer Konstellationen nicht zur Wirkung kommen.

Aber selbst in den günstigsten Fällen werden sie keinen vollständigen Ausgleich herbeiführen können, weil dem wieder andere Faktoren entgegenstehen. Sie können somit, positiv formuliert, mithelfen, das Zahlungsbilanzgleichgewicht anzusteuern. *Insgesamt* kann man, von ökonomischen Ausnahmesituationen abgesehen, *nicht davon ausgehen,* dass die Ausgleichsmechanismen ausreichen, *ein Zahlungsbilanzungleichgewicht zu beseitigen.* D.h. man wird dafür, sollte dies ein Ziel der Wirtschaftspolitik sein, nicht um aktive wirtschaftspolitische Maßnahmen herumkommen. Zunächst wären hier marktkonforme Maßnahmen denkbar, wie dies im Abschnitt 10.3 vorgestellt wurde. Dieser Maßnahmenkatalog wäre noch um einige Instrumente zu ergänzen, die im Kapitel 12 = güterwirtschaftliche Außenwirtschaft noch dargelegt werden.
Als Extremlösung kämen bei chronischem, längerfristigem Zahlungsbilanzungleichgewicht nicht marktkonforme Maßnahmen, wie z.B. eine Devisenbewirtschaftung, in Betracht.

11 Internationale Währungspolitik

11.1 Wirtschaftspolitische Ziele – Zahlungsbilanz – Wechselkurs

Die internationale Währungspolitik ist letztlich Wechselkurspolitik. So muss zunächst die logische Brücke zwischen der Zahlungsbilanz bzw. den wirtschaftspolitischen Zielen und dem neuen Stichwort der *Wechselkurse (WK)* hergestellt werden.

Das magische Viereck beschreibt bekanntlich den Umstand, dass entsprechend § 1 des Stabilitätsgesetzes die Wirtschaftspolitik vornehmlich die Aufgabe hat, die vier Ziele, Vollbeschäftigung, Preisniveaustabilität, Wachstum und außenwirtschaftliches Gleichgewicht zu erreichen.
Das letzte Ziel, außenwirtschaftliches Gleichgewicht, lässt sich, wie dargelegt wurde, als Gleichgewicht der Zahlungsbilanz beschreiben, wobei meist eine Ausgeglichenheit der Devisenbilanz gemeint ist.
Wie bereits kurz angedeutet, ist der Ausgleich der Zahlungsbilanz eng mit dem jeweils herrschenden Wechselkurssystem verbunden. D.h. man könnte u.U. durch die Wahl eines passenden Wechselkurssystems den Ausgleich der Zahlungsbilanz herbeiführen.
Da, wie dargelegt, der Ausgleich oder Nichtausgleich der Zahlungsbilanz u. U. erhebliche und einschneidende Rückwirkungen auf binnenwirtschaftliche Ziele hat, ist die Möglichkeit, dazu die Wechselkurspolitik einzusetzen, heute ein fester und wichtiger Bestandteil der Außenwirtschaftspolitik geworden.
Vereinfachend kann somit gelten: Monetäre Außenwirtschaftspolitik bzw. Internationale Währungspolitik sind im wesentlichen Wechselkurspolitik.

11.2 Grundbegriffe

Zunächst müssen hierzu die grundlegenden Begriffszusammenhänge erläutert werden.

11.2.1 Devisenmärkte

Der *Devisenmarkt* ist der „Ort“, an dem Devisenangebot und Devisennachfrage zusammentreffen. Unter *Devisen* versteht man dabei die Währung (das Geld) eines anderen Staates. **Anbieter von Devisen** sind insbesondere *inländische Exporteure,* die durch den Export ausländische Währung als Bezahlung erhalten haben und diese in die eigene (inländische) Währung umtauschen wollen. Es sind weiterhin *Inländer,* die *im Ausland* einen *Kredit* in ausländischer Währung *aufgenommen haben* und diesen ebenfalls in inländische umtauschen wollen (sog. Kapitalimporte). Ein Kapitalzufluss als Angebot an Devisen ergibt sich auch, wenn das Ausland *Zinsen* oder *Tilgungsleistungen ans Inland erbringt.* Schließlich wären noch *unentgeltliche Überweisungen des Auslands* hier möglich. Alle diese Vorgänge zusammengefasst ergeben **das Angebot an Devisen.**

Nachfrage nach Devisen wären vor allem *inländische Importeure,* die ihre importierten Waren in ausländischer Währung bezahlen müssen. Ebenfalls ist dies ein *Inländer,* der sein *Kapital* (Geld) *im Ausland anlegen möchte* (Kapitalexport) und dazu die eigene in die ausländische Währung umtauscht. Es entsteht eine Nachfrage, wenn *Auslandsschulden getilgt* werden oder der *Zins* dafür *zu überweisen ist.* Endlich ergeben *unentgeltliche Leistungen ans Ausland* dies ebenfalls. Wieder ergeben all diese Vorgänge zusammengefasst die **Nachfrage nach Devisen.**

Durch das Zusammenwirken von Devisenangebot und Devisennachfrage wird auf diesem Markt der **Preis für dieses Gut**, die Devisen ermittelt, der hier **Devisenkurs bzw. Wechselkurs** genannt wird.

Obwohl eigentlich für jede ausländische Währung (z.B. US-Dollar, japanischer Yen usw.) ein eigener Devisenmarkt existiert, spricht man der Einfachheit halber nur von dem Devisenmarkt.

Der wichtigste Devisenmarkt der BRD befindet sich in Frankfurt/M. Die Tatsache, dass es auch an anderen Orten der BRD noch Devisenbörsen(-märkte) gibt, ist für das Geschehen auf den Devisenmärkten ohne Bedeutung. Durch sog. Arbitragegeschäfte wird dafür Sorge getragen, dass sich auf allen inländischen Devisenbörsen letztlich pro Währung nur *ein* WK ergibt.

Die bisherigen Darlegungen bezogen sich auf den **Devisenkassamarkt** (= sofort fällige Devisengeschäfte, die üblicherweise in 48 Stunden abgewickelt werden). Daneben gibt es noch den **Devisenterminmarkt**, auf dem Termingeschäfte abgeschlossen werden, d.h. Käufe oder Verkäufe von Devisen entsprechend den vereinbarten Fristen in der Zukunft (siehe auch Abschnitt 6.7).

Das Zusammenspiel zwischen Devisenkassa- und -terminmarkt wird häufig dann gestört, wenn für den Kassamarkt ein staatlich vereinbarter stabiler Wechselkurs festgelegt wird. In diesem Fall tritt häufig die Devisenspekulation auf den Plan, wenn eine Währungsabwertung oder -aufwertung erwartet wird. Hier zeigt sich dann eine deutliche Diskrepanz der Kurse zwischen Kassa- und Terminmarkt.

Eigentlich ist der Devisenmarkt ein Musterbeispiel der Wirkungsweise der vollständigen Konkurrenz, solange der Staat nicht eingreift.

In aller Regel **interveniert der Staat** aber meistens mehr oder weniger intensiv **auf dem Devisenmarkt**, so dass entsprechend die Wirkungsweise der vollständigen Konkurrenz gestört wird. Die *wichtigsten staatlichen Interventionsmöglichkeiten* sind:

1) Der Staat greift direkt über seine ZNB durch Angebot oder Nachfrage nach Devisen ein
2) Darüber hinaus kann er sein ganzes wirtschaftspolitisches Instrumentarium (z.B. Geld-Fiskal-Steuerpflicht usw.) einsetzen, um den Devisenmarkt in seinem Sinne zu beeinflussen
3) Er kann durch Gesetze und Verordnungen eingreifen, indem er z.B. ein bestimmtes Wechselkurssystem vorschreibt

4) Schließlich ist der Staat selbst Akteur (Anbieter oder Nachfrager) am Devisenmarkt, z.B. beim Kauf von Rüstungsgütem im Ausland, oder wenn er Entwicklungshilfe gewährt usw.

11.2.2 Begriff des Wechselkurses

Unter dem Wechselkurs kann man zwei verschiedene Zusammenhänge verstehen. Zunächst bedeutet der Wechselkurs den **Preis**, den man für eine **bestimmte Menge ausländischer Währung (Geld) bezahlen muss** (wobei immer glatte Größen ausländischen Geldes angenommen werden).
Z.B.: 1 US $ kostet 0,85 Euro (WK $/Euro: 1 $ = 0,85 Euro) oder 100 jap. Yen kosten 0,95 Euro (WK Yen/Euro: 100 Yen = 0,95 Euro) usw. Hier liegt die meistübliche **Preisnotierung** vor.
Über die Preisnotierung ist der WK aber auch der **Umrechenfaktor** der **Inlandspreise in die** jeweiligen **Auslandspreise** und umgekehrt.
Über die Preisnotierung des WK in der eigenen Währung ergibt sich als *reziproker Wert* einfach der WK (als Preis) der eigenen Währung im Ausland.
Verwenden wir obige Beispiele, so gilt in der BRD bzw. der EWU: 1 $ = 0,85 €; 100 Yen = 0,95 €.
In den USA ergibt sich der Euro-Kurs als: 1:0,85 = 1,18, d.h. 1 Euro kostet in den USA 1,18 $ (Kursunterschiede vernachlässigt), d.h. WK Euro/$: 1 € = 1,18 $. Oder in Japan ergibt sich der Euro-Kurs als: 100:0,95 = 105, d.h. 1 Euro kostet 105 Yen bzw. der WK Euro/Yen: 1 € = 105 Yen (alle Zahlen gerundet).
Damit kann man Inlands- in Auslandspreise und umgekehrt umrechnen.
Wenn z.B. ein Maschinenaggregat in der BRD 70.000,- € kostet und in die USA exportiert werden würde, so wäre der Preis in $: 70.000 : 1,18 = 82.600 $. Würde umgekehrt aus Japan ein PKW im Preis von 2.625.000 Yen in die BRD importiert werden, so kostet er in Euro: 2.625.000 : 105 = 25.000 € (beide Male Transportkosten und Sonstiges vernachlässigt).
Die Beispiele zeigen, dass über den Wechselkurs sich die jeweiligen Export- und Importpreise ergeben. D.h. wenn man (wohl nur der Staat) den WK verändert, beeinflusst man Export- und Importpreise und damit c.p. den Export und Import. Mit dieser Erkenntnis hat man den innersten Kern der Wechselkurspolitik erlasst, d.h. man (der Staat) verändere den WK um damit Ex- und Import zu beeinflussen.

Für den Kurs gibt es (als Ausnahme) noch die **Mengennotierung**, z.B. immer noch in England und damit verwandten Ländern. In Großbritannien wird notiert, welche Menge ausländischer Währungseinheiten für ein brit. Pfund zu bezahlen ist, z.B. 1 Brit. f. = 1,60 E.
Banken kaufen ausländische Währung zum **Geldkurs** an, während sie ausländische Währung zum **Briefkurs** verkaufen, wobei in der Regel zwischen beiden eine Differenz von 2% besteht.
Beim **Sortenkurs** meint man den Kurs (Preis) für ausländisches Bargeld (Banknoten, evtl. Münzen).
Beim **Devisenkurs** handelt es sich um den Kurs für ausländisches Giralgeld (Gutschriften, Belastungen, Schecks, Wechsel).

Der **Wechselkurs** versteht sich ebenfalls für ausländisches Giralgeld (somit sind Devisen- und Wechselkurs synonym), wobei dies der ältere Begriff ist.

11.2.3 Wechselkurssysteme

Ein Wechselkurssystem beantwortet die Frage, nach welchen institutionellen Bedingungen, die der Staat festlegt, sich konkret der WK bilden kann.

Folgende Möglichkeiten standen bzw. stehen zur Verfügung:

1) *Wechselkurssystem im Rahmen einer Goldwährung,* im 19. Jh. entwickelt, bis 1914 gültig. Praktizieren die Staaten eine Goldumlaufwährung (evtl. eine Goldkernwährung), so ergibt sich im Prinzip ein stabiler, sich grundsätzlich nicht verändernder WK, der nur in einer Spanne zwischen den sog. Goldpunkten schwanken kann.
2) *Stabile (feste) Wechselkurse* wurden zum ersten Mal nach dem 2. Weltkrieg als sog. Bretton-Woods-System praktiziert. In Anlehnung an die Goldwährung war der WK stabil (fest) und durfte nur zwischen den beiden Interventionspunkten schwanken, ohne dass aber selbst intern eine Goldwährung herrschte.
3) *Flexible, variable, floatende Wechselkurse* werden in dieser Form Anfang der 1970er Jahre zum ersten Mal praktiziert. Hier bildet sich der WK grundsätzliche ohne staatliche Intervention durch Angebot und Nachfrage. Dabei sind folgende Varianten möglich:
   a) *Reine floatende WK,* wie eben dargelegt, wurden, von kurzen Perioden abgesehen, praktisch nicht verwirklicht.
   b) Variable WK mit Interventionen, das sog. *schmutzige Floaten.* Hier interveniert die ZNB gelegentlich, obwohl grundsätzliche flexible WK herrschen. Das unsaubere Floaten ist das auch z.Z. praktizierte Floaten.
   c) *Blockfloating* (z.B. im EWS) liegt vor, wenn die Länder des Blockes untereinander stabile WK anwenden, gegenüber Nichtblockländern dagegen floaten.
4) *Fixe Wechselkurse mit Devisenbewirtschaftung.* Hier wird von einem Staat der WK autonom festgelegt, häufig ohne Berücksichtigung ökonomischer Gesichtspunkte, d.h. er ist viel zu hoch (zu günstig) bestimmt worden. So war z.B. in der ehemaligen DDR (von dieser) der WK zur DM wie folgt: 1 DM = 1 Ostmark, obwohl der realistische WK 1 DM = 6 bis 7 Ostmark war.

Dies führt in solchen Staaten 4) z.B. DDR zu einer stark defizitären Zahlungsbilanz bzw. zu erheblichem Devisenmangel. Die Folge ist, dass dort Devisen vom Staat bewirtschaftet werden, d.h. Devisen werden vom Staat zugeteilt (= Devisenbewirtschaftung).

11.3 Variables Wechselkurssystem – Floating

11.3.1 Prinzip des Floatings

Wie bereits kurz dargelegt, besteht das Verfahren eines variablen floatenden Wechselkurssystems (beim reinen Floaten) darin, dass der Staat in die WK-Bildung nicht eingreift,

sich somit der WK ausschließlich durch Angebot und Nachfrage auf dem Devisenmarkt bildet.
Wäre z.B. die Nachfrage nach einer Devise (z.B. $) größer als deren Angebot, so würde eben der Kurs (Preis) der Devise so lange steigen, bis am Devisenmarkt ein Ausgleich zwischen Angebot und Nachfrage hergestellt wäre.

Im Abschnitt 11.2.1 wurde bereits dargelegt, dass Devisenangebot und -nachfrage jeweils aus unterschiedlichen Quellen gespeist werden können. Hinter diesen Quellen stehen letztlich die wichtigsten Transaktionen aus der Zahlungsbilanz. Somit kann man vereinfacht das Gleichgewicht auf dem Devisenmarkt gleichsetzen dem Gleichgewicht der Zahlungsbilanz.
Entsprechend der Funktionsweise des reinen Floatens, kann somit dessen Wechselkursbildung anschaulich durch Angebots- und Nachfragekurven (der Preistheorie) dargestellt werden.
Für den Dollar-Devisenmarkt in der BRD bzw. der EU und dem korrespondierenden Euro-Devisenmarkt in den USA ergibt dies die Abbildung 11-1.

Entsprechend der Abb. 11-1 wird *angenommen*, dass in der BRD das momentane Angebot und die Nachfrage nach US $ einen Kurs von 1 $ = 1,15 € ergeben hat. Infolge der internationalen Wechselkurs-Arbitrage folgt, dass der $-Kurs in der BRD unmittelbar mit dem €-Kurs in den USA zusammenhängt. Kleine Unterschiede (z.B. durch die Zeitverschiebung bedingt) vernachlässigt, ergibt sich der E-Kurs in den USA als reziproker Wert mit 1 € = 0,87 $.

11.3.2 Konvertibilität

Für ein variables WK-System ist Voraussetzung, dass die Währungen konvertibel sind, es muss Konvertibilität herrschen:

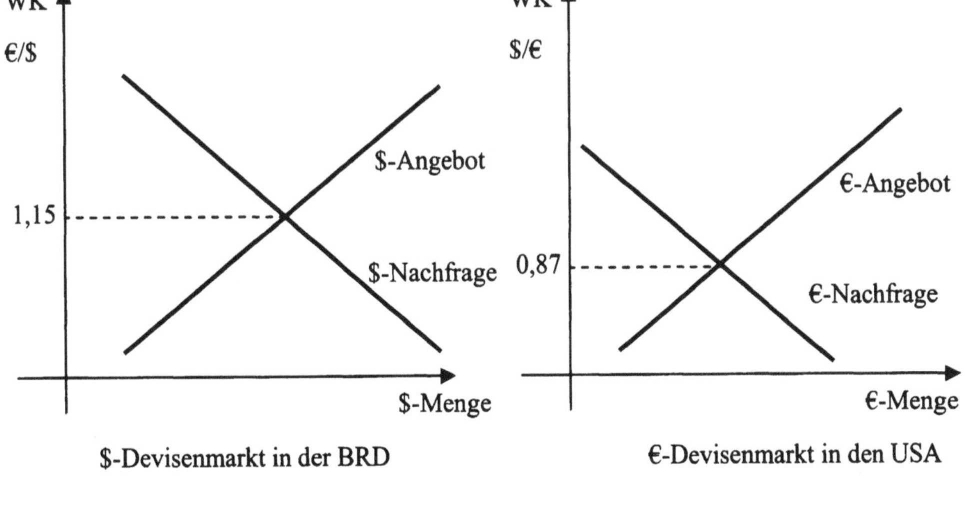

Abb.: 11-1: Wechselkursbildung durch Angebot und Nachfrage

Der Begriff selbst stammt aus der Goldumlaufwährung, er bedeutet **heute** in einem freien Währungssystem (letztlich als Gegenbegriff zu einer Devisenbewirtschaftung):
Das Recht (eines jeden Bürgers eines Staates), die eigene Währung (in der BRD den €) des Landes frei, d.h. ohne jegliche staatliche Reglementierung in jede andere Währung (in Devisen) in jeder Höhe, an jedem Ort einzutauschen.
Konvertibilität heißt somit, Devisen sind für jedermann ein völlig freies Gut, das vom Staat weder beansprucht, noch bewirtschaftet wird. Eine Währung, die dieses Recht seinen Bürgern zugesteht (zugestehen kann!), nennt man eine *konvertible Währung.*
Damit ein Staat für seine Währung die Konvertibilität praktizieren kann, sind die entscheidenden Bedingungen ausreichende Devisen-(Währungs-)Reserven und (zumindest) mittelfristig eine in etwa ausgeglichene Zahlungsbilanz.

Die Konvertibilität kann in zwei Stufen auftreten.
Einmal als *Ausländerkonvertibilität.* Dann gelten die dargelegten Freizügigkeiten primär für Ausländer (z.B. 1958 für Westeuropa praktiziert). Motiv ist, dass dadurch der Außenhandel positiv stimuliert wird. Meistens gelten hier dann für Inländer deutliche Devisenerleichterungen.
Zum anderen die *Inländerkonvertibilität,* wobei die Freizügigkeiten uneingeschränkt für alle gelten.

Der Vorteil der Konvertibilität besteht zunächst darin (vom Vorteil der Freizügigkeit abgesehen), dass dadurch die Nachteile einer Devisenbewirtschaftung beseitigt werden. Evtl. Schwierigkeiten werden im folgenden noch erörtert.

11.3.3 Auf- und Abwertungstendenzen

Die Quellen, die Kräfte, die hinter einem Devisenangebot bzw. einer Devisennachfrage stehen, sind keine einmalig statischen Größen, sondern sind sich ständig verändernde Faktoren. Wenn z.B. in den USA die Zinsen stärken steigen als in der BRD/EU und daraufhin ein verstärkter Kapitalexport in die USA einsetzt, so steigt c.p. auch die Nachfrage nach $, was wiederum c.p. einen Anstieg des $-WK zur Folge hat. Per saldo kann man davon ausgehen, dass sich Angebot und Nachfrage auf dem Devisenmarkt ständig ändern können.
Überträgt man diesen Tatbestand auf die graphisch-geometrische Darstellung mit Angebots-(AA) und Nachfrage-(NN)Kurven wie in Abb. 11-1 vorgestellt, so ergeben sich AA- und NN-Kurvenverschiebungen. Dazu als *Beispiel* eine (zurückliegende) Situation in der BRD: Ausgelöst durch ein höheres Zinsniveau in den USA nimmt der Kapitalexport aus der BRD in die USA zu. Die Folge ist eine zunehmende Nachfrage nach $. Gleichzeitig ergreifen die USA verstärkt Importrestriktionen gegenüber Importen aus Europa (damit auch der BRD), z.B. durch höhere Importzölle. Diese Exporterschwernis führt zu einem Exportrückgang der BRD. Dies wiederum bedeutet eine Verminderung des $-Angebotes. Diese Vorgänge auf dem $-Devisenmarkt übertragen ergibt die Abb. 11-2.

In Abb. 11-2 ergibt die unterstellte Zunahme der $-Nachfrage am Devisenmarkt eine Verschiebung der NN-Kurven von $ NO nach $ NI (Rechtsverschiebung). Der angenommene Rückgang des $-Angebots ergibt die (Linksverschiebung) Veränderung des Angebotes von $

A_0 nach \$ A_1. Abb. 11-2 zeigt, dass dadurch insgesamt der \$-Kurs von ausgangs = 1,15 € auf 1,25 € angestiegen ist.
Dieser WK-Anstieg bedeutet im Außenverhältnis, dass sich der Wert des € gegenüber dem \$ verringert hat bzw. umgekehrt, dass sich der Wert des \$ gegenüber dem € verbessert hat.
Man bezeichnet diesen Vorgang (aus der Sicht des €) als eine Abwertung (Devalvation) des € (gegenüber dem \$), besser als eine *Abwertungstendenz,* da sich der Vorgang ja durch die Devisenmarktkräfte eingestellt hat.

Den umgekehrten Vorgang, nämlich ein Sinken des \$-WK in der BRD, nennt man eine Aufwertung (Revalvation) des € (gegenüber dem \$), bzw. besser eine *Aufwertungstendenz.* Eine Aufwertung bedeutet im *Außenverhältnis* einen Anstieg des €Wertes gegenüber dem \$ bzw. umgekehrt ein Sinken des \$-Wertes.

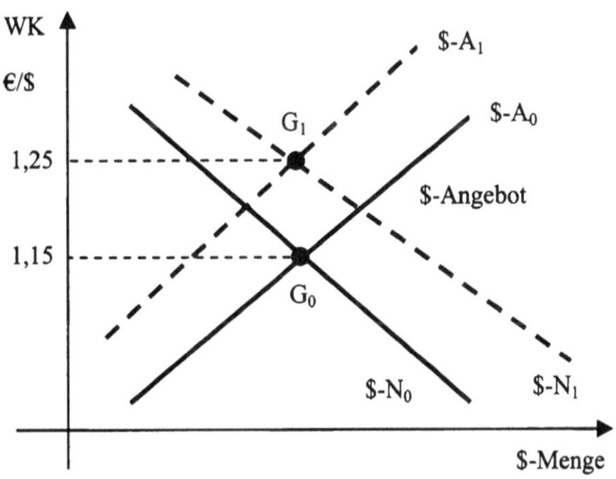

Abb.: 11-2: \$-Markt der BRD/EU nach AA- und NN-Veränderungen

Die weitergehenden Auswirkungen von Ab- und Aufwertungen werden im Abschnitt über stabile WK dargelegt.
Die Faktoren, die letztlich hinter den Angebots- und Nachfrageveränderungen (siehe Abbildung 11.2.1) auf den Devisenmärkten stehen, sind insbesondere:

1) Relation, Volumen und Dringlichkeit (Elastizität) des Bedarfs an Importen gegenüber den Exporten
2) Abhängigkeit vom Wachstum des Sozialproduktes, sog. Importneigung
3) Relation der Inlands- zu den Auslandspreisen (Kaufkraftparitätentheorie)
4) Umfang und Höhe des internationalen Kapitalverkehrs

11.3.4 Vor- und Nachteile variabler Wechselkurse

Die **Nachteile** erblickt man in folgenden Punkten:

1) Einmal im **Wechselkursrisiko**. Die beim Floaten möglichen stärkeren Wechselkursschwankungen beeinflussen die Ex- und Importpreise. Wenn zwischen dem Zeitpunkt des Vertragsabschlusses eines Außenhandelsgeschäftes und dem dort zugrundegelegten WK und dem Zeitpunkt des Zahlungseinganges und dem dann gültigen WK sich der Kurs ungünstig entwickelt, entsteht ein Verlust, der dem WK-Risiko angelastet werden muss.
   Wenn z.B. ein Maschinenaggregat zum Preis von 100.000,- € beim Kurs von 1 $ = 1,15 € verkauft wurde, so schuldet der Käufer 86.957 $. Wäre der WK beim Zahlungseingang 1 $ = 1,05 €, so ergeben die vertraglich eingehenden 86.957 $ nur 91.305 €, d.h. einen Verlust von 8.695 € bzw. ca. 9%.
   Gegen das WK-Risiko kann man sich auf verschiedene Arten schützen, z.B. indem Fakturierung in € vereinbart wird (hier trägt allerdings der Kunde ausschließlich das WK-Risiko, Frage der Durchsetzbarkeit). Eine immer (heute meistens) bestehende Schutzmöglichkeit wäre der Abschluss eines Devisentermingeschäftes mit z.B. der Heimbank. Hierbei entstehen allerdings Kosten.
2) Ständige Kursschwankungen **gefährden den internationalen Handel**, d.h. die durch das WK-Risiko ständig gegebene Unsicherheit führt dazu, dass man sich aus dem Außenhandel zurückzieht (soweit dies möglich ist).
3) **Weitere wechselkursbedingte Risiken:**
   Einmal das **Erfüllungsrisiko**. Der Exporteur weiß um das Wechselkursrisiko und hat deshalb ein Devisentermingeschäft abgeschlossen. Der Vertragspartner zahlt aber zum vereinbarten Zeitpunkt nicht. In diesem Fall lebt das (abgesichert gedachte) WK-Risiko wieder auf. Zum anderen das **Preisrisiko**. Ein Importeur hat wieder ein Devisentermingeschäft zur Absicherung abgeschlossen. Seine Konkurrenten nicht. Wenn nun der (stärkere) Kassakurs deutlich unter dem (abgeschlossenen) Terminkurs liegt, kann die Konkurrenz billiger anbieten und der vorsichtige Importeur erleidet einen Verlust.

Die **Vorteile** sieht man wie folgt:

1) Variable WK bieten den besten Schutz gegen eine importierte Inflation.
   Ergibt sich eine importierte Inflation durch zu starke Exporte, so ergibt sich über das dadurch ausgelöste verstärkte Devisenangebot ein Aufwertungseffekt. Dieser wiederum verteuert die Exporte. Gehen dieses schließlich zurück infolge des Preisanstieges, wird (allerdings mit Zeitverzögerung) auch der inflatorische Preisanstieg abnehmen.
2) Binnenwirtschaftliche Stabilitätsziele sind besser realisierbar. Da variable WK automatisch zum Zahlungsbilanzausgleich führen, ist das Ziel des außenwirtschaftlichen Ausgleiches für die Wirtschaftspolitik nicht mehr relevant. Sie kann sich somit verstärkt der binnenwirtschaftlichen Stabilität widmen, zudem bestehen Zielkonflikte über die Außenwirtschaft nicht mehr.

Bei einer *abschließenden Würdigung der Vor- und Nachteile* vertritt die Wissenschaft (häufig!) den Standpunkt, dass die Vorteile überwiegen und somit das Floaten vorzuziehen sei: Die Lobby der Wirtschaft dagegen ist in der Regel gegen variable WK.

11.3.5 Unsauberes (Managed) Floaten

Unter dem unsauberen (schmutzigen) Floaten bzw. den variablen WK mit Interventionen versteht man, dass eine Volkswirtschaft zwar grundsätzlich floatende WK praktiziert, aber der Staat bzw. seine Zentralnotenbank gelegentlich doch am Devisenmarkt interveniert.
Diese Variante des Floatens ist die heute (und die meiste Zeit) einzig praktizierte Form. Zeitweise nehmen die Interventionen sogar deutlich zu und werden zur Regelmäßigkeit.
Zu berücksichtigen ist dabei allerdings, dass dadurch die Vorteile des Floatens deutlich eingeschränkt bzw. im Extremfall ganz zum Verschwinden kommen.

11.3.6 Beurteilung des Floatens

Haben die seit gut 30 Jahren praktizierten flexiblen WK die in sie gesetzten Erwartungen erfüllt?

Variable WK ergeben nur geringe Wechselkursschwankungen, lautet das 1. Argument der Befürworter des Floatens. Wobei dies nicht heißt, dass kurzfristig keine Schwankungen sich ergeben würden. Vielmehr müssen variable WK ja schwanken, sollen sich ihre Vorteile ergeben.
Betrachtet man für dieses Argument z.B. die zurückliegende WK-Entwicklung zwischen der DM und dem $ und auch für den €, dann *stellt man demgegenüber starke WK-Schwankungen im Zeitablauf fest.* Wo liegt *der Grund* für diese entgegen den Erwartungen eingetretene Entwicklung? Die Erklärung ist darin gegeben, dass auch bei variablen WK eine deutliche *Abhängigkeit* der laufenden *Kurse von den Erwartungen der Wirtschaftssubjekte* gegeben ist. D.h. für die heutige Kursentwicklung sind die Dispositionen der Anbieter und Nachfrager am Devisenmarkt ausschlaggebend. In deren Überlegungen spielen aber die Erwartungen über die künftige Kursentwicklung eine wichtige Rolle. Diese Erwartungen wiederum werden deutlich von der Unsicherheit über den künftigen wirtschaftspolitischen Kurs mitbestimmt. D.h. solange die Wirtschaftssubjekte unsicher über den künftigen geldpolitischen Kurs sind, sind beim Floaten deutliche Kursänderungen nicht vermeidbar.
Auch die *langfristige WK-Anpassung als Folge der unterschiedlichen Inflationsraten ist* (so) *nicht eingetreten.* Der Grund liegt u.a. darin, dass der WK nicht nur von der Inflationsrate, sondern auch von anderen Faktoren bestimmt wird, Z.B. Verschiebungen der Nachfragestruktur oder protektionistischen Maßnahmen.
Schließlich entfernt man sich infolge des praktizierten unsauberen Floatens u.U. weit vom Ideal der variablen WK.

Ein 2. Argument der Befürworter des Floatens heißt, **durch das Floaten tritt nur eine geringfügige Beeinflussung des Außenhandels ein.**
Die Daten zeigen, dass der von den Skeptikern befürchtete Rückgang des Außenhandels nicht eingetreten ist, im Gegenteil, er ist gewachsen.
Die Fragwürdigkeit dieses Faktums als Begründung für den Erfolg flexibler WK zeigt sich darin, dass als Voraussetzung ja nur gering schwankende WK unterstellt werden, die bekanntlich nicht gegeben waren.

Man könnte im Gegenteil argumentieren, dass der Außenhandel so robust (und wohl auch notwendig) war, dass er sich trotz des Floatens positiv entwickelt hat.
Denn es haben sich seit der Praktizierung des Floatens die Kosten der Kurssicherung deutlich erhöht. Ebenfalls haben eindeutig die protektionistischen Eingriffe in die Außenwirtschaft zugenommen, u. U. um negative Effekte des Floatens zu eliminieren.

Das 3. Argument für variable WK lautet, dass **ein Staat eine größere Unabhängigkeit in der eigenen Stabilitätspolitik erlangt.**
Die Erfahrungen, vor allem in der BRD zeigen, dass es bei variablen WK einem Land möglich ist, sich von der Inflationsrate des Auslandes abzukoppeln und eine eigenständige Preisstabilität zu betreiben.
Dies bedeutet aber nicht, dass damit die internationale Konjunkturverbundenheit aufgehoben wäre, d.h. die konjunkturellen Schwankungen in der Produktion oder Arbeitslosigkeit waren (u.U. zeitlich versetzt) gleichgerichtet. Die Begründung, warum die gesamte Stabilitätspolitik nicht stärker genutzt werden konnte, liegt darin, dass die Stabilitätsmaßnahmen (vor allem bei der Preisstabilität) überwiegend gleichgerichtet betrieben werden, somit insgesamt wieder eine gegenseitige konjunkturelle Verbundenheit gegeben war. Ein weiterer Grund ist in diesem Zusammenhang die immer weiter voranschreitende internationale Verflechtung.

Insgesamt sind die Erwartungen in die variablen WK nur zum Teil oder nicht erfüllt worden. Ein Grund ist sicher, dass ja lediglich unsauberes Floaten praktiziert wird. Trotzdem ist das Floaten immer noch das beste Mittel, um insbesondere eine krisenhafte, von massiver Devisenspekulation entfachte Entwicklung zum Stillstand zu bringen. Dies zeigt nicht nur die Entwicklung Anfang der 1970er Jahre, sondern auch die Krisen im EWS 1992 und 1993, wo sich letztlich durch das floatende WK-Prinzip eine Lösung ergab.

11.4 Stabiles Wechselkurssystem

11.4.1 Historische Perspektiven

Bis zum Ausbruch des 1. Weltkrieges herrschte international (im wesentlichen) die Goldwährung. Dies ergibt einmal stabile WK, die lediglich innerhalb der Goldpunkte schwanken, zum anderen besteht nicht die Notwendigkeit einer *WK-Politik,* da sich über den Goldautomatismus der WK automatisch ergibt.
Der Versuch, in den 1920er Jahren eine Wiedereinführung der Goldwährung vorzunehmen, scheiterte endgültig mit der Weltwirtschaftskrise in den 1930er Jahren.
Gegen Ende des 2. Weltkrieges setzen in den USA und England Überlegungen ein, wie nach Beendigung des Krieges ein internationales Währungssystem aussehen sollte. Die Leitidee waren dabei die stabilen WK aus der Goldwährung, ohne dabei allerdings wieder eine Goldwährung einzuführen. Aus den beiden Plänen dazu, von Keynes (England) und White (USA), wurde auf der Konferenz in *Bretton Woods* ein Kompromiss gefunden, das sog. stabile WK-System von Bretton Woods.

Zur organisatorischen Umsetzung des Bretton-Woods-Systems wurde 1944/45 eine internationale Organisation, der *IWF* (Internationaler Währungsfonds) mit Sitz in Washington, gegründet (gleichzeitig mit der Weltbank).
1945 traten die Statuten des IWF in Kraft, 1947 nahm er seine Arbeit auf (ursprünglich 38 Mitgliedsländer), 1952 wurde die BRD Mitglied, seit 1994 sind praktisch alle Staaten Mitglieder (oder haben einen Beobachterstatus).

11.4.2 Prinzip des stabilen WK-Systems

Im Kern sind stabile WK entsprechend dem Bretton- Woods-System *zwischen den Staaten vereinbarte feste (staatliche) Preise für die WK.* D.h. eine Gruppe von Staaten legt fest, dass die gegenseitigen WK sich (grundsätzlich) *nicht* frei durch Angebot und Nachfrage bilden sollen, sondern dass der jeweilige WK eine vom Staat mit anderen Staaten ausgehandelte feste Relation bilden soll. *Weil* sich dieser stabile WK *nicht* wie beim Goldautomatismus *von alleine ergibt,* muss ein *Organisationsmechanismus installiert werden,* der ihn realisieren soll. Das Bretton-Woods-System wies folgende Konstruktion auf:

Anfangsparität

Trat ein Land dem IWF als Mitglied bei bzw. (damals) wollte es auch gemeinsam mit den anderen Staaten dieses WK-System praktizieren, so musste es eine sog. Anfangsparität (= Anfangswechselkurs) zum US $ (bzw. zum Gold!) festlegen ($ war die sog. *Leitwährung).*
Z.B. war die Anfangsparität der DM zum $, 1 $ = 4,20 DM bzw. 1 DM = 0,238 $. Da das amerikanische Schatzamt sich verpflichtete, zum Festpreis von 35 $ = 1 Unze Feingold alle Dollarbeträge der Mitgliedsländer in Gold einzuwechseln, war über die Parität zum $ gleichzeitig *indirekt eine Parität zum Gold hergestellt.*
Z.B. für die BRD: 1 $ = 4,20 DM - > 1 DM = 0,238 $ - > 1 DM = 0,21 g Gold. Die für diese Konstruktion häufig verwendete Bezeichnung Gold-Devisen- oder Gold-Dollar-Standard ist letztlich *falsch,* denn zu einem derartigen Standard würde die Deckungsvorschrift als entscheidendes Element gehören, die aber hier fehlte (siehe Abschnitt 1.3.2.1).

Gegenseitige Paritäten der Mitgliedsländer
Da alle Anfangsparitäten nach diesem Schema bestimmt wurden, waren gleichzeitig auch die gegenseitigen WK der Mitgliedsländer untereinander bestimmt (mathematisches Prinzip, wenn sich alle Größen als Relation auf eine gemeinsame Größe beziehen, sind auch die Relationen untereinander bestimmt).
Z.B. wenn 1 $ = 4,- DM wäre, dann gilt 1 DM = 0,25 $. Ist der WK (Anfangsparität) 1 britisches Pfund = 3,- $, dann ergibt sich: 3 : 0,25 = 12 und der WK 1 £. = 12,- DM ist ermittelt.

Bandbreite und Interventionspunkte
Die so ermittelten gegenseitigen WK waren nicht absolut fest, sondern durften entsprechend dem Angebots-Nachfrageprinzip in einer kleinen Spanne, der sog. Bandbreite schwanken.
Die Bandbreite war im Bretton-Woods-System auf ±1% gerechnet von der jeweiligen Parität festgelegt:

Z.B. bei der Parität 1 $ = 4,20 DM ist 1% von 4,20 → 0,042 DM, so dass das Band des $/DM-WK in der BRD lautete:

$$4{,}158\ \text{DM} \xleftarrow{-1\%} 4{,}20 \xrightarrow{+1\%} 4{,}242\ \text{DM}$$

D.h. im Bretton-Woods-System war der $/DM-WK nicht starr 4,20 DM, sondern er durfte in der Spanne von 4,158 bis 4,242 DM schwanken (durch Angebot und Nachfrage auf den Devisenbörsen).
Erst wenn das Ende des Bandes erreicht war, also entweder der Kurs 4,158 oder 4,242 bzw. einer der beiden sog. **Interventionspunkte**, musste die betreffende Zentralnotenbank intervenieren, d.h. durch geeignete Maßnahmen den WK wieder ins Band zurückbringen.

In der Abb. 11-3 ist der gesamte Zusammenhang graphisch dargestellt.

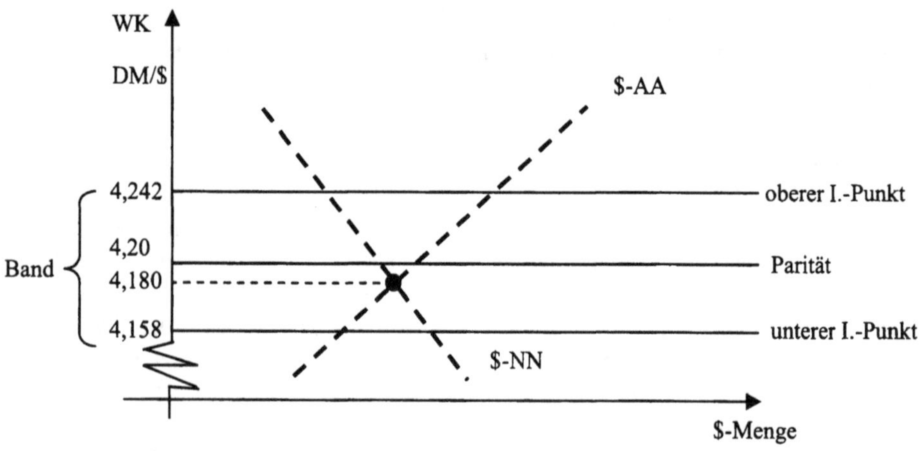

Abb.: 11-3: Bandbreite und Interventionspunkte bei stabilen WK

Wenn wie in Abb. 11-3 angenommen, der momentane DM/$-WK bei 4,180 sich durch AA und NN ergeben würde, besteht seitens des Systems kein Handlungsbedarf. Erst wenn der WK den Preis 4,242 = *oberer Interventionspunkt* oder 4,158 = *unterer Interventionspunkt* erreichen würde, muss die Bundesbank (hier) entsprechend intervenieren.

Intervention am oberen I.-Punkt
Wenn die Angebots- und Nachfrageverhältnisse auf dem $-Devisenmarkt in der BRD einen WK-Anstieg bis auf 4,242 und darüber hinaus ergeben (z.B. weil durch verstärkte Importe aus den USA die Nachfrage nach $ gestiegen ist), so müsste die Bundesbank entsprechend dem Marktmechanismus wie folgt intervenieren:

Da der Nachfrageanstieg nach $ Ursache des Erreichens des oberen I.-Punktes ist, muss seitens der DBB das Angebot an $ (aus ihren Währungsreserven) soweit erhöht werden, dass sich zwischen AA und NN nach $ wieder ein Gleichgewichtspreis unter 4,242 ergibt.

Kurz: Die Intervention am oberen I.-Punkt besteht in einem zusätzlichen Angebot der betreffenden Devise aus den Währungsreserven der ZNB, bis der Kurs sich wieder im Band befindet, bzw. die ZNB *interveniert durch Devisenverkaufe.*

Die Abb. 11-4 verdeutlicht den Zusammenhang.

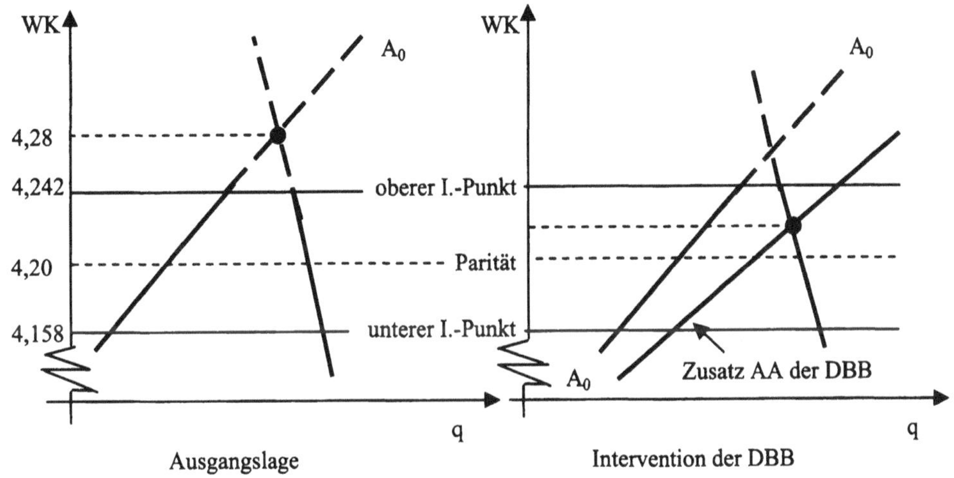

Abb.: 11-4: Intervention der DBB am oberen I.-Punkt durch Devisenverkäufe

In der Ausgangslage der Abb. 11-4 würde sich durch AA und NN nach $ am Devisenmarkt ein Kurs von 1 $ = 4,28 DM einstellen, d.h. der obere I.-Punkt mit 4,242 wäre überschritten. Durch das zusätzliche Angebot an $ seitens der DBB (Rechtsverschiebung der AA-Kurve) ergibt sich wieder ein Kurs innerhalb des Bandes (wie in den IWF-Statuten festgehalten).

Intervention am unteren I.-Punkt
Würde sich durch AA und NN ein DM-$-WK-Kurs von z.B. 4,145 ergeben, wäre der untere I.-Punkt unterschritten worden.
Der WK von 4,145 würde sich infolge eines zu starken Angebotes an $ in Relation zur Nachfrage ergeben. Die Intervention der ZNB (DBB) muss entsprechend dem Marktmechanismus wieder umgekehrt erfolgen, d.h. da das Angebot jetzt zu groß ist, muss die DBB durch eine zusätzliche Nachfrage die zu viel angebotenen $ (z.B. weil verstärkt Kapitalimporte in die BRD stattfinden) so lange aufkaufen, bis der WK sich wieder ins Band bewegt.
Kurz: Die Intervention am unteren I.-Punkt besteht in einer zusätzlichen Nachfrage nach der betreffenden Devise durch die ZNB, bis der Kurs sich wieder im Band befindet, bzw. die ZNB interveniert durch Devisenaufkäufe.

Machbarkeit der Interventionen
Nunmehr ist die Frage zu klären, inwieweit diese Interventionen in einem stabilen WK-System *technisch* machbar sind, d.h. es wird zunächst nicht nach den evtl. ökonomischen

Konsequenzen gefragt, sondern nur wie lange eine Volkswirtschaft bzw. deren ZNB die Verpflichtung im Bretton-Woods-System durchhalten kann.
Dabei ist unter dem Aspekt der technischen Machbarkeit der untere I.-Punkt unproblematisch, d.h. rein theoretisch könnte eine ZNB hier unentwegt intervenieren. Denn sie würde ständig Devisen aufkaufen, dadurch ihre Währungsreserven erhöhen (viele Staaten wären froh, wenn sie das so könnten) und die Transaktionen mit der eigenen Währung bezahlen. Da die ZNB das Notenprivileg hat, d.h. Zentralbankgeld beliebig schöpfen kann, geht ihr technisch gesehen der Atem nicht aus (dass dies Probleme mit der Preisstabilität mit sich bringt, steht zunächst nicht zur Diskussion an). Von der Machbarkeit her gesehen ist der obere I.-Punkt erheblich problematischer, denn für diese Intervention benötigt die ZNB Devisen, d.h. eine fremde Währung, die sie nicht schöpfen (produzieren) kann. D.h. gehen einer Volkswirtschaft die Devisen aus, dann ist es mit dieser Intervention schnell vorbei.
Somit beziehen sich in einem stabilen WK-System alle *währungstechnischen* Überlegungen auf den oberen I-Punkt bzw. alle Hilfskonstruktionen befassen sich nur damit.
Gehen einem Staat die *Währungsreserven aus* und müsste er noch weiter intervenieren, so stehen ihm zunächst *folgende Hilfsmöglichkeiten* (letztlich zur Beschaffung von Devisen) zur Verfügung: 1) *Ziehung,* 2) *Währungskredit* und 3) *Sonderziehungsrechte* (SZR).

Quoten im IWF

Dabei ist zunächst der Begriff der Quote im IWF zu klären.
Unter der Quote verstand man (ursprünglich) die Einzahlungsverpflichtung eines Mitgliedslandes. D.h. wenn ein Land Mitglied im IWF werden wollte, musste es einen bestimmten Betrag in den Fonds einbezahlen, die sog. *Subskriptionsverpflichtung* in Höhe seiner Quote. Die *Höhe der Quote* eines Landes wurde im wesentlichen aus seinem Bruttoinlandsprodukt, seinen Währungsreserven und weiteren Schlüsselzahlen ermittelt (wobei wirtschaftlich starke Länder eine hohe Quote haben und umgekehrt).
Die Quote ist auch für andere Vorgänge als Messgröße (neben der Subskription) wichtig. Die Quote begrenzt die Ziehungsrechte eines Mitgliedslandes, die Zuteilung neu geschaffener Sonderziehungsrechte bemisst sich anteilig nach den Quoten und die Stimmrechte (Macht im IWF) werden nach den Quoten ermittelt (Jedes Mitgliedsland hat zunächst 250 Grundstimmen und je eine weitere Stimme pro 100.000 SZR-Einheiten seiner Quote. Somit ergibt sich das Stimmgewicht eines Landes primär aus der Höhe seiner Quote. Die USA verfügen Anfang der 1990er Jahre über 19% der Stimmrechte, die 12 EU Staaten zusammen gut 28%, davon die BRD 5,7%. D.h. letztlich ist der IWF machtmäßig wie eine AG konstruiert).
Die Subskriptionsverpflichtung (bzw. die Quote) stellt für den IWF die wichtigste Finanzquelle dar. Ursprünglich musste die Quote zu 25% in Gold und zu 75% in Landeswährung aufgebracht werden. Später trat an die Stelle des Goldes die SZR-Zahlung. Der Fonds kann aber auch für diesen Teil der Zahlung fremde oder eigene Währung akzeptieren. Im Laufe der Zeit wurden die Quoten mehrmals erhöht und auch die Verteilung auf die Mitgliedsländer geändert. Durch die Quotenerhöhung (1993) beträgt die Gesamtsumme der Quoten z.Z. rd. 137 Mrd. SZR, wobei die höchste die USA mit 26,5 Mrd. SZR, die zweithöchsten Japan und die BRD mit je 8,2 Mrd. SZR haben.

Neben der Subskription in Höhe der Quote hat der IWF noch folgende Möglichkeiten, sich Mittel (Devisen) zu beschaffen: 1) Jedes Mitgliedsland ist verpflichtet, seine eigene Währung gegen SZR innerhalb bestimmter Grenzen zu verkaufen. 2) Ferner kann der IWF bei seinen Mitgliedern Kredite aufnehmen (so hat z.B. die Zehnergruppe (G 10) mit der Allgemeinen Kreditvereinbarung (AKV) dem IWF eine ständige multilaterale Kreditlinie bereitgestellt), z.B. die sog. Ölfazilität. 3) Der IWF könnte auch auf den internationalen Finanzmärkten Kredit aufnehmen.

Ziehung - Ziehungsrecht

Ursprünglich war eine Ziehung beim IWF als Hilfe bei Interventionen am oberen I.Punkt gedacht, sollten die Währungsreserven zu Ende gehen. *Heute* können Ziehungen beim IWF allgemein bei Zahlungsbilanzproblemen, d.h. bei einen Defizit vorgenommen werden (wobei das Grundproblem in beiden Fällen identisch ist, es sind keine Währungsreserven mehr da). Bei einer Ziehung kauft ein Land Fremdwährung (Devisen) oder auch SZR vom IWF gegen Hergabe der eigenen Währung, d.h. über den Vorgang einer Ziehung beschafft man sich die (fehlenden) Devisen beim IWF.

Ziehungen kann ein Land dabei in verschiedenen Abstufungen beanspruchen:

1) Die Ziehung im Rahmen der sog. *Reservetranche.* Zur Reservetranche zählt die Subskription = die Quote, abzüglich der in eigener Währung geleisteten Subskription, plus die Summe aus der eigenen Währung, die der IWF für Kredite an andere Länder verwendet hat. Im Extremfall kann die Reservetranche zwischen 0% und 100% der Quote eines Landes schwanken. Letztlich ist die Reservetranche eine beim IWF angelegte Währungsreserve eines Landes (wird deshalb auch zu den Währungsreserven gezählt). Ihre Inanspruchnahme stellt keine Kreditgewährung dar und ist gebührenfrei.
2) Ziehungen im Rahmen der *Kreditfazilitäten,* wobei *vier Kredittranchen zu je* 25%, gemessen an der eigenen Quote, möglich sind. Bei Inanspruchnahme z.B. der ersten Kredittranche (á 25%) handelt es sich letztlich um die Aufnahme eines Devisen-(Währungs-)Kredites beim IWF. Die Tilgung erfolgt entweder durch Hergabe von SZR oder vom IWF verwendbarer Devisen seitens des betreffenden Landes, wobei praktisch ein Rückkauf der eigenen Währung erfolgt (die Ziehung stellt somit eine Mischung aus Kauf und Kredit dar).

Die *Laufzeit einer Ziehung* beträgt normalerweise 3 1/4 bis 5 Jahre, dann muss die Tilgung (der Rückkauf) erfolgen. Für Ziehungen in den Kredittranchen müssen *Zinsen bezahlt werden,* wobei die Zinshöhe ein bestimmter Prozentsatz vom SZR-Zinssatz ist.

Umgekehrt erhalten die Länder, deren Währungen der IWF für Ziehungen verwendet, eine *Zinsgutschrift* in Höhe des SZR-Zinses (wobei der Berechnungsmodus etwas kompliziert ist).

Aus der Darlegung folgt, dass Ziehungen in der Höhe begrenzt (da die Mittel des IWF begrenzt sind) und nur kurzfristig als Überbrückung gedacht sind. Sie können im Regelfall eigene und weitere Anstrengungen des Landes zum Abbau des Zahlungsbilanzdefizites nur unterstützen, nicht ersetzen.

Über den bisher dargelegten Rahmen sind im Laufe der Zeit vom IWF *spätere Kreditfazilitäten geschaffen worden,* die vor allem schwachen Ländern und hier wiederum den Entwicklungsländern zur Verfügung stehen sollen. So gibt es z.B. die erweiterte Fondsfazilität bei besonders hartnäckigen Strukturproblemen (auch mit längeren Laufzeiten bis zu 10 Jahren), die Fazilität zur Kompensations- und Eventualfinanzierung bei Exporterlösausfällen, Kostensteigerungen bei Getreideimporten, oder die Ölfazilität bei Defiziten bedingt durch

die Energie-(Erdöl-)krisen usw. Entwicklungsländern kommt der IWF u. U. durch Zinssubventionen bei einer Kreditaufnahme entgegen. Insgesamt stehen heute eine Vielzahl von Hilfs- bzw. Kreditprogrammen beim IWF bereit, um allgemein bei Zahlungsbilanzdefiziten oder bei dabei feststellbaren bestimmten Ursachen auszuhelfen.
Insgesamt hat der IWF von 1947 bis 1991 Zahlungsbilanzhilfen (d.h. über alle Programme gerechnet) von 129 Mrd. SZR gegeben, wobei er 139 Ländern, z.T. mehrfach, geholfen hat. Der größte Einzelkredit betrug dabei 5 Mrd. SZR.

Währungskredit
Eine weitere Möglichkeit, neben einer Ziehung sich Devisen bei einem Zahlungsbilanzdefizit bzw. hier beim stabilen WK-System für Interventionen am oberen I.Punkt zu beschaffen, wäre ein Währungskredit.
Etwas anders formuliert, liegt die „momentane" Schwierigkeit des Landes ja in einem Liquiditätsengpass, lediglich besonderer Art, nämlich in Devisen. Somit liegt es nahe, dieses Liquiditätsproblem durch einen Kredit, hier ein Währungskredit, zu beheben, d.h. einen Kredit in einer bestimmten Devise.
Zweckmäßigerweise nimmt man den Kredit bei dem Land auf, in dessen Währung die momentanen Schwierigkeiten bestehen. D.h. müsste die DBB gegenüber dem $ intervenieren, so versucht die DBB bei der amerikanischen ZNB (dem FED) einen $ Kredit zu bekommen.
Ob das kreditaufnehmende Land den gewünschten Währungskredit erhält, hängt im wesentlichen von seiner Bonität und (da es sich hierbei auch um einen politischen Faktor handelt) davon ab, ob kreditsuchendes und gewährendes Land auf der gleichen politischen Linie sich bewegen.

Sonderziehungsrechte (SZR)
Um den Mangel an internationaler Liquidität (= Währungsreserven) abzubauen und den $ (teils) aus seiner Leitwährungsfunktion zu entlassen, wurden im IWF 1969/1970 die SZR geschaffen.
Sonderziehungsrechte sind eine Art internationales Giralgeld im Verkehr der Zentralnotenbanken und des IWF untereinander. Sie besitzen Reservecharakter und werden zu den Währungsreserven gerechnet.
Die **Entstehung** der SZR geschieht wie beim Buchgeld durch einen Willensakt. Durch Beschluss des Gouverneursrates des IWF kann mit 85% der IWF-Stimmen die Neuschaffung von SZR und ihre Zuteilung auf die Mitgliedsländer erreicht werden (d.h. eine „Sperrminorität" von 15% plus eine Stimme könnte dies verhindern). Die *Zuteilung* der SZR auf die sog. Teilnehmerländer erfolgt anteilsmäßig entsprechend deren Quoten, ohne dass die Länder dafür eine Gegenleistung erbringen müssen.
In den Jahren 1970 bis 1972 wurden 9,3 Mrd. SZR und 1979 bis 1981 12 Mrd. SZR, zusammen 21.3 Mrd. SZR geschaffen. Seitdem keine mehr. Ende 1991 machten die SZR 3,1% aller Währungsreserven (ohne Gold) aus. Auch 1994 (5O-Jahr-Feier des IWF) werden trotz deutlicher Forderungen keine SZR geschöpft.

Die **Bewertung** der SZR erfolgte zunächst in Gold und zwar 1 SZR = 0,889 g Feingold. Über die alte Preisrelation 1 Unze Feingold = 35 $ ergab sich 1 SZR = 1 $. Seit 1981 und *heute* wird (nach einer Zwischenlösung) der Wert eines SZR *anhand eines Währungskorbes* bestimmt. Da sich der Wert eines SZR nicht wie bei einer nationalen Währung durch AA und NN infolge eines Handels am Devisenmarkt ergeben kann, wird er als ein "abgeleiteter" (definierter) Marktkurs ermittelt. Im Korb eines SZR befinden sich die (heute) vier wichtigsten Weltwährungen $, €, Yen und brit. £. Die Abb. 11-5 zeigt die Korbzusammensetzung und Bewertung eines SZR in $, durch die Euroeinführung erfolgt hier eine andere Gewichtung.

Währung im SZR-Korb	Gewicht (in%) im Korb	Nationaler Währungs-betrag	WK in $ am 02.01.91	Gegenwert In US $
US $	40%	0,572	1,0000	0,572000
DM } 1)	21%	0,453	1,4940	0,303213
FF } 1)	11%	0,800	5,0840	0,157356
Yen	17%	31,8	134,6500	0,236168
Brit. £	11%	0,0812	1,9350	0,157122
Insgesamt	100%	= 1 SZR	---	1,425859

Abb.: 11-5: Korb und Bewertung eines SZR Anfang 1991 1) heute €

Die Analyse der Abb. 11-5 ergibt:

1. Spalte: Bei der Berechnung und Bewertung werden US $, €, Yen und Brit. £ berücksichtigt (€ steht heute für DM und FF).
2. Spalte: Enthält das sog. Korbgewicht (Bedeutung) einer Währung am Korb, ermittelt aus seinem Anteil am Weltexport und dem Umfang, in der diese Währung als Reservewährung gehalten wird. Alle fünf Jahre erfolgt eine neue Bewertung.
3. Spalte: Aus der 2. Spalte ergibt sich hier der absolute nationale Währungsbetrag dieser Währung im Korb. Die Summe dieser absoluten Beträge ist definitionsgemäß 1 SZR.
4. Spalte: Enthält die $-Devisenkurse an einem bestimmten Tag (hier am 02.01.1991); Ausnahme Brit. f., wo der $-Betrag für 1 £. angegeben ist.
5. Spalte: Durch Division des Betrages von Spalte 3 durch den Kurs von Spalte 4 ergibt sich der Währungsbetrag in $. Ausnahme beim £: hier muss eine Multiplikation erfolgen (siehe Spalte 4). Die Summe daraus ergibt, dass 1 SZR am 02.01.1991 = 1,43 $.

Die **Verwendungsmöglichkeiten der SZR** sind vielfältig. SZR dienen zwischen den Mitgliedsländern und dem IWF *als Zahlungsmittel* bei Subskriptionsleistungen, der Rückzahlung von Krediten und der Entrichtung von Zinsen und Gebühren (hier zwingend). Der IWF kann einem kreditnehmenden Land statt Devisen SZR geben und eine Reihe weiterer Vorgänge tätigen.
Die wichtigste Verwendung aus der Sicht der Mitgliedsländer ist die mögliche Umwandlung von SZR in Devisen, mit denen dann Interventionen getätigt oder Zahlungsbilanzdefizite abgebaut werden können. Der erste dazu mögliche Weg ist die sog. *Designierung* (Lenkung). Benötigt ein Land infolge seiner Zahlungsbilanzlage Devisen, so wendet es sich an den IWF, der ein anderes (devisen- und zahlungsbilanzstarkes) Land benennt, das die SZR des abgebenden Landes übernimmt und (im Regelfall) als „verwendbare Währung" dafür die eigene Währung abgibt (die für das andere Land ja eine Devise ist). Das vom IWF benannte und mit

dem Umtausch belastete Land *muss* solchen Designierungswünschen bis zum Dreifachen der ihm selbst zugeteilten SZR nachkommen.
Im Laufe der Zeit wurde die Designierung immer mehr durch die zwischen den Ländern frei vereinbarte Transaktion (= Umtausch von SZR in eine Währung) abgelöst. Teils werden heute SZR zwischen den Staaten auch frei für andere Vorgänge (z.B. Swap- und Termingeschäfte) verwendet.
Per saldo, für devisenschwache Länder stellen SZR eine Möglichkeit zur Devisenbeschaffung ohne Gegenleistung dar.
Die Verzinsung der SZR erfolgt so, dass ein Land für seine gesamten ihm zugeteilten SZR Zinsen an den Fonds zu entrichten hat. Andererseits erhält ein Teilnehmerland Zinsen für die durch eine Umwandlung von ihm gehaltenen SZR. Beide Sätze sind identisch (sog. SZR-Zins) und werden als Durchschnitt entsprechend dem SZR-Korbgewicht aus den kurzfristigen Zinsen der Korbländer ermittelt.
Die Rückzahlung (Rücktransferierung), die sog. Rekonstitutionspflicht wurde früher analog zu den Ziehungen praktiziert. Seit 1981 ist die Rekonstitution (als Pflicht) abgeschafft worden, so dass man die Verwendung (= Umtausch) der SZR auch als einen Dauerkredit bezeichnen könnte.
Die Beurteilung der SZR konzentriert sich meist auf die Frage, *ob sie inflationär wirken.* Von den dargelegten Verwendungsmöglichkeiten ist in diesem Zusammenhang die Designierung die wichtigste. Nicht durch die Schöpfung der SZR, sondern durch die mögliche Umwandlung in eine Devise wird bei dem in Anspruch genommenen Land letztlich Geldschöpfung betrieben, dem kein realer Gegenwert gegenübersteht (so könnte mit SZR ein Defizitland seinen Importüberschuss ohne Rückzahlungsverpflichtung finanzieren). D.h. es wird (wurde) befürchtet, dass durch die SZR eine weltweite Inflationierung in Gang gesetzt wird.
Bei dieser Argumentation muss (bis jetzt) die Quantität der insgesamt geschaffenen SZR berücksichtigt werden. Bei einem Anteil von nur 3,1% der Weltwährungsreserven (ohne Gold) ist die Gefahr bis jetzt letztlich unbedeutend. Zukünftig ist somit die weitere Politik des IWF hier entscheidend.
Ein weiterer Kritikpunkt ist, dass die *Zuteilung der SZR eine Verschwendung internationaler Liquidität darstellt.* Denn es erhalten die Länder (= westliche Industriestaaten) die größten Anteile zugeteilt, die sie infolge ihrer hohen sonstigen Währungsreserven gar nicht benötigen.

Insgesamt sind mit der Einführung der SZR die sog. „Dollar-Probleme“ (im wesentlichen) nicht beseitigt worden.

11.4.3 Ziele einer Ab- bzw. Aufwertung

Die Konstruktion eines stabilen WK-Systems geht im Prinzip von in etwa ausgeglichenen Zahlungsbilanzen aus. Die Möglichkeiten der drei Hilfskonstruktionen (Ziehungen, SZR, Währungskredit) funktionieren nur vorübergehend, kurzfristig und in begrenzter Höhe (in etwa im Sinne einer Zahlungsbilanzfinanzierung) .
Bei größeren, *längerfristigen,* sog. *chronischen Zahlungsbilanzungleichgewichten hilft nur* (soll das stabile WK-System aufrechterhalten werden) eine *Paritätsänderung,* d.h. es muss

(bewusst wirtschaftspolitisch herbeigeführt) eine Ab- oder Aufwertung erfolgen *(siehe auch dazu Abschnitt 11.3.3).*

Abwertung

Hält der Druck auf den oberen I.-Punkt unvermindert an, gehen dadurch die Währungsreserven (Intervention!) zur Neige, nützen auch die Hilfseinrichtungen nichts, bleibt nur die (herbeigeführte) Abwertung.

Gehen wir entsprechend dem Beispiel der Abb. 11-3 ff. von einer Parität von 1 $ = 4,20 DM aus und soll im Rahmen des IWF bzw. Bretton-Woods-Systems eine Abwertung von 5% erfolgen, so lautet die neue Parität 4,41 DM = 1 $ (= WK-Anstieg). Die Bandbreite bezieht sich immer auf die gültige Parität, sie wandert somit mit und lautet nunmehr: unterer I.-Punkt = 4,3659 und oberer I.-Punkt = 4,4541.

Das Ziel einer Abwertung ist (vordergründig), dass man dem Druck eines WK-Anstieges nachgibt und das gesamte Band sich somit nach oben wie in Abb. 11-6 verschiebt.

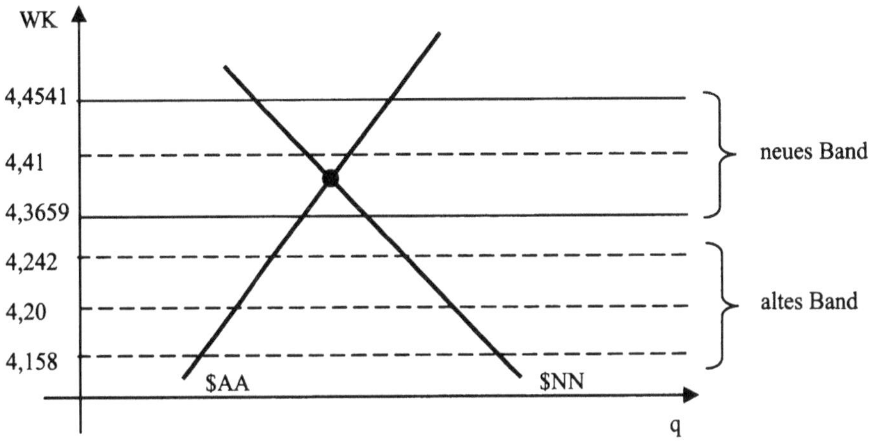

Abb.: 11-6: Abwertung und Bandverschiebung bei stabilen WK

Wie aus der Abb. 11-6 ersichtlich, hat man das neue Band in etwa dorthin verlagert (wenn der Abwertungssatz richtig gewählt wurde), wo das Marktgleichgewicht von Devisen AA und NN in etwa liegt (somit sind weitere Interventionen nicht mehr nötig).

Die eigentlichen Ziele einer Abwertung knüpfen an deren Wirkungen an, die letztlich das Zahlungsbilanzdefizit abbauen sollen.

Die kurzfristigen Wirkungen beziehen sich auf die Spekulation. Wurde von der Spekulation eine Abwertung erwartet, so fand eine Flucht aus dieser Währung statt (= Kapitalexporte). Soll der Spekulationsgewinn eingefahren werden, muss nach der Abwertung wieder in die Währung eingestiegen werden (bedeutet Kapitalimporte).

Daraus ergibt sich ein Devisenzustrom, der (kurz) eine Entlastung der Zahlungsbilanz darstellt.

Die letztlich angestrebten *langfristigen Wirkungen* beeinflussen die Export- und Importpreise. Die Exportpreise des abwertenden Landes gehen um den Abwertungssatz hinunter, während die Importpreise um den Satz ansteigen. Man hofft nun (siehe späteren Abschnitt zur Reaktion der Leistungsbilanz), dass daraufhin Ex- und Import normal (entsprechend dem Preismechanismus) reagieren. Und zwar, dass der Rückgang der Exportpreise einen Anstieg des Exportes, und die Zunahme der Importpreise einen Rückgang des Importes nach sich ziehen. Beides zusammen (siehe Abschnitt 10.3 und 10.4) würde wieder ein Zahlungsbilanzgleichgewicht ansteuern und damit das stabile WK-System ohne Probleme ermöglichen.

Aufwertung

Obwohl eine ZNB technisch am unteren I.-Punkt ständig intervenieren könnte, wird die dadurch (evtl.) ausgelöste importierte Inflation (siehe Abschnitt 5.2.6) ab einem bestimmten Punkt dazu führen, dass man dies als nicht mehr tragbar ansieht und deshalb eine Paritätsänderung, hier eine Aufwertung, durchführen (z.B. in der BRD mehrmals in den 1960er und 1970er Jahren der Fall).

Wieder vom Beispiel der Abb. 11-3 ff. ausgehend (Ausgangslage: WK - > 1 $ = 4,20 DM) soll nunmehr eine Aufwertung von 5% durchgeführt werden. Dadurch ergibt sich die neue Parität mit 1 $ = 3,99 DM (Rückgang des WK) mit den neuen Interventionspunkten: oberer I.-Punkt = 4,0299 und unterer I.-Punkt = 3,9501. Vordergründig ist das *Ziel der Aufwertung,* das Band soweit nach unten analog zur Abb. 11-6 zu verschieben, dass AA und NN sich innerhalb des neuen Bandes schneiden und die Intervention beendet werden kann.

Letztlich soll die Aufwertung aber ganz bestimmte Wirkungen auslösen. Die *kurzfristige Wirkung* bezieht sich (wieder) auf die Spekulation. Wird eine Aufwertung vermutet, so steigt die Spekulation in diese Währung (= Kapitalimporte) ein. Nach erfolgter Aufwertung wird die Spekulation zur Realisierung des Spekulationsgewinnes aus der aufgewerteten Währung aussteigen (= Kapitalexporte). Diese Kapitalexporte ergeben nun die hier erwünschte Entlastung der Zahlungsbilanz.

Die eigentlich erwünschte Wirkung ist langfristig wieder in einer Beeinflussung der Ex- und Importpreise zu sehen. Dabei erhöhen sich infolge der Aufwertung die Exportpreise und man hofft (bei normaler Reaktion) dadurch auf einen Exportrückgang. Umgekehrt sinken dadurch die Importpreise und man unterstellt jetzt daraus eine Importzunahme. Beides zusammen soll den Zahlungsbilanzüberschuss abbauen und wieder ein Gleichgewicht der Zahlungsbilanz ergeben.

11.4.4 Beurteilung eines stabilen WK-Systems

Im Gegensatz zu einer Goldwährung, bei der sich stabile WK quasi automatisch ergeben, *ist bei stabilen WK,* entsprechend der Konstruktion von Bretton-Woods, eine *Aktivität* und ein *Handlungsvermögen* (= Intervention z.B.) *der Zentralnotenbank erforderlich.* Ist das Handlungsvermögen und die Aktivität der ZNB eingeschränkt oder gar nicht mehr gegeben, so lassen sich stabile WK (auf Dauer) nicht aufrechterhalten.

Wovon hängt der Handlungsspielraum einer ZNB ab?

Der *Handlungsspielraum ist gegeben,* solange sich AA und NN nach Devisen im Gleichgewicht befinden, d.h. wenn in etwa eine *ausgeglichene Zahlungsbilanz vorliegt.*

Das Gleichgewicht der Zahlungsbilanz hängt ab von der Entwicklung der Handels-, Dienstleistungs- und Kapitalbewegungen in der Außenwirtschaft. Dies wiederum hängt ab von der Wirtschaftssituation in den betreffenden Ländern.
Ist die wirtschaftliche (konjunkturelle) Lage in den wichtigen Welthandelsländern in etwa identisch, so hat weder der Handels- noch der Kapitalverkehr Veranlassung, außerhalb des üblichen Preis- und Marktmechanismus zu reagieren.
Ist dagegen die wirtschaftliche Situation in den einzelnen Ländern unterschiedlich, so ergeben sich in Verbindung mit stabilen WK zusätzliche Impulse für den Handels-und Kapitalverkehr, die Ungleichgewichte erzeugen und auf die WK rückwirken (es fehlt hier der Ausgleichsmechanismus variabler WK).
Die beiden wichtigsten ökonomischen Größen der Welthandelsländer, die die wirtschaftliche Situation charakterisieren, sind dabei die Wachstumsrate des Sozialproduktes und vor allem die Preissteigerungsrate.

Wenn z.B. wie in der BRD in den 1960er und 1970er Jahren die Preissteigerungsrate niedriger ist als in den wichtigen Handelspartnerländern, so steigt der Export u.a. aus der einfachen Tatsache, weil Produkte der BRD preiswerter sind. Es entwickelt sich tendenziell ein Zahlungsbilanzüberschuss. Da der WK stabil ist, kann auch kein Ausgleich wie beim Floaten durch sinkende WK eintreten. Es muss am unteren I.-Punkt interveniert werden. Aber die Exportüberschüsse wachsen weiter, denn der stabile WK verhindert eine Preisanpassung, letztlich verfestigt sich das Zahlungsbilanzungleichgewicht (hier der Überschuss). Erachtet man die importierte Inflation als nicht mehr tragbar und greift zu einer konsequenten Stabilitätspolitik, hier Geldpolitik (siehe Kapitel 6), so ergeben sich drei Problemfelder. Einmal kann eine zu deutlich restriktive Geldpolitik eine Gefährdung der Beschäftigung darstellen. Des weiteren fördert eine erfolgreiche Preisstabilisierung den weiteren Export (die Quelle der importierten Inflation). Letztlich bedeutet eine restriktive Geldpolitik u.a. ja steigende Zinsen, was u.U. zusätzliche Kapitalimporte bewirkt, d.h. einen weiteren Devisenzustrom und eine zusätzliche Quelle der Gesamtproblematik.
Erwartet schließlich die Spekulation, dass infolge des ökonomischen Gesamtzusammenhangs eine Aufwertung unvermeidbar ist, was weitere spekulative Kapitalimporte bedeuten würde, so bleibt dieser Volkswirtschaft schließlich nur die Paritätsänderung, hier die Aufwertung, übrig, um den Druck wegzunehmen.
Beseitigt man allerdings nicht das letztlich auslösende Moment des gesamten Vorgangs, nämlich die unterschiedlichen Preissteigerungsraten in den verschiedenen Ländern, dann ergibt die Aufwertung nur eine zeitliche Verschnaufpause, bis die verschiedenen Inflationsraten den Aufwertungseffekt (= Preiseffekt) wieder eingeholt haben und die Entwicklung und Problematik wieder von vorne beginnt.

Beim umgekehrten Fall, einem *Zahlungsbilanzdefizit,* müsste lediglich genau umgekehrt argumentiert werden.

Insgesamt ergibt sich, dass ein funktionsfähiges und störungsfreies stabiles WK-System innerhalb der daran *beteiligten Länder* eine in etwa *gleichgerichtete Wirtschaftsentwicklung voraussetzt.* Ist dies nicht gegeben, dann sind Zahlungsbilanzungleichgewichte vorprogrammiert mit all den dargelegten Folgen. Zunächst kann man das sich abzeichnende Desaster durch entsprechende Maßnahmen, letztlich eine Zahlungsbilanzfinanzierung, überdecken (siehe auch Abschnitt 10.3). Langfristig wird das Problem immer dringender und eine Zahlungsbilanzkorrektur unvermeidbar. Letztlich, soll das stabile WK-System aufrecht erhalten bleiben, kommt nur eine Paritätsänderung in Betracht. Aber, wie dargelegt, kann sich daraus eine permanente Auf- oder Abwertungsentwicklung ergeben (und das Postulat stabiler WK ad absurdum geführt werden).

Die **positiven Auswirkungen** stabiler WK erblickt man in den günstigen Auswirkungen auf die Entwicklung des internationalen Handels- und Kapitalverkehrs. Stabile WK bedeuten für den Ex- und Import eine feste (sichere) Kalkulationsbasis. Da Unternehmen immer für sichere Planungsgrößen und Risikovermeidung (WK-Risiko) sind, geht man davon aus, dass dies den Ex- und Import positiv beeinflusst. Somit ist die Wirtschaft grundsätzlich für stabile WK.

Das **Scheitern des Bretton-Woods-Systems** hat seine Ursachen in dem geschilderten Zusammenhang.

Der 1. *Grund* lag in der sog. *Dollarschwemme.* Über die Aufgabe der Leitwährung war der $ in diesem System das einzige Land, das seine Zahlungsbilanzdefizite (von Anfang der 1960er bis Anfang der 1970er Jahre ständig) mit eigener Währung, d.h. mit $ finanzieren konnte. D.h. die USA waren nicht gezwungen, ein Zahlungsbilanzdefizit irgendwie abzubauen, es ließ sich durch eigene Geldschöpfung finanzieren.

Das Ergebnis war ein riesiges Potential an Spekulationskapital in $ außerhalb der USA, zum anderen wurde das Vertrauen in die Leitwährung erschüttert (z.B. auch durch die 1971 vorgenommene Aufhebung der Goldeinlösepflicht für $). Die Folge war eine Spekulationswelle gegen den $, mit der Konsequenz von ständigen internationalen Währungskrisen.

Der 2. *Grund* ist der dargelegte Zielkonflikt (Systemfehler) zwischen stabilen WK einerseits und der Autonomie der Konjunkturpolitik der Länder andererseits. D.h. wenn, wie dargelegt, die wirtschaftliche Entwicklung nicht im Gleichschritt erfolgt, sind hier die Krisen durch das System vorgegeben.

11.4.5 Ausblick und neuere Entwicklungen

Die weitere Entwicklung eines weltweiten stabilen WK-Systems *ist eng mit derjenigen des IWF verknüpft,* so dass bei einer Analyse der Rolle des IWF gleichzeitig auch das eines stabilen WK-Systems erörtert wird.

De facto wird 1973 das stabile Bretton-Woods-System aufgegeben, da man international zum Floaten übergeht.
Gleichzeitig versucht man in den westeuropäischen Ländern, primär in der EG bzw. EU, für diese Ländergruppe im kleineren Maßstab eine „Zone stabiler WK“ zu schaffen. Zunächst in der nicht sehr erfolgreichen Form der „Währungs-Schlange“, ab 1979 in der (heute existierenden) Form des Europäischen Währungssystems (EWS) bzw. EWSII.
1978 erfolgt die zweite Abkommensänderung des IWF, die praktisch die formale Aufgabe des Bretton-Woods-Systems darstellt und seither sämtliche Varianten an WK-Systemen zulässt.

Der 1991 abgeschlossene Vertrag von Maastricht hat für die EU-Staaten intern die Wechselkursproblematik eliminiert. D.h. einmal mit seinem Inkrafttreten wurden die gegenseitigen WK unveränderlich (stabil!) festgelegt und zum anderen werden durch das gemeinsame europäische Geld (Euro) künftig innerhalb der EWU keine WK mehr zugelassen.

Regelungen im IWF durch die zweite Abkommensänderung (bzw. die Aufgabe des Bretton- Woods-Systems):
Seit 1978 sind jetzt **praktisch alle WK-Systeme zugelassen**. D.h. als Bezugsgröße für den WK könnte der US $, die SZR oder eine andere Größe gewählt werden, *nicht dagegen das Gold.* Es sind alle WK-Systeme möglich, d.h. das Floaten in seinen Varianten, ein stabiles System oder das Blockfloating wie im EWS. Z.Z. trifft man somit eine Vielfalt an WK-Systemen an.
Da, wie dargelegt, auch beim Floaten durch geeignete wirtschaftspolitische Maßnahmen eine Beeinflussung der Kurse und damit weitergehende Folgen möglich sind, erhielt der IWF die Aufgabe, die **WK-Politik und die internationale Finanzpolitik seiner Mitglieder zu überwachen**.
Die Rolle des Goldes ist neu festgelegt worden. Gold ist seit 1978 keine Bezugsgröße für Währungsparitäten mehr, ebenso hat es nicht mehr die Funktion als Recheneinheit für SZR. Gold ist im IWF nur noch ein Vermögenswert. Es wird aber weiterhin zu den Währungsreserven gerechnet. Bis jetzt ist die beabsichtigte Herauslösung des Goldes aus dem internationalen Währungssystem nicht erfolgt. Einmal wohl, weil die ZNB einen hohen Bestand an Gold noch besitzen (über 900 Mio. Unzen), zum anderen hat man sich innerlich offensichtlich noch nicht ganz vom Mythos Gold lösen können.
Durch die sog. Demonetisierung des Goldes waren die Goldbestände des IWF (sie stammen aus den früheren Subskriptionen) verfügbar. Bis jetzt hat der Fonds davon 1/3 verwendet, wobei die Hälfte (d.h. 1/6 des Gesamtbestandes) an die ehemaligen Subskriptionsländer zum Preis von 1 Unze = 35 $ zurücktransferiert wurde, die weitere Hälfte wurde zum Marktpreis verkauft und damit ein Sonderfonds für die Entwicklungsländer gespeist.
Die **sonstigen jetzigen Tätigkeiten des IWF** bestehen einmal darin, dass er ein *wichtiges Informationszentrum* und eine *bedeutende Beratungseinrichtung* für Währungs- und Wirtschaftsfragen darstellt. Zum anderen besteht (wie dargelegt) heute seine *Hauptaufgabe* in der *Hilfe* bei der *Vergabe kurzfristiger Kredite* bei (mannigfachen) Zahlungsbilanzproblemen (Defizitel), Schließlich *arbeitet* der IWF mit verwandten *anderen internationalen Organisationen zusammen,* so vor allem mit der Weltbank, auch mit dem GATT bzw. der WTO, den regionalen Entwicklungsbanken, der OECD, der UNCTAD und der BIZ.
Die evtl. neue Rolle des IWF, bedingt durch die Finanzkrise 2008/09, muss erst noch gefunden werden.

Die **Weiterentwicklung des internationalen Währungssystems und die künftige Rolle des IWF** stehen zunächst vor sehr tiefgreifenden und komplexen Veränderungen und neuen Aufgabenbereichen. Dies war einmal die Veränderung der globalen Zahlungsbilanzsituation im Gefolge der massiven Ölpreiserhöhungen (Energiekrisen) 1973/74 und 1979/80. Des weiteren die internationale Verschuldungsfrage, insbesondere der Entwicklungsländer. Dazu kommen erste Versuche, der Bedrohung der Umwelt auch im Rahmen der internationalen Wirtschaftspolitik zu begegnen. Schließlich sind dies die Herausforderungen infolge der Auflösung der Planwirtschaften in Mittel- und Osteuropa.

All diese Themenkomplexe erfordern zu ihrer Lösung wachsende und effektiv eingesetzte globale Ersparnisse (Kapital), um die dazu nötigen Investitionen im privaten und öffentlichen Bereich finanzieren zu können.
Die Mitglieder des IWF haben dazu eine Analyse durchgeführt, wobei man im Kern zum Ergebnis kam, dass dazu eine grundlegende Neubestimmung der Rolle des IWF nicht angebracht seien. Es sei wohl aber eine Modifizierung und Ausweitung der Tätigkeit nötig. Insgesamt ist man der Meinung, dass die Problembereiche am besten durch eine im Grundsatz gleiche Politik wie bisher in einer engen Kooperation zwischen IWF und Weltbank zu lösen seien. D.h. dass der IWF wie bisher überwiegend vorübergehend kurzfristige (im begrenzten Umfang) Kredite bereitstellt. Auch die relativ begrenzte Rolle der SZR als Liquiditätshilfe sollte beibehalten werden, wie u.a. nochmals auf der Jahrestagung (50-Jahrfeier) 1994 in Madrid festgelegt wurde. Ein Themenbereich dieser Analyse beschäftigt sich mit dem *Funktionieren des gegenwärtigen internationalen Wechselkurssystems.* Dabei ergab sich, dass eine Rückkehr zu einem weltweiten stabilen WK-System z.Z. und für die absehbare Zukunft als unrealistisch gelten kann. Abgesehen von der internen Stabilität im EWS (??) dominieren floatende Systeme. Selbst bei einer unterstellten (und eher fraglichen) Harmonisierung der wirtschaftlichen Entwicklung in den wichtigen Ländern kann es bei einer unterschiedlichen Anwendung wirtschafts- und währungspolitischer Instrumente zu WK- Entwicklungen kommen, die sich der Kontrolle eines einzelnen Landes weitgehend entziehen. Deshalb soll der IWF eine intensive internationale Überwachung (Surveillance) praktizieren, um Krisen bereits im Entstehen bekämpfen zu können. Siehe aber eine evtl. Neuorientierung durch die Finanzkrise 2008/09.

11.5 Blockfloating

Unter Blockfloating versteht man eine Kombination aus einem stabilen - und einem floatenden Wechselkurssystem, d.h. es verbindet in sich Elemente des stabilen und des variablen WK-Systems. Dabei vereinbaren die Länder, die sich zu diesem Währungsblock zusammenschließen, untereinander die Prinzipien des stabilen WKSystems, während gegenüber Nichtblockländer (sog. Drittländer) gefloated wird.

Das System, das diese Variante der WK praktizierte war das Europäische Währungssystem (EWS).

11.5.1 Entwicklung zum EWSII bzw, WKMII

Die Stationen (teils schon dargelegt) und Überlegungen hin zum EWS sind kurz: In den Römischen Verträgen (EWG-Vertrag) von 1957 sind für das Währungsgebiet der EG (EU) nur allgemein gehaltene Regeln formuliert. Eine gemeinsame Währungspolitik der EG-Staaten stand nicht zur Debatte, man hatte ja das (übergeordnete) Bretton- Woods-System.
Ausgelöst durch die Währungskrisen im Bretton- Woods-System wurde in der EG der Wunsch immer deutlicher, auch im Währungsbereich zusammenzuarbeiten. Konkretisiert wurde dies im sog. *Werner-Plan,* der bis 1980 die Errichtung einer Wirtschafts- und Wäh-

rungs-Union vorsah. Währungstechnisch befürwortete der Werner-Plan stabile WK der EG-Länder.
In der Auflösungsphase des Bretton-Woods-Systems wurde in Europa (der EG, aber auch mit Nicht-EG-Staaten) mit der Währungs-Schlange der Versuch einer kleinen stabilen WK-Zone gemacht, allerdings nur mit geringem Erfolg.
Somit wurde auf den Tagungen des Europäischen Rates 1978 in Kopenhagen und Bremen und schließlich beim EG-Gipfeltreffen in Brüssel durch die Initiative Frankreichs und der BRD die Errichtung des EWS beschlossen. und im März 1979 vollzogen.
Mitglieder des EWS (jetzt EWSI oder auch WKMI = Wechselkursmechanismus I genannt) sind bzw. waren grundsätzlich die EU-Staaten. Dabei waren aber nicht sämtliche EU-Länder immer auch Mitglieder im EWSI. Zum Teil traten sie während des Bestehens des EWSI aus dem WK-Verbund aus (wie z.B. 1993 Italien und, Großbritannien) und evtl. später wieder ein (Italien). Ende 1998 bzw. mit dem Beginn der Europäischen-Währungs-Union waren von den 15 EU-Staaten lediglich England und Schweden nicht Teilnehmer am EWSI-System.

Neben den dargelegten Prinzipien des stabilen- und floatenden WK-Systems hatte man im EWSI eine Reihe technischer Neuerungen zur praktischen Realisierung des Blockfloating-System eingeführt. Die wichtigsten waren: 1) Die Europäische Währungseinheit, den ECU, 2) einen eigenen Wechselkurs- und Interventionsmechanismus, 3) den Abweichungsindikator, 4) den Saldenausgleich und die bilateralen Beistandskredite und 5) den EFWZ (Europäischen Fonds für währungspolitische Zusammenarbeit).

Das EWSI wurde für ca. 20 Jahre (von 1979 bis 1998) von der EU praktiziert. Das Kernziel des EWSI, in Europa eine Zone stabiler Wechselkurse zu schaffen, kann bei kritischer Analyse in einer Reihe von Zeiträumen dieser 20 Jahre als nicht erreicht angesehen werden. Eine Reihe anderer der ursprünglichen Ziele sind vom EWSI auch nicht oder nur unvollkommen umgesetzt worden, bzw. sie sind oder werden künftig von der EWU realisiert.

Mit dem Beginn der Währungs-Union ab dem 1.1.1999 wird das EWSI vom EWSII bzw. WKMII-System abgelöst.

11.5.2 Funktionsweise des EWSII bzw. WKMII

Der Grundgedanke des EWSII entspricht dem Blockfloating. D.h. innerhalb des Währungsblockes des WKMII werden von den teilnehmenden Ländern die Prinzipien eines stabilen WK-Systems (wie dargelegt) angewandt. Gegenüber Drittländern (Nichtblockländer) werden (wie analysiert) die Grundlagen eines (unsauberen) floatenden WK-Systems angewandt.

Teilnehmer des EWSII ab 1.1.1999 ist die Euro-Währungszone mit deren 11 bzw. ab 1.1.09 = 15 Ländern (wobei nicht jedes Land selbständig auftritt, sondern von der EZB und den 5 Organen der EU vertreten wird) und Litauen, Lettland, Estland und Dänemark (d.h. nicht Mitglieder sind die EU-Staaten England, Polen, Tschechische Republik, Ungarn, Rumänien, Bulgarien und Schweden).

Zum Verständnis einer bestimmten WK-Entwicklung in Europa (aber auch global), sind lediglich die jeweiligen Partnerwährungen zu betrachten. Sind es zwei Partner im EWSII-Block (z.B. Euro und dänische Krone) so gelten die Prinzipien eines stabilen WK-Systems.

Wären es dagegen zwei Währungen außerhalb des EWSII-Blockes (z.B. Euro und britisches Pfund, oder auch Euro und US-Dollar), so wären zum Verständnis der WK-Entwicklung die Verfahren eines floatenden WK-Systems heranzuziehen. Somit sind im folgenden nur noch die wechselkurstechnischen Besonderheiten darzulegen, die über die Prinzipien eines stabilen und floatenden Systems hinausgehen.

Das **Ziel des WKMII** ist insbesondere, den nicht dem Euro-Währungsgebiet angehörenden Mitgliedsländern der EU ihre Anbindung (und den evtl. späteren Beitritt zum Euro-Gebiet) an den Euro zu erleichtern. Dadurch soll diesen Ländern bei ihrer Stabilitätspolitik geholfen werden, es soll ihre Konvergenz im Sinne des EWU gefördert werden und damit sollen (soweit noch nötig) deren Anstrengungen zur Einführung des Euro unterstützt werden. Damit kommt klar zum Ausdruck, dass neben dem Ziel einer weitgehenden WK-Stabilität in Europa, das EWSII als Vorstufe zur Einführung des Euro gedacht ist und sollte dies einmal abgeschlossen sein (für Europa), es seine Aufgabe erfüllt hat (berücksichtigt man allerdings die sog. Osterweiterung der EU, so wird das EWSII noch längere Zeit bestehen).

Analog zum EWSI wird im WKMII für jede Währung, die nicht am Euro-Mechanismus teilnimmt ein **Leitkurs und eine (standardisierte) Schwankungsbreite mit Interventionspunkten** festgelegt. Die sog. *Leitkurse* der übrigen nicht dem EuroMechanismus angehörenden Währungen sind die (alten bilateralen) Mittelkurse des Euro zur anderen Währung. D.h. die Bezugsgröße für den Leitkurs ist der Euro (ähnlich wie im Bretton-Woods-System der US-Dollar). Als Anfangsleitkurs wird man die WK am 31.12.98 in Relation zum Euro verwenden (damit indirekt im Verhältnis zum ECU). Dies bedeutet, dass die Leitkurse bezogen auf einen Euro (mit 6 Kommastellen) immer angegeben werden.

Auf die so festgelegten Leitkurse wird (wie im stabilen WK-System) die *Band-(Schwankungs)breite* bezogen. Diese beträgt im Normalfall ± 15% gerechnet vom jeweiligen Leitkurs (dies entspricht der letzten Bandbreite im EWSI-System von 1993 bis Ende 1998, während von 1979 bis 1993 im EWSI-System die normale Bandbreite ± 2,25% mit der Ausnahmebandbreite von ± 6% üblich war). Ernstzunehmende Kritiker bemängeln, dass eine Schwankungsbreite von ± 15% nicht als im Block stabiles WK-System charakterisiert werden kann. Es besteht im EWSII aber die Möglichkeit, eine engere Bandbreite zu vereinbaren. Davon hat Dänemark Gebrauch gemacht, indem es die (ursprüngliche) Bandbreite von ± 2,25% wählte.

Wie aus dem stabilen WK-System bekannt, ergibt das Ende der jeweiligen Bandbreite die beiden *Interventionspunkte.* Für den WKMII ist bestimmt, dass beim Erreichen eines der beiden Interventionspunkte „automatisch" (d.h. sofort) und (zunächst) unbegrenzt zu intervenieren ist. D.h. vorgesehen ist, dass die vereinbarten Interventionspunkte unter allen Umständen zu halten sind. Die (einzige) vorgesehene Möglichkeit eines Aussetzens der Intervention wäre, wenn durch deren Weiterführung das Ziel der Preisstabilität (ernsthaft) gefährdet wäre (klassischer Fall wäre bei einer längerfristigen Intervention am unteren I-Punkt mit erheblicher Geldschöpfung gegeben). Die Intervention muss dabei von beiden Währungen (z.B. Euro und dänischer Krone) jeweils umgekehrt erfolgen (im EWSI „obligatorische bilaterale Intervention" genannt).

Da eine Intervention am oberen I-Punkt bekanntlich ausreichende Devisen voraussetzt, ist eine sehr kurzfristige Finanzierung eingerichtet worden (entspricht dem alten EWSI-Prinzip der bilateralen Beistandskredite). D.h. wenn im Rahmen des EWSII eine Intervention am oberen I-Punkt nötig sein sollte, dann erhält das intervenierende Land (realiter dürfte dies nur für nicht am Euro-Mechanismus teilnehmende Länder in Betracht kommen) auf dem Kreditweg vom Partnerland, in dessen Währung eingegriffen werden muss, dessen Währung bereitgestellt. Dies bedeutet, wenn z.B. die dänische Zentralnotenbank am oberen I-Punkt gegenüber dem Euro intervenieren müsste, dass sie die dazu erforderlichen Euro vom EZB als kurzfristigen Kredit zur Verfügung gestellt bekommt. Bedingt durch die relativ große Bandbreite von ± 15% (Ausnahme bei enger vereinbarten Bandbreiten) dürfte die Anwendung der sehr kurzfristigen Finanzierung nur ausnahmsweise bei deutlichen ökonomischen Krisensituationen in Betracht kommen.

11.5.3 Allgemeine Regelungen der Wechselkurspolitik in der EU

Neben der besonderen WK-Politik im Rahmen des EWSII ist für die allgemeine WK-Politik in der EU (z.B. gegenüber dem US-Dollar und dem Yen) folgende Regelung getroffen worden:

Entsprechend Art. 3a EGV ist die Wechselkurspolitik in der EU keine Aufgabe mehr der Nationalstaaten, sondern eine Gemeinschaftsaufgabe der EU, d.h. es gibt keine eigene nationale WK-Politik mehr (Ausnahme im Rahmen des EWSII). Dabei sind die wechselkurspolitischen Kompetenzen dem Rat der EU zugewiesen worden, wobei dieser hierfür aber nicht allein verantwortlich ist.

Das ESZB ist für die Durchführung der Devisengeschäfte und die Verwaltung der Währungsreserven der Mitgliedsstaaten zuständig.

Um Konflikte zwischen der Geldpolitik und der WK-Politik (möglichst) auszuschließen (siehe u.a. den Abschnitt Geldpolitik und Außenwirtschaft) sieht Art. 109 EGV für Wechselkursfragen eine enge Kooperation zwischen dem Rat und der EZB vor. Wenn der Rat der EU z.B. eine förmliche WK-Vereinbarung des Euro gegenüber Drittwährungen (z.B. US-Dollar) treffen möchte (z.B. sog. WK-„Zielzonen“; wäre letztlich ein stabiler WK mit Bandbreiten), so müsste dies einmal einstimmig im Rat geschehen. Darüber hinaus könnte ein derartiger Beschluss nur (entweder) auf der Grundlage einer vorherigen Empfehlung der EZB oder der Kommission erfolgen; oder (aber) sollte er nur vom Rat kommen, so muss die EZB und das Europäische Parlament (EP) angehört werden, um einen Konsens im Sinne der Preisstabilität zu gewährleisten. Daraus folgt, letztlich ist der Rat das entscheidende Organ für das System der WK.

Wenn es sich um die Änderung, Festlegung oder Aufgabe von Euro-Leitkursen handelt, ist eine Ratsentscheidung nur mit qualifizierter Mehrheit nötig, unter Beachtung der vorher erörterten Konsultationen.

Für ein floatendes WK-System des Euro gegenüber Drittwährungen kann der Rat (mit qualifizierter Mehrheit) „allgemeine Orientierungen für die WK-Politik“ aufstellen (z.B. im Sinne eines schmutzigen Floatens), wobei auch hier die Preisstabilität zu beachten wäre. Da aber im Rahmen dieser Empfehlungen z.B. ein Aufkauf von Drittwährungen (z.B. des Dollar) durch die EZB, zur Vermeidung einer (weiteren) Euro-Aufwertung, deutlich einen Zielkonflikt mit der Preisstabilität ergeben kann, hat sich der Rat darauf geeinigt, diese Orientierungsempfehlungen nur im Falle eindeutiger Wechselkursverzerrungen auszusprechen.

Das (dargelegte) prinzipielle Konfliktpotential zwischen dem Ziel der Geldpolitik und dem (evtl.) Ziel der WK-Politik: (insbesondere, wenn dafür zwei unterschiedliche Organe zuständig sind) ist dadurch allerdings nicht beseitigt. Denn einmal könnte der Rat seine Auffassung ändern (z.B. beim Problem: Aufwertung des Euro ---- > Rückgang der Exporte ----- > Verschlechterung der Beschäftigung), zum anderen ist es eine Definitionsfrage, wann liegt eine „eindeutige Wechselkursverzerrung“ vor.

11.5.4 Exkurs: ECU als Berechnungsbasis des Euro

Zum 1.1.1999 wurde für das Währungsgebiet der DM (bzw. der BRD) festgelegt, dass ein Euro = ca. 1,96 DM bzw. eine DM = ca. 0,51 Euro ist. Am ersten Devisentag im Januar 1999 ergab sich: 1 Euro = 1,17 US Dollar bzw. 1 US Dollar = ca. 0,85 Euro.

Zum Verständnis dieser und sämtlicher anderen Wertrelationen bzw. Devisenkurse ist es sinnvoll, die Konstruktion des ECU zu kennen, denn die EU und das ESZB haben vereinbart, dass beim Übergang zum Euro (ab 1.1.99) die Wertrelation gelten soll: 1 ECU = 1 Euro.

Die ECU (European Currency Unit), die Europäische Währungseinheit, stand im Zentrum der Konstruktion des EWSI. Die ECU ist (analog zum SZR) eine künstlich geschaffene Recheneinheit, ein künstlich geschaffener Wertbegriff.

Dabei ist die *ECU als ein Währungskorb definiert,* wobei jedes Mitgliedsland der EU bzw. des EWS (nur bezogen auf die 12 EU-Staaten z.Z. der Gründung des EWS) einen bestimmten Bruchteil oder ein Vielfaches seiner nationalen Währungseinheit zum Währungskorb des ECU beisteuert (siehe Abb.: 11-7). Die Summe aus diesen 12 nationalen Währungsbeträgen ist dann (definitionsgemäß) 1 ECU. Wie viel jedes Land dabei an Währungsbeträgen zum ECU-Korb beisteuern durfte, hängt vom wirtschaftlichen Gewicht des betreffenden Landes ab. Dieses wird im wesentlichen an seinem Bruttoinlandsprodukt, seinem Gewicht am EU-Außenhandel und seiner Quote in den Beistandsmechanismen gemessen.

Spalte 1 der Abb.: 11-7 zeigt die 12 EU-Länder, die im Berechnungsmodus des ECU berücksichtigt wurden (bedingt durch den Zeitplan zur Euro-Einführung hat man die neuen EU-Länder nicht mehr eingerechnet).

Währungen Im EWSI		Absolute (nationale) Währungsbeträge seit 21.8.8 bis 31.12.98	Korbgewicht (in%) Anhand der Währungsbeträge In Spalte 2	ECU (Tages-)Kurs Am 31.12.91 d.h. 1 ECU = …
1		2	3	4
BRD	DM	0,6242	30,1	2,03553
England	£	0,08784	13,0	0,716117
Frankreich	FF	1,332	19,0	6,95338
Italien	Lit	151,8	10,15	1542,40
Holland	hlf.	0,2198	9,4	2,29352
Belgien	bfr.	3,301	7,6	41,9308
Luxemburg	lfr.	0,130	0,3	42,9308
Dänemark	dKr.	0,1976	2,45	7,92945
Irland	ir. £	0,008552	1,1	0,766332
Griechenland	Dr	1,440	0,8	235,065
Spanien	Pta	6,885	5,3	129,668
Portugal	Esc	1,393	0,8	179,886
Insgesamt		Sa. = 1 ECU	100,0	-

Abb.: 11-7: Daten und Definitionen zum ECU

Spalte 2 ist der (rechnerische) Dreh- und Angelpunkt der ECU-Konstruktion, sie enthält (wie dargelegt) die absoluten Währungsbeträge, die jedes der 12 EU-Länder zum Korb beisteuert. D.h. die BRD legte gut 62 DPfg. bei, Frankreich gut 1,3 FF, Italien ca. 152 Lit usw. Die Summe aus diesen 12 unterschiedlichen Währungsbeträgen ergibt einen ECU. Zur Summenbildung in einer bestimmten Währung (z.B. in DM) benötigt man die 11 übrigen Wechselkurse, d.h. um 0,08784 brit £, in DM umzurechnen benötigt man den £-WK in DM, und um 1,332 FF in DM umzurechnen den FF-WK in DM usw. Nach dieser Umrechnung liegen alle 12 absoluten Währungsbeträge in DM vor und können addiert werden.

In *Spalte* 4 ist diese Wertermittlung mit den WK vom 31.12.91 für alle 12 Währungen durchgeführt. Infolge der damaligen WK-Relationen ergab sich (siehe Spalte 4), dass ein ECU = 2,03553 DM sei, oder gleich 6,95338 fr. Franc usw.

In *Spalte* 3 ist das sog. Korbgewicht einer Währung am ECU dargestellt, d.h. welche Bedeutung, Gewicht in Prozent hat die jeweilige Währung am ECU, so z.B. die DM 30,1%; das britische £, 13,0% usw.

Die absoluten Währungsbeträge sind seit dem 21. 9 .1989 unverändert bis zum 31.12.1998 beibehalten worden. Mit den schon im Herbst 1998 zwischen den 11 Beitrittsländern zur Währungs-Union gegenseitig fixierten Wechselkursen und den bis zum Schluss schwankenden WK (dKr, £, sKr und Dr) wurde zum 31.12.98, wie für Spalte 2 dargelegt, für jeden

Beitrittskandidaten zur EWU sein ECU-(Tages)Kurs festgelegt. Dieser ergab 1 ECU = ca. 1,96 DM (d.h. im Vergleich zum Wert in Spalte 5 der Abb.: 11-7 wurde die DM etwas aufgewertet). Da, wie dargelegt, 1 ECU = 1 Euro ist, ergab sich der Wert des Euro in DM gleich 1,96. Analog wurde für die 10 anderen Länder der EWU deren Relation ihrer nationalen Währung in Euro bestimmt.

11.6 Reaktion der Leistungsbilanz bei Wechselkursänderungen

Aus der Fülle theoretischer Fragestellungen und Probleme der monetären Außenwirtschaftstheorie soll ein einziger Komplex dargelegt werden. Für sonstige Analysen muss auf die weiterführende Literatur verwiesen werden.
Hier soll die Frage untersucht werden (die als Grundtenor im ganzen 11. Kapitel vorhanden war), ob die beabsichtigten Wirkungen von Wechselkursänderungen auf den Ex- und Import wirklich eintreten und sich damit ein Gleichgewicht der Zahlungsbilanz einstellt.

Die folgende Untersuchung ist eine *Partialanalyse,* die auf den Export- und Importgütermarkt beschränkt ist. Dabei werden eine Reihe vereinfachender Annahmen gemacht. Einmal werden Export- und Importgüter in der Form der vollständigen Konkurrenz angeboten und nachgefragt. Vernachlässigt werden Transportkosten, Zölle und sonstige Translokationskosten. Schließlich wird von einem 2-Länder-Modell, d.h. Inland gegenüber Ausland ausgegangen.

Für die Darlegungen wichtig ist die Unterscheidung zwischen dem nominalen und dem realen Wechselkurs.

Der **nominale Wechselkurs** (WK) ist der bisher unterstellte WK-Begriff in der (üblichen) Preisnotierung, d.h. der Preis der Auslandswährung ausgedrückt in Einheiten der Inlandswährung.
Der **reale Wechselkurs** (WK real) berücksichtigt zusätzlich das inländische Preisniveau (P_I) und das ausländische Preisniveau (P_A) und ist definiert als:

$$\text{WK real} = \text{WK}\frac{P_A}{P_I}$$

Der reale Wechselkurs gibt die Kaufkraft der Inlandswährung in bezug auf ausländische Güter wieder.

Wichtig ist weiterhin der Begriff der derivativen und der originären Funktion.

Man kann annehmen, dass die inländischen Exporteure ihre Angebotsentscheidung am Euro-Preis ihres Exportproduktes orientieren. *Damit ist das Exportangebot* eine **originäre Funktion**, wenn, wie in den Graphiken üblich, die Exporte vom Euro Preis abhängen.
Die ausländischen Nachfrager (nach den heimischen Exporten) orientieren sich dagegen am Preis ihrer einheimischen Währung (z.B. am $-Preis) der Exportprodukte. Da man einen Dollar-Preis zu einem bestimmten WK auch in Euro umrechnen kann, lässt sich *die Exportnachfrage* (des Auslandes) auch in Euro ausdrücken, ist dann aber eine **derivative Funktion**.

Denn bei WK-Änderungen wird sie ihre Lage verändern, da sich ja nun ein anderer $-Preis ergibt.
Umgekehrt ist dies beim Import. Ausländische Produzenten, die ins Inland importieren, orientieren sich am Dollar-Preis des Importgutes. Umgerechnet über den WK in EURO-Werte ist somit *das Importangebot* eine *derivative Funktion,* deren Lage sich ändern kann. Die inländische *Importnachfrage* ist dagegen eine *originäre Funktion,* da für die inländischen Importeure der EURO-Preis ausschlaggebend ist.
Über die Umrechnung der ausländischen Währung in EURO-Preise hat man aber die Möglichkeit, den Export- und Importmarkt in einer Währung (z.B. in EURO) darstellen zu können.

11.6.1 Die Leistungsbilanz in Inlandswährung

Zunächst soll analysiert werden, wie sich der Export- und Importwert ausgedrückt in Inlandswährung verändert, sollte sich der WK ändern.

11.6.1.1 Entwicklung des Exportwertes

Wenn ein Staat (in einem stabilen WK-System) seine Währung abwertet, dann erwartet er von dieser Maßnahme eine Verminderung (Abbau) des Leistungs-(Zahlungs-)Bilanzdefizites. Umgekehrt erwartet er von einer Aufwertung einen Rückgang des Leistungs-(Zahlungs-)Bilanzüberschusses. Bei beiden Erwartungen spricht man von einer **Normalreaktion der Leistungsbilanz.**
Die Wechselkursänderung kann dabei (wie eben angenommen) bewusst von der Wirtschaftspolitik herbeigeführt werden oder vom Markt genommen werden (in einem System floatender WK).
Untersucht soll im folgenden werden, unter welchen Bedingungen eine derartige Normalreaktion eintritt, wobei zunächst der Exportmarkt betrachtet wird.

Für die übliche graphische Darstellung folgende Vorüberlegungen:
Die *Exportangebotskurve* (des Exportmarktes der BRD) *in Euro-Werten* ist eine *originäre Funktion* (siehe Abschnitt 11.6), d.h. da die Anbieter in Euro kalkulieren, wird sie sich bei einer WK-Variation nicht verändern. Die *Exportnachfragekurve* (des Auslandes, z.B. der USA) ist dagegen eine *derivative Funktion,* d.h. man kalkuliert in $ (wir haben sie aber über den WK in eine Euro-Nachfrage umgerechnet) und wird auf WK-Variationen somit reagieren, d.h. die Nachfragekurve (= NN) wird sich verschieben.

Wenn für die nachfolgende Darstellung von einem WK Euro/$ von 1 $ = 1,15 € ausgegangen wird, dann ist der $/€-WK in den USA der reziproke Wert, d.h. 1 € = 0,87 $. Dazu ein Zahlenbeispiel: Ein deutscher Exporteur bietet für die USA u.a. ein Produkt A um 10,- € und ein Produkt B um 1.000,- € an. Der amerikanische Importeur kalkuliert in $, d.h. über den unterstellten WK ergibt sich für ihn ein Preis des Produktes A = 8,70 $ und B = 870 $. Wenn nun der Euro um 25% abgewertet wird, d.h. der neue Euro/$-WK lautet: 1 $ = 1,44 €, so bedeutet dies eine 20%ige Aufwertung des $, denn der $/€-WK ist jetzt 1 € = 0,70 $. Der deutsche Exporteur kalkuliert immer noch die nämlichen €-Preise. Durch die Abwertung des

€ sinkt dagegen für den amerikanischen Importeur der (in $ kalkulierte) Preis beim Produkt A auf 7 $ und bei B auf 700 $.
Bei unterstelltem normalen Verlauf der Exportnachfragekurve ergibt sich infolge der Verbilligung der Produkte für den Amerikaner eine Zunahme der Nachfrage = Rechtsverschiebung der NN-Kurve. Die *NN-Kurvenverschiebung erfolgt hier als Drehung* und zwar deshalb, weil die relative Preissenkung (in $ um 20%ige Preisabnahme je nach dem Ausgangspreis) ein unterschiedliches absolutes Ausmaß nach sich zieht (siehe Zahlenbeispiel).
Die Überlegung bei einer Aufwertung des Euro (bzw. Abwertung des $) wäre für den Exporthandel genau umgekehrt vorzunehmen.

Die Überlegungen umgesetzt ergeben die Abb. 11-9.

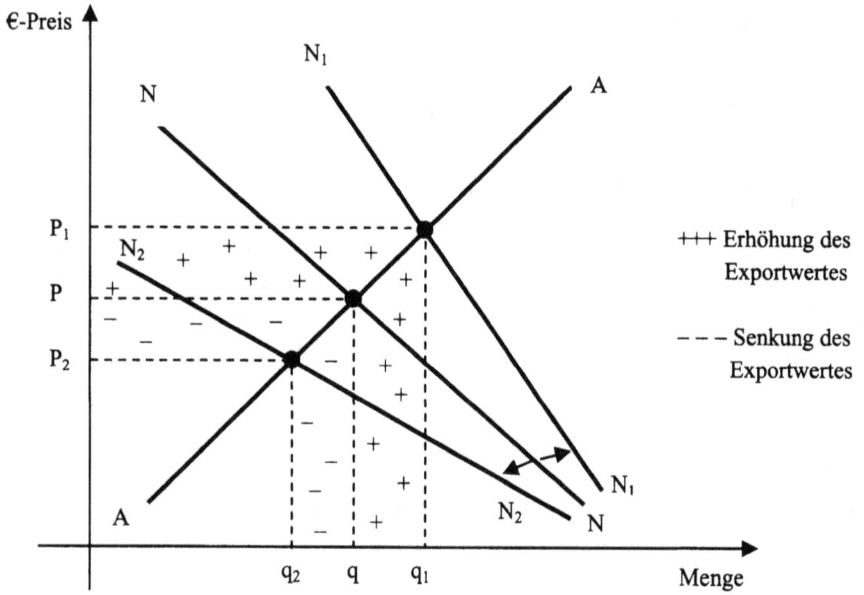

Abb.: 11-9: Veränderung des Exportwertes in Inlandswährung

AA = inländisches (unverändert bleibendes) Exportangebot, NN = Exportnachfrage in € gerechnet in der Ausgangslage, N_1N_1 = Zunahme der Exportnachfrage infolge einer €-Abwertung; N_2N_2 = Rückgang der Exportnachfrage infolge einer €-Aufwertung, jeweils mit den dazugehörigen Preisen p und Menge q.
Das Produkt aus dem jeweiligen Gleichgewichtspreis und der Gleichgewichtsmenge ergibt den Exportumsatz (= Exportwert).
Aus der Abb. 11-9 ist unschwer erkennbar, dass eine Abwertung des E eine Vergrößerung des Exportwertes (= + +) und eine Aufwertung des E eine Verringerung des Exportwertes (= --) ergibt.
Im Fall der Abwertung des € (d.h. für N_1N_1) ergibt sich, wie Abb. 11-9 zeigt, infolge der Verbilligung der Exportgüter in $ sowohl ein Mengen-(= q_1) wie ein Preis-(= p_1)Effekt in €

gerechnet und somit (da beide ansteigen) sicher eine Zunahme des Exportwertes. Im Falle einer Aufwertung des € genau umgekehrt.
Ob sich infolge einer WK-Änderung (was man ja beabsichtigt in der Regel) eine starke oder schwache Wirkung (u.U. gar keine) auf den Exportwert einstellt, *hängt entscheidend von der Elastizität der Exportnachfrage ab,* dazu die Abb. 11-10.

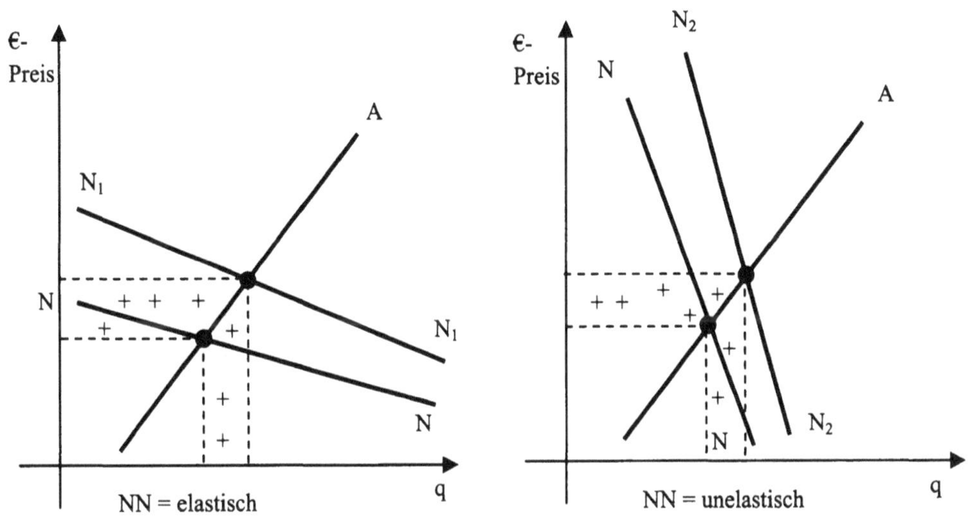

Abb.: 11-10: Verschiedene NN-Elastizität, Exportumsatz, bei €-Abwertung

In der Abb. 11-10 wurde bei gleich angenommenem Exportangebot (= AA) eine unterschiedliche Elastizität der Exportnachfrage unterstellt. Wie aus der Graphik deutlich ersichtlich, hat eine unterschiedliche NN-Elastizität entscheidenden Einfluss auf die Veränderung des Exportwertes. D.h. *umso elastischer die NN ist, umso stärker wirkt sich dies auf den Exportwert aus.*
Bezieht man noch die Grenzfälle der NN-Elastizität mit ein, so gilt:

1) Ist die Nachfrage vollkommen elastisch (EN = ∞), ergibt sich die stärkste Auswirkung auf den Exportwert
2) Ist die NN elastisch (d.h. EN > 1), zeigt sich die zweitstärkste, aber eine geringere Exportwirkung als im Fall 1
3) Ist die NN unelastisch (d.h. EN < 1), ergibt sich eine geringere Wirkung als im Fall 2
4) Ist die NN vollkommen unelastisch (d.h. EN = 0), zeigt sich keine Exportwertwirkung (d.h. er bleibt konstant)

11.6.1.2 Entwicklung des Importwertes

Auf dem Importmarkt (= Inlandsmarkt in der BRD) orientiert sich die Importnachfrage am €-Preis der Produkte, infolgedessen bleibt bei einer WK-Änderung die Importnachfrage unverändert. Die ausländischen Importanbieter kalkulieren dagegen (z.B.) in $-Preisen, somit verändert sich bei einer WK-Variation das Importangebot. Die dahinterstehende Überlegung ist genau umgekehrt wie auf dem Exportmarkt (siehe dort). In Abb. 11-11 ist die Entwicklung des Importwertes dargelegt.

Bei der in Abb. 11-11 unterstellten Abwertung ergibt sich für das Importangebot eine Linksverschiebung (als Drehung = A_1A_1) = Abnahme des Angebotes, da die Importanbieter infolge der Abwertung einen geringeren $-Erlös erhalten.

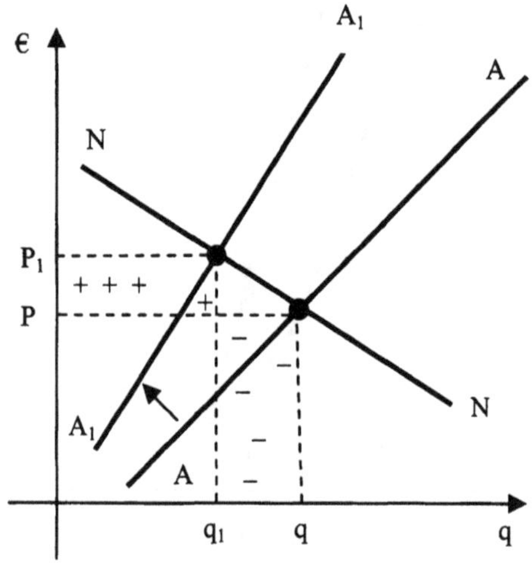

Abb.: 11-11: Importwert in Inlandswährung bei Abwertung

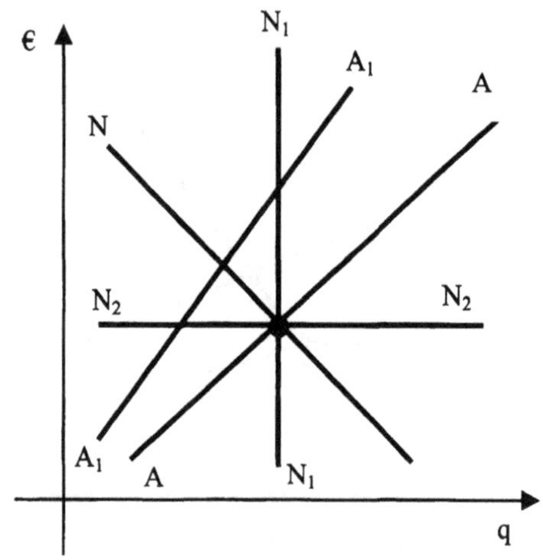

Abb.: 11-12: Importwert bei unterschiedlichen Nachfrageelastizitäten

Abb. 11-11 zeigt, dass sich hinsichtlich der *Entwicklung des Importwertes kein eindeutiges Ergebnis ergibt.* Durch die Abwertung (= A_1A_1) nimmt die Mengenkomponente ab, während die Preiskomponente ansteigt.

Für ein genaueres Ergebnis muss die Preiselastizität der Importnachfrage hier mit berücksichtigt werden, siehe Abb. 11-12.
In der Abb. 11-12 wird einer Abwertung des E und daraus resultierend einer Linksverschiebung (Drehung) des Importangebotes (d.h. AA -> A_1A_1) zunächst eine normalverlaufende Nachfragekurve (Importnachfrage) als NN gegenübergestellt (wie analog in Abb. 11-11); dann eine völlig unelastische Importnachfrage als N_1N_1 und eine völlig elastische als N_2N_2 . Daraus folgt:

1) Verläuft die Importnachfrage normal, d.h. als NN, dann kommt es auf die NN-Elastizität an. Ist $E^I_N > 1$ (relativ elastisch), dann ist die Mengenreaktion stärker als die Preisreaktion, somit sinkt der Importwert. Ist dagegen $E^I_N < 1$ (relativ unelastisch) ist die Preisreaktion stärker als die Mengenreaktion, damit steigt der Importwert insgesamt.

2) Liegt eine Importnachfrage als N_1N_1 vor, d.h. vollkommen unelastisch ($E^I_N = 0$), dann wirkt nur die Preiskomponente und damit steigt der Importwert.
3) Ist die Importnachfrage dagegen vollkommen elastisch ($E^I_N = \infty$), d.h. als N_2N_2, wirkt nur die Mengenkomponente und der Importwert nimmt deutlich ab.

Insgesamt ergibt sich, dass der Importwert umso eher sinkt, je elastischer die Importnachfrage ist.
Für eine Aufwertung muss genau umgekehrt argumentiert werden.

11.6.1.3 Ergebnis

Für eine (erwartete) Normalreaktion einer WK-Änderung *ist der Gesamteffekt auf dem Export- und Importmarkt entscheidend,* d.h. der Saldo des Exportwertes und des Importwertes ergibt, ob sich eine Normalreaktion der Leistungsbilanz einstellt oder nicht.
D.h. es könnte z.B. bei einer Abwertung des € zwar der Exportwert normal reagieren, d.h. zunehmen, aber der Importwert unverändert bleiben (oder sogar abnehmen), d.h. der Importwert anormal reagieren. Insgesamt fällt dann der letztlich entscheidende Gesamteffekt deutlich schwächer aus bzw. das mit der Abwertung anvisierte (letztliche) Ziel einer Leistungsbilanzverbesserung wird nur teilweise erreicht (bzw. im Extremfall verfehlt).
Für den Fall einer *WK-(E)-Abwertung* soll auf Grund der vorherigen Ergebnisse nun eine Gesamtaussage der Leistungsbilanzentwicklung gemacht werden (bezogen auf die Inlandswährung). Das Ergebnis ist in der Tabelle der Abb. 11-13 zusammengefasst.

Fall	Reaktion beim Exportwert	Reaktion beim Importwert	Gesamtreaktion in der Leistungsbilanz
1	steigt immer, umso mehr, je elastischer die Exportnachfrage ist	sinkt bei $E_N > 1$	Verbesserung Normalreaktion
2		konstant bei $E_N = 1$	Verbesserung Normalreaktion
3		steigt bei $E_N < 1$	Verbesserung Konstanz Verschlechterung
4	Ausnahme: Konstant bei $E_N = 0$	steigt bei $E_N < 1$	Verschlechterung

Abb.: 11-13: Abwertung des Euro und Gesamtreaktion der Leistungsbilanz

Aus der Tabelle der Abb. 11-13 folgt für die Gesamtreaktion der Leistungsbilanz bei einer Abwertung:

1) Solange die Exportnachfrageelastizität absolut größer, kleiner, gleich 1 ist (d.h. $|E^E_N| \geq 1$) und die Importnachfrage größer 1 ($E^I_N > 1$), ergibt sich immer eine Normalreaktion, d.h. Verbesserung der Leistungsbilanz.
2) Ist die Exportnachfrage $E^E_N \geq 1$ und die Importnachfrage $E^I_N = 1$, ergibt sich ebenfalls eine Normalreaktion (aber schwächer als bei 1).
3) Ist die Exportnachfrage $E^E_N \geq 1$ und die Importnachfrage $E^I_N < 1$, so kommt es auf die Relation von E^E_N und E^I_N insgesamt an, d.h. hier kann eine Verbesserung der L.-Bilanz eintreten (E^E_N ist stärker), ebenso eine Konstanz der Li-Bilanz (E^E_N und E^I_N heben sich auf) und eine Verschlechterung (E^E_N ist schwächer als E^I_N).
4) Ist $E^E_N = 0$ (vollkommen unelastisch) und $E^I_N < 1$, so tritt sicher eine Verschlechterung der L.-Bilanz ein (da der Exportwert konstant bleibt, der Importwert dagegen steigt).

Insgesamt ergibt sich, dass bei einer Abwertung umso eher mit einer Normalreaktion der L.-Bilanz zu rechnen ist, je elastischer Export- *und* Importnachfrage sind.

11.6.2 Die Leistungsbilanz in Auslandswährung

Untersucht wird nunmehr die Reaktion der Leistungsbilanz der BRD bzw. EWU bei WK-Änderungen, *jetzt aber in Auslandswährung gerechnet.*
Zu beachten ist, dass im Vergleich zu den bisherigen Darlegungen originäre und derivative Funktionen genau umgekehrt sind und sich damit die umgekehrte Funktion bei einer WK-Änderung verschiebt.
So ist Z.B. auf dem (deutschen) Exportmarkt, gerechnet in Auslandswährung, jetzt die Exportnachfrage (des Auslandes) eine originäre Funktion, während das (deutsche) Exportangebot jetzt eine derivative (und damit veränderliche) Funktion ist.
Somit ist bei Auslandswährung das Importangebot eine originäre und die Importnachfrage eine derivative Funktion.
Die Abb. 11-14 zeigt einmal den Übergang vom **Exportmarkt** in Inlandswährung in denjenigen **in Auslandswährung**, und dann dort die Wirkung einer €-Abwertung.
Auf dem Exportmarkt in Inlandswährung liegt die Exportangebotskurve $A_I^EA_I^E$ vor. Der Punkt Y auf $A_I^EA_I^E$ besagt, dass die Exporteure 3.000 Mengeneinheiten zum Preis von 2,3 Einheiten (€) anbieten würden, Punkt X dagegen, dass 6.000 Mengeneinheiten zum Preis von 4 Einheiten angeboten würden. Bei einem €/\$-WK von 1 \$ = 0,87 € (analog wie in Abschnitt 11.6.1.1) ergibt sich die Exportangebotskurve A_AA_A in Auslandswährung (in \$) über den WK: 3.000 q werden mit 2,0 \$ angeboten = Punkt Y' und 6.000 q mit 3,48 \$ = Punkt X'. Die Nachfragekurve des Auslandes (USA) in Auslandswährung ist N_AN_A.
Der Schnittpunkt der Exportnachfragekurve des Auslandes N_AN_A mit der Exportangebotskurve des Auslandes A_AA_A ergibt einen (realisierten) Preis (in \$) von p und eine abgesetzte Menge von q, damit einen Exportwert von $p \cdot q$.

Wenn nun eine Abwertung des € um 25% (wie in 11.6.1.1.) erfolgt, d.h. 1 \$ = 1,44 € bzw. eine Aufwertung des \$ um 20% (d.h. 1 € = 0,70 \$), so verschiebt sich jetzt (dreht sich) die Angebotskurve in Auslandswährung nach rechts auf $A_A^EA_A^E$. Der Exportwert ist jetzt das Produkt aus $p_1 \cdot q_1$.

Die Abb. 11-14 zeigt, dass jetzt die Entwicklung des Exportwertes infolge einer €-Abwertung nicht eindeutig ist (in der Graphik 11-14 zwar deutlich eine Verringerung), da die Preiskomponente eine Verringerung (--) ergibt, die Mengenkomponente aber eine Zunahme (+ +); somit kommt es auf den Saldo der beiden Effekte für die Entwicklung des Exportwertes an.

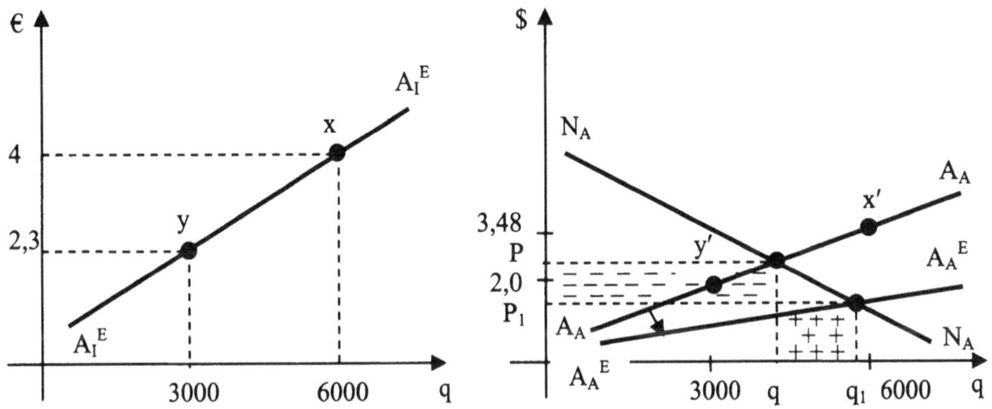

Deutscher Exportmarkt in Inlandswährung

Deutscher Exportmarkt in Auslandswährung bei Abwertung

Abb.: 11-14: Übergang vom Exportmarkt in Inlands- in Auslandswährung und dort eine Abwertung des Euro

Analoge Überlegungen (wie für den Exportmarkt in Inlandswährung) ergeben jetzt, dass die Entwicklung des Exportwertes von der Elastizität der (ausländischen) Exportnachfrage abhängt, wobei gilt: Ist $E_N^A > 1$, dann steigt der Exportwert, ist $E_N^A = 1$, bleibt der Exportwert unverändert, ist $E_N^A < 1$, sinkt der Exportwert.

Die **WK-Effekte auf dem Importmarkt** in Auslandswährung sind für eine €-Abwertung in Abb. 11-15 dargestellt, wobei die Überlegungen genau umgekehrt zu denjenigen des Exportmarktes vorzunehmen sind.
D.h. jetzt ist die Importangebotskurve eine originäre, und die Importnachfrage eine derivative Funktion.

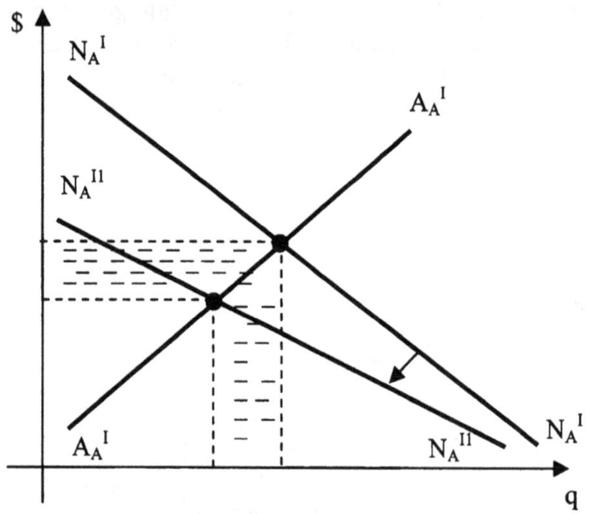

Abb.: 11-15: Importmarkt in Auslandswährung und Abwertung

Aus der Abb. 11-15 wird ersichtlich, dass eine Abwertung auf dem Importmarkt in Auslandswährung sicher den (erwarteten) Rückgang des Importwertes ergibt, da sowohl die Preis- wie die Mengenkomponente eine Verringerung darstellt. Auch hier gilt: Je elastischer die Importnachfrage ist, umso stärker wird die Reaktion (hier Rückgang) des Importwertes ausfallen.

Die Reaktion des Export- und des Importwertes in Auslandswährung bei einer **Aufwertung** sind entsprechend zu analysieren, d.h.:
Eine *Aufwertung* ergibt auf *dem Exportmarkt in Auslandswährung* kein eindeutiges Ergebnis im Hinblick auf die Reaktion des Exportwertes, denn die Preiskomponente ergibt eine Zunahme, während die Mengenkomponente eine Reduzierung nach sich zieht. Wieder kommt es auf den Saldo an bzw. auf die Elastizität der Exportnachfragekurve.
Eine *Aufwertung auf dem Importmarkt in Auslandswährung* ergibt dagegen immer die (erwartete) Zunahme des Importwertes, da sowohl Preis- wie Mengeneffekt eine Zunahme zeigen. Diese Zunahme fällt umso stärker aus, je elastischer die Importnachfragekurve ist.

11.6.3 Robinson- und Marshall-Lerner-Bedingung

Die bisherigen Darlegungen, ob, wann und wie eine Normalreaktion der Leistungsbilanz bei einer WK-Änderung eintritt, haben ergeben:

1) Es muss der Export- und Importmarkt gesondert analysiert werden, um die jeweilige Veränderung des Export- und Importwertes festzustellen.
2) Es muss die Betrachtung in der Inlands- und Auslandswährung unterschieden werden, da hierbei die Reaktion des Export- und Importwertes unterschiedlich ist.

3) Für die jeweilige Reaktion besonders wichtig war hierbei immer die Elastizität der entsprechenden Nachfragekurve. Dabei hatte sich ergeben, dass umso eher mit einer Normalreaktion zu rechnen ist, wenn die Nachfrage auf dem Ex- und Importmarkt elastisch ist.

Bei einer globalen Gesamtanalyse müssen **auch die Elastizitäten des Angebotes** mit berücksichtigt werden.
D.h. ob sich eine Normalreaktion der Leistungsbilanz bei einer WK-Änderung in Inlandswährung ergibt, hängt ab von:

1) der Angebotselastizität und der Nachfrageelastizität auf dem Exportmarkt
2) der Angebotselastizität und der Nachfrageelastizität auf dem Importmarkt.
   Ebenso sind dann die Elastizitäten auf dem Ex- und Importmarkt in Auslandswährung zu berücksichtigen

Wie nun in einer bestimmten Situation all diese unterschiedlichen Elastizitäten zusammenwirken müssen, damit sich eine Normalreaktion einstellt, hat J. Robinson in einer Formel zusammengefasst (siehe dazu die Literatur). Vereinfachend ergibt sich aus der Robinson-Formel: Eine Normalreaktion der Leistungsbilanz tritt umso eher ein, je größer die Nachfrageelastizitäten und je kleiner die Angebotselastizitäten sind (d.h. die Nachfragen müssen elastisch, die Angebote unelastisch sein). Sind die Angebotselastizitäten Null (d.h. völlig unelastisch), so verbessert sich die Leistungsbilanz auch dann, wenn die NN-Elastizitäten kleiner als 1 sind.
Marshall und Lerner haben aus der Robinson-Formel einen Spezialfall als sog. **Marshall-Lerner-Bedingung** wie folgt formuliert:
Eine Normalreaktion der Leistungsbilanz ergibt sich, wenn die Summe der (absoluten) Elastizitäten der Export- und Importnachfrage Größer als 1 ist.
Diese (bekannte) Bedingung von Marshall-Lerner gilt aber nur unter zwei einschränkenden Annahmen:

1) Die Leistungsbilanz muss in der Ausgangslage, d.h. vor der WK-Änderung ausgeglichen sein.
2) Die Elastizitäten des Export- und Importangebotes müssen vollkommen elastisch sein (d.h. zum herrschenden Weltmarktpreis ist das Angebot auf dem Ex-und Importmarkt als Menge unbegrenzt).

Die *Marshall-Lerner-Bedingung* einer Normalreaktion der Leistungsbilanz hat eine *wichtige wirtschaftspolitische Resonanz ergeben*:
Durch empirische Messungen zur Elastizität hat man in den 1950er Jahren den (scheinbaren) Nachweis erbracht, dass die Summe der Elastizitäten der Export- und Importnachfrage *nicht* größer als 1 sei, d.h. die Bedingung nicht erfüllt wäre und somit sich eine Normalreaktion *nicht* ergeben würde. Diese Argumentation bezeichnet man als den sog. **Elastizitätspessimismus**. Wenn der Elastizitätspessimismus gelten würde, dann wäre jegliche WK-Politik zwecklos, denn das (doch immer) anvisierte Ziel einer Normalreaktion der Leistungsbilanz würde nie realisiert werden.
Neuere, auch empirische Untersuchungen (u.a. Rose, Jarchow, Siebert) zeigen, dass diese negative Auffassung nicht gerechtfertigt ist, d.h. dass die Marshall-Lerner-, bzw. weiterge-

fasst, die Robinson-Bedingung so erfüllt wird, dass sich (meistens) eine Normalreaktion der Leistungsbilanz ergibt. Dies bezeichnet man als den **Elastizitätsoptimismus**.

11.6.4 J-Kurven-Effekt

Der Begriff „J-Kurven-Effekt" rührt daher, weil die Graphik, die diesen Vorgang ausdrücken soll, wie ein J aussieht (siehe Abb. 11-16).
Damit soll folgender Zusammenhang beschrieben werden: Die Untersuchungen zur Entwicklung der Elastizitäten haben auch ergeben, dass sie langfristig größer sind als kurzfristig. Das liegt daran, dass Exporteure und Importeure sich bei verändertem Wechselkurs mit ihren Mengenreaktionen nicht sofort anpassen, sondern eine gewisse Reaktionszeit benötigen.
Somit ist es kurzfristig durchaus möglich, dass die Nachfrageelastizitäten nicht groß genug sind, um die Marshall-Lerner-Bedingung zu erfüllen und sich deshalb die Leistungsbilanz nach einer Abwertung zunächst verschlechtert. Erst langfristig tritt dann die Normalreaktion der Leistungsbilanz ein. Die Kurve, die diese Entwicklung beschreibt, ist die J-Kurve der Abb. 11-16.
Die Analyse des J-Kurven-Effektes unterscheidet dabei drei Phasen im Zeitablauf.

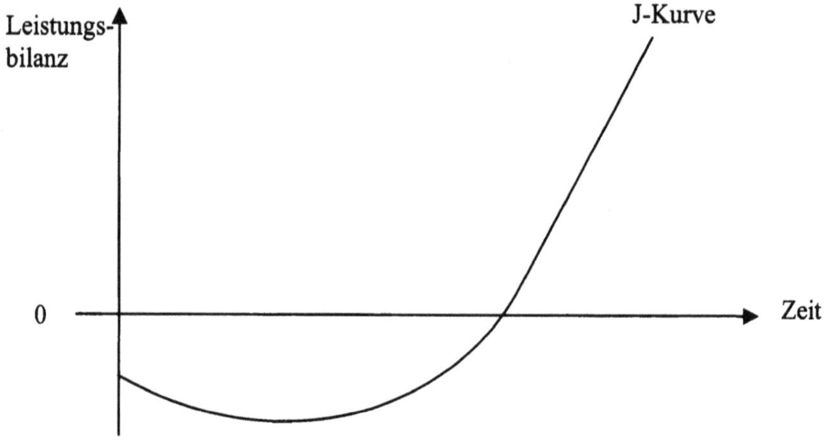

Abb.: 11-16: J-Kurven-Effekt der Leistungsbilanz

In der ersten **Kontraktphase** finden im Anschluss an eine WK-Änderung keinerlei Mengen- und Preisreaktionen statt. Da bei der Analyse unterstellt wird, dass die Exporte in € fakturiert werden, bleibt der Exportwert unverändert. Bei den umgekehrt in $ fakturierten Importen steigen die Preise aber infolge einer Abwertung automatisch. Bei der dargelegten Analyse der Entwicklung des Export- und Importwertes, unterschieden nach Inlands- und Auslandswährung, wobei bekanntlich die Resultate verschieden waren, wird letztlich ja berücksichtigt, wie ein Außenhandelsgeschäft fakturiert wird, in der eigenen Inlands- oder in der jeweiligen Auslandswährung. Der unveränderte Exportwert und der gestiegene Importwert ergeben kurzfristig sogar eine (weitere) Verschlechterung der Leistungsbilanz. Der Grund liegt darin, dass alle Ex- und Importkontrakte bereits abgeschlossen sind und noch erfüllt werden müssen. Weiterhin ändern sich kurzfristig die Kaufgewohnheiten trotz Preisänderung nicht sofort.

Die zweite, die **„Pass-through"-Phase** setzt ein, wenn erstmals Verträge nach erfolgter WK-Änderung abgeschlossen werden, denn jetzt können Ex- und Importeure reagieren. Dabei nimmt man an, dass die Preise schneller reagieren als die Mengen, bzw. die Mengen bleiben in dieser Phase noch weitgehend unverändert. Graphisch kann man dies dadurch ausdrücken, dass die Ex- und Importnachfragekurven in Inlandswährung völlig unelastisch sind (d.h. $E = 0$). Dann ergibt sich nur ein Preiseffekt, aber kein Mengeneffekt infolge einer WK-Änderung.
Die Folge ist aber (siehe nochmals die vorangegangenen Darlegungen), dass nach einer Abwertung (des €) die Exportpreise in Inlandswährung unverändert bleiben, in Auslandswährung dagegen sinken. Umgekehrt steigen die Importpreise in Inlandswährung, während sie in Auslandswährung konstant bleiben. Ob der Pass-through-Effekt vollständig gelingt, hängt dabei vom Verhalten der Außenhandelspartner in bezug auf deren Bereitschaft und Fähigkeit ab, Preisnachlässe und Preisaufschläge durchzusetzen. Das Ergebnis ist somit, die anormale Reaktion der Leistungsbilanz (d.h. Verschlechterung bei einer Abwertung) tritt umso stärker auf, je vollständiger der Pass-through-Effekt gelingt.

In der dritten, der **Mengenreaktionsphase**, reagieren Ex- und Importeure auch mit ihren Mengen, d.h. infolge einer Abwertung geht der Import mengenmäßig zurück, während die Exportmengen zunehmen. Beide Reaktionen führen dazu, dass sich jetzt die Leistungsbilanz verbessert und damit die anfängliche Verschlechterung überkompensiert wird. Beobachtungen haben ergeben, dass teils erst nach ein bis zwei Jahren eine Normalreaktion eintritt.

Eine empirische Untersuchung von Goldstein/Khan hat ergeben, dass sich für die BRD eine durchschnittliche Verzögerung für den Export von etwa fünf Quartalen und für den Import von ca. zwei Quartalen ergibt.

Die Grenzen und Probleme der Elastizitätsanalyse werden eben anhand des J-Kurven-Effektes deutlich. Darüber hinaus sind noch weitere Gesichtspunkte zu berücksichtigen.

Diese bestehen zunächst in den *Schwierigkeiten der Elastizitätsmessung*. Für eine Vorhersage der Reaktion der Leistungsbilanz bräuchte man die jeweiligen Elastizitäten. Diese sind aber häufig nur mit deutlichen Schwierigkeiten bestimmbar (dargelegt wurde u.a., dass sie sich im Zeitablauf ändern können).

Die gesamte Analyse wurde unter der *Annahme des Vorhandenseins der vollständigen Konkurrenz* vorgenommen. Bekanntlich ist dies nicht die typische Marktform. Die gefundenen Resultate lassen sich nun schwer (z.T. gar nicht) auf oligopolistische und monopolistische Strukturen übertragen bzw. sie müssten diesen Gegebenheiten erst angepasst werden (ein Monopol hat z.B. einen bestimmten Preisgestaltungsspielraum, innerhalb dessen es Preisveränderungen vornehmen kann, ohne dass eine (sofortige) Reaktion der Nachfrage erfolgt).

Die Analyse *vernachlässigt die Interdependenz der Märkte*. In der Realität ist es dagegen so, dass zwischen Ex- und Importmarkt und der Binnenwirtschaft Wechselbeziehungen herrschen (wenn z.B. infolge einer Abwertung die inländische Exportindustrie voll boomt, somit mehr Arbeitskräfte braucht, daher höhere Löhne zahlt, deshalb die anderen Branchen ebenfalls nachziehen, könnte sich eine lohninduzierte (Kosten-)Inflation einstellen. Diese inländische Preissteigerung würde aber den Preiseffekt der Abwertung im Export kompensieren und damit den (weiteren) Ausgleich der Zahlungsbilanz unterbinden).

Wirtschaftspolitische Gegenmaßnahmen der Handelspartnerländer können den Effekt einer WK-Änderung zunichte machen (wenn z.B. aufgrund einer Abwertung des € die USA z.B. ihre Importzölle für deutsche Produkte erhöhen, so steigt der Exportwert auch langfristig nicht. Oder wenn der Handelspartner ebenfalls abwertet, bleibt alles beim alten).

Als Ferneffekt einer WK-Änderung *ist mit Einkommenswirkungen zu rechnen.* Unterstellt wurde bisher ein konstantes Volkseinkommen. Durch eine (erfolgreiche) WK-Änderung verändert sich aber auch das Einkommen, was sekundäre Fernwirkungen nach sich zieht (wenn z.B. eine Abwertung erfolgreich ist, d.h. die Exporte wachsen, ergibt sich eine Zunahme des inländischen Sozialproduktes bzw. des Volkseinkommens. Wie dargelegt, siehe Abschnitt 11.3.3, setzt jetzt die Importneigung ein, d.h. durch die Zunahme des Sozialproduktes wachsen auch die Importe, was bedeutet, dass die anfängliche Verbesserung der Leistungsbilanz dadurch abgebaut wird), man nennt dies die *Absorptionsansatzwirkung.*

Als *weiterer Ferneffekt* ist mit *Preiswirkungen zu rechnen.* Wie dargelegt, ergibt sich infolge einer Abwertung (in Inlandswährung) ein Preisanstieg für Importe. Wenn nun die Inlandsnachfrage nach Importen sehr unelastisch (bzw. völlig unelastisch) ist (siehe Abb. 11-12), weil die Importe Lebensmittel oder Rohstoffe sind, auf die man dringend angewiesen ist, so ergibt sich: Der Importwert steigt bzw. es wirkt nur der Preis-, nicht der Mengeneffekt. Das wiederum bedeutet aber, wenn das Importvolumen groß genug ist, einen inländischen Preisanstieg. Damit wird aber der Wettbewerbsvorteil auf dem Exportmarkt schnell abgebaut. Nur eine erneute Abwertung könnte – zeitweise – die Exporte wieder verbilligen, aber der Prozess beginnt wieder von vorne, d.h. der Vorteil wird durch erneuten Preisanstieg bald wieder aufgehoben. Die letztliehe Folge wäre eine *Abwertungs-Inflations-Spirale* (wieder ein Plädoyer für die Vorteile einer Preisstabilitätspolitik).

Die *Nebenbedingungen für eine normale Reaktion der Leistungsbilanz* sind somit:

1) Die normale Absorptionsquote (Einkommenswirkung) muss kleiner als 1 sein, besser ist, sie wäre Null
2) Ein Anstieg des inländischen Preisniveaus müsste durch eine restriktive Geldpolitik verhindert werden
3) Die inländische Wirtschaft darf bei einer Abwertung nicht vollbeschäftigt sein, sonst ist mit Preissteigerungen zu rechnen

Insgesamt sind die Wirkungen einer WK-Änderung bzw. die erhoffte Normalreaktion der Leistungsbilanz ein recht komplexes ökonomisches Thema, das sich einer einfachen Interpretation entzieht. Der als wichtigste angesehene Faktor ist die Berücksichtigung der Elastizitäten, dargestellt in der Robinson-Formel. Aber im Zeitablauf muss kurzfristig sogar mit einer weiteren Verschlechterung der Zahlungsbilanz gerechnet werden, erst mittel- bis langfristig tritt eine Normalreaktion ein. Darüber hinaus können die Probleme der Elastizitätsanalyse den erhofften Effekt schmälern oder ganz aufheben. Neben diesen Primäreffekten sind auch noch die Sekundäreffekte, d.h. die Fernwirkungen zu beachten, die wiederum die Normalreaktion in Frage stellen können.

12 Außenwirtschaft

12.1 Gegenstand und Aufgabe der Außenwirtschaftstheorie

Die Außenwirtschaftslehre untersucht die Ursachen, Zusammenhänge und Wechselwirkungen internationaler Wirtschaftsbeziehungen. Drei zentrale Fragen kennzeichnen die Problemfelder:

1) Welche Voraussetzungen müssen vorliegen, damit sich Unternehmen, Haushalte und in Zentralverwaltungswirtschaften der Staat entscheiden, internationale Tauschbeziehungen aufzunehmen?
2) In welchem Umfang und zu welchem Preis werden Güter und Dienstleistungen sowie Geld und Kapital, schließlich sogar der Produktionsfaktor Arbeit, die nationalen Grenzen überschreiten?
3) Ergeben sich Wohlstandseffekte aus den internationalen Wirtschaftsbeziehungen, und wie verteilen sie sich? Ist eine Protektion der Binnenwirtschaft mit Hilfe von Handelsrestriktionen vorzuziehen?

12.2 Historischer Abriss

12.2.1 Merkantilistische Lehre

Die ersten systematischen Aussagen über die Nützlichkeit eines zwischenstaatlichen Güteraustausches gehen auf die Epoche des *Merkantilismus* (1600-1750) zurück. Die seit Adam Smith so bezeichnete Wirtschaftspolitik des absolutistischen Zeitalters basiert zwar nicht auf einer einheitlichen Lehrmeinung, doch verbindet sie ein Kerngedanke: *Überschüsse im Außenhandel* erhöhen den nationalen Wohlstand. Der „Staat“ wird reich. Dies leuchtet ein, wenn man den Staat im Sinne des Absolutismus (I'état c'est moi) versteht. Durch die Exportüberschüsse füllt sich die „Camera“ des Staates mit Gold, über das der absolute Fürst verfügen kann.

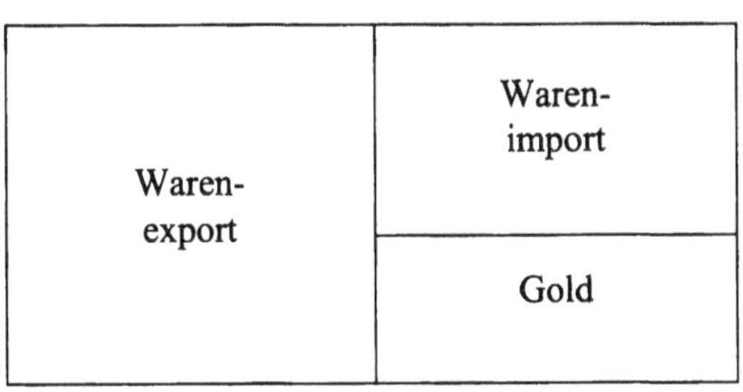

Abb.: 12-1: Aktive Handelsbilanz

Als Folge ergibt sich eine bessere Geldversorgung der Wirtschaft, verbunden mit positiven Wirkungen auf die Beschäftigung. Ein Land fährt also am besten, wenn es alle wirtschaftlichen Interessen der staatlichen Lenkung unterordnet.
Die Warenausfuhr wird gefördert, die Einfuhr dagegen beschränkt oder teilweise sogar verboten. Zusätzlich stärkt man im Inland zielgerichtet jene Industriezweige, die vom Import unabhängig machen.
Gleichsam als dialektische Gegenbewegung entdeckt die *ökonomische Klassik (1750-1850)* die *Vorteile des Freihandels*. Es vollzieht sich der Übergang von der Feudalwirtschaft zur kapitalistischen Wirtschaft, einer historischen Vorstufe der „Sozialen Marktwirtschaft". Das wirtschaftspolitische Paradigma wandelt sich von der staatlich gelenkten zur freien Wirtschaft - zunächst in der extremen Form des „laisser-faire".

12.2.2 Klassisches Grundmodell

Die klassische Nationalökonomie gewinnt ihre Erkenntnisse über die Außenwirtschaft, indem sie die Bedingungen für nationalen Handel auf internationale Verhältnisse überträgt. Die wichtigsten Prämissen im Hinblick auf die Außenwirtschaft sind:

1) homogene Güter im In- und Ausland
2) vollständige Konkurrenz innerhalb eines Landes, gleiche Technologie, kein technischer Fortschritt, konstante Skalenerträge
3) umfassende Geltung der Marktgesetze (Preisflexibilität auch für die Produktionsfaktoren) und Geltung des Sayschen Theorems (Vollbeschäftigung)
4) gegebene ungleiche Ausstattung mit Produktionsfaktoren in jedem Land; national unterschiedliches Produktionspotential führt zu international divergierenden Produktionsfunktionen
5) Produktionsfaktoren national mobil, international immobil
6) keine Kosten für Transport, Information und Kommunikation (Sprache, Recht)
7) Konsumpräferenzen innerhalb eines Landes konstant (gegebenes Indifferenzkurvensystem)
8) Neutralität des Geldes . Der Preis wird im realen Sektor durch die für ein Gut notwendigen Arbeitseinheiten festgelegt. Das reale Austauschverhältnis hängt von der Leistungsfähigkeit der Produktionsfaktoren ab.

Im Rahmen der Partialanalyse lässt sich durch Variation jeweils einer Annahme (ceteris - paribus - Bedingung) das einfache Grundmodell der Realität annähern.

12.3 Reale versus monetäre Außenwirtschaftstheorie

Für die Ökonomen der Klassik gehen vom Gelde keinerlei Wirkungen (z.B. durch Spekulation) auf die Wirtschaft aus. Geld ist reines Tauschmittel. Man muss nur den "Geldschleier" beiseite ziehen, um dahinter die realen Tauschvorgänge zu erkennen. Ausschlaggebend sind allein Produktionskostenunterschiede, die entweder direkt in Arbeitseinheiten oder auch in relativen Preisen ausgedrückt werden können.

Mit der Reduktion ökonomischer Beziehungen auf reine Tauschvorgänge begründet die Klassik die **reale, güterwirtschaftliche** oder auch **reine Theorie**. Sie wird von der Neoklassik (E.F. Heckscher, B. Ohlin, P.A. Samuelson, J. Meade u.a.) fortgeführt. Es geht um die Darstellung von *Produktions- und Handelsgleichgewichten* (Export Inland = Import Ausland) mit Hilfe des mikroökonomischen Instrumentariums.

Die **monetäre Außenwirtschaftstheorie** hat ihren Ursprung in der Analyse der Zahlungsbilanz und sich daraus ergebender makroökonomischer Interdependenzen, wie zwischen Außenhandel, Beschäftigungsstand, Preisniveau, Wechselkurs, Geld- und Finanzpolitik.

Da zwischen den Vorgängen der realen und der monetären Außenwirtschaft vielfältige Wechselwirkungen bestehen, wäre methodisch eine Totalanalyse dringend notwendig. Solche integrative Ansätze befinden sich aber noch im Anfangsstadium.

12.4 Reale Theorie des internationalen Handels

Gegenstand der *güterwirtschaftlichen Forschung* ist die Frage nach Ursachen, Ausmaß und Struktur der internationalen Güterströme. Sie ist einerseits *positive Theorie,* indem sie die wesentlichen Einflussfaktoren auf Import und Export und deren Rückwirkungen analysiert. Darüber hinaus gibt sie im *normativen Sinne* die Bedingungen für die beste Versorgung der nationalen bzw. der Weltwirtschaft an.

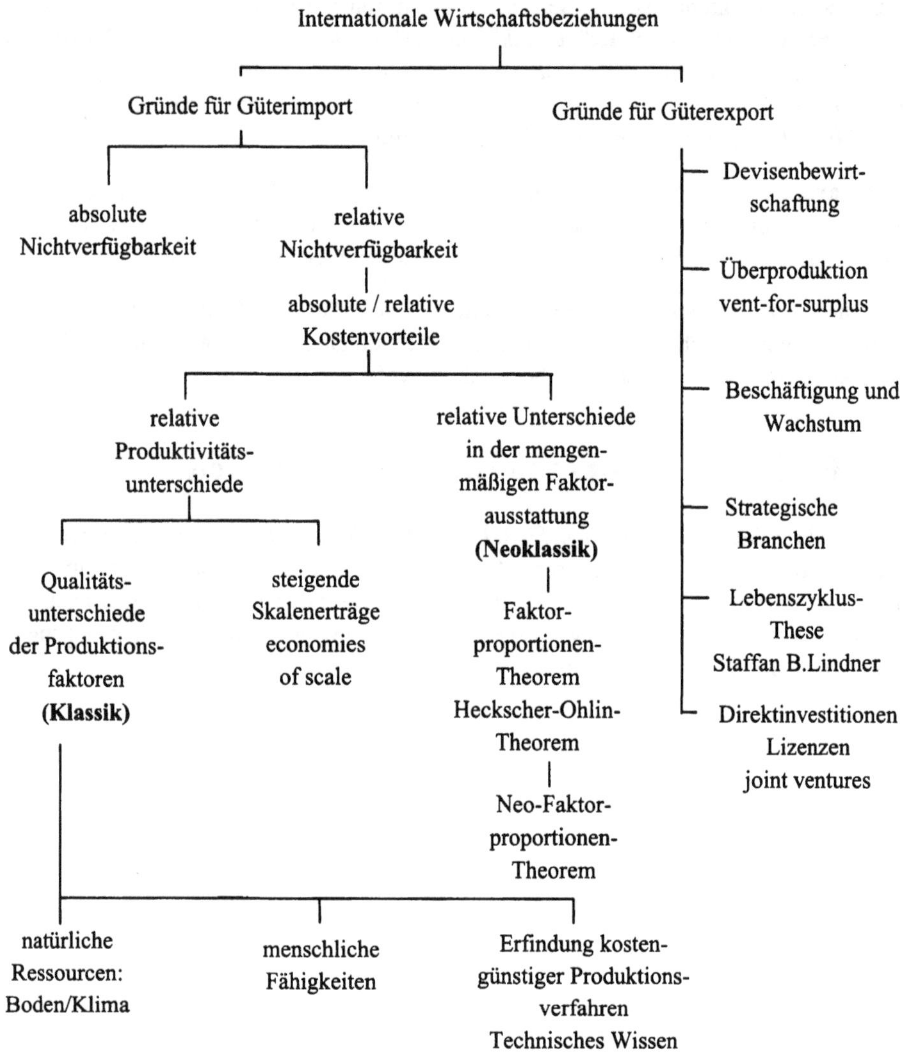

Abb.: 12-2: Ursachen internationaler Wirtschaftsbeziehungen

Für die Analyse außenwirtschaftlicher Zusammenhänge stellt sich zuerst das Problem, *warum* Länder eigentlich Güter und Dienstleistungen tauschen. Aus Übersicht 12-2 geht hervor, dass es wichtige Ursachen auf der Exportseite gibt - und sei es nur die Notwendigkeit, die für unverzichtbare Einfuhren notwendigen Devisen zu verdienen.

Historisch setzt die Außenwirtschaftslehre allerdings beim Güterimport an, der mit dem absoluten oder relativen Nichtvorhandensein bestimmter Güter begründet wird. Im Mittelpunkt steht die klassische Theorie der komparativen Kosten mit ihrer empirischen Weiterentwicklung bis in die Gegenwart.

12.4.1 Importe aufgrund absoluter Nichtverfügbarkeit von Gütern

Ein Land wird Güter einführen, wenn es diese entweder gar nicht oder nicht in der gewünschten Menge und Qualität herstellen kann.

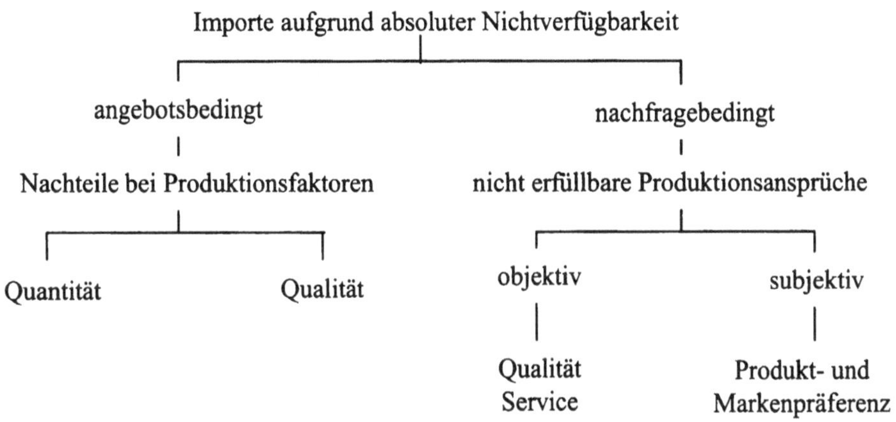

Abb.: 12-3: Absolute Nichtverfügbarkeit als Handelsursache

Aus der Sicht des **Angebots** sind Importe notwendig, wenn die *Produktionsfaktoren* Natur, Arbeit, Kapital und Unternehmer quantitativ bzw. qualitativ auf Dauer nicht in ausreichender Menge vorhanden sind.
Zu Gütereinfuhr kommt es aber auch deswegen, weil die inländischen Betriebe den spezifischen Ansprüchen der **Nachfrage** nicht genügen.

12.4.2 Relative Nichtverfügbarkeit als Importursache

12.4.2.1 Mögliche Transformationskurven

In der Theorie wird der zwischenstaatliche Handel am Beispiel des 2 Güter - 2 Länder - Falles abgeleitet. Abb. 12-4 zeigt die jeweilige Transformationskurve des In- und Auslandes (Tr_I und Tr_A).
Mit Ausland meint man i.d.R. den „Rest der Welt“; unter Inland kann man ein einzelnes Land, aber auch ein gemeinsames Wirtschafts- und Währungsgebiet verstehen.
Die Transformationskurve heißt auch Kapazitäts- oder Produktionsmöglichkeitenkurve und ist der geometrische Ort aller Mengenkombinationen der Güter x_1 und x_2, die bei Vollbeschäftigung, d.h. unter Einsatz aller verfügbaren Produktionsfaktoren, hergestellt werden können. Eine Produktionsmenge CP, die rechts oberhalb der Transformationskurve liegt, repräsentiert eine höhere Versorgungslage und kann mit der gegebenen Kapazität nicht erreicht werden.

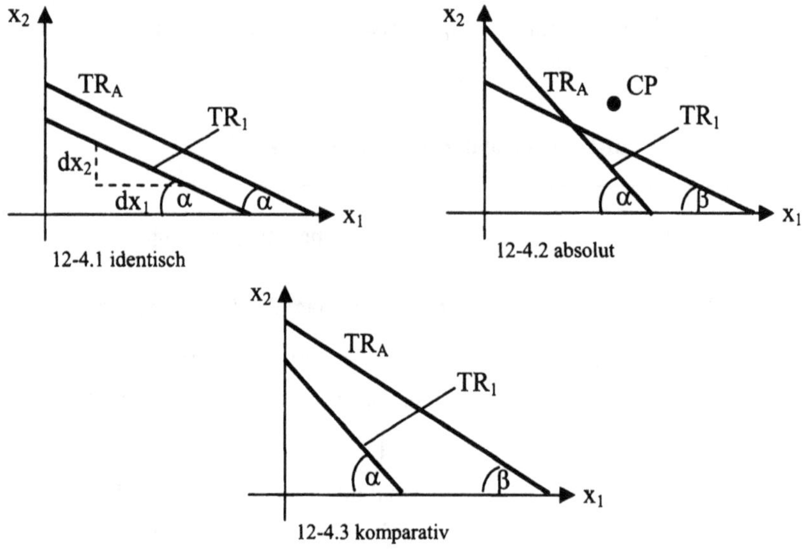

Abb.: 12-4: Unterschiedliche Transformationsverhältnisse

Der lineare Verlauf unterstellt eine Produktion zu konstanten Grenz- und Durchschnittskosten. Theoretische Voraussetzung hierfür sind linear-homogene Produktionsfunktionen und konstante Faktorintensitäten (Faktoreinsatzverhältnisse). Folglich ist die Grenzrate der Substitution (Transformation)

$$\frac{dx_2}{dx_1}$$

konstant, d. h. man muss jeweils auf die gleiche Menge dx_2 verzichten, wenn man 1 Gut mehr von x_1 (dx_1) produzieren will. Die Tatsache, dass die realen Austauschmöglichkeiten - anders ausgedrückt die Substitutions- oder Opportunitätskosten - konstant sind, lässt sich auch am Steigungswinkel α ablesen:

$$\tan\alpha = \frac{dx_2}{dx_1}$$

Die Situation 12-4.1 geht von identischen Substitutionskosten (identischen Preisverhältnissen) in beiden Ländern aus. Es kommt kein zwischenstaatlicher Handel zustande, weil jeweils die gleiche Menge des Gutes x_2 aufgegeben werden muss, um 1 Gut x_1 zu erwerben, und somit kein Vorteil entsteht. Sind dagegen die Austauschverhältnisse unterschiedlich ($\tan\beta$), stellt sich ein neues Gleichgewicht mit höherer Wohlfahrt in beiden Ländern ein.

12.4.2.2 Außenhandel bei absoluten Kostenvorteilen

Die Begründung außenwirtschaftlicher Beziehungen infolge absoluter Produktionskostenvorteile (Situation 12-4.2) geht auf *Adam Smith* (1723-1790) zurück. Mit seiner Argumentation ist auch heute noch ein großer Teil des Warenaustausches erklärbar. Graphisch kann man den Handelsvorteil mit Hilfe der Transformationskurven in Abb. 12-5 veranschaulichen.

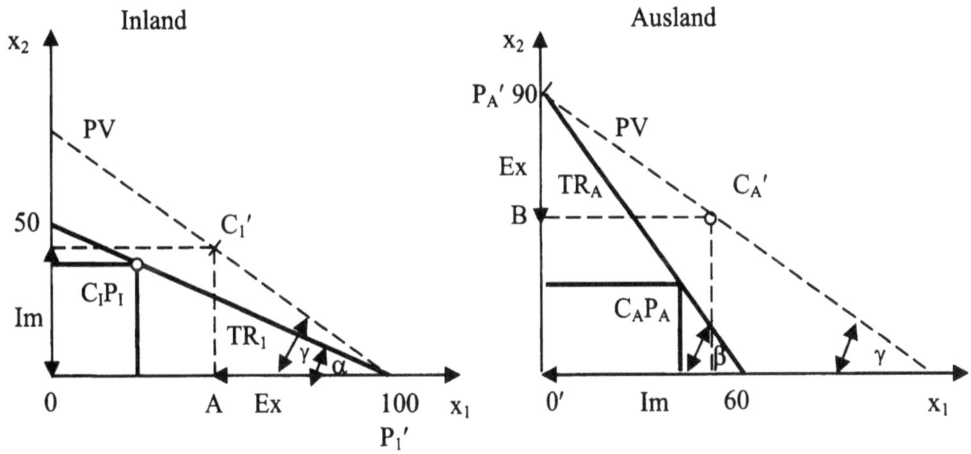

$$\tan \alpha = \frac{x_2}{x_1} = \frac{50}{100} = 0{,}5 \qquad \tan \beta = \frac{x_2}{x_1} = \frac{90}{60} = 1{,}5$$

Abb.: 12-5: Produktionsgleichgewicht bei absoluten Kostenvorteilen

In der Ausgangssituation ohne Außenhandel wird für jedes Land eine bestimmte Versorgungslage C_I P_I bzw. C_A P_A angenommen. Die Konsumpunkte C und die Produktionspunkte P müssen identisch sein (Gleichgewicht bei Autarkie).
Gemäß der Transformationskurve TR_I hat das Inland einen absoluten Produktionsvorteil für Gut x_1. Es kann mit seinen Ressourcen 100 x_1 herstellen, das Ausland dagegen nur 60. Umgekehrt hat das Ausland einen absoluten Kostenvorsprung für x_2 (90 zu 50).

Verzichtet das Inland auf die Herstellung von 1 x_1, kann es dafür 0.5 x_2 mehr produzieren. Im Tausch mit dem Ausland erhält man aber für 1 x_1 die Menge von 1,5 x_2. Analog ist für das Ausland der Tausch von x_2 gegen x_1 vorteilhaft.

Damit steht die *Richtung* der Güterströme fest. Konzentriert sich das Inland auf die Herstellung von x_1 (neuer Produktionspunkt P_I') und das Ausland auf x_2 (neuer Produktionspunkt P_A'), wird die Weltproduktion maximiert, und es verbessert sich die Versorgung beider Länder.

Um dies zu beweisen, wird zunächst im Inland ein höheres Wohlstandsniveau C_I' exogen festgelegt, und zwar so, dass von beiden Gütern mehr verbraucht werden kann. Dies ist notwendig, weil vorerst allein auf Produktionskostenvorteile abgestellt wird. Das *Ausmaß* des Gütertausches ergibt sich nach Einbeziehung der Nachfrage.

Der Konsumpunkt C_I' bestimmt ein neues Austauschverhältnis der Güter in der offenen Volkswirtschaft, das durch die Preislinie PV gekennzeichnet ist. Nach dem „Gesetz der Unterschiedslosigkeit der Preise" (law of indifference) müssen unter klassischen Bedingungen auf einem gemeinsamen Markt die Preisverhältnisse gleich sein. Dies kommt durch die identische Steigung beider Tauschgeraden PV (tan γ) zum Ausdruck.
Das Inland benötigt von seiner eigenen Produktion des Gutes x_1 die Menge 0A, der Rest wird exportiert. Dadurch ergibt sich der neue Konsumpunkt C_A' mit ebenfalls höherer Versorgung. Das Ausland behält von seiner Produktion des Gutes x_2 die Menge 0'B, der Überschuss geht an das Inland.

Das für beide Länder vorteilhafte Gleichgewicht bei Freihandel lässt sich auch in einem Box-Diagramm abbilden. Dreht man das Koordinatensystem des Inlandes um 180°, liegen 0' und 0 diagonal gegenüber (Abb. 12-6).

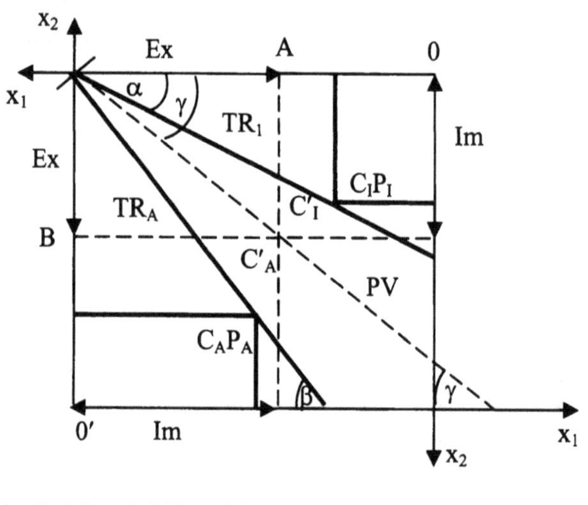

Abb.: 12-6: Tauschgleichgewicht

So entsteht eine gemeinsame Preislinie PV, auf der die Konsumpunkte C_I' und C_A' zusammenfallen. Die Neigung der Preisgeraden legt fest, welche Menge an Importgütern ein Land gegen welche Menge an Exportgütern erwerben kann. Dieses *reale Tauschverhältnis* bezeichnet man als *Terms of Trade* (ToT).

Die ToT werden definiert als Verhältnis zwischen dem Preisindex für Exportgüter (P_{EX}) und dem Preisindex für Importgüter (P_{IM}), ausgedrückt in der Währung des Inlandes:

$$ToT = \frac{P_{EX}}{P_{IM}}$$

Eine Euro-Aufwertung bewirkt z.B. einen fallenden Preisindex für Importgüter bei gleichzeitiger Erhöhung der Exportgüterpreise. Dadurch ergibt sich für Deutschland bzw. Euroland eine Verbesserung der ToT, weil für 1 € (real ausgedrückt: für 1 Einheit Exportgüter) mehr Einheiten Importgüter gekauft werden können. Als Folge der relativen Preiserhöhung des Exportgutes wird sich eine Importzunahme ergeben. Die Entwicklung der ToT hat Auswirkungen auf die *binnenwirtschaftliche Wohlfahrt* eines Landes bzw. Währungs- und Wirtschaftsgebietes.

In Abb. 12-6 wird zugleich eine grundlegende Voraussetzung für außenwirtschaftliche Beziehungen deutlich. Allgemein gilt, dass Außenhandel nur zustande kommt, wenn er beiden Ländern Vorteile bringt. Diese Bedingung ist erfüllt, wenn das internationale Austauschverhältnis nicht schlechter ist als das nationale. Die Grenzfälle, dass zumindest kein Nachteil entsteht, werden in Abb. 12-6 durch die nationalen Transformationskurven TR_I und TR_A im Autarkiezustand veranschaulicht. Alle vorteilhaften Positionen liegen demnach auf einer *Preislinie, die eine Steigung zwischen jener der Transformationskurven aufweist* (z.B. PV). Welche Tauschrelation sich tatsächlich einspielen wird, kann nach Einbeziehung der *Nachfrage* konkretisiert werden (vgl. 12.4.5).

12.4.2.3 Komparative Kostenvorteile bei linearen Transformationskurven

David Ricardo (1772-1823) führte den theoretischen Nachweis, dass internationaler Handel zu einer besseren Versorgung der Partner beiträgt, selbst wenn ein Land in der Herstellung aller Güter führt (Situation 12-4.3). Seine Analyse gilt als **Magna Charta des Freihandels**. Sie beruht auf dem im Jahre 1703 von John MATHUAN zwischen England und Portugal ausgehandelten Vertrag. Portugal verzichtete auf den Aufbau einer eigenen Textilindustrie und importierte *Tuch* aus England. Als Gegenleistung begünstigte England den Import von *Wein* aus Portugal mit einem Zollvorteil von 33%.

In Abb. 12-7 ist das Ausland dem Inland in der Produktion beider Güter überlegen. Es kann entweder 120 x_1 oder 90 x_2 herstellen im Vergleich zu 100 x_1 bzw. 50 x_2. Dennoch lohnt sich internationaler Handel, weil das Inland bei Autarkie einen *komparativen (relativen) Kostenvorteil* bei der Produktion des Gutes x_1 besitzt, das Ausland für x_2.

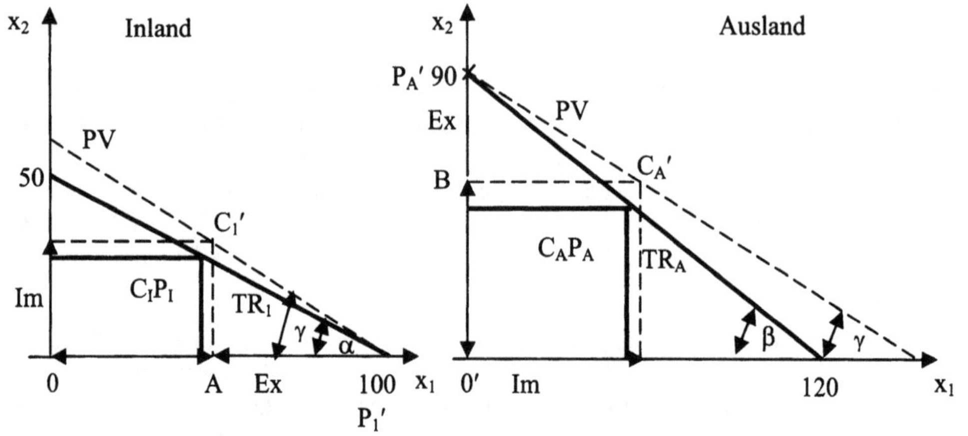

$$\tan \alpha = \frac{x_2}{x_1} = \frac{50}{100} = 0{,}5 \qquad \tan \beta = \frac{x_2}{x_1} = \frac{90}{120} = 0{,}75$$

Abb.: 12-7: Produktionsgleichgewicht bei komparativen Kostenvorteilen

Jedes Land spezialisiert sich ausschließlich auf das Gut, bei dem es über die größere relative Leistungsfähigkeit verfügt, also niedrigere komparative Kosten verursacht.

Inland	Ausland
$1\ x_2 = 2\ x_1$	$1\ x_2 = 1{,}33\ x_1$
$1\ x_1 = 0{,}5\ x_2$	$1\ x_1 = 0{,}75\ x_2$

Aufgrund der Austauschverhältnisse lohnt es sich für das Inland, ausschließlich x_1 zu produzieren. Das Ausland spezialisiert sich auf Gut x_2.

Graphisch lässt sich die Vorteilhaftigkeit der Marktöffnung in Abb. 12-7 veranschaulichen. Die Transformationskurven beschreiben die Ausgangslage $C_I\ P_I$ bzw. $C_A\ P_A$. Angenommen, durch Außenhandel soll im Inland die bessere Versorgungslage C_I' entstehen, ergibt sich das neue internationale Preisverhältnis PV.

Das Inland behält von seiner Produktion des Gutes x_1 die Menge 0A. Der Eigenbedarf des Auslandes von Gut x_2 beträgt 0'B. Der Güteraustausch beschert bei totaler Spezialisierung beiden Partnern den höheren Lebensstandard C_I' bzw. C_A'. Allgemein erkennt man: Die Vorteilhaftigkeit des internationalen Handels hängt *allein vom komparativen Kostenunterschied* ab. Der absolute Kostenvorteil ist ein Unterfall des Theorems der komparativen Kosten.

Auch für eine sehr kleine Volkswirtschaft empfiehlt sich der Güteraustausch, wenn sie sich allein auf das Gut mit relativen Kostenvorteilen konzentriert. Im großen Ausland kommt es jedoch nicht zu einer vollständigen Spezialisierung, weil es seine eigene Nachfrage nach dem

Gut, das es mit einem komparativen Kostennachteil herstellt, durch Import nicht voll decken kann.

12.4.2.4 Relative Kostenunterschiede bei steigenden Opportunitätskosten

Lineare Transformationskurven gehen von der unrealistischen Voraussetzung konstanter Faktoreinsatzverhältnisse und linear-homogener Produktionsfunktionen aus. Nähert man diese Annahmen der Wirklichkeit an und unterstellt ungleiche Faktorintensitäten und/oder Produktionsfunktionen mit sinkenden Niveaugrenzerträgen, so ergeben sich *konkave Transformationskurven* (Abb. 12-8).

Sie spiegeln den in der Ökonomie vielfach nachgewiesenen Tatbestand wider, dass eine Erhöhung der Produktion des Gutes x_1 um jeweils 1 Einheit eine ständig steigende Produktionseinschränkung bei Gut x_2 notwendig macht. Anders ausgedrückt:

Um 1 Einheit x_1 mehr anzubieten, muss der Faktoreinsatz ständig erhöht werden. Die marginalen Substitutionskosten nehmen zu; es steigt die Grenzrate der Transformation. Auch unter diesen realistischen Bedingungen führt internationale Arbeitsteilung zu Vorteilen - allerdings i.d.R. bei unvollständiger Spezialisierung. Auf den konkaven Transformationskurven sind C_I P_I bzw. C_A P_A die Produktions- und Konsumpunkte bei Autarkie. Die inländischen Austauschverhältnisse werden jeweils durch das Steigmaß der Tangenten ausgedrückt. Es zeigt sich, dass das Inland bei Verzicht auf 1 Einheit x_1 wesentlich mehr von x_2 produzieren kann als das Ausland. Dieses wiederum hat relative Kostenvorteile bei der Produktion von Gut x_1.

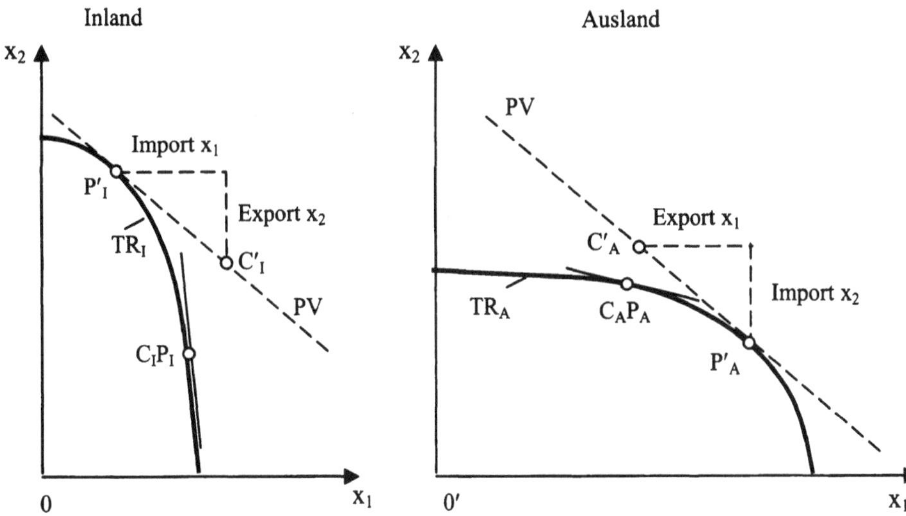

Abb.: 12-8: Außenhandelsgleichgewicht bei steigenden Transformationskosten

Bei internationalem Handel muss sich ein einheitliches zwischenstaatliches Austauschverhältnis einspielen, das zwischen den nationalen Tauschrelationen liegt. Die Preislinie PV soll die gemeinsamen ToT repräsentieren. Für das Inland ist es wirtschaftlich sinnvoll, mehr x_2 herzustellen. Im neuen Produktionspunkt P_I' werden die (steigenden) Opportunitätskosten der Produktion von x_2 gerade noch durch den Weltmarktpreis gedeckt. Die Grenzraten der Substitution sind im In- und Ausland gleich. Legt man für das Inland ein höheres Wohlfahrtsniveau C_I' auf der Preislinie fest, so lässt sich ablesen, welche Menge des Gutes x_2 exportiert werden kann. Daraus ergibt sich der neue Konsumpunkt C_A' für das Ausland und zugleich die Exportmenge des Gutes x_1.

Ergebnis:

Durch die *teilweise Spezialisierung* auf das Gut mit dem komparativen Kostenvorteil hat sich der Wohlstand beider Handelspartner erhöht.

12.4.3 Kritik am Theorem der komparativen Kosten

Die Theorie der komparativen Kosten besticht durch innere Geschlossenheit und logischen Aufbau. Sie hätte, wie P.A. Samuelson sagt, große Gewinnchancen, wenn es einen Schönheitswettbewerb für Theorien gäbe. Ihre Schwäche liegt in den stark vereinfachenden Prämissen, an denen die Kritik ansetzen muss.
Auf dem Weltmarkt werden Güter nicht ihren Produktionskosten entsprechend gehandelt. Sie bilden im Normalfall nur die Preisuntergrenze. In der Realität kommt es auf die Angebots- und Nachfrageverhältnisse an, hinter denen vielfach noch Machtfaktoren stehen.
Das Theorem abstrahiert von Transportkosten, die zu einer erheblichen Veränderung der theoretischen Ergebnisse führen.
Weiterhin werden offene Weltmärkte unterstellt, die es allenfalls innerhalb der Freihandelszonen gibt. Ansonsten herrschen starke Handelsbeschränkungen vor.
Der rein auf unterschiedliche Produktionsverhältnisse zielende Ansatz vernachlässigt, dass in der wirtschaftlichen Wirklichkeit die Löhne nach unten kaum flexibel sind, dass vorübergehende inflatorische Lücken auftreten können und dass Währungs- und Zahlungsbilanzvorgänge auf die Unternehmen zurückwirken.
Entsprechend dem Theorem bringt freier Handel Wohlfahrtsgewinne mit sich; es sagt aber nichts über deren (gerechte) Verteilung.
Die **neue Außenwirtschaftstheorie** kritisiert vor allem, dass die allein auf komparative Kostenunterschiede abstellende klassische Begründung des Außenhandels auf zu engen, wirklichkeitsfernen statischen Annahmen beruht:

- Bei dynamischer Betrachtung können durch hohe Produktionszahlen die Kosten und Preise aufgrund der *economies of scale* sinken. Steigende Skalenerträge (abnehmende Grenzkosten) verändern als eigene Ursache die Tauschverhältnisse und in der Folge auch die Handelsbeziehungen.
- Konsequenterweise muss auch die Unterstellung vollkommener Konkurrenz aufgegeben und je nach Branche und sektoraler Spezialisierung durch eine monopolistische oder oligopolistische Marktstruktur ersetzt werden.

Auf der Grundlage dieser etwas realistischeren Prämissen will die neue Außenwirtschaftstheorie nachweisen, dass die Wohlfahrt eines Landes über das bei Freihandel erreichbare Niveau hinaus erhöht werden kann, wenn der Staat zu einer **strategischen Handels-**

politik übergeht. Als Maßnahmen kommen in erster Linie öffentliche Subventionen in Betracht, um die Wettbewerbsposition ausländischer Anbieter zu schwächen und die Gewinne ins Inland umzuleiten („rent-shifting"). In gleicher Weise kann unter bestimmten Bedingungen der Aufbau neuer inländischer Unternehmen gesichert werden („rent-creation").
Die Wirksamkeit ist aber nicht eindeutig. Sie hängt auch von der Stärke der Eingriffe ab und davon, ob das Ausland zu Vergeltungsmaßnahmen greift.

Im Zusammenhang mit der rasanten Globalisierung wird beobachtet, dass die weltweite Vernetzung zu einer „gewissen Entwertung" komparativer Standortvorteile in der Produktion führt. Während im Zuge dieser Entwicklung die Bedeutung des Raumes tendenziell sinkt, nimmt eher die der **Geschwindigkeit ökonomischen Handelns** zu.

In einer Welt komplexer Verflechtungen kann auch die neue Außenwirtschaftstheorie den Freihandel als Leitbild nicht widerlegen. Vielmehr lässt sich trotz aller Vereinfachungen aus der Theorie des komparativen Vorteils eine für alle Länder fundamentale Handlungsmaxime ableiten: Offene Märkte und freier Güterverkehr nutzen auf Dauer allen Beteiligten. „Eine Nation, die nicht nach dem Prinzip der komparativen Kosten handelt, muss dafür unter Umständen in Form einer Verringerung des Lebensstandards und des möglichen Wachstums einen hohen Preis bezahlen". (P.A. Samuelson)

12.4.4 Ursachen komparativer Kostenunterschiede

Nach der *klassischen Lehre* sollte sich jedes Land auf die Herstellung jener Güter konzentrieren, die es aufgrund seiner Faktorausstattung am günstigsten anbieten kann. Zu den vorteilhaften Ressourcen zählen Klima und Bodenschätze, Quantität und Qualität der Arbeit, technisches Know-how sowie andere standortspezifische Produktionsvorteile. Für die komparative Kostenüberlegenheit ist also die unterschiedliche *Produktivität* der Faktoren maßgeblich, so dass ein Land zur Herstellung einer bestimmten Menge eines Gutes relativ weniger Produktionsfaktoren (Arbeit) benötigt.

12.4.4.1 Faktorproportionen- und Neo-Faktorproportionen-Theorem

Eine andere Erklärung geht auf die schwedischen Forscher *Eli F. Heckscher (1919)* und *Bertil Ohlin* (1933) zurück und beruht auf der Erkenntnis, dass Volkswirtschaften *in unterschiedlichem Verhältnis* mit Ressourcen ausgerüstet sind. In einem Land, das relativ reich an Kapital ist und über relativ wenig Arbeitskräfte verfügt, wird Kapital vergleichsweise billiger und Arbeit dementsprechend teurer sein als in einem Land mit umgekehrten Produktionsvorgaben. Diese relativen Unterschiede in den Faktorkosten führen zu unterschiedlichen Güterpreisen.
Die als **Faktorproportionen-Theorem** bekannte Folgerung lautet: Ein Land *produziert und exportiert vorrangig die Güter, die mit Faktoren hergestellt werden, die relativ reichlich vorhanden und deshalb relativ billiger sind.*

Der amerikanische Ökonom *Wassily W. Leontief* kam bei einem empirischen Test mit Hilfe von Input-Output-Analysen für die Jahre 1953-1956 zu dem überraschenden Ergebnis, dass die im Vergleich zu anderen Ländern hochindustrialisierten USA überwiegend kapitalintensiv hergestellte Güter importierten und Waren mit hohem Arbeitsanteil ausführten. Theoretisch hätte man erwartet, dass kapitalintensive Güter exportiert werden, weil sie relativ billiger sein müssten. Dieser als **Leontief-Paradoxon** bekannte Tatbestand lässt sich verstehen, wenn man beachtet, dass die Produktionsfaktoren keinesfalls homogen, sondern qualitativ höchst unterschiedlich sind:

- Arbeit wird nach einfacher und qualifizierter Tätigkeit unterschieden
- Kapital gibt es in der Form von Human- und Sachkapital

Die Produktionskosten hängen nicht nur vom Input der Faktor*mengen,* sondern auch von deren *Qualität* ab. In der Praxis genügt nicht allein der Lohnkostenvergleich, sondern mitentscheidend ist die *Arbeitsproduktivität.*
Als führende Industrienation verfügen die USA über hochqualifizierte Arbeitskräfte, deren Fähigkeit und Erfahrung sich in besonderem Maße in Exportgütern niederschlägt. Bezieht man das Humankapital in den Kapitalbegriff ein, so lautet das **Heckscher-Ohlin-Theorem** in seiner **erweiterten Fassung als Neo-Faktorproportionen-Theorem**: *Besitzt ein Land reichlich hochqualifizierte Arbeit, so exportiert es vor allem Produkte mit hohem Anteil an diesem Faktor (Hightech).*

12.4.4.2 Faktorpreisausgleich

Nach der komparativen Kostentheorie kommen internationale Wirtschaftsbeziehungen zustande, wenn sich zwischen den Ländern zunächst die relativen *Güterpreise* unterscheiden. Durch vermehrte Nachfrage des jeweils billigeren Gutes entwickelt sich bei Welthandel ein gleiches Austauschverhältnis (PV).
Bei zwischenstaatlicher Mobilität von Arbeit und Kapital bewirken die klassischen Markt- und Preisgesetze auch einen **Ausgleich der Faktorentgelte**. Die Kausalkette lässt sich wie folgt formulieren:

Land A		Land B
	Autarkie	
komparative Vorteile bei *kapitalintensiver* Produktion - relativ höhere Löhne, - relativ niedrige Zinsen		komparative Vorteile bei *arbeitsintensiver* Produktion - relativ höhere Zinsen, - relativ niedrige Löhne
	Außenhandel mit Spezialisierung	
kapitalintensive Produktion wächst arbeitsintensive Produktion geht zurück		arbeitsintensive Produktion wächst kapitalintensive Produktion geht zurück
Nachfrage nach Kapital steigt Nachfrage nach Arbeit sinkt - Zins steigt - Lohn fällt		Nachfrage nach Arbeit steigt Nachfrage nach Kapital sinkt - Lohn steigt - Zins fällt

Ergebnis: Angleichung der Faktorpreise

Paul A. Samuelson (1948) führte den Nachweis, dass ein *absoluter Faktorpreisausgleich* selbst dann eintreten kann, wenn die Produktionsfaktoren nur im eigenen Lande, nicht aber zwischen den Staaten beweglich sind. Unter streng theoretischen Voraussetzungen könnten *Güterströme die Faktorbewegungen ersetzen.* Dies hätte enorme realpolitische Bedeutung, weil dann die internationale Wanderung von Arbeitskräften unnötig wäre. Doch sind in der Realität die restriktiven Prämissen des Modells nicht gegeben.

Eine Weiterentwicklung des *Faktor-Proportionen-Theorems* stellt die **Produkt-Zyklus-Theorie** von *Vernon/Hirsch* (1966/67) dar.

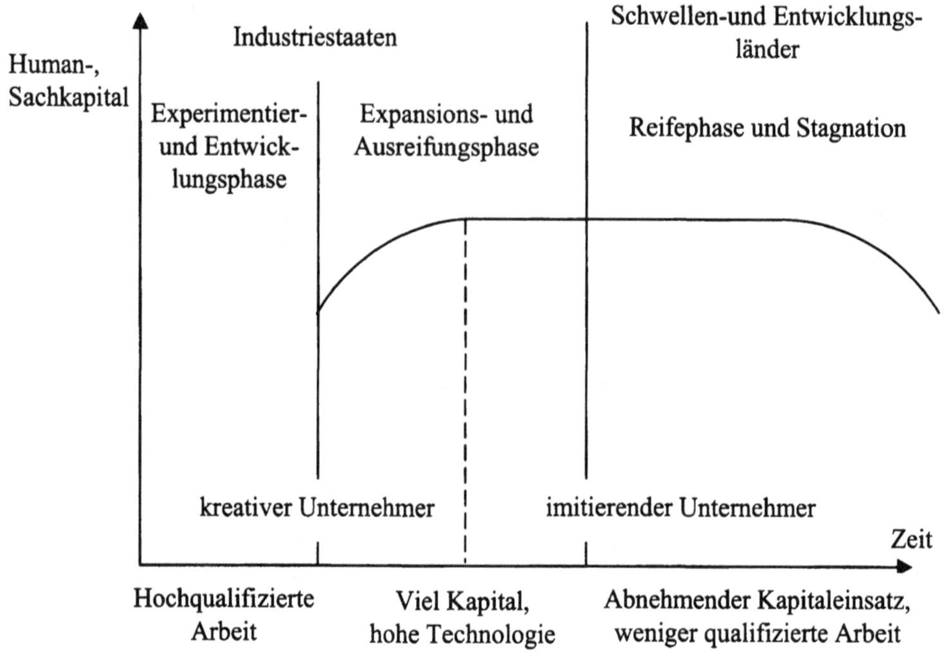

Abb.: 12-9: Produkt-Zyklus-Theorie

Wie Abb. 12-9 zeigt, werden neue Güter in Hochlohnländern mit hochqualifizierter Arbeit geboren. Die Expansionsphase erfordert großen Kapitaleinsatz auf hohem technischem Niveau. Zunehmende Standardisierung begünstigt Massenfertigung. Bei nunmehr reinem Preiswettbewerb verlagert sich die Produktion wegen ihres Kostenvorteils in Niedriglohnländer. Das erforderliche Kapital wird vielfach von multinationalen Unternehmen in Form von Direktinvestitionen bereitgestellt. Um ihre technologisch führende Position zu halten, sind die Industrieländer ständig gezwungen, neue Produkte und Herstellungsverfahren zu entwickeln.

12.4.4.3 Tendenzen zur Selbstverstärkung des Außenhandels

Zu einer weiteren Konsequenz aus dem Heckscher-Ohlin- Theorem kommt
T.M. Rybczynski (1955). Er analysiert die Wirkungen, die sich aus der Erhöhung der verfügbaren Menge *eines* Produktionsfaktors bei konstantem Güterpreisverhältnis (ToT) ergeben.

Langfristig sind Ressourcen durch wirtschaftliches Wachstum vermehrbar (Bevölkerungszunahme, Kapitalakkumulation). Vergrößert sich der Anteil des Produktionsfaktors, auf dem der relative Kostenvorteil beruht (z.B. Arbeit), so kann er zusätzlich nur Beschäftigung finden, wenn der andere Faktor (z.B. Kapital) entsprechend dem Faktoreinsatzverhältnis herangezogen wird. Dadurch verstärkt sich zwangsläufig die Spezialisierung auf das Exportgut.

Die Produktionsmenge des anderen Gutes geht absolut zurück und muss durch weiteren Import ausgeglichen werden.

Eine Erhöhung des reichlich vorhandenen Faktors ist aber auch *kurzfristig* vorstellbar. Unter der realistischen Annahme, dass der Preis für den Faktor mit dem komparativen Kostenvorteil steigt (Lohnerhöhung), wird bei einer elastischen Reaktion der Faktoren das Arbeitsangebot zunehmen. Wiederum wird sich als Folge die Spezialisierung verstärken.

Das **Rybczynski-Theorem** besagt, *dass sich infolge mengenmäßiger Zunahme des Faktors, der in der Exportgüterindustrie den relativen Kostenvorteil verursacht - bei gleichbleibenden ToT -, die Produktion des Exportgutes überproportional erhöht, während die Herstellung des Importgutes absolut zurückgeht.* Der Außenhandel steigt; allerdings nimmt auch die Importabhängigkeit zu. Weitere Erkenntnis ist, dass sich internationaler Warenaustausch selbst induzieren kann oder, anders ausgedrückt, „Handelsbeziehungen rufen weitere Handelsbeziehungen hervor".
Kritischer Punkt des Rybczynski- Theorems ist die Annahme konstanter ToT, was auf Dauer höchstens bei einem kleineren Land möglich ist, das auf dem Weltmarkt als Preisnehmer auftreten muss. Im Normalfall aber wird eine Veränderung des Faktorangebots auch die Produktionsverhältnisse und damit die internationalen Güterpreisrelationen verschieben.

12.4.5 Ableitung der nationalen Nachfrage

Konsum- und Produktionspunkt einer Volkswirtschaft lassen sich anhand *sozialer Indifferenzkurven* theoretisch bestimmen. Sie sind die aggregierten Indifferenzkurven aller Bürger und als solche analytisch nicht unproblematisch.

Eine gesellschaftliche Indifferenzkurve ist der geometrische Ort aller Kombinationen der Güter x_1 und x_2, die den Wirtschaftssubjekten eines Landes gleichen Nutzen stiften. Mit höherem Index nimmt die Wohlfahrt zu.

In Abb. 12-10 gibt C_I P_I die nutzenoptimale Kombination beider Güter bei Autarkie an. In diesem Punkt muss die Grenzrate der Substitution (Steigung der Indifferenzkurve) gleich der Grenzrate der Transformation (Steigung der Transformationskurve) sein. Die Preislinie PV erfüllt als Tangente beide Bedingungen. Sie stellt das inländische Austauschverhältnis dar. Spielen sich in der offenen Volkswirtschaft neue ToT entsprechend PV' ein, so ändert sich die Konsum- und Produktionsstruktur. Das optimale Produktionsverhältnis wird im neuen Produktionspunkt P_I' erreicht, wo die Grenzrate der Transformation dem internationalen Austauschverhältnis entspricht. Der optimale Konsumpunkt C_I' ist der Tangentialpunkt an der höchst möglichen sozialen Indifferenzkurve.

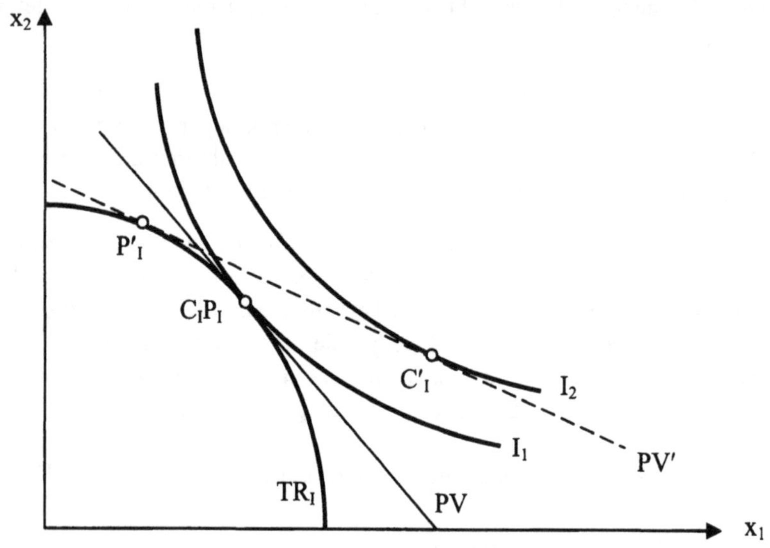

Abb.: 12-10: Gesellschaftliche Nachfrage

12.4.6 Handelsgleichgewicht auf dem Weltmarkt

Das zwischenstaatliche Tauschgleichgewicht kann bestimmt werden, wenn die nationale *Nachfrage* einbezogen wird. Zur Veranschaulichung dient in Abb. 12-11 die **Tauschkurve (offer curve)**. Es liegen lineare Transformationskurven zugrunde.

Die Tauschkurve gibt an, wie viele Mengeneinheiten eines Importgutes ein Land gegen wie viele Mengeneinheiten eines Exportgutes bei unterschiedlichen Austauschverhältnissen (Preisrelationen) zu handeln bereit ist.

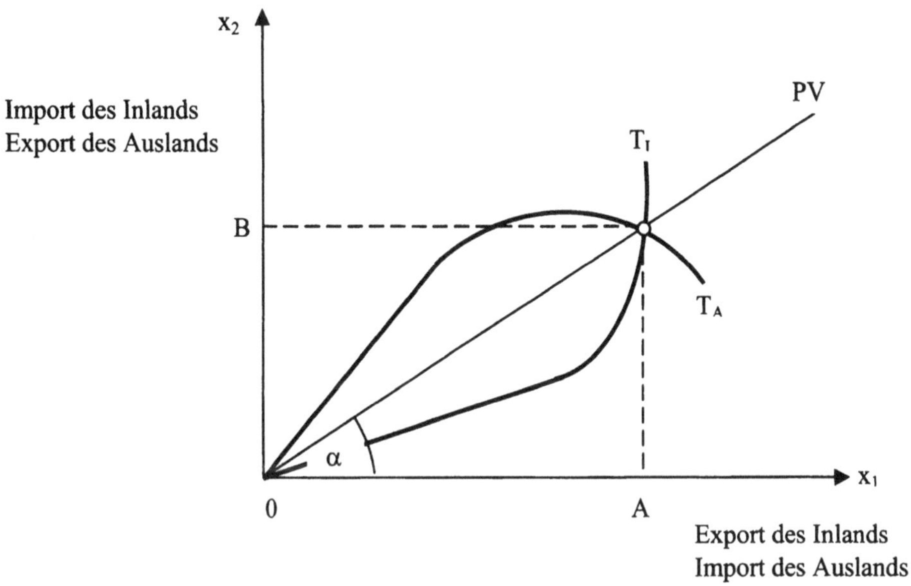

Abb.: 12-11: Internationales Tauschgleichgewicht

Die Tauschkurve wird aus der sozialen Indifferenz- und der Transformationskurve abgeleitet. Sie ist Angebots- und Nachfragekurve zugleich. Da sie die Nachfragepräferenzen nach dem Importgut im Austausch gegen das Exportgut ausdrückt, wird sie auch als *reziproke Nachfrage* bezeichnet. Der gebogene Verlauf lässt sich mit der abnehmenden Grenzrate der Substitution erklären. Mit wachsendem Import geht die Dringlichkeit nach dem Gut zurück, und es sinkt die Bereitschaft, dafür heimische Güter aufzugeben.
Im Schnittpunkt der Tauschkurven beider Länder T_I und T_A stimmen die jeweiligen Ein- und Ausfuhrpläne mit den Produktionsmöglichkeiten überein. Die Allokation der Ressourcen ist optimal; die Handels- und Dienstleistungsbilanzen sind ausgeglichen. Das Inland exportiert 0A von Gut x_1; genau diese Menge will das Ausland importieren. Das Ausland exportiert 0B von Gut x_2, was den Importwünschen des Inlandes entspricht. Es herrscht **Weltmarktgleichgewicht.**

Der Schnittpunkt der Tauschkurven bestimmt das gemeinsame Preisverhältnis PV. Graphischer Ausdruck der ToT ist die Steigung der Preislinie PV:

$$\tan\alpha = \frac{0B}{0A} = \frac{\text{Import des Inlandes}}{\text{Export des Inlandes}}$$

12.4.7 Exportinduzierte Wirtschaftsbeziehungen

Zwischenstaatliche Güterströme werden überwiegend mit unverzichtbaren Importen begründet. Doch gehen auch von der Exportseite originäre Anstöße zum Außenhandel aus. (vgl. Eckart Koch, Internationale Wirtschaftsbeziehungen, München 1992, S. 111 ff.)

1) Zuvörderst müssen Devisen verdient werden, um die dringlichsten Importe zu finanzieren.
2) Export kann sich aus *Überproduktion* entwickeln. Bestimmte Güter müssen z.B. verkauft werden, weil - möglicherweise konjunkturbedingt - die Binnenkaufkraft fehlt, die Lagerfähigkeit begrenzt ist oder das Inland höhere Anforderungen an die Produktqualität stellt *(vent-for-surplus-These).*
3) Vielfach gehen Exporte von strategischen Planungen eines Staates aus.
   Exportsubventionen bzw. *Dumping* sollen Beschäftigung und Wachstum im eigenen Land steigern, Absatzchancen auf dem Auslandsmarkt festigen und langfristig Direktinvestitionen ermöglichen (strategische Branchen). Fraglich ist, wie lange eine solche auf merkantilistische Ideen gegründete Politik bestehen kann.
4) Nach der *Produkt - Lebenszyklus - These* von *Staffan B. Linder* (1961) wird ein Gut im Ausland erst wettbewerbsfähig. wenn es sich im Inland voll durchgesetzt, also seine Reifephase erreicht hat.
   Der Export verlängert den Lebenszyklus und hält die voll ausgebauten Kapazitäten längere Zeit aufrecht.
5) Spezielle Formen der Ausfuhr sind Direktinvestitionen, Lizenzvergabe, Kooperation und joint-venture.

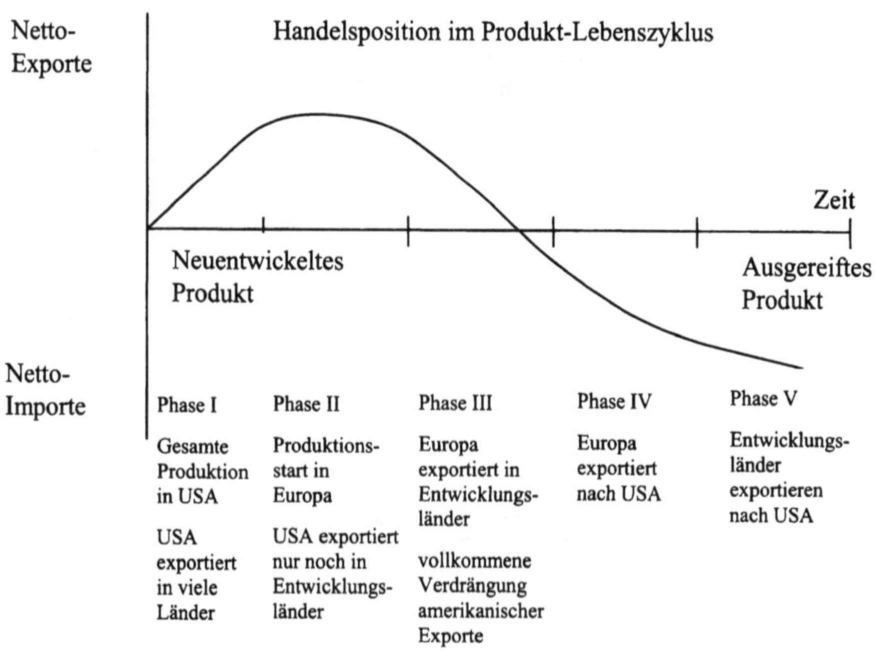

Abb.: 12-12: Produkt-Lebenszyklus

Wenn die eigentlichen Exporteure, nämlich die Unternehmen, Güter im Ausland absetzen wollen, ist unabdingbare Voraussetzung, dass sie ihre betriebliche Leistungs- und Wettbewerbsfähigkeit ständig verbessern. Neben geeigneten Maßnahmen zur Minimierung der Kosten kommt es immer mehr auf den dispositiven Faktor an: Innovationskraft, Flexibilität, Risiko- und Investitionsbereitschaft des Managements. Darüber hinaus muss der Staat auf der Grundlage einer freiheitlichen Wirtschafts-, Rechts- und Sozialordnung die politischen Rahmenbedingungen schaffen, die für den Außenhandel förderlich sind. So wirkt die Währungs-, Finanz- und Geldpolitik auf Wechselkurse, Inflation und Zinsen ein. Internationale Wettbewerbschancen hängen auch davon ab, wie stark die Gemeinschaft Bildung und technischen Fortschritt (FuE) unterstützt. In Deutschland wird in Zukunft die Exportfähigkeit vor allem von den Belastungen des Sozialsystems bestimmt sein.

12.4.8 Ökonomische Wechselwirkungen des Außenhandels

Die rein kostentheoretischen Argumente der Gleichgewichtsmodelle verführen zu dem Schluss, internationalen Handel generell positiv zu beurteilen. Untersucht man die wirtschaftlichen Interdependenzen genauer, so erkennt man, dass aufgrund externer Effekte nicht immer nur vorteilhafte Ergebnisse für beide Seiten entstehen. Vielmehr bedingen, wie sich anhand *wesentlicher Beurteilungskriterien* darlegen lässt, die Vorteile des einen Partners vielfach entsprechende Nachteile für den anderen.

1) Importe schonen die *Ressourcen* und die *Natur* eines dicht besiedelten Landes, belasten aber die *Umwelt* außerhalb und erfordern zusätzliche Infrastruktureingriffe für *Transportleistungen.* Die Nettoeffekte sind schwer messbar.
2) Hohe Exporte bzw. Exportüberschüsse schaffen *Beschäftigung und Wachstum* im Inland, bewirken aber *„Export von Arbeitslosigkeit"* und verdrängen Produzenten im Ausland (beggar-my-neighbour-policy).
3) Durch Ausfuhrüberschüsse sammeln sich *Devisenreserven* für Notfälle (Missernten, Ölpreis) an. Sie tragen auch zum Ausgleich negativer Teilbilanzen bei (Dienstleistungs- und Übertragungsbilanz in Deutschland). Für den Handelspartner führt dies möglicherweise zu hoher *Verschuldung* und Zwang zur *Abwertung.* Exporte sind daher prinzipiell mit höherem *Produktions- und Absatzrisiko* behaftet.
4) Langfristige Exportüberschüsse erzeugen *importierte Inflation,* einerseits durch die Angebotslücke, die als Pendant zu den im Inland verdienten Einkommen aus Produktion entsteht. Andererseits vergrößert der Devisenzustrom die inländische Geldmenge. Inflationsfördernd wirken zudem teure Importe, insbesondere wenn sie als Rohstoffe die Basis der Produktionskosten bilden.
5) Importe verbessern das *Angebot* im Inland. Ist allerdings das Ausland zum Export lebenswichtiger Güter gezwungen, um sich existenznotwendige Devisen zu beschaffen, stellt sich dort ein *Versorgungsengpass* ein.
6) Ein rohstoffarmes Land kann seine Produktion und Beschäftigung nur gewährleisten, wenn es die fehlenden Grundstoffe einführt. Darunter leidet die *Autonomie.* Auf der Marktgegenseite entsteht möglicherweise *wirtschaftliche Macht.* Analog gibt es *Exportabhängigkeit,* insbesondere wenn ein Land auf die Ausfuhr agrarischer Erzeugnisse angewiesen ist.

7) Selbst wenn Spezialisierung, Massenproduktion **und** Synergieeffekte eine höhere Güterproduktion ermöglichen, ist die richtige *Verteilung* der Wohlfahrtsgewinne internationaler Arbeitsteilung noch völlig ungeklärt.

13 Protektion im Außenhandel

Arbeitsteilung und Tausch bilden die Grundlage für die Vorteile internationaler Kooperation. Obwohl die ökonomische Theorie die Wohlfahrtsgewinne des freien Welthandels überzeugend nachweisen kann, ist die reale Welt voller Handelshemmnisse. Selbst *innerhalb* der Europäischen Union gibt es eine Vielzahl von Regelungen mit protektionistischem Hintergrund.

Das klassische Instrument zur Beschränkung des Gütertausches sind *tarifäre Maßnahmen,* nämlich Zölle. Als ebenso wirksam erweisen sich aber die heute eher bevorzugten *nichttarifären Handelshemmnisse.*
Darüber hinaus beeinträchtigen auch die monetären Rahmenbedingungen, wie das Wechselkurssystem, die Begrenzung der freien Konvertierbarkeit oder des Kapitalverkehrs, den Außenhandel.

13.1 Zölle

13.1.1 Begriff und Arten von Zöllen

Zölle sind Abgaben, die ein Staat erhebt, wenn Waren seine Grenzen passieren. Sie belasten also Einfuhr, Ausfuhr oder Durchfuhr. Von der *Zielsetzung* her kann es sich um Schutz- oder Fiskalzölle handeln.

Zoll	Einfuhr Ausfuhr Durchfuhr	Schutzzoll	Fiskalzoll

1) *Ausfuhrzölle* haben vor allem für Rohstoff- und Schwellenländer praktische Bedeutung. Die Zurückhaltung im Export knapper Güter soll die Preise im Inland niedrig halten und die verarbeitende Industrie schützen. Unter fiskalischem Aspekt wird der Abbau des Naturkapitals verlängert und so eine höhere Verzinsung erreicht. Vielfach verfügen diese Länder nicht über ein geordnetes Steuerwesen, insbesondere gibt es keine Einkommen- und Körperschaftsteuern. Exportzölle stellen somit eine wichtige Quelle der ordentlichen Staatsfinanzen dar.
2) *Durchfuhrzölle* dienen der Einnahmeerzielung. Aus moderner Sicht geht es einerseits um Beiträge zum Erhalt der Transitwege, zum anderen wird aufgrund des gestiegenen Umweltbewusstseins ein Ausgleich für die sozialen Kosten des Verkehrs verlangt.
3) *Importzölle* werden erhoben, wenn ein Land seine nationalen Wirtschaftsinteressen bedroht sieht. Sie haben eindeutig Schutzcharakter, indem sie unerwünschte ausländische

Konkurrenz abhalten und die Nachfrage nach heimischen Gütern stärken. Auf diese Weise soll der Wohlstand im Inland - auf Kosten anderer Volkswirtschaften - erhöht werden.

13.1.2 Einteilung nach der Bemessungsgrundlage

Zollschutz wird erreicht, indem Importgüter mit Preiszuschlägen belegt werden. Entsprechend der Bemessungsgrundlage unterscheidet man zwei Grundtypen:

Mengenzoll = Stückzoll = spezifischer Zoll	Wertzoll = proportionaler Zoll
Es wird ein fester Zollbetrag (in €) pro definierter Einheit erhoben (Stück, Gewicht, Alkoholanteil).	Es wird ein bestimmter Prozentsatz des Zollwertes eingehoben. (Zollsatz).
Nachteil: Die Zollbelastung nimmt mit steigendem Zollwert (Preiserhöhung im Ausland) relativ ab.	Nachteil: Die Zollbelastung ist unabhängig vom Wert des Gutes. Preissteigerungen im Ausland werden in der Inlandswirkung verstärkt.

Zollbetrag pro Stück		20 €	Zollzuschlag	20%	
Zollwert	100 €	110 €	Zollwert	100 €	110 €
Zollschutz	20%	18,2%	Preiserhöhung	20 €	22 €

Die Nachteile reiner Mengen- bzw. Wertzölle können durch Kombinationen beider Elemente als **Gleit - oder Mischzölle** dem jeweiligen Zollzweck angepasst werden.

Als *Mindestzoll* lautet die Bemessungsgrundlage: 20% vom Einfuhrwert, mindestens 20 €:	Als *Höchstzoll* lautet die Bemessungsgrundlage: 20% vom Einfuhrwert, höchstens 20 €:

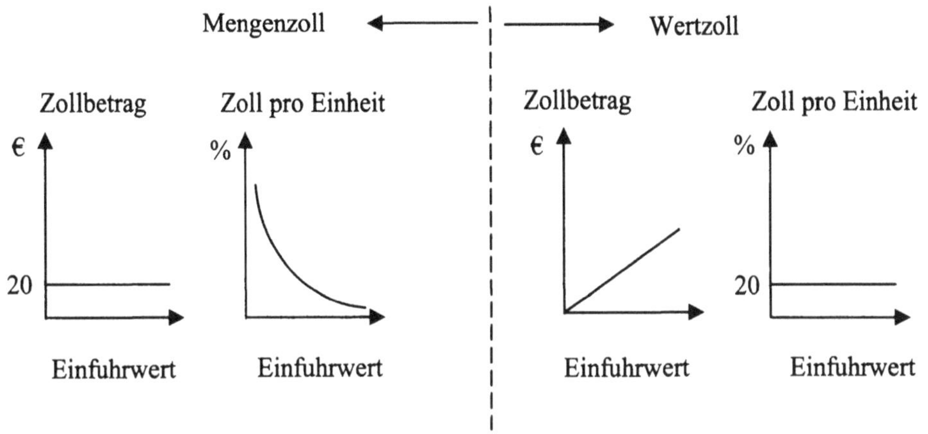

Abb.: 13-1: Wirkung von Mengen- und Wertzoll

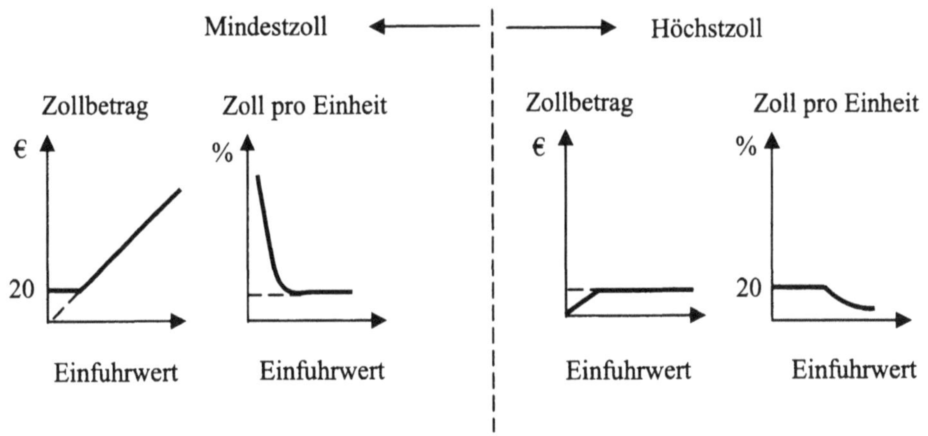

Abb.: 13-2: Wirkung von Mindest- und Höchstzoll

In der Praxis kommt häufig der *gleitende Wertzoll* vor. Der Zollsatz ist an die Entwicklung des Auslandspreises gekoppelt. Er sinkt bei Preiserhöhungen der Importgüter, so dass im Inland der Preis konstant bleibt.

13.1.3 Begründung protektionistischer Eingriffe

Die Theorie der internationalen Wirtschaftsbeziehungen kennt bereits seit der wissenschaftlichen Fundierung des Freihandels *ökonomische* Argumente für einseitige Handelsbeschränkungen.

1) Die Notwendigkeit von **Erziehungszöllen** wurde in Deutschland von **Friedrich List** (1789 - 1846) vertreten. Er forderte eine zeitlich begrenzte Protektion der aufkeimenden deutschen Industrie gegen die überlegene englische Wirtschaft, die einen Vorsprung im take-off von wenigstens 30 Jahren hatte. Selbst der klassische Ökonom *John Stuart Mill* (1806 - 1873) befürwortete derartige Schutzmaßnahmen.
   Erziehungszölle sollen junge, im Aufbau befindliche Branchen bzw. Unternehmen (infant industries) vorübergehend abschirmen, um im Inland eine konkurrenzfähige Produktion aufzubauen. Die erwarteten komparativen Kostenvorteile entstehen durch ständige Verbesserung der Fertigungstechnik (Lerneffekt) und Skalenerträge aufgrund der höheren Inlandsnachfrage.
   Analog sind *Anti-Dumpingzölle* gegen subventionierte Billigangebote gerichtet.
   Allgemein sind Schutzzölle *kritisch* zu beurteilen, weil im Wirtschaftsleben eine nachweisbare Tendenz besteht, einmal gewährten Schutz zu verewigen. Aus ursprünglich akzeptabler Protektion zur Anpassung entwickelt sich nachteiliger Erhaltungsschutz. Niemand kann das Risiko einschätzen, ob die einem neuen Industriestandort vorausgesagten Vorteile eintreten werden. Zudem begünstigt die Zolldeckung das Nachlassen unternehmerischer und technologischer Kreativität.
2) Schutzzölle werden auch mit der Begründung **negativer externer Effekte** gerechtfertigt. Wenn Importgüter die gesamtwirtschaftliche Wohlfahrt beeinträchtigen, indem sie z.B. Umweltschäden oder Entsorgungskosten verursachen, begrenzen Einfuhrabgaben den Güterzustrom und tragen finanziell zum Ausgleich der volkswirtschaftlichen Kosten bei. Problematisch ist die rechnerische Erfassung der Nachteile.
3) Unter bestimmten Voraussetzungen kann ein einzelnes Land durch Einführung eines **Optimalzolls** seine Wohlfahrtsgewinne erhöhen, allerdings zu Lasten der Weltgemeinschaft (vgl. 13.2.1).

13.1.4 Wirkung von Schutzzöllen

Die Wirkungsanalyse protektionistischer Maßnahmen setzt beim zollerhebenden Land an, bezieht aber die außenwirtschaftlichen Folgen in die Gesamtbeurteilung ein.

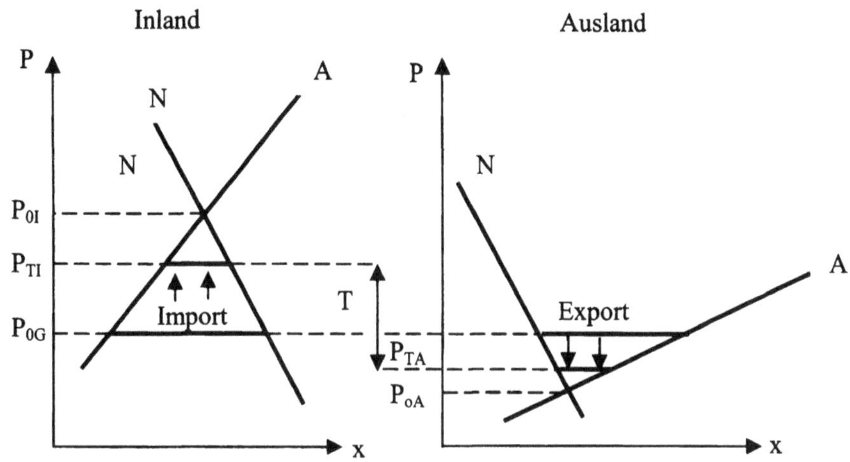

Abb.: 13-3: Preis- und Mengeneffekte eines Schutzzolls

In Abb. 13-3 ist das jeweilige nationale Gleichgewicht für ein bestimmtes Gut x bei Marktisolation erkennbar. Da der Auslandspreis P_{0A} *unter* dem inländischen Gleichgewichtspreis P_{0I} liegt, ist es für einheimische Unternehmen und Haushalte lohnend, Importgüter zu kaufen. Beim identischen Preis P_{0G} ergibt sich das *internationale Gleichgewicht.* Import und Export stimmen überein. Die Produktion im Inland geht zurück, während sie im Ausland steigt.
Ist das Inland mit der Produktionseinschränkung bei *diesem besonderen Gut* nicht einverstanden, wird es z.B. einen spezifischen Schutzzoll in Höhe von T erheben.

Wie stark die Folgewirkungen sein werden, hängt von den Preiselastizitäten des Angebots und der Nachfrage im In- und Ausland ab. Zudem muss das Inland so groß sein, dass Änderungen seiner Importnachfrage im Ausland spürbar sind.

1) *Preiseffekt:* Der Preis im Inland steigt auf P_{TI}, der Weltmarktpreis fällt auf P_{TA}.
2) *Produktionseffekt:* Aufgrund der Preiserhöhung im Inland wächst das inländische Angebot. Dies ist der eigentlich angestrebte *Schutzeffekt.*
   Treibt der Zoll den Preis bis P_{0I} nach oben, ist wieder der Zustand wie bei geschlossenen Märkten erreicht. Der Außenhandel geht dann auf Null zurück **(Prohibitivzoll).**
3) *Handelseffekt:* Das größere Angebot im Inland senkt die Importnachfrage und reduziert die Absatzmöglichkeiten des Auslandes. Dagegen wird es sich möglicherweise mit einem eigenen **Retorsionszoll** (Straf- oder Vergeltungszoll) zur Wehr setzen.
4) *Wohlfahrtseffekt:* Aufgrund der Preiserhöhung nimmt die Produzentenrente zu, während die Konsumentenrente fällt. Dieser Umverteilungseffekt bedeutet einen Reichtumsverlust für das Inland, weil die zusätzliche Produzentenrente kleiner ist als die verlorene Konsumentenrente.

5) *Fiskaleffekt:* In die Staatskasse fließen Einnahmen aus dem Zoll, die zum Teil durch das Ausland getragen werden, weil es eine Preissenkung akzeptieren muss.
6) *Zahlungsbilanzeffekt:* Der Importrückgang bewirkt tendenziell eine Aktivierung der Handelsbilanz und somit eine Verbesserung der Zahlungsbilanzsituation.
7) *Terms of Trade-Effekt:* Unter der (kurzfristigen) Annahme, dass die Exportgüterindustrie von der Zollerhebung nicht berührt wird, verbessert sich das Tauschverhältnis aufgrund des niedrigen Preisniveaus für Importgüter auf dem Weltmarkt.

Zum **Gesamtwohlfahrtseffekt** im Inland trägt auch die Verwendung der Zolleinnahmen bei. Positive Multiplikatorwirkungen auf *Einkommen* und *Beschäftigung* stellen sich ein, wenn die Mittel nicht für zusätzliche Importe ausgegeben werden. Dadurch würden zudem Zahlungsbilanz- und ToT-Effekt verringert.

Selbst wenn sich für das Inland per Saldo ein Wohlfahrtsgewinn errechnet, führt eine Zollerhebung im Ausland immer zu Wohlfahrtsverlusten. Sie fallen umso höher aus, je größer der Anteil an der Zollbelastung ist, den die ausländischen Exporteure tragen müssen.

13.2 Aspekte der Zollpolitik

13.2.1 Optimalzoll

Da es einem großen Land bzw. einer Wirtschaftsunion möglich ist, durch Schutzzölle auf Importgüter seine ToT zu verbessern, kann es seine nationale Wohlfahrt auf Kosten der Handelspartner erhöhen. Nach Maßgabe der neuen ToT erhält es für jede exportierte Gütereinheit eine größere Menge an Importgütern. Als **Optimalzoll** bezeichnet man den Interventionsgrad, der die Wohlfahrtszuwächse im Vergleich zum Freihandel maximiert. Zu seiner Ermittlung sind die Außenhandelsgewinne mit den zwangsläufigen Wohlfahrtsverlusten in dem betreffenden Wirtschaftsraum zu saldieren. So wird beispielsweise die Exportmenge zurückgehen, und zwar einerseits wegen der günstigen Tauschverhältnisse bei konstantem Import, zum anderen aber auch infolge des gesunkenen Wohlstands außerhalb.

Die Rückwirkungen auf Allokation, Einkommen und Beschäftigung sowie die daraus folgenden Nettoeffekte sind praktisch kaum zu quantifizieren.

Optimalzölle können nur solange funktionieren, wie das Ausland nicht mit **Retorsionszöllen** reagiert. Ein eskalierender Handelskrieg würde die Wirtschaftsbeziehungen gänzlich zum Erliegen bringen und dann die Wohlfahrt *aller* im Vergleich zu offenen Weltmärkten verschlechtern.

13.2.2 Effektivzoll

Importabgaben werden nicht nur auf industrielle Fertigerzeugnisse erhoben, sondern auch auf Rohstoffe und andere Vorleistungen. Daher spiegelt der Nominalzoll auf das Endprodukt nicht den tatsächlichen Schutzeffekt wider.

Ist nach einem Zoll auf das ausländische Konkurrenzprodukt der Absatzpreis festgelegt, so schrumpft die Wertschöpfungsmarge der inländischen Produzenten umso mehr zusammen, je höher die notwendigen Vorprodukte mit Importzöllen belastet werden. Der angestrebte Preisvorteil schwindet durch höhere Einstandskosten. Der Zollschutz kann durch diese Zusatzkosten nicht nur ausgeglichen, sondern sogar überkompensiert werden. Das ursprüngliche Ziel der Zollpolitik, in einem bestimmten Industriezweig die Fertigung zu steigern, wird ins Gegenteil verkehrt. Bei sinkender Wertschöpfung, was insbesondere auch einen Gewinnrückgang bedeutet, wird die Produktion eingeschränkt.

Das *Konzept der effektiven Protektion* misst den realen Zollschutz eines Wirtschaftszweiges im Inland (reale Belastung im Ausland) am Kriterium der *Wertschöpfung* bei Freihandel, verglichen mit jener bei Berücksichtigung der entsprechenden Zollstruktur. Die zollpolitische Erkenntnis lautet: Der Schutzeffekt ist umso größer, je niedriger die Vorleistungen und je höher die Fertigerzeugnisse belastet werden.

Handelspolitische Auswirkungen hat diese Maxime vor allem für rohstoffexportierende Entwicklungsländer. Die Industriestaaten verzollen die Einfuhr von Rohstoffen bewusst nicht oder nur gering mit der Begründung, den anderen Exportmöglichkeiten und Einkommensquellen zu eröffnen. Dagegen erheben sie hohe Zölle auf Endprodukte. Der starke Effektivschutz behindert die weniger entwickelten Länder beim Aufbau einer eigenen Industrie.

13.3 Nicht-tarifäre Eingriffe

Unter dem Begriff nicht-tarifäre Handelsbeschränkungen sind alle staatlichen Maßnahmen – ausgenommen Zölle – zusammengefasst, die auf Import und Export einwirken. Einige stellen – ähnlich wie Schutzzölle – gravierende Eingriffe in den freien Warenverkehr dar.

1) *Kontingentierungen* gehören zu den schärfsten Einschnitten in den Freihandel. *Ausfuhrkontingente* bezwecken eine bessere Inlandsversorgung, ein höheres Weltmarktpreisniveau oder die Wahrung strategischer Interessen. *Einfuhrkontingente* entsprechen in ihrem Ergebnis dem Schutzzoll. Ihr Vorteil besteht darin, dass sie von der Elastizität des ausländischen Angebots, die über die Wirksamkeit von Schutzzöllen mitentscheidet, unabhängig sind. Allerdings entfällt der fiskalische Einnahmeeffekt.
2) *Freiwillige Exportbeschränkungen* wirken ähnlich wie Importkontingentierungen. Da sie scheinbar auf einer freien Entscheidung beruhen, verstoßen sie nicht direkt gegen das WTO-Regelwerk. De facto kommen sie aber auf Druck des Importlandes zustande, das aufgrund seiner Überlegenheit auf einem anderen Gebiet mit Sanktionen droht. Als bilaterale Abkommen sind sie gegen den multilateralen Ansatz der WTO gerichtet.
3) *Subventionen* für die Exportindustrie sowie für Produkte, die mit Importgütern im Wettbewerb stehen, gibt es in der Form von Steuerermäßigungen, direkten Zuschüssen oder Ausfuhrgarantien (Hermes).
   In der Vergangenheit haben alle Länder von diesem verdeckten Instrument mit unterschiedlichsten Begründungen umfangreichen Gebrauch gemacht.

Der Uruguay-Runde des GATT, der Vorläuferinstitution der WTO (s.u.), ist es durch einen neuen *Subventions-Kodex* gelungen, einerseits eine Verschärfung der multilateralen Disziplin im Hinblick auf verbotene oder umstrittene Fördermaßnahmen zu vereinbaren. Zum anderen werden bestimmte Subventionen (Umwelt, Forschung und Entwicklung, Regionalförderung) nicht mehr generell angreifbar sein. In der Uruguay-Runde wurden auch strenge *Anti-Dumping-Richtlinien* festgelegt.

4) Wachsende Bedeutung kommt einer neuen Art nicht-tarifärer Handelsbeschränkungen zu, nämlich dem *Verwaltungsprotektionismus.* In einer kaum überschaubaren Vielfalt wurden administrative Hürden, technische Normen und übertriebene Formalitäten geschaffen. Sie diskriminieren die ausländische Konkurrenz und verursachen Mengen- und Preiswirkungen (Zusatzkosten) wie Zölle. Sie bilden die modernen Hemmschwellen für ein umfassendes, transparentes und faires Welthandelssystem.

14 Grundlagen einer realen Theorie optimaler Währungsgebiete

Ein optimales Währungsgebiet (optimum currency area) ist so definiert, dass über nationale Grenzen hinaus mehrere Länder in einer Region (z.B. Westeuropa) feste Wechselkurse nach innen und flexible im Außenverhältnis praktizieren.
Die Theorie optimaler Währungsräume geht auf Robert A. Mundell (1961) zurück. Er untersucht u.a., welche *realwirtschaftlichen* Bedingungen erforderlich sind, um die für ein Währungsgebiet optimale Region (Teilnehmerländer) zu bestimmen. Optimalität wird an den Parametern außenwirtschaftliches Gleichgewicht bei gleichzeitiger Erreichung binnenwirtschaftlicher Ziele, wie Vollbeschäftigung und Preisstabilität, gemessen.
Mundell zeigt, dass eine Währungsunion nur dann wohlfahrtsteigernd wirken kann, wenn die beteiligten Staaten bestimmte Voraussetzungen erfüllen. Nach seiner Theorie entscheidet das Ausmaß an *internationaler Faktormobilität* darüber, ob ein gemeinsamer Währungsraum Vor- oder Nachteile mit sich bringt. An erster Stelle steht die *Mobilität des Faktors Arbeit.*
Folgende Überlegungen machen dies deutlich: Zwischen zwei Gebieten A und B bestehen Handelsbeziehungen. Ausgehend von einem Gleichgewicht bei Vollbeschäftigung kommt es zu einer strukturellen Nachfrageverschiebung zugunsten von Gütern der Region B, also zu Lasten der Region A.

Sind Löhne und Preise nach unten nicht flexibel und darüber hinaus die Produktionsfaktoren interregional immobil, so kommt es in Region A zu unausgelasteten Kapazitäten mit Arbeitslosigkeit und Leistungsbilanzdefizit. In Region B dagegen führt der Nachfrageschub zu einer Überbeanspruchung der Kapazitäten mit tendenzieller Inflation und Leistungsbilanzüberschuss.
Bei vollkommener Mobilität der Arbeitskräfte wird die Arbeitslosigkeit im Gebiet A durch Abwanderung und die Überbeschäftigung in Region B durch die entsprechenden Zuwanderungen egalisiert. Die Angleichung der Faktorkosten bewirkt zudem tendenziell einen Ausgleich der Inflationsraten in beiden Regionen. Bei fehlender Mobilität des Faktors Arbeit könnte man in Region A durch expansive Geldpolitik (Zinssenkung) und in Region B durch restriktive Maßnahmen (Zinserhöhung) versuchen, das Gleichgewicht wieder herzustellen. Bei **festen** Wechselkursen muss aber der nun einsetzende Kapitalstrom von A in das Gebiet B zu einer Zinssenkung führen, so dass insgesamt keine Nettowirkung eintreten kann. Beseitigen lässt sich das Ungleichgewicht entweder mit einer Abwertung in Region A oder einer Aufwertung in Region B durch die sich daraus ergebende Verschiebung der ToT zwischen beiden Regionen. **Flexible** Wechselkurse würden nicht nur die autonomen Nachfrageverschiebungen rückgängig machen, sondern zusätzlich eine ausschließlich intern wirkende Wirtschaftspolitik in jedem Gebiet ermöglichen.

Als *notwendige* Bedingung ergibt sich, dass eine Währungsunion nur zwischen Regionen mit extrem hoher Mobilität des Faktors Arbeit sinnvoll ist.

Weiteres Kriterium zur Beurteilung eines optimalen Währungsraumes ist der Stand der **finanziellen Integration**. Diese zeigt sich u.a. in der möglichen Konvertibilität der Währung sowie in der Liberalisierung des Kapitalverkehrs durch den Abbau von Kapitalverkehrskontrollen. Hinzu kommen vergleichbare Inflationsraten.

Grundlegende reale Voraussetzung für einen optimalen Währungsraum ist also das hohe Maß an Faktormobilität. Zwischen den Mitgliedsländern der EU wurden die rechtlichen und organisatorischen Hemmnisse für Faktorbewegungen weitgehend beseitigt. Dennoch bestehen gerade für die Arbeitnehmer erhebliche Mobilitätsprobleme u.a. sprachlichen, kulturellen, familiären sowie transferökonomischen Ursprungs. Mundells Theorie enthält fundamentale Ansatzpunkte für die Gründung eines funktionierenden Systems fester Wechselkurse oder eines einheitlichen Währungsraumes. Die engen und stark vereinfachenden Modellprämissen bieten aber keine *hinreichende* Entscheidungshilfe.

Nach **R.I. McKinnon** (1963) ist der **Offenheitsgrad** der beteiligten Länder ein weiteres Kriterium zur Beurteilung der Integrationsfähigkeit. Diese Maßgröße wird definiert als Summe von Ex- und Import in Prozent des realen BIP. Ein hoher Offenheitsgrad signalisiert starke Abhängigkeit von der Außenwirtschaft.

Ein kleiner Staat mit ausgedehnten Wirtschaftsbeziehungen zu dem als groß angenommenen Ausland kann die Preise seiner Außenhandelsgüter , ausgedrückt in ausländischer Währung, nicht bestimmen, sondern muss sich als Mengenanpasser verhalten. Darüber hinaus lässt mit zunehmendem Offenheitsgrad die Wirksamkeit flexibler Wechselkurse zur Durchsetzung interner und externer Ziele nach. Ein Land mit hoher außenwirtschaftlicher Verflechtung fährt daher am besten, wenn es sich einem größeren Wirtschaftsraum anschließt und seine nationale Wirtschaftspolitik anpasst.

Das von **P.B. Kenen** (1969) entwickelte Merkmal der **Produktdiversifizierung** besagt, dass Länder mit einem weitgefächerten Exportangebot auf außenwirtschaftliche Störungen weniger empfindlich reagieren, weil sich die Preiswirkungen auf die verschiedenen Exportgüter verteilen und durch entgegengesetzte Bewegungen bei anderen Produkten sogar kompensieren können. Folglich bleibt der Gesamtexport relativ stabil, so dass der Druck auf den Wechselkurs gemildert wird oder praktisch entfällt. Länder mit stark diversifiziertem Exportprofil sind deshalb eher prädestiniert, einer Währungsunion beizutreten, da unter diesen Voraussetzungen der Wechselkurs als Instrument zur Erreichung externer wirtschaftspolitischer Ziele nicht benötigt wird.

Seit Beginn der Diskussion um die Wirtschafts- und Währungsunion Europas vertrat die Bundesrepublik Deutschland verstärkt den stabilitätsbetonten **ökonomistischen** Ansatz (1970). Danach sollten zuvörderst die wirtschafts- und finanzpolitischen Ziele und Maßnahmen sowie die Wirtschaftsstrukturen der Mitgliedsländer harmonisiert werden. Erst vergleichbare Rahmenbedingungen und Lebensstandards bildeten das Fundament für reale Konvergenz und seien damit Voraussetzung für eine enge Koordination des einzelstaatlichen geld- und finanzpolitischen Handelns in der Gemeinschaft. Nach diesem großen Schritt in

Richtung **homogener Präferenzen (Ch. P. Kindleberger)** könnte der monetäre Vereinigungsprozess eingeleitet werden.

Durchgesetzt hat sich das gegensätzliche **monetaristische** Konzept. Von der **primär verwirklichten Währungsunion** soll nun der Zwang zu Abstimmung und Integration ausgehen.

15 Ökonomische Integration

15.1 Theoretische Grundlegung

Die Außenwirtschaftslehre beschreibt ökonomische Integration zunächst als *Zustand*, d.h. in einem bestimmten Wirtschaftsraum gibt es keine Handelshemmnisse. Darüber hinaus untersucht die Integrationstheorie als *Prozess* jene Maßnahmen, die zum Abbau von Protektionismus führen.

Ziel der ökonomischen Analyse ist die Herausarbeitung und Quantifizierung der (Verteilungs-) Wirkungen für die Wohlfahrt der teilnehmenden und der außenstehenden Länder.

Besonderes Augenmerk gilt den sog. Drittländern. Diese sind über das Mitgliedsland, das den niedrigsten Außenzoll aufweist, mit dem Integrationsgebiet verbunden (Meistbegünstigung). Dadurch können sie Einfluss auf das gesamte aus der Liberalisierung folgende Wohlfahrtsergebnis haben.

Die Integrationstheorie unterscheidet statische und dynamische Wohlfahrtseffekte:

1) **Statische Wohlfahrtseffekte**
Produktionseffekte und damit verbundene Realeinkommenssteigerungen entstehen durch die Verlagerung der Produktionsfaktoren an den Standort mit den niedrigsten Kosten.

   Umwelteffekte werden zusätzlich durch diese effizientere Allokation der Ressourcen bewirkt.

   Konsumeffekte ergeben sich in Höhe und Struktur als Folge der Realeinkommenserhöhungen.

   Terms of Trade-Effekte können (kurzfristig) durch die Festlegung des Außenzolls der Gemeinschaft auftreten (vgl. 13.1.4).

2) **Dynamische Wohlfahrtseffekte**
Skaleneffekte positiver Art sind in jenen Unternehmen möglich, die aufgrund der größeren Wirtschaftsgemeinschaft mit sinkenden Stückkosten produzieren und entsprechenden Preisvorteilen für die Verbraucher kalkulieren können.

   Wettbewerbseffekte beruhen auf der anfangs größeren Zahl der Konkurrenten im Binnenmarkt. Deregulierung und Marktöffnung verstärken durch niedrigere Transaktions- und Informationskosten die wirtschaftliche Koordination. Es besteht jedoch die Gefahr, dass Unternehmen ihre Kostenvorteile zu Wettbewerbsbeschränkungen (Absprachen) missbrauchen können, so dass die gesellschaftlichen Effizienzgewinne langfristig nicht garantiert sind.

Wachstumseffekte verspricht das Nutzen-Kosten-Kalkül in der Summe durch die verbesserten Skalenerträge, schärferen Wettbewerb sowie höhere Forschungs- und Entwicklungsaufwendungen größerer Unternehmen. Der technische Fortschritt zeigt sich in einer größeren Zahl von Produkt- und Prozessinnovationen.

15.2 Formen internationaler Wirtschaftsbeziehungen

Zur Messung der ökonomischen Verflechtung verfügt die Außenwirtschaftslehre über spezifische Indikatoren, denen die Transaktionen auf den jeweiligen Märkten zugrunde liegen.

15.2.1 Freier Handel von Gütern und Dienstleistungen

Der ungehinderte Warenverkehr stellt die originäre Form grenzüberschreitender Arbeitsteilung dar.

Typische Maßgrößen zur Bewertung der außenwirtschaftlichen Bedeutung eines Landes sind die *Exporteinnahmen* bzw. die *Importausgaben* sowie der *Außenbeitrag* als Saldo von Handels- und Dienstleistungsbilanz.

National gesehen, gilt ein positiver Außenbeitrag als Zeichen wirtschaftlicher Überlegenheit. Die globale Betrachtung indessen berücksichtigt, dass den inländischen Überschüssen – abgesehen von importierter Inflation – entsprechende Zahlungsdefizite und Währungsprobleme im Ausland gegenüberstehen, die vielfach zu protektionistischen Gegenmaßnahmen herausfordern.

Weitere wichtige Kennziffern für die Handelsbeziehungen sind die *Exportquote* und die *Importquote*, definiert als prozentualer Anteil der Aus- bzw. Einfuhr von Gütern und Dienstleistungen am BIP.

Aussagekräftiger bezüglich der Verflechtung ist der *Offenheitsgrad* einer Volkswirtschaft, da er den gesamten Außenhandel (Export + Import) auf das BIP bezieht.

15.2.2 Direktinvestitionen

Direkt- oder Auslandsinvestitionen sind im engeren Sinne so definiert, dass Unternehmen aus dem realen Sektor Kapital in fremden Wirtschaftsgebieten dauerhaft anlegen.

(Portfolioinvestitionen, für die ausschließlich das Ertragsmotiv im Vordergrund steht, werden im nächsten Abschnitt behandelt.)

Die Ströme der Direktinvestitionen haben in den letzten Dekaden weltweit wesentlich stärker zugenommen als die der Güter und Dienstleistungen, und zwar vor allem auch zwischen den Industrienationen. Die quantitative Erfassung erfolgt in der Bilanz des langfristigen Kapitalverkehrs.

Zu den wichtigsten Anlageformen zählen die Gründung von ausländischen Niederlassungen oder der Erwerb von Beteiligungen, verbunden mit der Ausstattung dieser Betriebe mit Anlagevermögen bzw. Finanzmitteln und Know-how.
Eine Sonderform von Beteiligungen sind „joint ventures". Hier teilen sich in- und ausländische Unternehmen vertragsgemäß Investitionskosten, Risiko und Profite.
Für die Internationalisierung der Produktion gibt es gewichtige Gründe: Sicherung von Rohstoffquellen, Erschließung neuer Märkte, Einflussnahme auf die Geschäftstätigkeit potentieller Konkurrenten.
Zuvörderst geht es aber um die Verlagerung von Produktion und Arbeitsplätzen aus Kostengründen, insbesondere wegen zu hoher Lohnkosten, wofür Mindestlöhne oder steigende Sozialkosten im Inland ausschlaggebend sein können.
Besonders positiv reagieren Direktinvestitionen auf staatliche Subventionen wie steuer-, zoll- und devisenrechtliche Vergünstigungen. Zudem locken viele meist weniger entwickelte Länder mit großzügigen Vorschriften beim Umweltschutz. Als Wohlfahrtsausgleich versprechen sie sich durch technisch hochwertige Investitionen einen rascheren Aufholprozess bis zum Weltniveau.

15.2.3 Globalisierte Finanzmärkte

Als Ausgangspunkt für die weltweite Liberalisierung der Finanzmärkte gelten die Loslösung des US-Dollars vom Goldstandard im Jahre 1971 sowie die Aufgabe des Systems fester Wechselkurse 1973. Seither sind die Kapitalströme mit einer bislang nicht gekannten Dynamik expandiert.
Die Erklärung hierfür liegt nicht in der für die realen Transaktionen notwendigen Finanzierung, die nur einen unbedeutenden Anteil von etwa 5% ausmacht. Entscheidend ist vielmehr ein durch Deregulierung entstandener verselbstständigter, eigendynamischer Weltfinanzmarkt, auf dem sich das Kapital nahezu unkontrolliert bewegen kann. Begünstigt wird der internationale Kapitaltransfer zusätzlich von Fortschritten in der Kommunikationstechnologie, wodurch der zeitliche Informationslag gegen Null geht.
Akteure sind private Anleger, vor allem aber die internationalen Konzerne und Banken (global players).

Neben den herkömmlichen Direktinvestitionen in Form von Aktien und Obligationen handeln professionelle Spekulationsexperten mit Derivaten (Optionen, Termingeschäfte, Swaps) auf Wertpapiere, Zinsentwicklungen oder Währungen. Da diese vielfach zum Aufbau spekulativer Positionen genutzt werden, gilt das Marktsegment – auch mit dem Blick auf die zunehmende Interdependenz in der Finanzwelt – schon immer als unberechenbar und besonders gefährlich.

Nach den weltwirtschaftlichen Erschütterungen und dem Kollaps der Kapitalordnung im Jahr 2008, wofür vor allem Ratingagenturen und Hedgefonds verantwortlich sind, suchen internationale Gremien nach neuen Konzepten und besseren Instrumenten für Transparenz, Marktregulierung und -kontrolle, um die Finanzmarktstabilität voll zu sichern. Die EU-Finanzminister beabsichtigen, bis Ende 2010 ein neues „Europäisches System für Finanzaufsicht" zu installieren.

15.2.4 Freie Arbeitsmärkte

In einer offenen Volkswirtschaft kommt dem freien Arbeitsmarkt als wichtigstem Teilmarkt besondere Bedeutung zu. Formale Charakteristika sind Freizügigkeit und Niederlassungsfreiheit. Im Normalfall sorgen in integrierten Gemeinschaften die prosperierenden Wirtschaftszweige für eine geordnete Eingliederung angeworbener Arbeitskräfte und garantieren ein relativ gesichertes Erwerbseinkommen.
Das Wohlstandsgefälle in der Welt löst indessen im Kern unerwünschte Migrationsströme aus. Solche Zuwanderer verdingen sich, vielfach illegal, zu schlechtesten Konditionen, was Lohn und Arbeitsbedingungen anlangt. Dadurch werden bereits bestehende kulturelle, sprachliche und soziale Probleme potenziert.
Realwirtschaftlich fundierte Maßnahmen gegen ungewollten Zustrom von Arbeit beruhen einerseits auf Direktinvestitionen, aber auch auf dem Import von Dienstleistungen ohne Faktormobilität durch die elektronische Kommunikation. Dadurch kann auch der Eliteverlust in fortgeschrittenen Schwellenländern verhindert werden.

15.3 Stufen der Integration

In der Weltwirtschaft entstehen neue, nach außen protektionistisch handelnde Wirtschaftsräume. Die Aufhebung immer weiterer Barrieren führt zu jeweils intensiveren Stufen der Integration.

1) *Präferenzzone*: Bei der Einfuhr von bestimmten Gütern aus Mitgliedstaaten werden keine oder niedrigere Zölle erhoben als beim Import aus Drittländern. Dies ist die lockerste Form der Interaktion.
2) *Freihandelszone*: Zölle und andere (Mengen-) Beschränkungen innerhalb des Gebiets sind abgeschafft. Im Austausch mit Drittländern wendet jedes Land seine eigenen Zollsätze an. Durch Einbeziehung in die Vereinbarungen können diese Staaten eine Sonderstellung erreichen.
3) *Zollunion*: Es besteht Freiheit des Warenverkehrs zwischen den Partnern. Gegenüber Drittländern wird ein gemeinsamer Außenzoll erhoben.
4) *Gemeinsamer Markt* oder *Binnenmarkt*: Ergänzend zum ungehinderten Handel wird die freie Mobilität der Produktionsfaktoren angestrebt bzw. verwirklicht. Diese „Grundfreiheiten" bilden die Basis fortgeschrittener Wirtschaftskooperation.
5) *Wirtschaftsunion*: Die Länder wachsen noch stärker zusammen, indem sie über den vollendeten Binnenmarkt hinaus bestimmte Bereiche der nationalen Wirtschaftspolitik harmonisieren.
6) *Wirtschafts- und Währungsunion*: Abgabe der nationalen Souveränität über das Währungswesen. Einhaltung von Konvergenzkriterien (Fiskalpolitik). Supranationale Geld- und Währungspolitik mit dem Ziel koordinierter Wirtschaftsförderung.
7) *Totale ökonomische Integration*: Verzicht auf nationalstaatliche Politikautonomie. Alle wichtigen wirtschaftspolitischen Felder, insbesondere die Fiskal-, Konjunktur-, Arbeitsmarkt-, Sozial-, Agrar- und Umweltpolitik werden von einer supranationalen Behörde bestimmt und überwacht. Direkte Vorstufe zur *Politischen Union*.

15.4 Wirtschaftszentren

In den vergangenen Jahrzehnten sind auf allen Kontinenten wirtschaftliche Interessen- und Zollgemeinschaften entstanden, deren Mitglieder von der regionalen Handelsliberalisierung profitieren.

In Afrika:

- Entwicklungsgemeinschaft des Südlichen Afrika (SADC)
- Wirtschaftsgemeinschaft Westafrikanischer Staaten (ECOWAS)

In Amerika:

- Nordamerikanische Freihandelszone (NAFTA)
- Gemeinsamer Markt im Süden Lateinamerikas (Mercosur)
- Freihandelszone der amerikanischen Staaten (FTAA)

Im asiatischen und asiatisch-pazifischen Raum:

- Organisation für Asiatisch-Pazifische Zusammenarbeit (APEC)
- Verband Südostasiatischer Staaten (ASEAN)
- Freihandelszone in Südostasien (AFTA)

In Europa:

- Europäische Union (EU)
- Europäische Freihandelsassoziation (EFTA)

Von allen internationalen Zusammenschlüssen hat die Europäische Union in Form der Wirtschafts- und Währungsunion bis heute die höchste Integrationsstufe erklommen. Sie ist dem Ziel der Politischen Union relativ nahe.

Die anderen Organisationen verharren auf einer vertieften ökonomischen Zusammenarbeit in Gestalt des gemeinsamen Marktes unter Beibehaltung der bestehenden Strukturen.

Je nach Standpunkt kann man diese regionalen Blöcke auch als Hindernis für einen weltumfassenden Wettbewerb interpretieren, da sie zu einer oligopolistischen Marktstruktur führen (neuer Regionalismus).

16 WTO-Institution des liberalen Welthandels

16.1 Entwicklungsgeschichte der Welthandelsorganisation

Zur Neuordnung der Weltwirtschaft nach dem 2. Weltkrieg beschloss die *United Nations Monetary and Financial Conference* in **Bretton Woods** im Jahre 1944, die **Weltbank** *(International Bank for Reconstruction and Development* IBRD) und den **Internationalen Währungsfonds** *(International Monetary Fund* IMF) als rechtlich selbständige Sonderorganisationen der UN in Washington zu errichten.

In der Havanna-Charta von 1948 war vorgesehen, diese währungs- und entwicklungspolitischen Dimensionen einer neuen Weltwirtschaftsordnung durch die *International Trade Organization* ITO als dritte Säule zu ergänzen. Sie sollte - ebenfalls als „special agency" der UN - die Integration der Weltwirtschaft auf *handelspolitischem* Gebiet fördern. Als das weitgespannte Konzept der Internationalen Handelsorganisation nicht realisiert werden konnte, blieb das 1947 zunächst nur als Provisorium vorgesehene **Allgemeine Zoll- und Handelsabkommen** *(General Agreement on Tariffs and Trade* GATT) als Dauereinrichtung erhalten.
Während der folgenden fast 50 Jahre bestand das GATT einerseits als Name einer formellen Organisation mit dem Sekretariat in Genf, zum anderen als System von bi- und multilateralen Verträgen zwischen den Mitgliedsstaaten.
Die grundlegende Idee des GATT war, durch volle Erschließung der globalen Ressourcen und sukzessive Vollbeschäftigung die Produktion und damit das weltweite reale Einkommen zu steigern. Der freie Handel sollte eine Erhöhung des Wohlstandes aller beteiligten Länder gewährleisten.

Das GATT konnte sein eigentliches Ziel, den drohenden Rückfall in den schädlichen Protektionismus der 1930er Jahre zu verhindern, voll erfüllen. Im Durchschnitt reduzierten sich die Zölle in der Abfolge mehrerer sogenannter „Runden" von etwa 50% auf knapp 4%!
Diese erfolgreiche Politik beruhte auf einigen grundlegenden Prinzipien:

- Verbot von mengenmäßigen Handelsbeschränkungen sowie Maßnahmen gleicher Wirkung. Sofern Schutz als notwendig erachtet wird, nicht durch quantitative Restriktionen, sondern durch Zölle
- Abbau dieser Schutzzölle und Verbot ihrer Wiedererhöhung
- Anwendung der *Meistbegünstigungsklausel* (Most Favored Nation Principle) in Verbindung mit dem Prinzip der Gegenseitigkeit von Zollkonzessionen (Reciprocity Principle), um eine *relative* Gleichwertigkeit gegenseitiger Zugeständnisse zu erreichen.

- Behandlung importierter Waren gemäß dem Inländerprinzip, d.h. nach Überschreiten der Grenze wie einheimische Erzeugnisse (National Treatment). Z.B. kein häufigerer TÜV für eingeführte Kraftfahrzeuge.

Trotz aller Erfolge zeigte sich bereits bei den Verhandlungen der **„Tokio-Runde“** (1973-1979), dass das GATT den neuen Problemen und Tendenzen im Welthandel nicht mehr gewachsen war.
Zahlreiche Ausnahmen und Einzelabkommen gestalteten das Regelwerk unübersichtlich und ungerecht. Die Ratifizierung der Nebenverträge war freiwillig. Zudem beschränkte sich das GATT auf den traditionellen Warenhandel, obwohl gerade der Dienstleistungssektor kräftig expandierte und bereits mehr als 20% des Austausches insgesamt ausmachte - mit weiter steigender Tendenz. Die wachsende Globalisierung verlangte auch nach Regelungen für Direktinvestitionen und Technologietransfer sowie für intellektuelles Eigentum (Patente, Warenzeichen, Urheberrechte).
Für den Güterverkehr hatte sich zur Umgehung der niedrigeren Zollbarrieren ein *neuer Protektionismus* entwickelt, und zwar in Form nicht-tarifärer Hemmnisse sowie restriktiver Vorschriften bezüglich Sicherheit, Gesundheit und Ökologie. Bei diesen „domestic measures“ ließ sich ein legitimes staatliches Interesse von verdeckten Handelshindernissen nicht klar abgrenzen.
Systemimmanent war von vorneherein das Manko der fehlenden Gerichtsbarkeit, um Streitfragen zwischen Staaten, Handelsorganisationen oder Unternehmen zu entscheiden und die Grundsätze des freien Handels aktiv durchzusetzen. Die Schwierigkeiten lagen auch darin begründet, dass internationaler Handel nicht auf verfasstem Recht, sondern auf der **lex mercatoria** beruht. Folgerichtig wurden und werden Handelsstreitigkeiten vielfach nicht vor Rechtsbehörden abgewickelt, sondern durch „neutrale Schiedsrichter“.

Mit dem Auftakt in Punta del Este im September 1986 unternahm die achte Runde des GATT, die **„Uruguay-Runde“**, den ehrgeizigen Vorstoß, die Schwächen des alten Systems zu überwinden und ein neues Welthandelssystem zu institutionalisieren. Die Verhandlungsergebnisse wurden in Marrakesch im April 1994 unterzeichnet und gipfelten in der Gründung der **World Trade Organization (WTO)** mit Sitz in Genf. Als ständige Einrichtung der UN besitzt sie den gleichen Status wie Weltbank und IWF.
Durch die offizielle Einsetzung der WTO zum Januar 1995 wurde die „Organisation“ GATT abgeschafft und in die WTO übergeleitet. GATT als „Vertrag“ gilt auch künftig für alle Mitglieder, die das *gesamte* Paket der Uruguay-Runde nicht unterzeichnen. Die WTO führt diese Geschäfte weiter.

Derzeit zählt die Organisation 153 Mitgliedstaaten. Russland ist die letzte große Wirtschaftsmacht, die der kooperativen Weltordnung noch nicht angehört. Seit 1993 laufende, zähe Verhandlungen waren bislang noch nicht erfolgreich. Ein besonderes Interesse an der Zugehörigkeit haben die europäischen Exporteure, weil hier ein wichtiger Zukunftsmarkt liegt. Bei voller Einbindung in die Weltwirtschaft erwartet sich Russland einen vergleichbaren Aufschwung wie in China, dessen Beitritt zur WTO eine der wesentlichen Ursachen für die enorme Steigerung der Beschäftigung, des Exports und des Bruttoinlandsprodukts ist.

16.2 Aufgaben und Funktionen der WTO

Mit ihrer Gründung übernahm die WTO alle Einzelverträge und Liberalisierungsabkommen des GATT. Sie erhielt den Auftrag, die Beschlüsse der Uruguay-Runde umzusetzen und die bewährten GATT-Regeln des internationalen Handels zu aktualisieren bzw. zu erweitern.
Als oberste Maxime gilt das „All or Nothing“-Prinzip, wonach sich alle Mitgliedsstaaten verpflichten, sämtliche Haupt- und Nebenverträge zu unterschreiben und sich der Gerichtsbarkeit zu unterwerfen. Zahlreiche Einzelbestimmungen betreffen den laufenden Handel mit physischen Gütern. Einem Quantensprung in der Welthandelsordnung kommt die Regelung der Wirtschaftsbeziehungen für die *„neuen Bereiche“* gleich.

1) Bei *Industriegütern* werden die Zölle beginnend ab 1995 sukzessive reduziert.
   Für Agrar- und Textilerzeugnisse sind Übergangszeiten vereinbart, weil diese Wirtschaftszweige, die traditionell hinter Handelsschranken Schutz gefunden hatten, vom internationalen Wettbewerb besonders hart betroffen sind. Die EU hat im Rahmen der Gemeinsamen Agrarpolitik (GAP) die direkten Einkommenstransfers für die Landwirtschaft neu geregelt. Für die Textilindustrie sind ebenfalls Mittel zur Anpassung bereitgestellt. Besondere längerfristige Übergangsbestimmungen wurden in diesen Branchen für die Entwicklungsländer festgelegt.
2) Den in der EU geltenden Verordnungen über das *Öffentliche Auftragswesen* sind weitere spezialisierte Länder beigetreten. Staatliche Projekte, die einen bestimmten Wert übersteigen, müssen von Zentral-, Regional- und großen Stadtverwaltungen in den Vertragsländern öffentlich ausgeschrieben werden.
3) Zu den *„new issues“* der WTO-Ordnung zählen auch die handelsbezogenen Investitionsmaßnahmen (Trade-Related Investment Measures TRIMS). Sie zielen auf eine Investitionsliberalisierung ab, indem die WTO auf spezifische Präferenzen des Importlandes Einfluss nimmt. Es geht vor allem um die Einbeziehung von Vorprodukten und Wertschöpfungsanteilen des Inlandes (Arbeit), Steuerbelastungen und Subventionszahlungen sowie Zollnachlässe.
   Das allgemeine Abkommen über den Handel mit Dienstleistungen (General Agreement on Trade in Services GATS) erfasst wichtige Wirtschaftssektoren wie Bank-, Wertpapier- und Versicherungsgeschäfte, Luft- und Seetransporte sowie Audiovision und Telekommunikation.
   Analog zu bereits praktizierten Urheberrechten in Literatur und Kunst wird das WTO-Regelwerk durch ein *„Abkommen über den Schutz geistiger Eigentumsrechte einschließlich des Handels mit Nachahmungen und Fälschungen“* (Agreement on Trade-Related Aspects of Intellectual Property Rights TRIPS) erweitert. Die zusätzlich gegen Piraterie geschützten Werte betreffen insbesondere Computerprogramme und Datenbankkonzeptionen, Patente, Handelsmarken und Industriedesign.
4) Ein weiteres Hauptaufgabengebiet der WTO besteht darin, die neu vereinbarten konkreten Verfahren zur Beilegung handelspolitischer Konflikte durchzusetzen. Schlichtungsverfahren sind vom Disputes Settlement Board i.d.R. nach neun Monaten, nach eingelegter Berufung spätestens nach insgesamt zwölf Monaten abzuschließen. Werden Entscheidungen der Berufungsinstanz missachtet, können kurzfristig multilaterale Retorsionsmaßnahmen erfolgen.

Trotz dieser beachtlichen Fortschritte in der Verrechtlichung und Institutionalisierung der Streitbeilegung stellt die mangelnde Durchsetzbarkeit von Urteilen nach wie vor den gravierendsten Schwachpunkt des internationalen Regelwerkes dar.
Der im transatlantischen Handel quantitativ so unbedeutende, seit 1993 schwelende Konflikt um die EG-Bananenmarktordnung zwischen den Vereinigten Staaten und der Europäischen Union hat schon nach kurzer Zeit das gesamte Schlichtungsverfahren in Frage gestellt. Nach Ausschöpfung aller Rechtsmittel bei der WTO konnten die Europäer und die USA in diesem Fall selbst eine Einigung finden.

Gleichwohl hat die WTO die Zeichen der globalen ökonomischen Revolution rechtzeitig erkannt und durch weitere Liberalisierung des internationalen Austausches den entstandenen Druck gemindert. Auf dem ersten - in zweijährigem Turnus stattfindenden - Kongress der Wirtschaftsminister in Singapur im Dezember 1996 unterzeichneten zunächst 28 wichtige Herstellerländer ein Informationstechnologieabkommen (ITA), das Computer und Multimediaprodukte einschließlich der dazugehörenden Produktgruppen (Halbleiter, Software, Telekommunikation) künftig zollfrei stellt.

Dennoch bleibt ein weites Feld ungelöster Fragen, die in der Diskussion - jedoch (noch) nicht kompromissfähig sind.

Hierzu gehören **anerkannte Arbeits- und Sozialnormen**, mit den Hauptproblemen Immigration, Mindestlöhne (Lohndumping verbunden mit Kinder- und Gefangenenarbeit), Freiheit zur Gründung von Gewerkschaften, Anerkennung von Abschlüssen (berufliche Qualifikation), Arbeitserlaubnis und Sozialversicherung.

Besonders umstritten ist die Festlegung **ökologischer Mindeststandards**. Die Industrieländer werfen den Entwicklungsländern Ökodumping durch die rücksichtslose Ausbeutung der Natur vor (z.B. Brandrodung zur Gewinnung von Agrarflächen). Diese argwöhnen, dass mit Umweltnormen, die sie nicht erfüllen können, neue protektionistische Hindernisse errichtet werden.
Die zunehmende **Machtfülle multinationaler Konzerne** bietet die Möglichkeit, im internen Austausch die von der WTO festgelegten Normen des freien Handels auszuhebeln.

16.3 Kritische Anmerkungen zur Entwicklung

In den letzten Jahren ist die WTO - neben Weltbank und IWF - massiv in die Kritik von Globalisierungsgegnern geraten. Für die Vertreter der Dritten Welt steht nicht das Paradigma des Freihandels selbst auf dem Prüfstand. Sie kritisieren nicht die Öffnung der Märkte an sich. Nach ihrer Meinung haben insbesondere Europäische Union, USA und Japan das Handelsabkommen so umgesetzt, dass außer ihnen kaum noch ein anderer davon profitiert:

Technische Standards schließen Produkte vieler Schwellenländer aus. Zölle, Quoten und Subventionen schützen eine längst nicht mehr wettbewerbsfähige Landwirtschafts- und Textilindustrie. Westliche Konzerne beharren auf Patenten für Saatgut. Selbst beim TRIPS-Agreement wird es immer schwieriger, den „Goldenen Schnitt“ anzusetzen zwischen den legitimen Schutzanforderungen wohlerworbener Rechte des geistigen Eigentums auf der einen Seite, die zugleich Handelshemmnisse bedeuten, und der von EU und WTO als hochrangiges Ziel deklarierten Handelsfreiheit andererseits. Logischerweise sitzen die Protektionisten dort, wo es etwas zu schützen gibt.

Im Jahr 2001 haben die Fachminister der WTO in Doha (Katar) eine weitere Runde zur Liberalisierung des Welthandels und zur Öffnung der Märkte eingeleitet. Die **Doha-Runde** (Doha Development Agenda - DDA), als „Entwicklungsrunde" deklariert, soll die Integration vor allem der ärmsten Länder fördern.

Zentrale Verhandlungspunkte sind der Abbau von Subventionen und Zöllen im Agrarsektor durch die USA, die EU und andere reiche Staaten, um bestehende Wettbewerbsverzerrungen zu beseitigen. Gemäß dem Prinzip der (unspezifischen) Reziprozität würden den Industrieländern bessere Konditionen für den Export ihrer Güter und Dienstleistungen zugestanden.

Obwohl die Landwirtschaft nur einen geringen Anteil am Welthandel ausmacht, ist die Liberalisierung der Agrarmärkte zum Hauptstreitpunkt geworden. Vor allem die ärmsten Länder, für die der Agrarexport eine wichtige Einnahmequelle ist, aber auch große wettbewerbsfähige Schwellenländer befürchten relative Wohlfahrtsverluste. Tatsächlich existieren zur Doha-Runde zahlreiche Gutachten mit höchst unterschiedlichen Aussagen über Höhe und Verteilung der Wachstumsgewinne bzw. der Armutsreduktion.

Bei einem Kompromiss in diesen substanziellen Fragen kann es **kurzfristig** nicht nur Gewinner geben. Die Mitgliedsländer werden einen Vorrang vor nationalen Bestimmungen (Souveränitätsverzicht) nur bei längerfristig erwarteten Expansionsmöglichkeiten und entsprechenden Handelsgewinnen in anderen Bereichen (Kompensationen) akzeptieren.

Diese Chance besteht für die Doha-Runde, da die WTO-Länder ein bis zu 100 Mrd. Dollar höheres Welthandelsvolumen erwarten. Eine Einigung wäre – in Anbetracht neuer Handelsschranken wegen der Weltfinanzkrise – eine Bestätigung des Kernprinzips freien Welthandels und ein bedeutsamer Schritt zum Abbau von Ungleichheit und Armut.

16.4 Ergebnis und Ausblick

Die enorme Steigerung des Welthandelsvolumens in der jüngeren Vergangenheit beweist, dass die internationale Arbeitsteilung zugenommen hat. Offensichtlich haben sich viele Nationen von der Freihandelsidee leiten lassen.
Deutschland hat sich von einem Land mit Außenhandel zu einer offenen Volkswirtschaft gewandelt. Die Stärke der außenwirtschaftlichen Verflechtung lässt sich anhand der Kennziffer des *Offenheitsgrades* (Wert der Ausfuhr plus Einfuhr bezogen auf das BSP) beurteilen. In den letzten dreißig Jahren ist die so definierte Kennziffer in Deutschland von 37 auf 70, in Frankreich von 25 auf 45, in Italien von 26 auf 36 und in den USA von 9 auf 22 Prozent gestiegen (Christian Watrin).

Für die Zukunft wird erwartet, dass sich die weltwirtschaftlichen Probleme eher verschärfen. Im Kampf gegen die sich abzeichnenden ökonomischen Dissonanzen – steigende Zahlungsbilanzdefizite in Entwicklungsländern, Strukturveränderungen durch neue Schwellenländer, die sich zu konkurrenzfähigen Volkswirtschaften fortentwickeln, und zu niedrige Wachstumsraten mit der Folge zunehmender Arbeitslosigkeit – ist damit zu rechnen, dass einzelne Staaten oder Wirtschaftsblöcke versuchen werden, sich durch neue Handelsbarrieren kurzfristige nationale Vorteile zu verschaffen.

Gegen „unfairen Handel“ gibt es in allen Staaten oder Wirtschaftsgemeinschaften rechtliche Grundlagen für Gegenmaßnahmen. Die USA können sich auf Artikel 301 des Handelsgesetzes (Trade Act) von 1974 berufen, der die Erhebung von Strafzöllen auf Produkte jener Länder ermöglicht, die US-Importe benachteiligen. Über ein vergleichbares „Neues handelspolitisches Instrument“ verfügt die EU in Form der „Verordnung zur Stärkung der gemeinsamen Handelspolitik und des Schutzes gegen unerlaubte Handelspraktiken“.

Ziel der WTO muss es sein, derartige Entwicklungen zu verhindern und die Liberalisierung der Weltwirtschaftsordnung weiter voranzutreiben.

17 Europäische Einigung

17.1 Gründung und Ziele der Europäischen Wirtschaftsgemeinschaft

Die europäische Integration geht ursprünglich auf *politische* Zielsetzungen zurück. Durch die Bildung supranationaler Institutionen sollte nach dem Zweiten Weltkrieg das nationalstaatliche Machtstreben überwunden werden.

Die Zusammenarbeit in Europa beginnt im Jahr 1951 mit der Gründung der **Europäischen Gemeinschaft für Kohle und Stahl (EGKS)**, später **MONTANUNION.** Signatarstaaten sind Belgien, Deutschland, Frankreich, Italien, Luxemburg und Niederlande.

Die Geburtsstunde des heutigen Europa schlägt mit der Unterzeichnung der **Römischen Verträge** am 25. März 1957 durch dieselben Länder. Beginnend ab 1. Januar 1958 werden zwei neue Institutionen geschaffen:

- die **Europäische Atomgemeinschaft (EURATOM)**, wegen ihres Sonderstatus nicht integriert
- die **Europäische Wirtschaftsgemeinschaft (EWG),** mit den anfänglichen Schwerpunkten Handels-, Wettbewerbs-, Agrar- und Verkehrspolitik.

Die Ziele der EWG sind naturgemäß vor allem *wirtschaftlich* ausgerichtet. Das politische Ziel wird indessen nicht aus den Augen verloren:

- harmonische Entwicklung des Wirtschaftslebens
- stetiges ausgewogenes Wirtschaftswachstum
- Stabilität
- Steigerung der Lebenshaltung
- engere Beziehungen zwischen den Mitgliedstaaten

Wettbewerb, wie auf einem Binnenmarkt, soll die Integration der einzelnen Volkswirtschaften voranbringen.

Ökonomisch gesehen, beruhen diese hohen Erwartungen auf den Grundprinzipien zur Produktionssteigerung in einem integrierten Wirtschaftsraum: Größere Absatzmärkte, effizientere Ressourcenallokation, Ausnutzung von Skaleneffekten sowie verbesserter Wissens- und Technologietransfer.

17.2 Entwicklung zur Europäischen Gemeinschaft

Nach 10 Jahren erfolgreichen Zusammenwachsens benötigt die „Sechsergemeinschaft“ eine neue Organisationsstruktur. Im Jahr 1967 gehen die Aufgaben von EWG und EURATOM – unter Auflösung der MONTANUNION – auf die nun so bezeichnete **Europäische Gemeinschaft (EG)** über. Der Vertrag über die EWG bleibt konstitutionelle Grundlage der EG.

Oberste Organe sind Parlament, Rat, Kommission und Gerichtshof.

Als Rechtsetzungs- und Entscheidungsinstanz kommt dem „Rat“ eine dominierende Rolle zu. Exekutive ist die „Kommission“.

Die Ziele der EG werden ausgeweitet und differenziert:

- harmonische, ausgewogene und nachhaltige Entwicklung des Wirtschaftslebens
- hohes Beschäftigungsniveau und hohes Maß an sozialem Schutz
- beständiges, nicht inflationäres Wachstum
- hohes Maß an Umweltschutz und Verbesserung der Umweltqualität
- Hebung der Lebenshaltung und der Lebensqualität
- Weiterentwicklung des wirtschaftlichen und sozialen Zusammenhalts und der Solidarität zwischen den Mitgliedstaaten

Der integrative Fortschritt findet in der Vollendung der **Zollunion** am 1. Juli 1968 seinen formalen Ausdruck. Die zunehmende wirtschaftliche Stärke der EG zeigt sich darin, dass sie sogar zu Auseinandersetzungen mit den Welthandelsmächten USA und Japan fähig ist.

So wird die EG für weitere europäische Staaten attraktiv. In mehreren Erweiterungsrunden vergrößert sich die Mitgliederzahl in rasantem Tempo bis 1973 auf 9, bis 1986 auf 12 und bis 1995 (einschließlich der verbliebenen EFTA-Länder) auf 15.

17.3 Europäische Union

17.3.1 Entstehung und Aufbau

Einen Markstein in der europäischen Einigungsgeschichte setzt die am 1. Juli 1987 in Luxemburg beschlossene **Einheitliche Europäische Akte (EEA).**

Sie initiiert den Start des **Europäischen Binnenmarktes** und damit die nationale Umsetzung des freien Verkehrs von Waren, Dienstleistungen, Personen und Kapital („4 Grundfreiheiten“) ab 1. Januar 1993.

„Dieses Großprojekt der Handels- und Kapitalliberalisierung war eine Reaktion auf die verschärfte Konkurrenz durch die aufstrebenden asiatischen Länder und den Zusammenschluss nordamerikanischer Länder unter der Hegemonie der USA (NAFTA – Abkommen) und sollte die Position der westeuropäischen Länder auf dem Weltmarkt stärken.“ (Christiane Lemke, Internationale Beziehungen, S. 158f.)

Die EEA enthält eine weitere wegweisende Grundsatzentscheidung: Die damals 12 Länder verständigen sich darauf, die Bildung einer Wirtschafts- und Währungsunion zu forcieren.

Mit dem Inkrafttreten des **Vertrages von Maastricht (Vertrag über die Europäische Union – EUV)** am 1. November 1993 nimmt dieses Vorhaben konkrete Gestalt an.

Die **Europäische Union (EU)** besteht aus drei Säulen: der supranationalen Europäischen Gemeinschaft als umfassender Wirtschafts- und Währungsunion, der Gemeinsamen Außen- und Sicherheitspolitik und der Zusammenarbeit von Sicherheitsorganen und Justiz.

	Europäische Union	
1. Säule **Europäische Gemeinschaften**	**2. Säule** **Gemeinsame Außen- und Sicherheitspolitik**	**3. Säule** **Polizeiliche und Justizielle Zusammenarbeit**
EG - Regelungskompetenz auf (fast) allen Feldern wirtschaftlichen Geschehens (vgl. 17.3.4)	***Außenpolitik*** Gemeinsame, abgestimmte, europäisch geprägte Politik für Frieden, Freiheit, Demokratie und Menschenrechte	- Bekämpfung von organisierter Kriminalität - Bekämpfung des Terrorismus - Polizeiliche Zusammenarbeit, verstärkt nach Inkrafttreten des Schengener Abkommens
EURATOM - Zusammenarbeit auf dem Gebiet der Kernenergie	***Sicherheitspolitik*** - Gemeinsame Verteidigungspolitik - Verzahnung der Streitkräfte - Vermeidung von Konflikt- und Krisensituationen	

Abb.: 17-1: Drei Säulen der Europäischen Union

Das Schaubild verdeutlicht die wichtigsten Politik- und Agendafelder. Übergeordnete Ziele der **wirtschaftlichen** Säule sind die Förderung des wirtschaftlichen und sozialen Fortschritts, eines hohen Beschäftigungsniveaus sowie die Herbeiführung einer ausgewogenen und nachhaltigen Entwicklung.

17.3.2 Organe und Aufgaben

Der Vertrag von Maastricht und die Nachfolgekonferenzen von Amsterdam (1997) und Nizza (2000) sowie ergänzende Protokolle enthalten die rechtlichen Grundlagen zur institutionellen Umsetzung und zur politisch-administrativen Handlungsfähigkeit der EU (Anzahl der Mitglieder, Stimmenverteilung in den Gremien etc.).

- *Ministerrat* bzw. *Rat der EU* (Sitz Brüssel): Er setzt sich je nach der anstehenden politischen Entscheidung aus einem Vertreter des entsprechenden Fachministeriums eines jeden Mitgliedslandes zusammen. Der Rat hat legislative Kompetenz und ist damit wichtigstes Entscheidungsorgan. Der Vorsitz wechselt halbjährlich.
- *Europäischer Rat*: Die Staats- und Regierungschefs der Mitgliedstaaten treffen i.d.R. zweimal im Jahr zusammen, formulieren für die Entwicklung der Union neue Zielvorgaben und setzen die notwendigen Impulse. Hierfür verfügt der Europäische Rat über Initiativrecht, er ist aber keine eigene Instanz der EU.
- *Europäische Kommission* (Sitz Brüssel): Sie ist das Exekutivorgan und somit für die Umsetzung der politischen Vorgaben zuständig. Ihr steht das Initiativrecht der EU zu. Es gehört ihr je ein Vertreter eines jeden Landes an. Der Kommissionspräsident wird vom Rat vorgeschlagen und vom Europäischen Parlament bestätigt.
- *Europäisches Parlament* (Sitz Strassburg): Die derzeit 785 Abgeordneten werden alle 5 Jahre von den Bürgern der EU direkt gewählt. Sie haben Mitentscheidungsrechte in den Gesetzgebungsverfahren, stellen aber bis heute keine echte Legislative dar.
- *Europäischer Gerichtshof* (Sitz Luxemburg): Er entscheidet in Streitfragen des Gemeinschaftsrechts.
- *Europäischer Rechnungshof* (Sitz Luxemburg): Er prüft die Recht- und Ordnungsmäßigkeit der Haushaltsführung.
- *ECOFIN-Rat*: Der Rat der Wirtschafts- und Finanzminister der EU gehört formal zum Bereich der Wirtschafts- und Währungsunion. Primär überwacht er die Einhaltung der Konvergenzkriterien, er berät Länder bei Abweichungen und kann dem Rat Sanktionen vorschlagen.

17.3.3 Ergebnisse der wirtschaftlichen und politischen Integration

Die auf Konvergenz und Harmonisierung gerichtete Politik der EU schreitet auf ihren Hauptfeldern mit unterschiedlicher Geschwindigkeit voran.

Die Außen- und Sicherheitspolitik als zweite und die Zusammenarbeit von Polizei und Justiz als dritte Säule berühren traditionelle Kernbereiche staatlicher Souveränität. Hier stößt der Autonomieverzicht noch auf große Vorbehalte, so dass auf diesen Gebieten der „Modus *zwischenstaatlicher Zusammenarbeit*" vorherrscht (Christiane Lemke, S. 162).

Die größten Koordinations- und Integrationserfolge zeitigt der Binnenmarkt, der nach dem „*vergemeinschafteten Politikmodus*" funktioniert (Christiane Lemke, ibid.).

Aus monetärer Sicht ragen zwei Glanzpunkte heraus:

- die Errichtung der Europäischen Zentralbank (EZB) und die Einführung des Euro als Verrechnungseinheit zum 1. Januar 1999 (Beginn der Europäischen Wirtschafts- und Währungsunion EWWU)
- die Einführung des Euro als gemeinsame europäische Währung im Bar- und Zahlungsverkehr am 1. Januar 2002

Aber auch der rechtliche Zusammenschluss der europäischen Völker steht in keiner Weise nach. Im Zuge der Osterweiterung ist die Zahl der Mitgliedsländer auf 27 angewachsen. Die Leistungsstärke aller Volkswirtschaften im Verbund lässt sich anhand von Abb. 17-2 beurteilen. (Die Übersicht ist dem Werk von Wolfgang Eibner, Internationale wirtschaftliche Integration, S. 195 entnommen.)

Land	Beitritts-jahr	Bevölke-rung 2005 (in Mio.)	Fläche (km^2)	BIP 2006 (in Mrd. €)	BIP pro Kopf 2006 (in €)	BIP pro Kopf in KKP* 2006 (EU 15 = 100)
Belgien	1952	10,4	30.510	313,041	29,800	108
Deutschland	1952/90	82,5	357.021	2.307,967	28,000	101
Frankreich	1952	60,6	547.030	1.781,121	28,300	102
Italien	1952	58,5	301.320	1.473,117	25,100	91
Luxemburg	1952	0,5	2.586	32,300	70,200	254
Niederlande	1952	16,3	41.526	529,245	32,400	117
Dänemark	1973	5,4	43.094	221,362	40,800	148
Großbritannien	1973	60,0	244.820	1.889,211	31,200	113
Irland	1973	4,1	70.280	173,848	40,900	148
Griechenland	1981	11,1	131.940	194,777	17,500	63
Portugal	1986	10,5	92.931	152,450	14,400	52
Spanien	1986	43,0	504.782	976,503	22,200	81
Finnland	1995	5,2	337.030	167,371	31,900	115
Österreich	1995	8,2	83.858	256,464	31,000	112
Schweden	1995	9,0	449.964	299,242	33,000	120
Gesamt (EU-15)		**385,4**	**3.238.692**	**10.768,019**	**24,500**	**100**
Estland	2004	1,3	45.226	12,818	9,500	35
Lettland	2004	2,3	64.589	15,336	6,700	24
Litauen	2004	3,4	65.200	23,341	6,900	25
Malta	2004	0,4	316	4,769	11,700	42
Polen	2004	38,2	312.685	269,802	7,100	26
Slowakei	2004	5,4	48.845	42,870	7,900	29
Slowenien	2004	2,0	20.253	29,415	14,700	53
Tschechien	2004	10,2	78.866	109,696	10,700	39
Ungarn	2004	10,1	93.030	92,768	9,200	33
Zypern	2004	0,7	9.250	14,307	18,500	67
Bulgarien	2007	7,8	110.900	24,260	3,100	11
Rumänien	2007	21,7	238.400	90,085	4,200	15
Gesamt (EU-27)		**489,0**	**4.326.252**	**11.497,486**	**20,800**	**84,5**

Abb.: 17-2: Integrationsschritte der EU

* Angaben zum BIP zu Marktpreisen in Wechselkursen: Die rechte Spalte bewertet das BIP abweichend in Kaufkraftparitäten (KKP) relativ zum Durchschnitt der vormaligen EU 15, der zu 100 gesetzt ist, um die schon erreichte relative Kaufkraft der Beitrittsstaaten aufzuzeigen.

17.3.4 Gemeinsame Politikfelder

Die beeindruckenden Fortschritte in der Koordination von Wirtschaft und Währung werden deutlich, wenn man den Katalog der „gemeinsamen Aufgaben" betrachtet, für die der EU - Ministerrat zuständig ist.

- Außenhandelspolitik
- Finanz- und Steuerpolitik
- Wirtschafts- und Währungsunion
- Wettbewerbspolitik
- Beschäftigungs- und Gleichstellungspolitik
- Agrar- und Fischereipolitik
- Verkehrspolitik
- Energiepolitik
- Umweltpolitik
- Sozialpolitik
- Gesundheitspolitik
- Bildungs- und Kulturpolitik
- Entwicklungspolitik
- Forschungs- und Technologiepolitik
- Industriepolitik
- Fremdenverkehrspolitik
- Verbraucherschutzpolitik
- Kommunikations- und Transportpolitik
- Regional- und Strukturpolitik
- EU-Förderprogramme

Es gibt praktisch kein gesellschaftspolitisches, wirtschaftspolitisches oder ökologisches Thema, das sich allein auf der Grundlage nationaler Hoheitsrechte diskutieren und entscheiden lässt. Europa stellt immer häufiger den Rahmen, um Lösungen zu finden.

17.4 Probleme und ökonomische Perspektiven

Die transnationale Zusammenarbeit hat Europa in den vergangenen Jahrzehnten Wachstum und Wohlstand gebracht. Jede Integration verlangt aber von den wohlhabenderen Mitgliedern zunächst die Bereitschaft zum Ressourcentransfer, und zwar nach innen und nach außen.

In der Außenwirtschaft hat die Staatengemeinschaft offensichtlich die Balance zwischen Binnenegoismus und ihrem Beitrag zur Überwindung der *globalen* Herausforderungen gefunden. Im Focus stehen die von der EU veranlassten oder mitgetragenen Maßnahmen gegen die Hungerkrise, die Energieverknappungskrise und die Umweltkrise.

Nach innen offenbart sich infolge der Südöffnung, vor allem aber wegen der raschen Osterweiterung ein eklatantes Wohlstandsgefälle. Differenzen bestehen nicht nur zwischen den Mitgliedstaaten, sondern auch zwischen einzelnen Regionen wohlhabender und armer Länder. Bestimmte Regionen eines schwachen Landes können besser dastehen als manche Gebiete eines reichen Landes.

Das Auftreten ökonomischer und sozialer Disparitäten ist nicht neu. Bereits die EWG - Verträge und später die Einheitliche Europäische Akte sehen Hilfen für die strukturschwachen Staaten der Südschiene vor, insbesondere in der Agrarwirtschaft sowie für Umweltschutz und Verkehr.

Nach der Osterweiterung hat sich die Entwicklungskluft zwischen den Ländern und Regionen verdoppelt. Entsprechend hat die EU ihre vielfältigen Förderaktivitäten finanziell aufgestockt. In der Form erweiterter und nach Wirtschaftsräumen differenzierter Mehrjahresprogramme (2007-2013) sollen der Struktur-, der Sozial- und der Kohäsionsfonds den wirtschaftlichen und sozialen Zusammenhalt fördern und die Unterschiede zwischen den Entwicklungsniveaus in den Regionen Europas verringern.

In „älteren" Mitgliedsländern gibt es – verstärkt durch die Auswirkungen der Weltwirtschaftskrise – gewisse Bedenken wegen möglicher Wohlfahrtseinbußen im Sinne einer Angleichung nach unten. Auch wird es für die Bürger immer schwieriger, die einheitliche politische Ausrichtung zu akzeptieren. Dennoch ist eine fundamentale Störung der „harmonischen Entwicklung" oder gar eine politische Destabilisierung nicht zu erwarten.

Wenn die Förderprogramme finanzierbar bleiben und rasch positive Wirkung entfalten, wird es möglich sein, die Partikularinteressen in Grenzen zu halten, so dass die Europäische Union ihren Modernisierungskurs fortsetzen und sich der Welt als Erfolgsmodell empfehlen kann.

18 Literaturverzeichnis

Adebahr, H. und Maenning W., Außenhandel und Weltwirtschaft, Berlin 1987.

Adebahr, H., Währungstheorie und Währungspolitik, Berlin 1978.

Altmann J., Außenwirtschaft für Unternehmen, Stuttgart/Jena 1993.

Bareis P./Ohr, R., Europäische Integration auf Abwegen - Die ordnungspolitischen und institutionellen Fehlentscheidungen von „Maastricht", Referate, gehalten auf dem Hohenheimer Europa-Colloquium 21., 22. Mai 1992, Universität Hohenheim 1992.

Batten, Dallas, S., The conduct of monetary policy in the major industrial countries, instruments und operating procedures, Occasional Paper International Monetary Fund 70, Washington DC 1990.

Bechler, E., Geld und Währung, München 1978.

Beckh, S., Das Instrumentarium der Deutschen Bundesbank seit dem Übergang zur Geldmengensteuerung, Berlin 1990.

Belke, A., Probleme und Risiken der Europäischen Wirtschafts- und Währungsunion, in: WISU Nr. 11, 1992, S. 864-866.

Birnstiel, E., Theorie und Politik des Außenhandels, Stuttgart, Berlin, Köln, Mainz 1982.

BMWI, Leistung in Zahlen, Bonn 1986 und 1993.

Böchmann, L. , Modelle der Anbieterinflation, in: WISU, Heft 8-9, August/September 1989, S. 155-157.

Borchert, M., Außenwirtschaftslehre, 4. Auflage, Wiesbaden 1992.

Borchert, M., Theorien der Geldnachfrage, in: Das Wirtschaftsstudium, 21. Jg. (1992), Heft 7, S. 575-581.

Borries von R., Europarecht von A bis Z, München 1982.

Bub, N., Duwendag, D., Richter, R. (Hrsg.), Geldwertsicherung und Wirtschaftsstabilität, Festschrift für Helmut Schlesinger zum 65. Geburtstag, Frankfurt a.M., 1989.

Cassel, D., Inflation, in: Vahlens Kompendium der Wirtschaftstheorie und Wirtschaftspolitik, Band 1, S. 255-306, München 1984.

Cezanne, W., Grundzüge der Makroökonomik, München Wien, 1982.

Cezanne, W., Inflationstheorien – Ein Überblick, in WISU, Heft 1, Januar 1991, S. 56-62.

Christmann, J. und Schopf, M., Volkswirtschaft und Politik, Darmstadt 1988.

Claassen, E.-M., Der monetäre Ansatz der Zahlungsbilanztheorie in: Weltwirtschaftliches Archiv, Bd. 11, 1975, S. 1-23.

Claassen, E.-M., Grundlagen der makroökonomischen Theorie, München 1980.

Claußen, P., Einführung in die Theorie der Inflation, Stuttgart etc., 1977.

Deppe, F., Europäische Wirtschaftsgemeinschaft, Hamburg 1975.

Deutsche Bundesbank, Devisenkursstatistik, August 1994.

Deutsche Bundesbank, Die Beschlüsse von Maastricht zur Europäischen Wirtschafts- und Währungsunion, in: Monatsbericht Februar 1992.

Deutsche Bundesbank, Geschäftsberichte der Deutschen Bundesbank, Frankfurt a.M., 1992 und 1993.

Deutsche Bundesbank, Internationale Organisationen und Gremien im Bereich von Währung und Wirtschaft, Sonderdruck, Frankfurt 1992.

Deutsche Bundesbank, Monatsberichte der Deutschen Bundesbank, Frankfurt a.M., Januar 1973, 1989, 1993, Nov. 1993, Mai 1993.

Deutsche Bundesbank, Sonderdruck: Geldpolitische Aufgaben und Instrumente, Frankfurt 1993.

Dieckheuer, G., Internationale Wirtschaftsbeziehungen, München, Wien 1991.

Dixit, A. und Norman V., Außenhandelstheorie, München, Wien 1991.

Dornbusch, R., Stanley Fischer, Makroökonomik, München, Wien 1987.

Duwendag, D./Ketterer, K.-H./Kösters, W./Pohl, R./Simmert, D.B., Geldtheorie und Geldpolitik: Köln 1993.

Ehrlicher, W., Diethard B. Simmert (Hrsg.), Geld- und Währungspolitik in der BRD, Beiheft zu Kredit und Kapital, Heft 7, Berlin 1982.

Ehrlicher, W., Diethard B. Simmert (Hrsg.), Wandlungen des geldpolitischen Instrumentariums der Deutschen Bundesbank, Beiheft zu Kredit und Kapital, Heft 10, Berlin 1988.

Eibner, W., Internationale wirtschaftliche Integration, München, Wien 2008

Ethier, W.J., Moderne Außenwirtschaftstheorie, München, Wien 1991.

Felderer, B., Homburg, S., Makroökonomie und neue Makroökonomie, Berlin u.a. 1990.

Fricke, D., Verteilungswirkungen der Inflation, Baden-Baden 1981.

Fuhrmann, W., Makroökonomik: Zur Theorie interdependenter Märkte, München, Wien 1991.

Gahlen HRS, Volkwirtschaftslehre, Tübingen 1981.

Gehrels, F., Außenwirtschaftstheorie, München 1985.

Gerfin, H./Heimann, P., Elastizität in: Albers, W. et al. (Hrsg.), Handwörterbuch der Wirtschaftswissenschaft, Bd. 2, Stuttgart u.a. 1980, S. 353-362.

Gordon, Robert J., Makroökonomik, München, Wien 1989.

Gruber, U., Kleber, M., Grundlagen der Volkswirtschaftslehre, 4. Auflage, München 2000.

Hardes, H.-D., Rahmeyer, F. Schmid, A., Volkswirtschaftslehre, Tübingen 1986.

Hemmer / Wüst / Wolfram, Europarecht, 4. Auflage 2008.

Heubes, J., Importierte Inflation, in: Wist, Heft 7, Juli 1990.

Hicks, J.R., Mr. Keynes and the Classics: A Suggested Interpretation. In: Econometrica 6 (1937), S. 147-159.

Issing, O., Binnenmarkt und Währungsintegration, in: Wist, Juli 1989, S. 351-355.

Issing, O., Einführung in die Geldpolitik, München 1990.

Issing, O., Einführung in die Geldtheorie, München 1976.

Jacob, K.D., Geldlehre (Theorie und Politik), Wiesbaden 1981.

Jaeck, H.J., Volkswirtschaftslehre, Landsberg 1984.

Jarchow, H.-J., Theorie und Politik des Geldes, Bd. I und 11, Göttingen 1983.

Jarchow, H.-J., Zahlungsbilanz I: Theorie und Politik, in: Albers, W. et al. (Hrsg.), Handwörterbuch der Wirtschaftswissenschaft, Bd. 9, Stuttgart u.a. 1980, S. 539-562, S. 548 ff, S. 560.

Jarchow, H.-J./Rühmann, P., Monetäre Außenwirtschaft, Bd. 1, 2, 3, Göttingen 1988 und 1993.

Kath, D., Geld und Kredit, in: Bender, D. et al., Vahlens Kompendium der Wirtschaftstheorie und Wirtschaftspolitik, München 1992.

Keynes, J.M., The General Theorie of Employment, Interest, and Money, London 1936.

Klump, R., Wirtschaftspolitik. Instrumente, Ziele und Institutionen, München 2006.

Koch, E., Internationale Wirtschaftsbeziehungen, München 1992.

Krägenau, H., Europäische Wirtschaftsunion, Vom Wemer-Plan zum Vertrag von Maastricht, Hamburg 1993.

Kraus, O., Inflation und Deflation, Hamburg 1956.

Krugman, Paul, Geography and Trade, Leuven 1991.

Lachmann, W., Volkswirtschaftslehre 2, 2. Auflage, Berlin, Heidelberg 2004.

Ledig, M., Die Währungsunion in Europa, in: Zippel, Wulfdiether, Ökonomische Grundlagen der europäischen Integration, München 1993, S. 121-133.

Lemke, Chr., Internationale Beziehungen, 2. Auflage, München, Wien 2008.

Letzner, Volker, Economic Integration and the Core-Periphery Pattern: an Evolutionary Way to the Core, in: Journal of Economic Integration 11(3) 1996, S. 249-267.

Luckenbach, H., Theoretische Grundlagen der Wirtschaftspolitik, München 1986.

Mankiw, N.G., Grundzüge der Volkswirtschaftslehre, 3. überarbeitete Auflage, Stuttgart 2004.

Menkhoff, L., Nicht-monetäre Inflationstheorie, in: Wist Heft 3, März 1991, S. 114-121.

Menkhoff. L./Sell, F., Überlegungen zu einem optimalen DM-Währungsraum, in: Zeitschrift für Wirtschafts- und Sozialwissenschaften (ZWS) 1992, S. 385.

Möller, H., Außenwirtschaftspolitik, Wiesbaden 1961.

Möller, H., Internationale Wirtschaftsordnungen, Wiesbaden 1960.

Monski, E.M., Probleme internationaler Wirtschaftsbeziehungen, Rinteln 1979.

Musgrave, R.A, Musgrave, P.B., Kullmer, L., Die öffentlichen Finanzen in Theorie und Praxis 1 – 3, 6. Aufl., Tübingen 1994

Mussel, G., Einführung in die makroökonomische Theorie, Stuttgart u.a. 1991.

Neldner, M., Der Einfluss des Nichtbankensektors auf das volkswirtschaftliche Geldangebot, in: Kredit und Kapital, 26 Jg. (1993), Heft 2, April/Juni, S. 193-203.

Neumann, M., In der Ära der Euro-Mark, in: Frankfurter Allgemeine Zeitung, Nr. 97,25. April 1992, S. 13.

Neumann, M., Theoretische Volkswirtschaftslehre II. Produktion, Nachfrage und Allokation, 4. Aufl. München 1995.

Neumann, M.J.M., Einführung in die Geldangebotsanalyse (I) + (11), in: Das Wirtschaftsstudium, 3. Jg. (1974), Heft 3, S. 116-121 + Heft 4, S. 170-176.

Ohr, R., Europäische Währungsunion – eine Gefahr für Europa, in: Bareis/Ohr (1992, Hrsg.), S. 39-48.

Pätzold, J., Stabilisierungspolitik: Grundlagen der nachfrage- und angebotsorientierten Wirtschaftspolitik, Bern u.a. 1993.

Peto, 0., Grundlagen der Makroökonomie, München 1977.

Pohl, R., Theorien der Inflation, München 1981.

Ranacher, Ch. und Staudigl, F., Einführung in das EU–Recht, Stuttgart 2007.

Reichart, Thomas, Bausteine der Wirtschaftsgeographie, Eine Einführung, Bern 1999.

Rittenbruch, K., Makroökonomie, München, Wien 1993.

Rose, K. und Sauernheimer K., Theorie der Außenwirtschaft, München 1992.

Rose, K., Der monetäre Ansatz in der Zahlungsbilanztheorie, in: Jahrbuch für Sozialwissenschaft, Bd. 28, 1977, S. 365-378.

Rose, K., Wechselkurs, in: Albers, W. et al. (Hrsg.), Handwörterbuch der Wirtschaftswissenschaft, Bd. 8, Stuttgart u.a. 1980, S. 576-605.

Sachs, R., Leitfaden Außenwirtschaft, Wiesbaden 1990.

Samuelson, Paul A., W. D. Nordhaus, Volkswirtschaftslehre, Bd. 1 und 2, Köln 1987.

Schaal, P., Monetäre Theorie und Politik, München und Wien 1981.

Schäfer, W., Anmerkungen zur J-Kurve, in: Kredit und Kapital, Bd. 18 (1985), Heft 4, S. 490-503.

Scharrer, H.-E., Europäische Währungsunion: kein Feld für Kompromisse, in: Wirtschaftsdienst, 71. Jg. (1991), Heft 10, S. 501-506.

Schätzl, Ludwig, Wirtschaftsgeographie 1. Theorie, 9. Auflage, Stuttgart 2003.

Schlesinger, H., Der Weg zu einer Europäischen Wirtschafts- und Währungsunion, in: Wirtschaftsdienst, 71. Jg. (1991), Heft 5, S. 232-238.

Schlesinger, H., Weichenstellung für die Geld- und Währungspolitik das Jahr 1990, in: Währungspolitik und Kapitalmarkt, Frankfurt am Main, 1991, Informationsschriften des Instituts für Kapitalmarktforschung.

Schmölders, G., Geldpolitik, Tübingen und Zürich 1968.

Shams, R., Wechselkurstheorie und -politik, München, Wien 1985.

Siebert, H., Außenwirtschaft, Stuttgart 1984.

Siebert, H., Economics of the Environment. Theory and Policy, Berlin 2004.

Siebke, J., Geldangebotstheorie, in: Wirtschaftswissenschaftliches Studium, 3. Jg. (1974), Heft 10, S. 465-469.

Siebke, J., Geldnachfragetheorie, in: Thieme J.H. (Hrsg.), Geldtheorie, BadenBaden 1985.

Smeets, H.-D., Monetäre Integration: Vom EWS zur Währungsunion, in: Gröner, Helmut/Schüller, Alfred, Die europäische Integration als ordnungspolitische Aufgabe, Stuttgart 1993, S. 97-139.

Stern, R.M., The Balance of Payments, Chicago 1973.

Stevenson, A./Muscatelli, V./Gregory, M., Macroeconomic Theory and Stabilisation Policy, New York u.a. 1988.

Ströbele, W., Inflation, München und Wien 1994.

Wachtel, P., Macroeconomics: from theory to practice, New York, u.a. 1989.

Wagner, H., Einführung in die Weltwirtschaftspolitik, 4. Auflage, München, Wien 1999.

Wagner, H., Europäische Wirtschaftspolitik, Heidelberg 1995.

Willms, M., Geldangebotstheorie, in: Thieme, H.J. (Hrsg.), Geldtheorie, BadenBaden 1985.

Willms, M., Währung, in: Bender, D. et al., Vahlens Kompendium der Wirtschaftstheorie und Wirtschaftspolitik, München 1992.

Wissenschaftlicher Beirat beim Bundesministerium für Wirtschaft, Europäische Währungsordnung, Gutachten des Wissenschaftlichen Beirats, Bonn 21. Januar 1989.

Woll, A. (Herausgeber), Inflation – Definition, Ursachen, Wirkungen und Bekämpfungsmöglichkeiten, München 1979.

Woll, A., Allgemeine Volkswirtschaftslehre, München 1993.

Woll, A., Wirtschaftslexikon, 10. Auflage, München, Wien 2008.

Zottmann, A., Allgemeine Volkswirtschaftslehre IV, Stuttgart 1969.

Zottmann, A., Theorie und Politik der Außenwirtschaft, Stuttgart 1967.

Zweifel P. und Hehler R.H., Internationaler Handel, Heidelberg 1992.

19 Sachverzeichnis

Abwertung 233, 245
Abwertungstendenz 233
aktive Kasse 23
Akzelerator 62
Akzeleratorprinzip 62
All or Nothing-Prinzip 313
allgemeine Recheneinheit 6
Allgemeines Zoll- und Handelsabkommen 311
Allmendegüter 183, 188
Allokationseffekte 114
Anbieter von Devisen 227
anbieterorientierte Inflation 103
Anfangsparität 237
angebotsinduzierte Ursache 107
Anstieg der Geldbasis 96
antizyklische Fiskalpolitik 176
Arbitragegeschäfte 228
Aufwertung 233, 246
Aufwertungstendenz 233
Ausländerkonvertibilität 232
Außenbeitrag 218, 306
Außenwirtschaftliches Gleichgewicht 219
Autarkie 209

Bandbreite 237
Bankenaufsicht 165
Bankenliquidität 12
Banknote 3
Barauszahlungsquote 39
Bardepotpflicht 166
Bedeutung des Geldes 7
Bedeutung des Kredites 15
Befristete Transaktionen 144
Begriff der Währung 15
Begriff Inflation 85
Beschäftigungseffekte 111
Beurteilung des ESZB 130
Bilanz der Direktinvestitionen 214
Bilanz der Erwerbs- und Vermögenseinkommen 212
Bilanz der laufenden Übertragungen 212
Bilanz der Sonstigen Kapitalanlagen 215
Bilanz der Transaktionswerte der Devisenbilanz 215
Bilanz der Vermögensübertragungen 214
Bilanz der Wertpapieranlagen 214
Bilanz des Kreditverkehrs 214
bilaterale Geschäfte 149
Blockfloating 250
Bretton Woods 236, 311
Bretton-Woods-System 248
Buch- bzw. Giralgeld 4

Coase-Theorem 195
Crowding Out Effekte 174

Deckung 18
Definitive Käufe bzw. Verkäufe 145
Deflation 87
deflatorische Lücke 87
derivative Funktion 256
Devalvation 233
Devisenbilanz 215, 218
Devisenkassakurs 161
Devisenkassamarkt 228
Devisenkurs 229
Devisenkurspolitik 158
Devisenmarkt 227, 228
Devisenpensionsgeschäft 163
Devisenpolitik 158
Devisenswapgeschäft 146
Devisentermingeschäft 234
Devisenterminkurs 161
Devisenterminmarkt 228

Dienstleistungsbilanz 212
Direktinvestitionen 306
Direktorium 126, 130
Diskontpolitik 163
Doppelstrategie 92
Dynamische Wohlfahrtseffekte 305

ECU (European Currency Unit) 254
Effektivzoll 298
effiziente Ineffizienz 199
Einfuhrkontingente 299
Einheitliche Europäische Akte (EEA) 318
Einkommensmechanismus 224
Einlagefazilität 153
Einlagenpolitik 165
Elastizitätsoptimismus 266
Elastizitätspessimismus 265
Emission von EZB-Schuldverschreibungen 146
Emissionsvermeidung 192
Emissionszertifikate 198
enger Inflationsbegriff 85
Erfüllungsrisiko 234
Ersparnis 53
Erziehungszölle 296
ESZB 126
Europäische Gemeinschaft (EG) 318
Europäische Union 319
Europäische Union Vertrag 319
Europäische Zentralnotenbank (EZB) 124
Europäischer Binnenmarkt 318
Europäisches System der Zentralnotenbanken (ESZB) 124
EWG 317
EWSI 251
EWSII 251
externe Effekte 183
EZB 126
EZB-Rat 130

Faktorpreisausgleich 285
Faktorproportionen - Theorem 283
Fazilität 153
Feinsteuerung 139
Feinsteuerungsoperationen 145
Fiskalpolitik 167
Fiskalpolitik im IS-LM-Modell 174
Floating 230
Freie Währungssysteme 19
Freihandel 272
Freihandelsidee 209
Friedman 80

galoppierende Inflation 88
GATS 313
GATT 311
Gebundene Währungssysteme 17
Geldangebot 31
Geldangebotstheorie 35
Geldarten 2
Gelddefinition 7
Geldfunktionen 5
Geldmarkt 21
Geldmenge M_2 9
Geldmenge M_3 9
Geldmengenabgrenzung M_1 9
Geldmengenabgrenzungen 8
Geldmengen-Preismechanismus 223
Geldmengenwachstum 137
Geldnachfrage 22
Geldnachfrage der Monetaristen 28
Geldnachfrage nach J. M. Keynes 23
Geldpolitik 123
Geldpolitik über den Devisenmarkt 161
Geldproduktion 31
Geldproduktion der Zentralbank 33
Geldschöpfung 31
Geldsurrogate 4
Geldverfassung 16
Geldvernichtung 31
Geldwert 83
gesamtwirtschaftliches Gleichgewicht 74
gesetzliches Zahlungsmittel 6
gewinninduzierte Inflation 103
Gewinnreduzierungen 102
Giralgeld 34
Giralgeldschöpfungsprozess 35
Gläubiger-Schuldner-Hypothese 116

Gleichgewicht auf dem Geldmarkt 27
Golddevisenstandard 18
Golddevisenwährung 18
Goldkernwährung 18
Grenzleistungsfähigkeit des Kapitals 60
Grobsteuerung 138
Gütermarkt 53
güterwirtschaftliche
  Außenwirtschaftstheorie 210

Handels- bzw. Warenbilanz 212
harte Währung 16
Hauptrefinanzierungsinstrument 144
Hausbank des Staates 126
Haushaltsdefizit 170
Hereinnahme von Termineinlagen 147
Herkunft des Geldes 1
Höhe des Reservesolls 156
Hyperinflation 88

importierte Inflation 107, 121
Inflationsrate 137
Inflatorische Lücke 85
Inländerkonvertibilität 232
Internationaler Währungsfonds 237, 311
internationales Währungssystem 17
interne Zinsfußmethode 61
Interventionspunkte 238
Investition 60
Investitionsfunktion nach Keynes 60
Investitionsmultiplikator 64, 66
IS-Funktion 67
IS-Kurve 67, 68
IS-LM-Modell 72
IWF 249

J-Kurven-Effekt 266

Kapitalbilanz 214
Kapitalmarktzins 60
Kapitalübertragungsmittel 6
Kategorie 1-Sicherheiten 142
Kategorie 2-Sicherheiten 142
Keynes 57, 79, 171
Keynesianischer Multiplikator 172
komparativer Kostenunterschied 280
komparativer Kostenvorteil 279, 282
Konjunkturkrisen 167
Konsum 53
Konsumfunktion 54
Konsummultiplikator 65
Kontraktphase 266
Konvergenzkriterien 129
Konvertibilität 231
Kostendruckinflation 103, 104
Kredit 13
Kreditgeld 3
Kreditmarktmodell 40
Kreditvolumen 14
Kurantmünze 3
kurzfristige Finanzierung 253

Laffer-Theorem 178
Längerfristige Refinanzierungsgeschäfte
  145
Leistungsbilanz 213
Leistungsbilanz in Auslandswährung 262
Leistungsbilanz in Inlandswährung 257
Leistungsbilanzsaldo 218
Leitkurs 252
Liquidität 11
Liquiditäts-abschöpfende Zinstender 149
Liquiditätsreserven 12
LM-Funktion 48
LM-Kurve 67
Lohn-Preis-Spirale 101, 102
Lohn-Preisstopp 94
Lombardpolitik 164

Machbarkeit der Interventionen 239
marginale Konsum- und marginale
  Sparneigung 55
Marktmachtinflation 106
Marshall-Lerner-Bedingung 265
Maßnahmen im Rahmen des
  Außenwirtschaftsgesetzes 166
Meistbegünstigungsklausel 311
Mengennotierung 229
Mengenreaktionsphase 267
Mengentender 148

Messung der Inflation 83
Milton Friedman 28, 59
Mindestreservebasis 154
Mindestreserven 154
Mindestreservenpolitik 164
Monetäre Alimentierung der Inflation 94
monetäre Außenwirtschaftstheorie 210
Monetäre Ursachen einer Inflation 96
monetären Inflation 97
Monetaristen 59, 80, 177
MONTANUNION 317
multiple Geldvernichtung 39
Multiplikator 62, 64

Nachfrage nach Devisen 228
Nachfrageinflation 98
Nachfrageinflationshypothese 103
Nachhaltigkeit 192, 200
natürliche Arbeitslosigkeit 113
Neo- Faktorproportionen - Theorem 284
Nettoauslandsaktiva 218
Nettoauslandsaktiva der Bundesbank 215
Nettokreditaufnahme 171
neuer Protektionismus 312
nicht-tarifäre Handelshemmnisse 293
nominaler Wechselkurs 256
Normalreaktion der Leistungsbilanz 257

oberer Interventionspunkt 238
offene Deflation 87
Offenheitsgrad 302, 306, 315
Offen-Markt-Geschäfte 138, 143
Offen-Markt-Operationen 150
Öffentliche Güter 170, 185
Ökonomisch 217
Optimale Umweltbelastung 192
optimaler Währungsraum 132
Optimalzoll 298
Organe der Bundesbank 125
Organe der EZB 130
originäre Funktion 256
Outright- Termingeschäft 163

passive Kasse 23
Pass-through-Phase 267
permanenter Konsum 59
permanentes Einkommen 59
Phillips-Theorem 111
Politik der Moral Suasion 165
Preisniveauänderung 75
Preisniveaustabilität 83
Preisrisiko 234
Preisstopp 94
privat administrierte Preise 106
Privatisierungslösung 194
Produkt-Zyklus-Theorie 285
Prohibitivzoll 297
Protektionismus 209

Quote im IWF 240

rationalistischer Erklärungsversuch 1
realer Wechselkurs 256
Redistributionseffekte der Inflation 115
Refinanzierungsfähige Sicherheiten 142
regenerierbare natürliche Ressourcen 191
Regionalökonomie 203
reine Goldumlaufswährung 18
Reserve -Soll 154
Reserve-Ist 156
Restpostenbilanz 215
Retorsionszoll 297, 298
Revalvation 233
Robinson-Formel 265
Römische Verträge 317
Rybczynski 286
Rybczynski-Theorem 287

Scheidemünzen 3
Schenkungsbilanz 212
Schleichende Inflation 90
Schutzzölle 296
Schwankungsbreite mit
Interventionspunkten 252
Sicherung der Preisstabilität 136
Sonderziehungsrechte (SZR) 242
Sortenkurs 229
Sparfunktion 54
Spekulationskasse L_S 25
Spitzenrefinanzierungsfazilität 153

Staat 167
staatlich administrierte Preise 106
staatliche Ausgaben 167
staatliche Einnahmen 167
staatliche Kapitalmarktlenkung 166
staatliches Haushaltsdefizit 167
Staatseinnahmen 168
Staatskonsum 170
Staatsnachfrage 98
Stabiles Wechselkurssystem 236
Stabilitäts- und Wachstumspakt 180
Stabilitätspolitik 167
Stagflation 87, 91, 107
Ständige Fazilitäten 153
Statische Wohlfahrtseffekte 305
statistischer Ausgleich 217
Stauungs-Externalitäten 189
Steuersystem 168
strategische Handelspolitik 283
strukturelle Operationen 145
Subventionen 299
Supply-Side-Economics 178
Swappolitik 162
Swapsatz. 161

tarifäre Handelshemmnisse 293
Tauschkurve 288
Tauschmittelfunktion 5
Tenderverfahren 147
Terms of Trade 278
Theorem der komparativen Kosten 282
Thünensche Ringe 204
Trade-off 112
Träger der Geldpolitik 124
Transaktionskasse 23
Transmission 71
Transmissionsmechanismus 71, 79
Transportkosten 203
TRIMS 313
TRIPS 313

Umlaufgeschwindigkeit des Geldes 10
Umverteilungspolitik 170
Umwelt- oder Pigou-Steuern 196
Umweltauflagen 195
Umweltgüter 183
Umwelthaftung 199
Umweltinstrumente 194
Umwelttheorie 183
unsauberes (schmutziges) Floaten 235
unterer Interventionspunkt 238
Uruguay-Runde 300, 312

variable WK 160
Variables Wechselkurssystem 230
Veränderung zu Bilanzkursen der Devisenbilanz 215
verbleibende Liquiditätsquote 39
Vergrößerung des Geldangebotes 74
Vermögensumverteilungswirkung 117
Verschiebung der LM-Kurve 75
Versickerungsquote 39
verstetigte Geldmengenpolitik 81
Verteilungskampfinflation 108
Vertrag von Maastricht 128, 319
Verwaltungsprotektionismus 300
volkswirtschaftliche Grenzkosten 186
Vorsichtskasse L_V 24
Vorstände der LZB 126

Währungskredit 242
Währungsreform 90
Währungssysteme 17
Warengeld 2
Wechselkurs 229
Wechselkursrisiko 234
Wechselkurssystem 230
weiche Währung 16
weit gefasster Vermögensbegriff 28
weiter Inflationsbegriff 85
Weltbank 311
Weltfinanzmarkt 307
Weltmarktgleichgewicht 289
Wertaufbewahrungsmittel 6
Wertpapierpensionsgeschäfte 143
Werttransportmittel 6
Wesen des Kredits 13
Wirtschaftswachstum und Inflation 118
WKMII 251
WK-Systeme 249

Wohlfahrtseffekte 305
World Trade Organization (WTO) 312

Zahlungsbilanz 211, 213
Zahlungsbilanz ausgeglichene 217
Zahlungsbilanzausgleichsmechanismen 221
Zahlungsbilanzdefizit 224
Zahlungsbilanzfinanzierung 220
Zahlungsbilanzkorrektur 220
Zahlungsbilanzüberschuss 224
Zentralbankgeld 34
Zentralbankgeldmenge M_Z 8
Zentralbankrat 126
Zentralbanksystem in der BRD 125
Zentrum-Peripherie-Ansatz 205
Ziehung 241
Ziel des ESZB 136
Zinstender nach dem amerikanischen Verfahren 148
Zinstender nach dem holländischen Verfahren 148
Zollunion 318
Zugelassene Geschäftspartner im ESZB 140
Zurückgestaute bzw. verdrängte Inflation 93

www.ingramcontent.com/pod-product-compliance
Lightning Source LLC
LaVergne TN
LVHW080852300926
849162LV00003B/407